普通高等教育新工科机器人工程系列教材

机器人工程导论

主　编　王禹林

副主编　祖　莉　陈　刚　张志安　陈　柏

参　编　吴青聪　何　彦　杨小龙　陶　永　孙宇昕

机 械 工 业 出 版 社

本书首先介绍机器人的定义、分类、系统组成、发展简史、现状和未来趋势、前沿热点、发展战略等内容，然后针对工业机器人、特种机器人、服务机器人、仿生机器人、医疗机器人、军用机器人等主题分别进行详细介绍，使读者对相关领域机器人的类型、发展、关键技术和典型应用案例有一个全面深入的认识。此外，通过对目前国内外主流机器人比赛、机器人工程专业，以及机器人产业链的介绍，读者可以了解当今机器人领域教育和产业现状，为后续进一步的学习和研究奠定良好基础。

本书既可供所有开设机器人工程及相关专业的各类高等院校作为教材使用，也可作为中小学生相关科技课程辅助教材使用，或作为机器人领域技术人员与科研爱好者的指导参考书。

图书在版编目（CIP）数据

机器人工程导论 / 王禹林主编. -- 北京 ： 机械工业出版社，2025. 8. --(普通高等教育新工科机器人工程系列教材). -- ISBN 978-7-111-78725-9

Ⅰ. TP24

中国国家版本馆CIP数据核字第2025KG3319号

机械工业出版社（北京市百万庄大街22号　邮政编码100037）

策划编辑：丁昕祯	责任编辑：丁昕祯　徐鲁融
责任校对：樊钟英　张亚楠	封面设计：张　静
责任印制：刘　媛	

三河市国英印务有限公司印刷

2025年9月第1版第1次印刷

184mm×260mm · 15.5印张 · 381千字

标准书号：ISBN 978-7-111-78725-9

定价：48.00元

电话服务	网络服务
客服电话：010-88361066	机 工 官 网：www.cmpbook.com
010-88379833	机 工 官 博：weibo.com/cmp1952
010-68326294	金 书 网：www.golden-book.com
封底无防伪标均为盗版	机工教育服务网：www.cmpedu.com

前　言

　　智能机器人改变了人类的生产和生活方式，成为全面融入国计民生的重要使能技术，是当前国际科技创新的热点领域和发达国家科技发展必争的战略重点。大力发展智能机器人技术与产业，对贯彻高质量发展战略、推动我国产业结构转型升级、落实科技惠及民生、保障国家和社会公共安全具有重要意义。机器人工程涉及机械、电子、计算机、控制等领域，具有明显的多学科交叉融合的特点，亦是我国新工科建设的重要支撑方向。

　　本书编写的宗旨是为初入大学的机器人工程及相关专业学生提供一本机器人入门书籍。目前，国内机器人工程专业教学体系的系统性尚不完善，现有机器人相关教材多以基础理论和专业技术介绍为主，更适合在大三和大四相关专业课程中讲解，且很多案例针对性不强，较为陈旧，也不够丰富。当前国内急缺能够较系统全面地介绍机器人领域前沿技术和典型应用的入门级教材。本书瞄准国家重大战略需求，深化产教融合，充分体现正确的政治方向和价值导向，针对工业机器人、特种机器人、服务机器人、仿生机器人、医疗机器人、军用机器人等重点应用领域，通过大量最新的典型应用案例讲解各类机器人的相关基础知识和关键技术。同时，本书还介绍了最新的国际学术前沿和技术发展趋势、主要发达国家的机器人发展战略、机器人产业链概况、主流机器人赛事，以及机器人工程专业概况等，帮助学生迅速对机器人工程所涉及的知识领域有初步的认知，扩宽学生的视野和知识面，提前明确学习目标，开展职业规划。此外，本书采用"纸质+互联网+电子资源"的形态，是一本将信息技术与教育教学深度融合的新形态立体化教材。编者团队校际协同，包括来自多所著名高校长期从事机器人领域研究的多位知名学者。

　　本书共7章，涵盖了各类机器人的定义、发展简史、现状和未来趋势、关键技术、典型应用案例等，帮助读者全面系统地认知机器人工程。其中，第1章概述了机器人的定义、分类、系统组成、发展简史与现状、前沿热点与未来趋势、国内外机器人发展战略、机器人工程专业建设以及主流机器人竞赛；第2至7章分别针对工业机器人、特种机器人、服务机器人、仿生机器人、医疗机器人、军用机器人阐述了其定义及分类、发展历程与未来趋势、关键技术与应用案例。

　　本书由王禹林担任主编，祖莉、陈刚、张志安、陈柏担任副主编，吴青聪、何彦、杨小龙、陶永、孙宇昕为参编。其中，第1章由王禹林、何彦编写，第2章由王禹林、陶永编写，第3章由陈刚编写，第4章由祖莉编写，第5章由王禹林、孙宇昕编写，第6章由王禹林、陈柏、吴青聪编写，第7章由张志安、杨小龙编写。此外，谢中取、陈令坤、许雄、童一飞、孙中圣、汤玉程、黄登辉、高璐曼、祁立智、郝玲等均参与了本书部分内容的绘图、编排与校审工作，在此表示衷心的感谢！本书的编写参考了很多同类教材和相关资料，已一一列于参考文献中，在此向相关作者表示感谢。

作为新兴交叉学科的专业课程教材，本书的出版将弥补现有市面教材内容上的不足，不但适用于本、专科初入大学的相关专业学生，还可用于对机器人领域感兴趣的科技人员以及中小学生，能够指导其快速、系统全面地了解机器人技术的发展与应用现状，从大量丰富的最新应用案例中初步掌握机器人领域的基础知识，充分激发学习兴趣，为后期深入学习相关理论技术指明方向，为日后开展相关设计和研究工作奠定基础，也为就业规划和继续深造提供帮助，有助于培养服务于工业和信息化领域的高水平复合型人才，以及机器人产业的高技能人才，助推"两个强国"和新工科建设。

由于编者水平有限，书中难免存在疏漏和错误，敬请选用本书的师生和广大读者批评指正。

编者

目 录

第 1 章　机器人工程概述

1.1　机器人的定义

一提到机器人（Robot），大家可能会首先想到电影、电视、科幻小说或者玩具中的机器人，它们都有鼻子、眼睛、手、脚，类似于人类的一种机器。事实上，仿人形机器人只是机器人的一种。机器人应包括一切模拟人类行为或思想，以及模拟其他生物的机械，如机器狗、机器鱼等。实际上，对于机器人的定义和分类是多种多样的，存在一定的模糊性，甚至仍存在不少争议，例如，有些电脑程序由于具有自动处理数据任务的能力，也被称为机器人。

1967 年在日本召开的第一届机器人学术会议上，曾提出了两个具有代表性的定义。

1）森政弘与合田周平提出：**"机器人是一种具有移动性、个体性、智能性、通用性、半机械半人性、自动性、奴隶性等特征的柔性机器"**。从这一定义出发，森政弘又提出了用自动性、智能性、个体性、半机械半人性、作业性、通用性、信息性、柔性、有限性、移动性等特性来表示机器人的形象。

2）加藤一郎提出，具有如下 3 个条件的机器称为机器人：**①具有脑、手、脚三要素的个体；②具有非接触传感器（用眼、耳接受远方信息）和接触式传感器；③具有平衡觉和固有觉的传感器。**

随着机器人技术的飞速发展和信息时代的到来，机器人涵盖的内容越来越丰富，机器人的定义也在不断充实和创新。在研究和开发未知及不确定环境下作业的机器人的过程中，人们逐步认识到机器人技术的本质是感知、决策、行动和交互技术的结合。

我国科学家将机器人定义为：**"机器人是一种自动化的机器，不同的是这种机器具备一些与人或生物相似的智能能力，如感知能力、规划能力、动作能力和协同能力，是一种具有高度灵活性的自动化机器。"**机器人可以辅助甚至替代人类完成危险、繁重、复杂的工作，提高工作效率与质量，服务人类生活，扩大人的活动及能力范围。

1.2　机器人的分类

1.2.1　按应用环境分类

根据机器人的应用环境，国际上通常将机器人分为制造环境下的工业机器人和非制造环境下的服务机器人两类。其中，服务机器人根据细分应用领域又可分为专业型服务机器人、商用型服务机器人、家用型服务机器人等。

我国的机器人专家从应用环境出发，将机器人分为工业机器人和特种机器人两大类。工业机器人就是面向工业领域的多关节机械手或多自由度机器人，可在工业生产中代替人类进行单调而繁重的长时间作业，或在危险、恶劣环境下的作业，如焊接、涂装、装配、机械加工、分拣、搬运等工序的操作，如图 1.1a～c 所示。

特种机器人则是除工业机器人之外，用于非制造业并服务于人类的各种先进机器人，这和国外的服务机器人在逻辑上是一致的。按照服务范围和用途不同，特种机器人又可以分为民用特种机器人和军用特种机器人两大类。在特种机器人中，有些分支发展很快，有独立成体系的趋势，如服务机器人、仿生机器人、医疗机器人、军用机器人等，如图 1.1d～h 所示。其划分界限也有一定的模糊性，例如，医疗机器人广义上也可以归为专业型的服务机器人；大狗四足仿生机器人（Bigdog）既可以属于地面仿生机器人，又可以属于服务机器人或军用机器人。

a) 焊接机器人 b) 分拣机器人 c) 搬运机器人（AGV）

d) 导游机器人 e) 扫地机器人 f) 仿生机器人

g) 手术医疗机器人 h) 火星探测机器人

图 1.1 机器人按应用环境分类

1.2.2 按智能程度分类

机器人的智能化在科学研究、工业生产、日常服务等众多应用领域都有极为重要的意义，也是能综合反映一个国家在制造业、人工智能等方面水平的重要指标。机器人根据其智能程度不同，分为以下四种类型，如图 1.2 所示。

a) 示教再现型机器人

b) 传感型机器人

c) 交互型机器人

d) 自主型仿人机器人

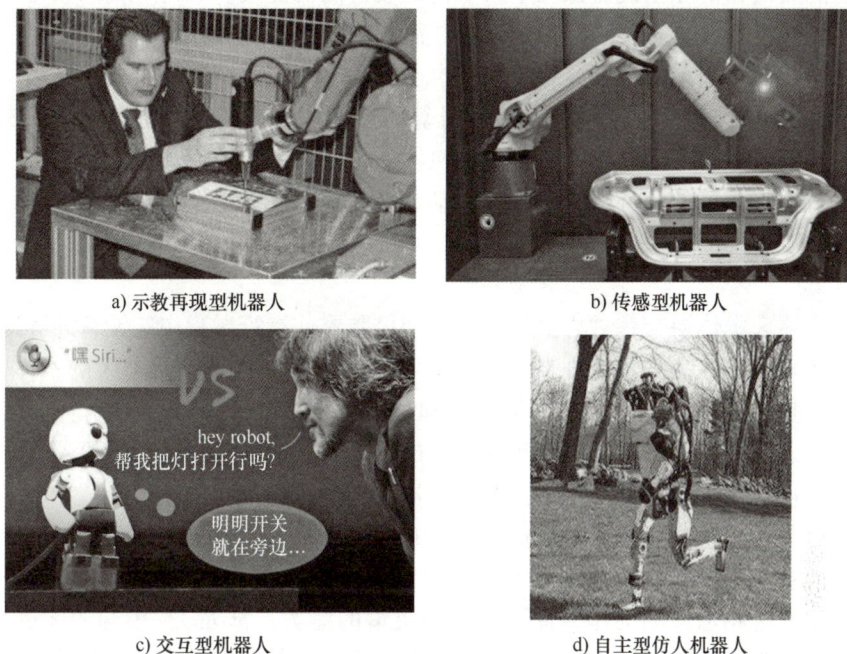

图 1.2 机器人按智能程度分类

1. 示教再现型

示教再现型机器人可重复再现通过示教编程存储起来的作业程序，需要使用者事先规定动作顺序和运动路径，再不断地重复这些动作。"示教编程"指通过下述方式完成程序的编制：由人工导引机器人末端执行器，如安装于机器人关节结构末端的夹持器、工具、焊枪、喷枪等；或由人工操作引导机械模拟装置；或用示教盒，即与控制系统相连接的一种手持装置，用以对机器人进行编程或使之运动。这类机器人本体没有智能单元，也没有接收外界环境变化的感知系统，更不会思考，只能单纯复现人类的示教动作，替代人类进行机械性的重复体力劳动。目前，示教再现型机器人仍应用于汽车工业和电子工业自动线上。

2. 传感型

传感型机器人本体没有智能单元，但具有感应和执行机构，能够获取外界环境和操作对象的简单信息，通过处理视觉、听觉、触觉、力觉和红外、超声及激光等传感信息，对外界环境变化做出简单的判断并相应调整自己的动作。人们以此实现对机器人控制与操作的目的，以降低工作出错、产品报废的可能性。该类机器人受控于外部计算机，在计算机上具有智能处理单元，处理由受控机器人采集的各种信息以及机器人本身的各种姿态和轨迹等信息，然后发出控制指令，指挥机器人的动作。

3. 交互型

操作员或程序员通过计算机系统与交互型机器人进行人机对话，实现对机器人的控制与操作。该类机器人虽具有部分处理信息和决策的功能，能够独立完成轨迹规划、简单避障等工作，但仍受外部控制。与早期机器人不同，交互型机器人安装有传感器并具备安全特性，能有效地侦测周围出现的人并作出相应反应，这样的设计让人和机器人可以更好地协作。

传感型机器人和交互型机器人属于第二代低级智能机器人。和第一代示教再现型机器人相比，低级智能机器人具有一定的感觉系统，能获取外界环境和操作对象的简单信息，可对外界环境的变化做出简单的判断并相应调整自己的动作。因此，这类机器人又被称为自适应机器人。20 世纪 90 年代以来，伴随感知、计算、控制等技术的迭代升级和图像识别、自然语音处理、深度认知学习等新型数字技术在机器人领域的深入应用，这类机器人的台套数正逐年增加，机器人领域的服务化趋势日益明显，并逐渐渗透到社会生产生活的每一个角落，实现智能化进阶。

4. 自主型

自主型机器人本体自带各种必要的传感器和控制器，运行过程中在没有外界人为信息输入和控制的条件下，在多种环境中自动完成各项拟人任务。自主型机器人的本体具有感知、处理、决策、执行等模块，可以独立地活动和处理问题，涉及驱动器控制、传感器数据融合、图像处理、模式识别、神经网络等许多方面的研究。交互性也是自主机器人的一个重要特点，机器人可以与人、外部环境以及其他机器人之间进行信息的交流。

这类机器人属于第三代高级智能机器人。它不但有第二代机器人的感知功能和简单的自适应能力，而且能充分识别工作对象和工作环境，并能根据人给的指令和它自身的判断结果，自动确定与之相适应的动作，具有理解和决策的能力，涉及云-边-端的无缝协同计算、持续学习、协同学习、知识图谱、场景自适应和数据安全等核心技术。在某些不确定的情况下，它需要通过远程的人进行增强，或者进行某些决策辅助，但是它在 90%，甚至 95% 的情况下可以自主完成任务。这类机器人目前尚处于实验室研究探索阶段。

1.2.3 按动力源分类

1. 电气动力源

电气驱动是利用各种电动机产生力和力矩，直接或经过机械传动间接驱动执行机构，以完成机器人的各种运动，是目前使用最多的一种驱动方式。其特点是无环境污染，运动精度高，电源取电方便，响应快，信号检测、传递、处理方便，可采用多种灵活的控制方式，能够获得小到中度的操作力，但抗过负荷能力不强。驱动电动机一般采用步进电动机、直流伺服电动机、交流伺服电动机，也会采用直接驱动电动机。直流供电在家用机器人中很常见，通常用于移动的、使用电池供电的机器人；交流供电的机器人在工业中很常见，经常使用伺服电动机和步进电动机。电驱工业机器人如图 1.3a 所示。

2. 液压动力源

液压驱动可产生很大的力，一般为 5~30MPa，常用于大功率机器人和重负载场合。其特点是传动平稳，结构紧凑，防爆性好，操纵方便，动作较灵敏，可靠性高；但维护和油费成本相对较高，且易产生泄漏和着火的危险，对密封性要求高，不宜在高、低温现场工作。例如，波士顿动力公司的大狗机器人采用 15 匹的 2 冲程引擎提供动力，引擎驱动液压泵，液压泵产生高压流体驱动机器人腿部的液压油缸执行器，液压油缸由 2 级航空级伺服系统调节，保证每一个腿都能灵活运动，如图 1.3b 所示。

3. 气压动力源

气动机器人采用空气压缩机为动力源，以压缩空气或惰性气体为工作介质，结构简单，价格低廉，在工业机械手中应用较多，通常用于获取直线运动的操作力，但压力相对较小，

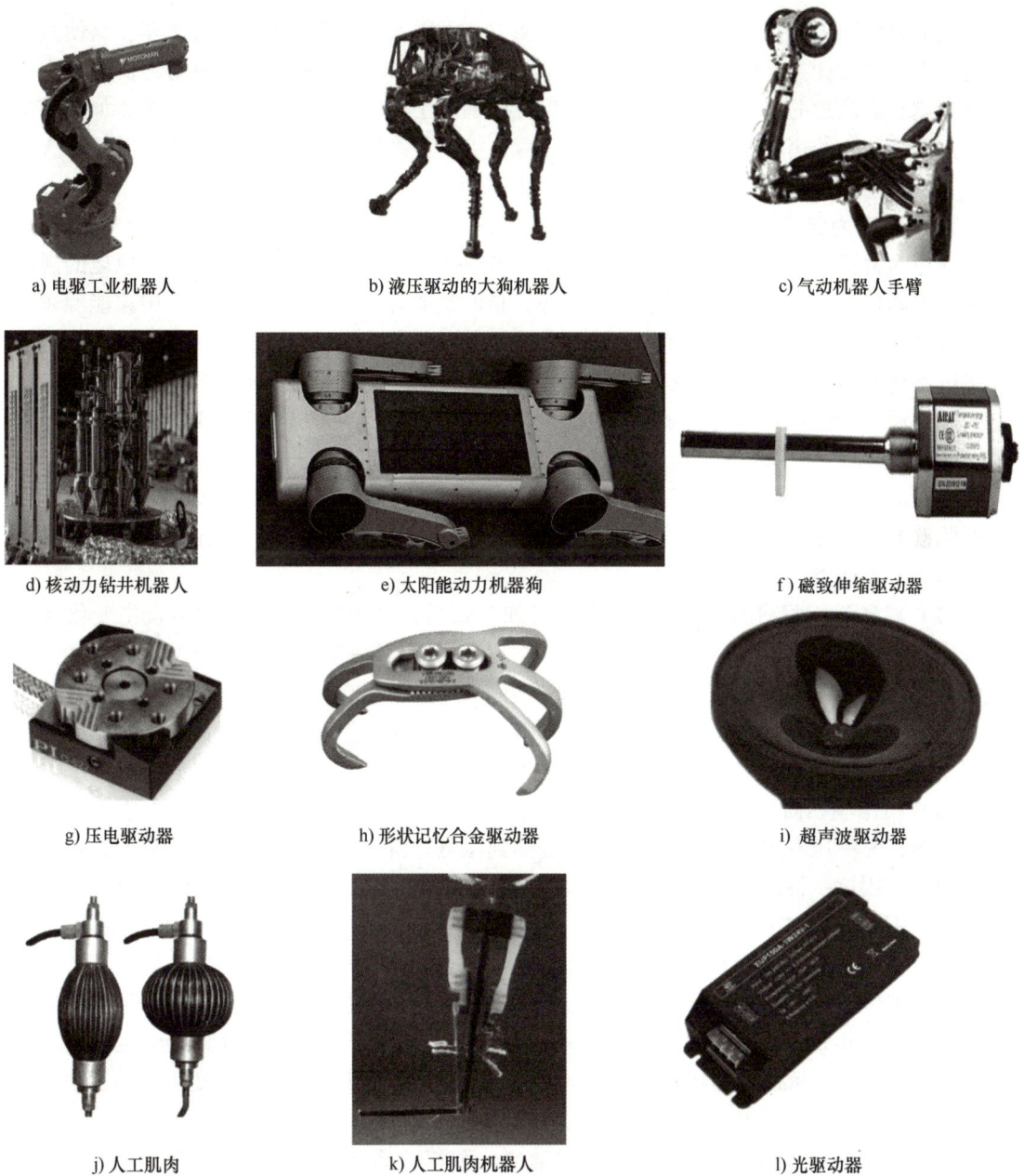

a) 电驱工业机器人　　　　　　b) 液压驱动的大狗机器人　　　　　　c) 气动机器人手臂

d) 核动力钻井机器人　　　　　　e) 太阳能动力机器狗　　　　　　f) 磁致伸缩驱动器

g) 压电驱动器　　　　　　h) 形状记忆合金驱动器　　　　　　i) 超声波驱动器

j) 人工肌肉　　　　　　k) 人工肌肉机器人　　　　　　l) 光驱动器

图 1.3　机器人按动力源分类及部分新型动力源

通常在 0.4~0.6MPa，最高不可超 1MPa；因为压缩空气的黏性小、流速大、因此，气动系统运行速度快、响应速度比液压系统快、动作抗过负荷能力较强；气源方便，一般工厂都有压缩空气站供应压缩空气，也可由空气压缩机取得。气动机器人最大问题是难以保持其稳定位置，基于气体的可压缩性，行程中途停止会导致漂移，因此，气压驱动很难保证较高的定位精度，工作速度稳定性差；此外，气动机器人也会产生噪声和泄漏的问题；因空气无润滑性，机械使用寿命较液压驱动系统的低。气动机器人手臂如图 1.3c 所示。

4. 核动力源

核动力机器人使用自身的核反应堆提供动力，无需人工干预即可运行数十年，这使其非常适合太空飞行任务。例如，美国国家航空航天局（NASA）等机构使用核动力机器人进行深空探测。需注意的是，核动力机器人的反应堆远小于核电站或潜艇的核反应堆，如果该类机器人在地球上使用，那么在燃料完全用完后，需要妥善处置核材料。核动力钻井机器人如图 1.3d 所示。

5. 绿色动力源

绿色动力源是指易于更换且无任何负面生态影响的通用电源。用于为机器人供电的潜在绿色动力源包括太阳能、风力、有机动力源、自然热源等。"十三五"期间，国家能源领域大力推进供给侧结构性改革，优先发展分散式风电和分布式光伏发电，稳步推进风电基地和光伏电站建设。可以预见，在未来，清洁能源也会逐渐应用于机器人上。目前，太阳能在机器人动力源上的使用相对其他绿色动力源更为成熟。太阳能动力机器狗如图 1.3e 所示。

6. 其他新型动力源

随着应用材料科学和机器人技术的发展，出现了一些利用新型材料和新工作原理制造的新型驱动器，如磁致伸缩驱动器、压电驱动器、静电驱动器、形状记忆合金驱动器、超声波驱动器、人工肌肉、光驱动器等。

（1）磁致伸缩驱动器 磁性体外部一旦加上磁场，磁性体的外形尺寸会发生变化（焦耳效应），这种现象称为磁致伸缩现象。此时，如果磁性体在磁化方向的长度增大，称为正磁致伸缩；如果磁性体在磁化方向的长度缩小，称为负磁致伸缩。从外部对磁性体施加压力，则磁性体的磁化状态会发生变化（维拉利效应），称为逆磁致伸缩现象。这种驱动器主要用于微小驱动场合，磁致伸缩驱动器如图 1.3f 所示。

（2）压电驱动器 压电材料是一种当它受到力作用时，其表面出现与外力成比例的电荷的材料，又称压电陶瓷。反过来，把电场加到压电材料上，则压电材料产生应变，输出力或变位。利用这一特性可以制成压电驱动器，这种驱动器可以达到驱动亚微米级场合的精度。压电驱动器如图 1.3g 所示。

（3）形状记忆合金驱动器 形状记忆合金是一种特殊的合金，一旦使它记忆了任意形状，即使发生变形，当加热到某一适当温度时，会恢复为变形前的形状。已知的形状记忆合金有 Au-Cd、In-Ti、Ni-Ti、Cu-Al-Ni、Cu-Zn-Al 等几十种。形状记忆元件具有感温和驱动的双重功能，因此，可以用形状记忆元件制作机器人、机械手等，通过温度变化使其运动。形状记忆合金驱动器如图 1.3h 所示。

（4）超声波驱动器 该类驱动器由振动部分和移动部分组成，依靠两部分之间在振动时产生的摩擦力来驱动。由于超声波驱动器没有铁心和线圈，因此具有结构简单、体积小、重量轻、响应快、力矩大的特点，无需配合减速装置就可以低速运行，适合用于机器人、照相机、摄像机等驱动。超声波驱动器如图 1.3i 所示。

（5）人工肌肉 随着机器人技术的发展，驱动器从传统的电动机-减速器的机械运动机制，向模仿生物体"骨架-腱-肌肉"结构的拮抗式仿生运动机制发展。人的手臂能完成各种柔顺作业，为了实现骨骼肌肉的部分功能而研制的驱动装置，称为人工肌肉，如图 1.3j 所示。为了更好地模拟生物体的运动功能或在机器人上应用，已研制出了多种不同类型的人工肌肉，如利用机械化学物质制成的高分子凝胶、由形状记忆合金制作的人工肌肉。日本东京大学用人工培养的肌肉组织与树脂制骨骼相结合，研发出世界上首例可以像人类手指一样活动的人工肌肉机器人，如图 1.3k 所示。单侧肌肉在电流的刺激下产生收缩，从而带动了关节的活动，人工手指前端可以像人类指尖一样抬起，并可勾起圆环等物品。未来这种新人工肌肉的应用，可能包括机器人微创手术、义肢，以及制造功能更强的机器人。

（6）光驱动器　光驱动材料通常是在硅胶、液晶弹性体等聚合物中添加对光比较敏感的填充物来形成的，在光照情况下可以弯曲、收缩或膨胀，并且变形可逆。改变光的波长、强度和照射时间等可以影响这类驱动器的响应，从而对光驱动机器人进行控制以实现期望的运动。此外，光照还可诱发光化学反应，从而无线传输能量使机器人产生运动。光驱动器具有可远程控制、响应迅速、静音与轻量化等特点，可用于微小型仿生机器人、软体机器人等相关特殊应用场景。

1.2.4　按自由度分类

具有确定运动时必须给定的独立运动参数的数目，称为自由度。物体在空间内具有六个自由度，即沿 X、Y、Z 三个直角坐标轴方向的移动自由度和绕这三个坐标轴的转动自由度。因此，为了完全确定物体的位置，就必须消除这六个自由度。按照机器人自由度的不同，可分为通用六自由度机器人、冗余自由度机器人和少自由度机器人。

1. 通用六自由度机器人

通用机器人具有六个自由度。其中，线性方向有三个自由度，即线性 X 方向、线性 Y 方向和线性 Z 方向；同时机器人还具有基于旋转的三个自由度，即绕 X 轴旋转、绕 Y 轴旋转和绕 Z 轴旋转。这类机器人动作灵活性高，工作空间范围大，可以拾取物体并将其以任何方位放置在工作区域的任何位置，且结构紧凑，占地面积也比较小，关节上相对运动部件容易进行密封防尘，广泛应用于机床上下料、取件、弧焊、喷漆等领域。六自由度抓手如图 1.4a 所示。

2. 冗余自由度机器人

冗余自由度机器人是指含有主动关节数多于完成某一作业任务所需的最少自由度数的一类机器人。六自由度是具有完成空间定位能力的最小自由度数，而增加自由度数便可改善机器人相关的运动学和动力学特性。冗余机器人具有六个以上的自由度，这为它们提供了绕过障碍物移动的能力，如在多腔室、多障碍的大型构件内壁进行喷涂作业的喷涂机器人等。这些机器人可以在狭窄的地方操作，理论上可以有无限多种方式来放置和定位对象。超冗余机器人是冗余自由度机器人的特例，如图 1.4b 所示的蛇形机器人。

3. 少自由度机器人

少自由度机器人指自由度不足六个的机器人，可以在指定的工作环境中完成需要的动作。他们虽然灵活性和工作空间范围上不如上述两类机器人，但是结构简单，设计简便，造价也相对便宜，适合在固定场合进行针对性的使用。例如，具有三个自由度的机器人可以在一个采用三自由度衡量的空间中拾取对象，并将其放置在工作区域的任何位置，如图 1.4c 所示。

1.2.5　按移动性分类

根据移动性，可分为**固定式机器人**和**移动式机器人**。

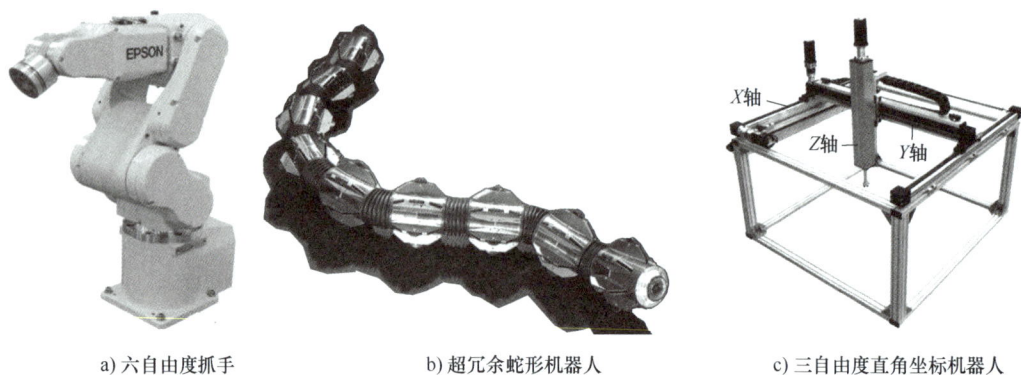

a) 六自由度抓手　　　　　　　　b) 超冗余蛇形机器人　　　　　　c) 三自由度直角坐标机器人

图 1.4　机器人按自由度分类

1. 固定式机器人

固定式机器人更多地被应用于工业中。工业机器人需进行固定流程的作业，满足装配、喷涂、焊接等工序的精度要求，因此多为固定式机器人，更多地依赖具有明确尺寸与空间位置的结构化环境。固定式机器人通常被安装在稳定的基座上，可以基于其内部配置来计算其位置，进行运动学和动力学的计算，从而确保达到工业中的精度要求。固定机械臂如图 1.5a 所示。

2. 移动式机器人

移动式机器人没有固定在地面上，而是可以自由移动，包括轮式机器人、履带式机器人、腿式机器人、水下机器人、飞行机器人等。这些机器人运动灵活，工作范围大，可实现不同环境下的多功能作业，是机器人未来的发展趋势。服务机器人由于需要考虑与人的行为互动，因此多为移动机器人。相比于固定式机器人，移动机器人还需要考虑运动平衡、路径规划、导航算法等理论技术。

（1）轮式机器人　轮式机器人具有可移动的轮子，可以是单轮、两轮、三轮、四轮、多轮式等。单轮机器人通过单轮来实现平衡、运动和导航；两轮机器人由平行轮组成，其重心在轮轴下方，这种机器人使用倾斜传感器来检测机器人的倾斜程度以维持车轮的平衡；三轮机器人由三个三角形排列的轮子组成，使其平衡。通常，机器人的前轮充当方向盘，而两个后轮控制运动；对于四轮机器人，多用前两个车轮控制转向，后两个车轮控制运动；多轮式机器人有四个以上的运动轮，所有轮子运动时必须协调统一，这也增大了设计的难度。轮式移动机器人如图 1.5b 所示。

（2）履带机器人　履带式机器人采用履带移动，履带支承面上有履齿，不易打滑，牵引附着性能好，有利于发挥较大牵引力，并且履带不怕扎、割等机械损伤。履带式机器人可搭载机械手，如搬运设备、武器设备、消防设备、探测设备、抢险设备、仿人形语言交互平台等，用于远程遥控搬运、探测、救助、警用防爆、危险环境、无人作业等场合。履带式侦察机器人如图 1.5c 所示。

（3）腿式机器人　腿式机器人，又称足式机器人、多足机器人，可以有两足、三足、四足、六足以及更多数量的足。在自然界和人类社会中，存在一些人类无法到达的地方和可能危及人类生命的特殊场合，如行星表面、灾难发生矿井、防灾救援、反恐斗争等。地形不规则和崎岖不平是这些环境的共同特点，轮式机器人和履带式机器人的应用因此受到限制，而腿式机器人主要用于在高度非结构化的环境中移动，但这类机器人设计难度大。多足蜘蛛机器人如图 1.5d 所示。

（4）水下机器人　水下机器人，又称无人遥控潜水器、游泳机器人，是一种工作于水下的极限作业机器人。水下环境恶劣危险，人的潜水深度有限，水下机器人已成为开发海洋的重要工具，在石油开发、海事执法取证、科学研究、军事等领域得到了广泛应用。水下机器人一般配备声呐系统、摄像机、照明灯、机械臂等装置，能提供实时视频和声呐图像，机械臂能够抓起重物，可以在水中游动、导航，开展水下工作。水下勘探机器人如图 1.5e 所示。

（5）飞行机器人　飞行机器人既可以是模仿昆虫形态或者模仿鸟类的小型机器人，也可以是更大型的无人机（UAV）。无人机是利用无线电遥控设备和自备的程序控制装置操纵的不载人飞行器，实际上是无人驾驶飞行器的统称，具有体积小、造价低、使用方便等优点，在军用环境中诞生，现已在民用环境中成熟。四轴无人机如图 1.5f 所示。

a) 固定机械臂　　　　　　b) 轮式移动机器人　　　　　　c) 履带式侦察机器人

d) 多足蜘蛛机器人　　　　e) 水下勘探机器人　　　　　　f) 四轴无人机

图 1.5　机器人按移动性分类

1.3　机器人系统组成简介

机器人系统是一个典型的机电一体化系统，由机器人和作业对象及环境共同构成的整体，包括机械部分、传感部分和控制部分。这三大部分又由驱动系统、机械系统、感知系统、机器人-环境交互系统、人机交互系统和控制系统六个子系统组成。机器人系统的基本构成如图 1.6 所示。

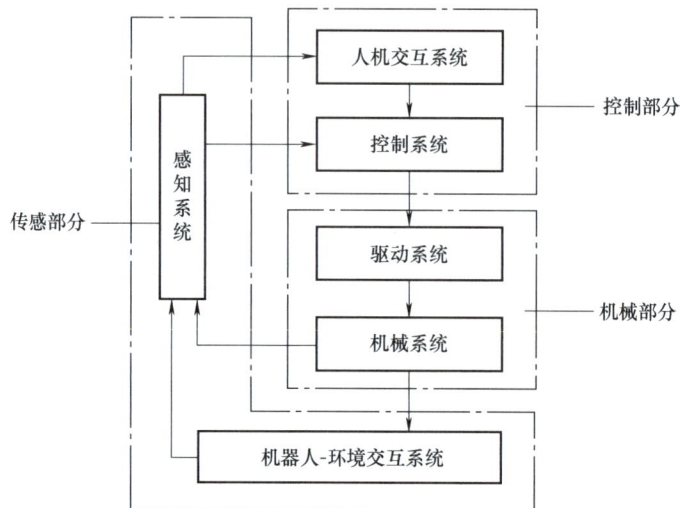

图 1.6　机器人系统的基本构成

机器人系统的工作原理为：**控制部分发出动作指令，控制驱动系统动作，带动机械系统运动，使功能单元实施一定的作业任务。**感知系统通过内部和外部传感器模块获得机器人内部和外部环境状态中的有意义信息，并反馈给控制部分进行比较。控制部分再发出下一个动作指令，如此循环，直到完成作业任务。

1.3.1　驱动系统

驱动系统是为机器人各部位、各关节机械系统的动作提供原动力的驱动装置，相当于人的肌肉。要使机器人运行起来，还需要为各个关节即每个运动自由度安装传动装置，从而将动力部分的运动和动力传递给工作部分。驱动系统可分为电气驱动、液压驱动、气压驱动、新型驱动以及把它们结合起来应用的综合系统，可以是直接驱动或通过齿轮、蜗杆、行星齿轮、谐波减速器、RV 减速器、同步带、链条、滚珠丝杠、绳轮、钢带等机械传动机构进行间接传动。

需要注意的是，选择机器人驱动器时，除了要充分考虑机器人的工作要求，如工作速度、最大搬运物重量、驱动功率、驱动平稳性、精度要求，还应考虑是否能够在较大的惯性负载条件下，提供足够的加速度以满足作业要求。此外，机器人的传动系统通常要求结构紧凑、重量轻、转动惯量和体积小，能够消除传动间隙，提高其运动和位置精度。

1.3.2　机械系统

机器人的机械系统包括手部、腕部、臂部、腰部和基座，相当于人的身体，如手、臂、腿等，每一个大件都有若干自由度。

机器人的手部即末端操作器，是工业机器人和多数服务机器人直接进行工作的部分，根据工作性质，手部可以设计成夹持型的夹爪，用以夹持东西；可以是某种工具，如焊枪、喷漆枪等；也可以是非夹持类的，如真空吸盘、电磁吸盘等；在仿人形机器人中，手部可能是仿人形多指手。机器人末端灵巧手如图 1.7a 所示。

机器人的腕部，相当于人的手腕，上与臂部相连，下与手部相接，一般有3个自由度，以带动手部达到目标位置及实现必要的姿态，如图1.7b所示。

机器人的臂部，相当于人的胳膊，下连手腕，上接腰身，一般由小臂和大臂组成，其作用是带动腕部作平面运动。机器人仿生手臂如图1.7c所示。

机器人的腰部，相当于人的躯干，是连接臂部和基座的回转部件。通过它的回转运动和臂部的平面运动，可以使腕部做空间运动，如图1.7d所示。

机器人的基座，是整个机器人的支撑部件，相当于人的两条腿，需要具备足够的稳定性和刚度，有固定式和移动式两种类型。在移动式的类型中，有轮式、履带式、仿人形机器人的步行式等。工业机械臂固定式基座如图1.7e所示，摄影机器人轨道式基座如图1.7f所示。

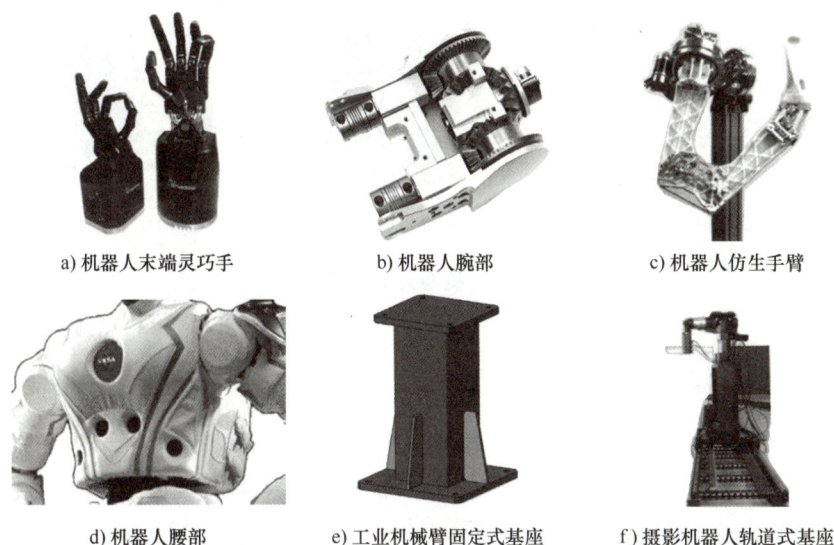

a) 机器人末端灵巧手　　　　　　b) 机器人腕部　　　　　　c) 机器人仿生手臂

d) 机器人腰部　　　　　　e) 工业机械臂固定式基座　　　　　　f) 摄影机器人轨道式基座

图1.7　机器人机械系统

1.3.3　感知系统

感知系统由内部传感器和外部传感器组成，相当于人的五官，其作用是获取机器人内部和外部环境信息，并把这些信息反馈给控制系统。 内部状态传感器用于测量运动学和力学参数，使机器人能够按照规定的位置、轨迹、速度等参数进行工作，感知自身的状态并加以调整和控制，通常由位置传感器、角度传感器、速度传感器、加速度传感器等组成。外部状态传感器用于检测机器人与周围环境之间的一些状态变量，如距离、接近程度、接触情况等，用于引导机器人，便于其识别物体并做出相应处理，包括视觉传感器、力觉传感器、应力传感器、接近度传感器、声觉传感器、温度传感器、距离传感器等。机器人常用传感器如图1.8所示。

随着机器人智能化程度的提高，传感器应用越来越多，大幅提高了机器人的机动性、适应性和智能化的水准。从拟人功能出发，视觉、力觉、触觉最重要，早已进入实用阶段，听觉也有较大进展，其它如嗅觉、味觉、滑觉等，对应多种传感器。

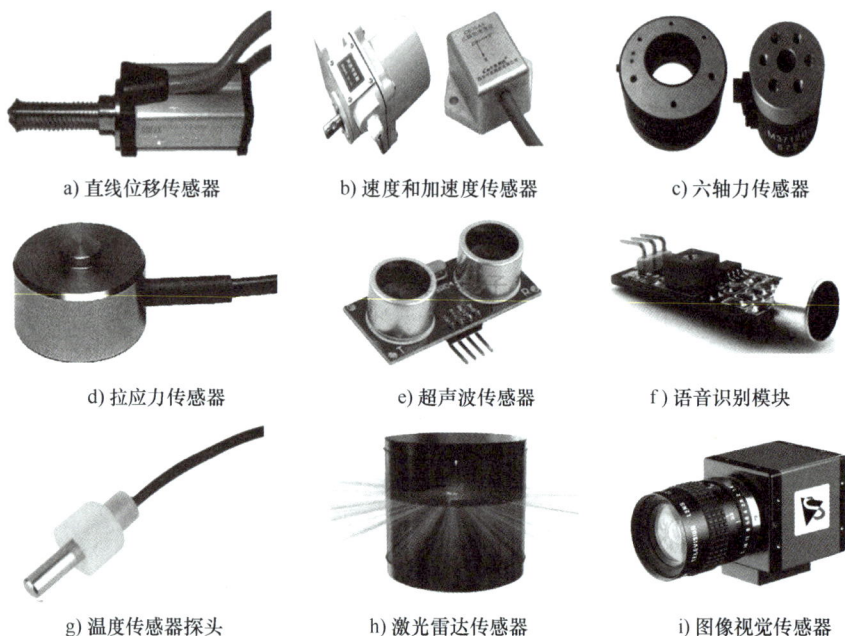

a) 直线位移传感器　　　b) 速度和加速度传感器　　　c) 六轴力传感器

d) 拉应力传感器　　　e) 超声波传感器　　　f) 语音识别模块

g) 温度传感器探头　　　h) 激光雷达传感器　　　i) 图像视觉传感器

图 1.8　机器人常用传感器

1.3.4　机器人-环境交互系统

机器人-环境交互系统是机器人与外部环境中的设备互相联系和协调的系统。以工业机器人为例，工业机器人与外部设备集成为一个功能单元，如加工单元、焊接单元、装配单元等。当然，也可以是多台机器人、多台机床或设备、多个零件存储装置等集成为一个用于执行复杂任务的功能单元。

1.3.5　人机交互系统

人机交互系统是操作人员控制机器人并与机器人联系的装置，如计算机的标准终端、指令控制台、信息显示板、危险信号报警器等。该系统归纳起来分为指令给定装置和信息显示装置两大类。

1.3.6　控制系统

控制系统的任务是根据机器人的作业指令程序以及传感器反馈回来的信号，支配机器人的执行机构去完成规定的运动和功能，相当于人的大脑。若机器人不具备信息反馈特征，则为开环控制系统；若机器人具备信息反馈特征，则为闭环控制系统。根据控制原理，控制系统可分为程序控制系统、适应性控制系统和人工智能控制系统；根据控制方式，可分为集中控制系统、主从控制系统及分散控制系统。

1. 集中控制系统

用一台计算机实现全部控制功能，结构简单，成本低，但实时性差，难以扩展，早期机器人常采用这种结构。基于 PC 的集中控制系统里，充分利用了 PC 资源开放性高的特点，多种控制卡、传感器设备等都可以通过标准 PCI 插槽或通过标准串口、并口等集成到控制系统中。集中式控制系统具有硬件成本较低、便于信息的采集和分析、易于实现系统的最优控制、整体性与协调性较好和基于 PC 的系统硬件扩展较为方便的优点。集中控制系统如图 1.9a 所示。

2. 主从控制系统

采用主、从两级处理器，可以实现系统的全部控制功能。主 CPU 实现管理、坐标变换、轨迹生成、系统自诊断等功能；从 CPU 实现所有关节的动作控制。主从控制方式系统实时性较好，适于高精度、高速度控制；但其系统扩展性较差，维修困难。主从控制系统如图 1.9b 所示。

3. 分散控制系统

按系统性质和控制方式可将控制系统分成几个模块，每一个模块各有不同的控制任务和控制策略，各模块之间可以是主从关系，也可以是平等关系。这种方式实时性好，易于实现高速、高精度控制；易于扩展，可实现智能控制；灵活性好，危险性低，采用多处理器利于系统功能的并行执行，提高系统的处理效率，缩短响应时间。分散控制系统是目前流行的控制系统的形式。分散控制系统如图 1.9c 所示。

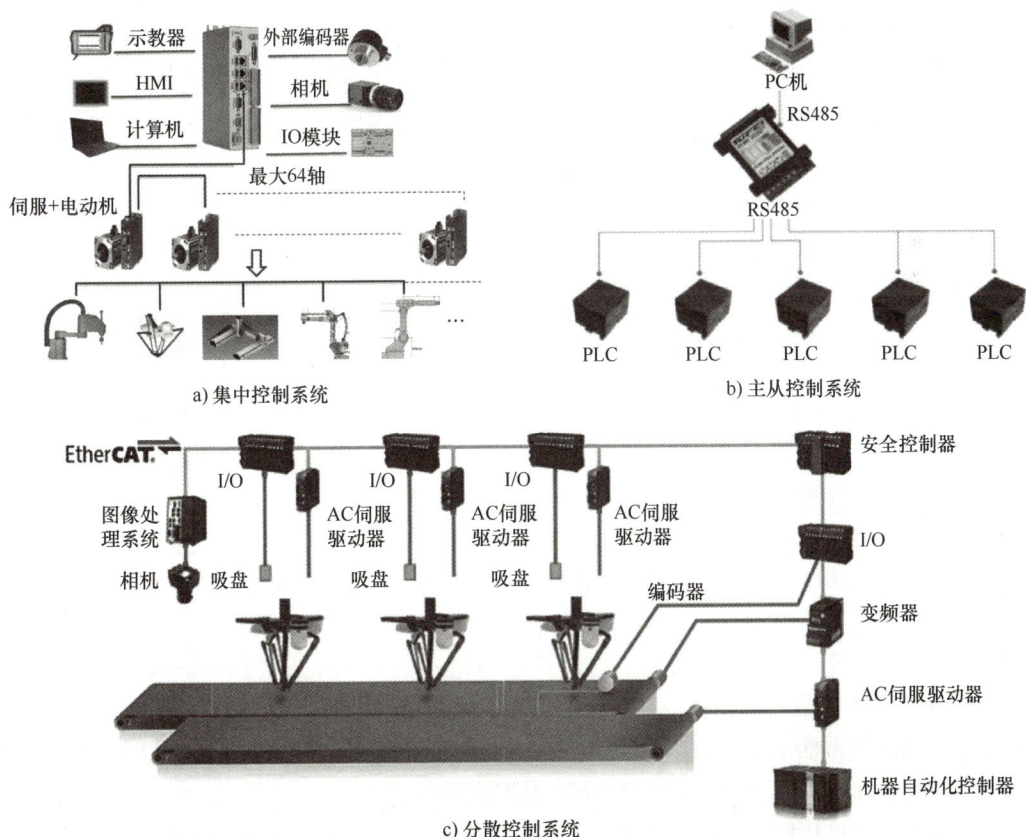

a) 集中控制系统

b) 主从控制系统

c) 分散控制系统

图 1.9 机器人控制系统的控制方式

1.4 机器人发展简史与现状

1.4.1 机器人发展简史

机器人"Robot"一词，最早诞生于科幻和文学作品中。1920 年，捷克作家卡雷尔·卡佩克（Karel Capek）发表了名为《罗萨姆的万能机器人》的剧本，第一次提出了"机器人"这个名词，原文作"Robota"。在该剧中，卡佩克提出了机器人的安全、感知和自我繁殖问题，认为科学技术进步很可能引发人类不希望出现的问题。虽然科幻世界只是一种想象，但人类社会将可能面临这种现实。

为了防止机器人伤害人类，1940 年，科幻作家阿西莫夫（Asimov）在《我，机器人》一书中提出了"机器人三原则"：**①机器人必须不伤害人类，也不允许它见人类将受到伤害而袖手旁观；②机器人必须服从人类的命令，除非人类的命令与第一条相违背；③机器人必须保护自身不受伤害，除非这与上述两条相违背**。这是给机器人赋予的伦理性纲领。学术界一直将这三条原则作为机器人开发的准则。

其实历史上，有很多关于机器人雏形的记载，如《三国演义》中的"木牛流马"。作为科学技术的结晶，真正的机器人雏形出现在第二次世界大战期间。那时，为了处理放射性材料，美国的橡树岭和阿贡实验室发明了遥控操作的联动式机械手，以代替工作人员工作，从而避免工作人员受到辐射伤害。但对于机器人的系统研究则起源于 20 世纪 50 年代，机器人发展历程大事如图 1.10 所示。

（1）20 世纪 50 年代　第一台真正意义上的机器人诞生于 20 世纪 50 年代，虽然只是样机，但是已经具备了现代工业广泛应用的机器人的主要特征，机器人开始进入实用阶段。

1954 年，美国人乔治·德沃尔创造了世界上第一台可编程的机器人"尤尼梅特"，该机器人于 1961 年投入到通用汽车公司（GM）的汽车装配生产线，正式开始工作。

1958 年，乔治·德沃尔和约瑟夫·英格伯格创立了世界上第一家机器人公司 Unimation。1959 年，他们联手制造出全球第一台工业机器人，这是一台压铸用五轴液压驱动机器人，其手臂的控制由一台计算机完成，采用了分离式固体数控元件，并装有存储信息的磁鼓，能够记忆 180 个工作步骤。

（2）20 世纪 60—70 年代　20 世纪 60 年代初期，工业机器人正式问世，但是发展十分缓慢。1966 年，斯坦福大学人工智能研究中心研发了世界上第一台移动机器人"谢克"，它被赋予了有限的观察和环境建模能力，控制它的计算机填满了整个房间。

20 世纪 70 年代，随着人工智能、自动控制理论、电子计算机等技术的发展，机器人技术突飞猛进，许多机器人产品被应用于实际生产。1979 年，斯坦福推车（Stanford Cart）诞生，这是一辆四轮漫游者，它的眼睛是摄像头，通过分析周边环境并对自己的路线进行编程，它能够在一个摆满椅子的房间里绕开障碍物行进。

据统计，到 1980 年，全世界约有 2 万余台机器人应用于工业。但此时的机器人属于"示教再现"型机器人，只有记忆和存储能力，只能按照既定程序重复作业，而不能对环境进行感知和反馈。

1954年
工业机器人先驱乔治·德沃尔创造了世界上第一台机器人，这是一台可编程的机器人"尤尼梅特"，它在1961年被投入通用汽车公司的汽车装配生产线正式开始工作

1966年
斯坦福大学人工智能研究中心研发了世界上第一台移动机器人"谢克"，它被赋予了有限的观察和环境建模能力，控制它的计算机要填满整个房间

1979年
斯坦福推车诞生，这是一辆四轮车漫游者，它的眼睛是摄像头，通过分析周边环境并对自己的路线进行编程，它能够在一个摆满椅子后三个的房间里穿梭开着障碍物前进

1993年
一台名为但丁的八脚机器人试图探索南极洲埃里伯斯火山，这一有里程碑意义又有限行动由研究人员在美国远程操控，开辟了机器人探索危险环境的新纪元

1997年
小个头的"旅居者"探测器开始了自己的火星科研任务，这台机器人可探索了自己着陆点附近的区域，并在之后三个月内拍摄了550张照片

1998年
丹麦乐高公司推出机器人套件，让制作变得相对简单，使机器人任意拼装，人开始进入个人生活领域，并应用于教育等领域

2000年
本田汽车公司出品的人形机器人阿西莫可上舞台，它身高1.3m，能够以接近人类的姿态走路和奔跑

2012年
谷歌研发的世界上第一张无人驾驶汽车牌照。无人驾驶汽车通过摄像机、雷达传感器和激光测距仪来"观察"其他车辆，并使用真实的地图来进行导航

2015年
大阪大学和京都大学的研究团队研发出一款智能美女机器人，该机器人可使用人工智能能流畅对话，声音和表情都非常接近人类

2016年
DeepMind公司研发的AlphaGo机器人，以4比1的总比分，战胜了围棋世界冠军李世石。目前基于深度学习原理设计的AlphaGo，其围棋能力已经超过人类顶尖职业围棋选手的水平

2018年
著名机器人公司波士顿动力开发了令世界今世惊叹的人形机器人Atlas惊人的跨越障碍物并且单腿越过障碍跳的凌空三连跳的视频

2020年
中国首台万米级科考载人潜水器"奋斗者"号在马里亚纳海沟成功坐底，深度1009m，可承受万米海压，水压超过110兆帕

2020年末
波士顿顿公司的Spot四足机器狗、Handle两轮机器人以及两个Atlas仿人机器人，伴随着经典歌曲《DoYou Love Me》翩翩起舞，非常精彩

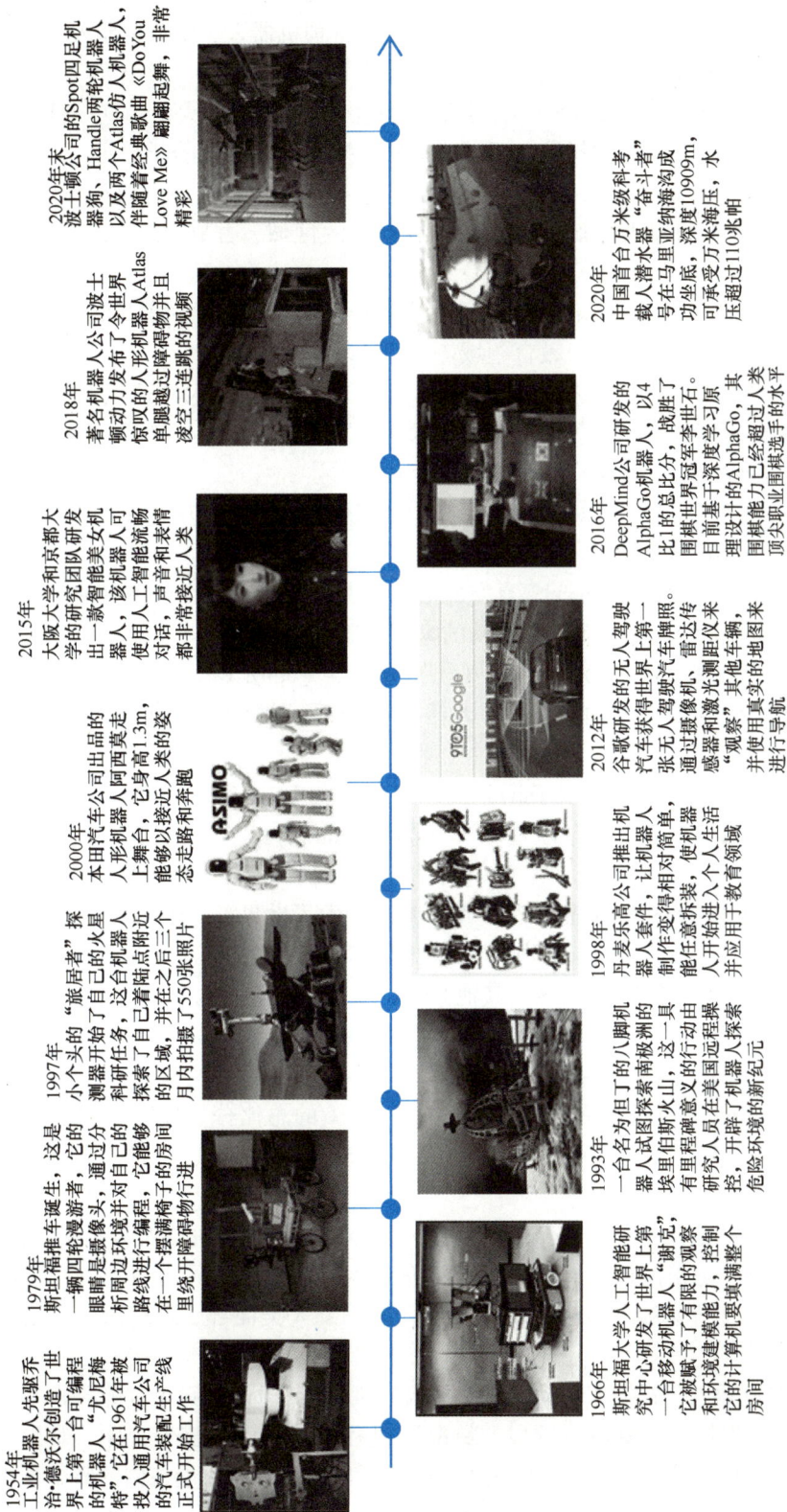

图1.10 机器人发展历程大事记

（3）20世纪80—90年代　20世纪80-90年代，机器人技术发展迅速。随着传感器技术和信息技术的发展，除了工业机器人技术进一步精进，特种机器人、服务机器人、医疗康复机器人等不同种类和不同应用的机器人都开始形成规模并实现了应用。

1993年，八脚机器人但丁（Dante）试图探索南极洲的埃里伯斯火山，这一具有里程碑意义的行动由研究人员在美国远程操控，开辟了机器人探索危险环境的新纪元。

1997年，旅居者探测器（Sojourner Rover）开始了火星科研任务，最高行走时速为0.02英里（0.0322km），这台机器人探索了自己着陆点附近的区域，并在之后三个月内拍摄了550张照片。

1998年，丹麦乐高公司推出了机器人套件，让机器人制作变得相对简单，能任意拆装，使机器人开始进入个人生活并应用于教育领域。

（4）21世纪至今　21世纪以来，随着感知、计算、控制等技术的迭代升级和图像识别、自然语音处理、深度认知学习等人工智能技术在机器人领域的深入应用，机器人朝智能化方向发展，已慢慢渗透进社会生产生活的每一个角落。

2000年，本田汽车公司（Honda Motor）出品人形机器人阿西莫（ASIMO），它身高1.3m，能够以接近人类的姿态走路和奔跑。

2002年，iRobot公司发布了Roomba真空保洁机器人，这款造型类似飞盘的产品售出了600多万台。从商业角度看，它是史上最成功的家用机器人之一。

2004年，美国宇航局（NASA）的"勇气号"探测器（Spirit Rover）登陆火星，开始了探索任务。这台探测器在原先预定的90天任务结束后，继续运行了6年，总旅程超过7.7km。

2011年，由IBM公司首席研究员David Ferrucci领导的Deep QA计划小组开发的机器人沃森（WATSON）参加综艺节目"危险边缘"来测试它的能力，这是该节目有史以来第一次人与机器对决。

2012年，美国内华达州机动车辆管理局（NDM）颁发了世界第一张无人驾驶汽车牌照，该牌照被授予一辆丰田普锐斯（Toyota Prius），这辆车使用谷歌公司开发的技术，通过摄像机、雷达传感器和激光测距仪来"观察"其他车辆，并使用真实的地图进行导航。

2015年，大阪大学和京都大学的研究团队研发出一款智能美女机器人，该机器人可使用人工智能流畅对话，声音和表情都非常接近人类。

2016年，DeepMind公司研发AlphaGo机器人以4∶1的总比分，战胜了围棋世界冠军李世石。目前，基于深度学习原理设计的AlphaGo，其下围棋的能力已超过人类顶尖职业围棋选手的水平。

2017年，沙特阿拉伯授予美国汉森机器人公司生产的"女性"机器人索菲亚公民身份。作为史上首个获得公民身份的机器人，索菲亚拥有仿生橡胶皮肤，可模拟62种面部表情；其"大脑"采用了人工智能和谷歌语音识别技术，能识别人类面部、理解语言、记住与人类的互动。

2018年，著名机器人公司波士顿动力发布了人形机器人Atlas单腿越过障碍物并且凌空三连跳的视频，令世界惊叹。Atlas在这段"跑酷"过程中，调动了整个身体，既为了保持平衡，也用于推动自身前进。其控制软件使用了包括腿部、手臂和躯干在内的整个身体来控制力量，使Atlas跳过木头并在不打乱步伐节奏的情况下跳跃台阶。Atlas使用计算机视觉来识别标记物，给自身定位，以完成这一系列动作。

2020年11月10日，我国首台万米级科考载人潜水器"奋斗者"号在马里亚纳海沟成功坐底，坐底深度10909m，这是在珠穆朗玛峰顶再叠一座西岳华山的海拔高度。水压超过110MPa，相当于2000头非洲象踩在一个人的背上。承受万米深处海水带来的压力，做成又大又轻又坚固的载人舱至关重要，而国产新型钛合金材料是解决这一问题的关键。

2020年末，波士顿公司发布了迄今为止令人印象最深刻的机器人舞蹈视频。Spot四足机器狗、Handle两轮机器人以及两个Atlas仿人机器人，伴随着经典歌曲《Do You Love Me》翩翩起舞。Spot机器狗还曾出现在新西兰放羊以及在挪威的一个石油钻井平台上工作等经典视频中，在越来越多的场景中为人们服务。

1.4.2 机器人发展现状

（1）国外机器人发展现状　发达国家在智能机器人前沿技术上引领着全球发展，占据着原创性、颠覆性技术的源头创新地位，机器人前沿研究团队主要分布在其顶尖大学内。美国哈佛大学的Wyss研究所、麻省理工学院的计算机科学与人工智能实验室、卡内基梅隆大学的机器人研究所，分别提出了软体机器人、粒子机器人和无人驾驶的理念，均成为机器人领域的前沿热点，并呈现出逐步向产业界过渡的迹象；日本东京大学、京都大学、早稻田大学在生物机器人、分子机器人和拟人机器人领域有原创性贡献；欧洲的意大利理工学院、瑞士联邦理工学院则在自主进化机器人和微纳机器人领域占据主导优势。

美国、日本等国家在工业机器人技术和产业方面有先发优势，并持续维持着其在高端制造业等重点领域的国际垄断地位。传统工业机器人趋近成熟，形成了以ABB、库卡（2022年被美的集团收购）、发那科和安川为代表的"四大家族"，仅四大家族就占据了60%以上的市场份额；在高附加值的高端制造领域，更是几乎被外资品牌一统天下。同时，以UR、KINOVA等行业新势力为代表的协作机器人也正成为主力。随着伺服系统、精密减速器、运动控制器三大核心零部件的日益成熟，单纯的工业机器人本体生产和供应逐渐失去了竞争优势，而从提供硬件到提供系统性解决方案的转变正成为工业机器人发展的新策略，规模化的应用形成了工艺软件包，降低了机器人融入制造系统的门槛，通过正向反馈进一步扩大了其市场份额。

在特种服务机器人领域，西方发达国家也具有雄厚的技术储备，创新和应用方面全球领先，并以医疗、救灾、反恐、勘测等为背景积极开展应用，逐步形成产业规模，积极布局国民生命健康等新兴产业，在国防安全等国家重大战略需求的国际市场占主导地位。

在医疗机器人领域，优势研究单位主要分布在欧美、以色列和日本等国家，突破了人机工程学本体结构与接口、安全传动与精密伺服系统、人机交互感知与控制等核心关键技术，搭建了康复机器人性能评测与临床效能评估等关键平台，并形成了大学和产业公司互动的良好局面。作为典型代表的手术机器人已具有较高的技术成熟度，在多种手术中均有进入临床阶段的产品应用，其中美国直观外科公司的达芬奇多孔手术机器人的应用最为成功。

救灾、反恐、勘测等领域的特种机器人优势研究单位主要集中于大学和具有政府背景的公司。在救灾领域，日本在开发救灾机器人的基础上，创建了一种可远程操控的双臂灾害搜救建筑机器人，高度临场感和机器人的灵活性拓展了其应用范围，提高了灾后救援、核设施维护检修的效率；美国约翰霍普金斯大学开发的双臂移动式反恐救援机器人、美国 RE2 机器人技术公司的双臂主从作业处置机器人、瑞典布洛克公司的液压抢险救援机器人也是该领域的"明星"。在反恐领域，机器人作为打击和震慑恐怖分子的工具，其效果得到了初步展示，近期频繁出现在新闻上的战斗四足狗、无人机攻击事件都彰显了军用机器人在国家安全中的强大震慑作用。在危险环境勘测作业领域的优势单位主要包括美国卡内基梅隆大学、东京工业大学、韩国机械与材料研究院、以色列 Roboteam 公司和日立 GE 公司等。

（2）国内机器人发展现状　近年来，我国机器人在前沿技术研发、共性核心技术攻关、系统应用集成与产业化等方面均取得了一系列进展，并初步进行了从系统样机研发到大规模产业化体系的部署，在机器人关键零部件生产、整机和系统集成方面，培育了新松、博实、埃斯顿埃夫特、绿的谐波、天智航等多家上市公司和优必选、速腾、奥比中光等独角兽公司，加速了机器人全面产业化进程。

1）**前沿技术取得了一批原创性成果，但与领先国家仍有较大差距。**国内高校研制的仿生鲫鱼软体吸盘机器人、像蟑螂一样抗压并能快速移动的纸条型薄壁软体机器人、软体爬壁机器人均被《Science Robotics》长篇报道，为未来的低功耗水下仿生软体机器人、水下吸附装置、爬壁运动机器人提供了关键技术支撑；国家纳米科学中心研制出用于肿瘤治疗的智能型 DNA 纳米机器人，入选 2018 年度"中国科学十大进展"；仿海豚背腹式推进机器人，在国际上首次实现机器海豚跃水运动；天津大学、中国电子信息产业集团等研发的全球首款脑机接口专用芯片，拥有完全自主知识产权。整体而言，我国前沿技术研究取得了一批原创新成果，在部分细分领域达到国际先进水平。

2）**工业机器人及其核心件的功能逐步完善，性能逐步提升，行业应用领域进一步拓宽。**减速器、伺服电动机与驱动器、控制器等机器人核心零部件已实现产品化和批量化，N 系列谐波减速器达到国际领先水平，核心部件整体国产化率大幅提升；机器人专用的六维力和触觉传感器、激光扫描雷达、三维视觉测量传感器等实现了产品化，并初步实现小批量应用；国产自主品牌的工业机器人市场占有率连年攀升，服务行业增加至 47 个行业大类、126 个行业中类。其中，混联机构加工机器人、室外无轨导航重载 AGV 产品性能达到国际同类产品水平；洁净环境大尺寸玻璃基板搬运机器人在国际上首次成功应用于高世代生产线；国内首台大型风电叶片多机器人智能磨削系统获 2018 年度"中国智能制造十大科技进展"。

工业机器人及其核心件产品性能的持续提升，不断拓宽了行业应用领域，逐步迈向高端市场，并培育出绿的谐波、双环、振康、汇川技术、广州数控等多家机器人核心件骨干企业，以及新松机器人、博实、埃夫特、拓斯达、埃斯顿、北人机器人、珞石机器人、节卡机器人等一批自主品牌智能机器人骨干创新企业。

3）**服务机器人的应用场景持续拓展，新兴产业增长点初具规模。**国产公共服务机器人持续拓展新的应用场景，目前已进入医院、机场、社区、物流中心、家庭等，形成了新的经济增长点。例如，在新型冠状病毒感染疫情期间，服务机器人进行物资配送、消毒、测温等工作，发挥了重要作用；自主品牌知名度与用户认可度不断提升，国产品牌的智能扫地机器人占据了国内家庭扫地服务机器人 70% 以上的市场；物流机器人实现大规模 AGV 的集成应用，建成了目前国际上最大的电商无人化仓储物流中心；研制的医疗康复、行为辅助、个性化护理、照料看护等多款机器人产品获得 CFDA 认证。

4）特种机器人的环境适应性持续增强，国家重大需求服务显现成效。"蛟龙号"创造世界同类作业型潜水器最大下潜深度纪录，为我国全海深探测与作业奠定了坚实的基础；研制出多种长航程南极科考移动机器人样机，为我国进行南极大时空范围科考提供了技术保障；研制面向天眼、国家石油战略储备库、大型桥梁、南水北调工程、高海拔环境科考、核电站等工程和项目的十余个国家科学装置，保障了国家重大设施安全运行。我国消防机器人和安防机器人产业也保持快速发展，排爆机器人已完成多次实战演练。

（3）国内外发展差距分析　尽管我国机器人技术与产业已取得显著进步，但与国外先进国家仍存在较大差距，主要体现在以下几个方面。

1）学科前沿交叉有待深入，机器人原创成果国际引领性不足。我国在前沿技术研究的部分细分领域虽取得了国际先进水平成果，但聚焦领域较为狭窄，机器人前沿技术学科交叉的宽度和深度仍落后于欧美发达国家，多集中于与机器人技术直接相关的信息技术领域，而与生物、材料、脑科学、认知科学等学科的交叉有待加强，引领性的原始创新研究较为欠缺。

2）核心技术有待系统性突破，关键零部件与软件性能差距明显。尽管在减速机、伺服控制器、伺服电动机等关键核心零部件领域我国已取得了快速发展，但在一体化、可靠性、寿命等方面与国际领先厂商的产品相比还存在差距，部分核心零部件仍在实验室阶段，机器人专用传感器、芯片、核心软件等差距更为明显。

3）产品功能性能亟待提升，产品与系统核心竞争力相差悬殊。目前，我国机器人产品尚未摆脱低水平重复的局面，大部分机器人产品功能和性能水平较低，智能化不足，难以在核心性能指标上与国外产品正面竞争，直接制约着国产机器人产业化发展。工业、服务、特种机器人涉及的共性核心技术，特别是正向设计、高性能控制、人机协作、环境感知等软能力，尚未完全攻克，相对于欧美发达国家核心竞争力差距明显。

4）工艺服务能力急需拓展，应用领域高端化、系统化差距突出。应用场景理解、对象分析、系统整合、运行实施等工艺服务能力是制约机器人应用高端化、系统化的核心要素，世界领先国家已具有深厚的技术积累。目前，我国机器人产品系统设计能力不高，工艺实现经验不足，产品测试标准缺失，运行维护手段缺乏，严重制约机器人工艺服务能力的提升，难以满足智能制造、医疗康复、社会服务等高端应用对机器人的要求。

1.5　机器人前沿热点和未来趋势

2022 年，世界机器人大会上发布了《机器人十大前沿热点领域（2022-2023）》报告。该报告紧密结合了国家"十四五"发展规划，面向国家智能制造发展战略需求，聚焦"硬科技"最新发展前沿与趋势。通过广泛的组织和调研，由北京航空航天大学王田苗教授、陶永教授等著名专家学者共同分析归纳出当前机器人十大前沿技术，并结合我国国情和机器人产业发展现状，提出了十大机器人应用热点产品。

1.5.1　机器人十大前沿技术

（1）**仿人机器人技术**　仿人机器人通过双足行走、双手操作，是执行拟人化、多任务的一种机器人形态，以代替人类完成一些操作和任务，甚至是很多人类无法完成的危险任务。凭借仿人形态的优势和运动特征，未来在家庭服务、商业服务、国防安全、危险作业等场景中具有重要的应用价值。仿人机器人技术包括高转矩密度伺服电动机、高动态运动规划与控制、机器视觉、导航移动、情感识别与人机交互、机器学习等关键技术。仿人机器人如图 1.11 所示。

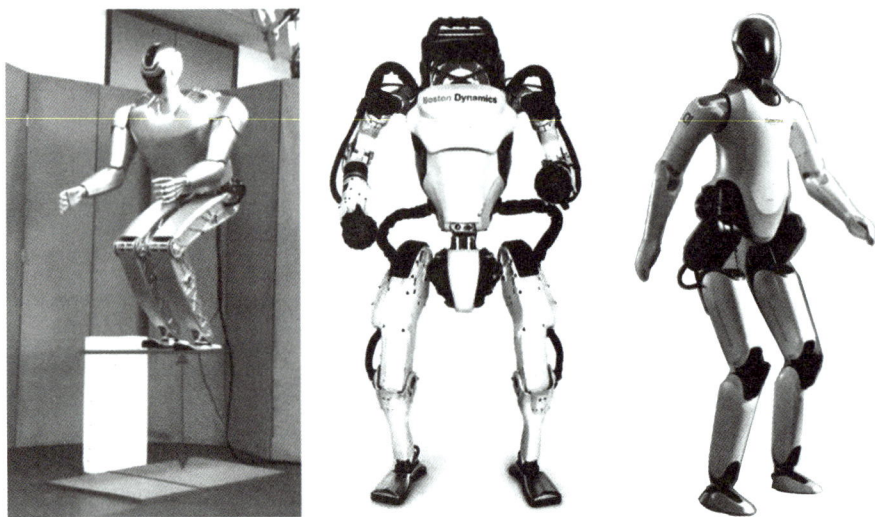

图 1.11　仿人机器人

（2）自然语言理解、情感识别与人机交互技术　自然语言理解和情感识别是人机交互领域的重要组成部分。自然语言理解通过对人类语音、肢体等方面的意图识别，生成相应的回答或动作指令，在引擎搜索、智能推荐、机器人交互等场景具有广泛的应用。情感识别是对自然语言理解技术的进一步升级，利用图像识别、语音识别、大数据等技术实现对人类情感的有效识别，在教育娱乐、医疗康复等领域具有重要应用。伴随着人机共融、数字孪生、元宇宙等前沿科技的发展与需求，人机交互技术将是未来数字时代的重要接口之一。

（3）软体机器人与人工肌肉　软体机器人具有连续可变形结构，在人机共融、医疗康复、工业生产、特种应用中发挥重要作用。人工肌肉具有类人肌肉的特性，相比传统执行器，安全性更高、功率更大，有望用于航空航天、医学、特种服务等领域。软体机器人与人工肌肉核心技术包括仿生与生物模型计算、智能结构材料的刚柔耦合本体、智能 SMA 与IPMC、驱动一体化功能部件以及人工肌肉与驱动、结构、感知等。

（4）DNA 纳米机器人与新材料微纳部件　DNA 纳米机器人具有微小、精准、靶向、低损伤、超高精度可控等优点，被誉为未来对抗人体疾病的理想武器之一，在生物医学、组织工程、微电子技术等领域具有广阔应用前景。核心技术包括 DNA 折纸技术、微纳操作、亚微米级微操作台、新材料与微电子技术等。随着 DNA 纳米技术和新材料技术发展，胶囊机器人、电子皮肤等新兴微纳部件实现快速的交叉融合发展。DNA 纳米机器人与新材料微纳部件如图 1.12 所示。

（5）元宇宙与机器人融合技术　元宇宙与机器人的交叉融合，处于快速发展之中。元宇宙技术与数字孪生、虚拟现实（VR）、增强现实（AR）、云计算、人工智能（AI）、区块链、物联网、人机交互、虚拟人、边缘计算等技术交叉融合发展，旨在构建一个虚实结合的新型人机共融空间。随着人工智能、人机交互、虚拟现实等技术的发展，元宇宙技术正逐渐走向人们的日常生活，如科大讯飞发布的虚拟人技术等。"元宇宙+机器人"融合技术正逐渐从传统的娱乐、社交、游戏、生活服务等领域，逐渐走向商业服务、高端制造等场景。元宇宙与机器人融合技术如图 1.13 所示。

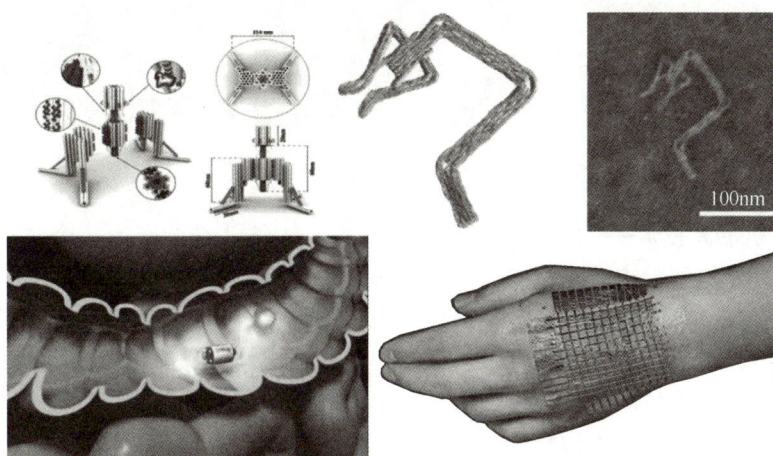

图 1.12 DNA 纳米机器人与新材料微纳部件

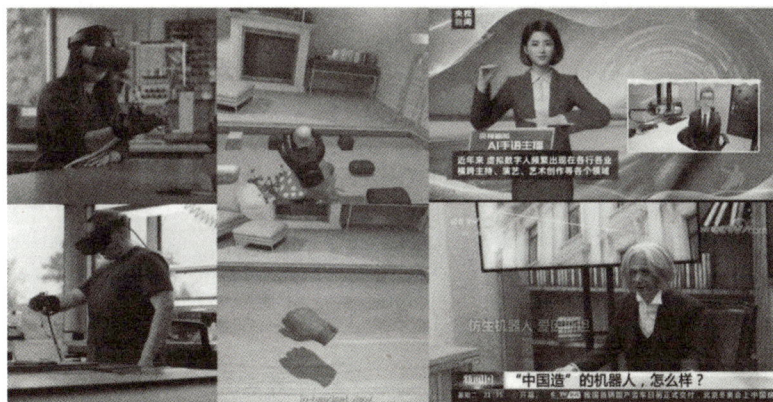

图 1.13 元宇宙与机器人融合技术

（6）脑机接口与生机电一体化技术 脑机接口是在人或动物的大脑与外部设备之间创建的直接连接，从而实现脑与设备的信息交换。基于脑机接口的机器人是前沿科技之一，将机器人与脑认知交叉融合创新，在医疗领域、航空航天、教育、娱乐等领域，脑机接口技术将得到更广泛的应用，发展前景值得期待。

生机电一体化是近年来快速发展的前沿科学技术，建立神经信息测量处理与人机信息通道，与机器人交叉融合发展。作为典型的生机电一体化系统，智能假肢将假肢本体的机电集成、双向生机接口集成、假肢与生机接口的物理和功能集成进行融合。脑机接口与生机电一体化技术如图 1.14 所示。

图 1.14　脑机接口与生机电一体化技术

（7）复合机器人技术——"手足眼脑"一体化　复合机器人作为一个整体，由移动平台、机械臂、视觉模组、末端执行器等组成，集成了移动机器人与操作机功能，融合了环境感知、定位与导航、工业视觉检测、精准抓取与操作等关键技术。在复杂环境中，还涉及手足的柔顺阻抗以及全身动力学控制技术；此外，还包括高精度导航传感器、视觉传感器、机器人操作系统及算法等核心软、硬件技术。

复合机器人可快速布局于智慧工厂与自动化车间、电力巡检、仓储分拣、自动化货仓等场景，满足柔性生产需求，是促进制造业转型升级的关键核心装备之一，将在"脑、眼、手、脚"技术上协同发展。复合机器人技术如图 1.15 所示。

图 1.15　复合机器人技术

（8）机器人操作系统　机器人操作系统通常包括硬件抽象描述、底层设备控制、常用功能实现、进程间消息传递、数据包管理等功能。根据不同的行业需求，具有不同类型的机器人操作系统，如面向教育和科研的 ROS 机器人操作系统、面向服务机器人的达阀海睿操作系统、面向无人驾驶的百度阿波罗和智行者 IDRIVERBRAIN 操作系统等。随着机器人操作系统的快速发展，有望使更多机器人走向标准化和模块化，使机器人建立物理空间+数字空间的数字孪生成为现实。

（9） 云服务机器人技术 将机器人大脑部署到云端，借助云端服务器，可实现更强的运算能力，实现更高效的数据应用。云服务机器人核心技术包含云计算、分布式计算、RPA/AIops 软件自动化工具、数据储存与管理、机器人运动控制等方面。未来，在无人驾驶、商业服务等数据密集型场景具有广阔的应用前景。通过云服务机器人的功能化模块和数据中心，可缩短机器人的开发周期和难度，同时，便于后期的远程维护和状态监测。未来开发针对相关应用场景的"云端大脑+本地机器人"或"云端服务"类型机器人，有望成为机器人规模化推广和应用的重要模式。

（10） 机器人伦理与安全 机器人技术作为一项快速发展中的新兴技术，部分技术和系统在发展和迭代过程中存在一定的安全隐患；同时，机器人在替代人做出很多决策行为时，同样需遵从人类社会的各项规则。随着人工智能和机器人技术的发展，将一些生活中的伦理性问题在系统中规则化；机器人网络安全问题也逐渐引起相关部门、供应商、用户等方面的重视，以预防发生重要数据泄露、生产线瘫痪、机器人错误操作等网络安全问题。

1.5.2 机器人十大热点应用

（1） 家用服务机器人 家用服务机器人涉及领域广、门类多、需求大，以扫地机器人、割草机器人、教育娱乐机器人、短途出行机器人、陪护聊天机器人等为代表的家用机器人快速发展。伴随机器人产业的国内生态日益完善，价格逐渐普惠，未来的家庭服务机器人有望走进千家万户。核心技术包括先进传感、环境感知与建模、路径规划、听觉视觉语义理解、神经网络深度学习、人机交互、情感识别与聊天等。家用服务机器人如图 1.16 所示。

图 1.16 家用服务机器人

（2） 医疗与康复机器人 医疗外科机器人能够辅助医生实现远程力反馈、定位导航、操作防抖等目的，完成高精度的作业，在骨科、脑外科、穿刺介入等领域应用广泛；康复机器人凭借先进传感、精确控制等技术，可辅助相关偏瘫患者恢复运动能力，或满足永久损伤患者的生活需求，提升患者的生活质量。核心技术包括伺服视觉、智能传感器、高精度运动控制、力位控制、安全操作等技术。医疗与康复机器人如图 1.17 所示。

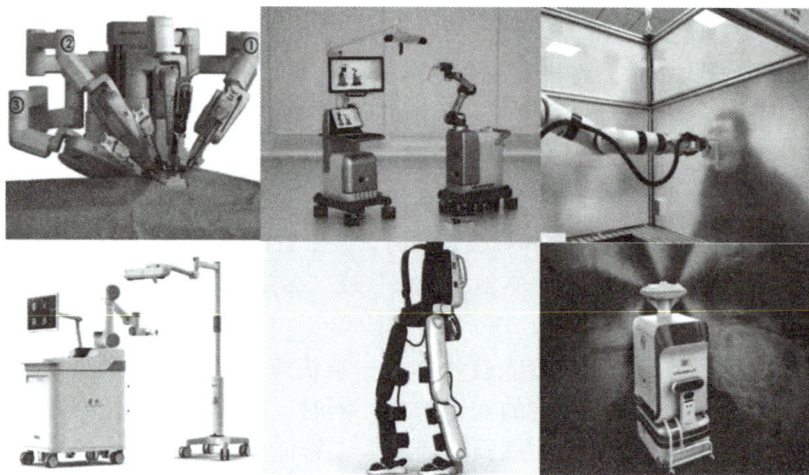

图 1.17　医疗与康复机器人

（3）机器人核心零部件　电动机、伺服驱动器及减速器作为传统机器人的三大核心零部件，我国已基本实现国产化，并逐步占据国际市场份额，呈现从中低端逐步往高端零部件发展的趋势。伴随新一代智能机器人技术的发展，力觉、视觉传感器作为传统机器人实现智能化、数字化、柔性化的"敲门砖"，逐渐成为新一代机器人的重要核心零部件。机器人模块化趋势不断凸显，近些年标准化的末端夹爪和移动模组不断出现，有望成为新一代机器人的核心零部件。机器人核心零部件如图 1.18 所示。

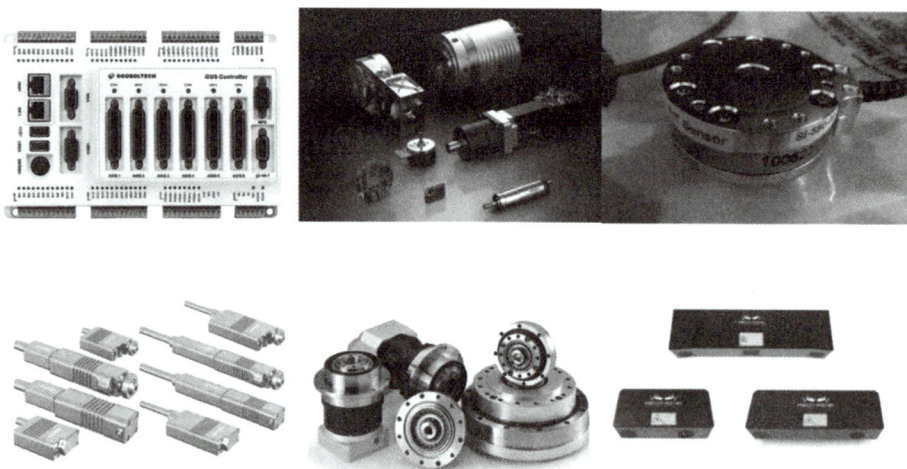

图 1.18　机器人核心零部件

（4）室内商业服务机器人　室内商业服务机器人主要应用于室内环境中的导航服务、商业清洁、餐饮配送、无人售货、无人餐厅等商业服务场景。核心技术包括环境感知、地图构建、定位与路径规划、动态识别、及时避障、机器视觉、人机交互、智能决策与控制等。提供跨楼层到户配送服务的机器人在大型商场、餐馆、宾馆、医院等场景得到广泛应用。室内商业服务机器人如图 1.19 所示。

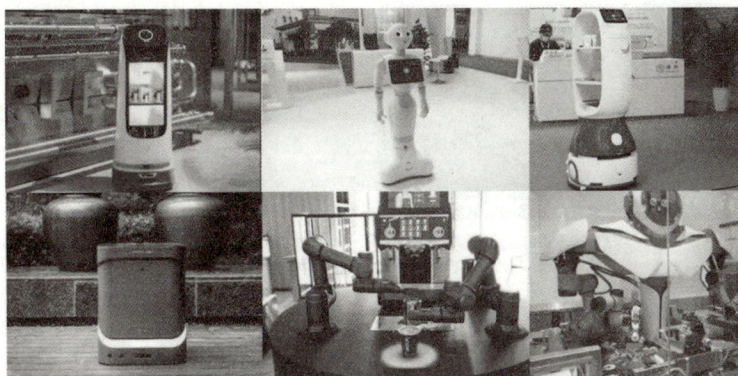

图 1.19　室内商业服务机器人

（5）**室外移动服务机器人**　室外移动服务机器人主要应用于无人配送、道路清洁、无人巡检、无人巴士等服务场景，具有智能化程度高、运维成本低、安全快捷等特点。核心技术包括多传感器融合、环境感知、地图构建、路径优化、导航与避障、智能决策、机器视觉、集群协同等。伴随激光雷达等零部件的价格下降、自主导航技术的成熟，同时在庞大的市场需求刺激下，无人配送成为很多企业竞争的领域，无人配送机器人开始呈现出由室内向室外转变的趋势。室外移动服务机器人如图 1.20 所示。

图 1.20　室外移动服务机器人

（6）**协作机器人及新一代复合机器人**　协作机器人具有一定的自主行为和协作能力，在非结构化环境中与人们安全地进行交互协作，在 3C、汽车、五金家电、机械加工、微创医疗、按摩理疗、无人售货等行业中具有巨大的市场空间；新一代复合机器人是同时具备"手足眼脑"协同能力的移动复合机器人，具有更高的场景适应能力和作业效率，在智能制造、柔性生产中具有广泛的应用前景。核心技术包括力位协同控制、机器视觉、高精度导航与定位、一体化柔性关节、智能化拖拽示教、安全行为决策、智能控制与决策、人机友好交互、精准抓取等。协作机器人及新一代复合机器人如图 1.21 所示。

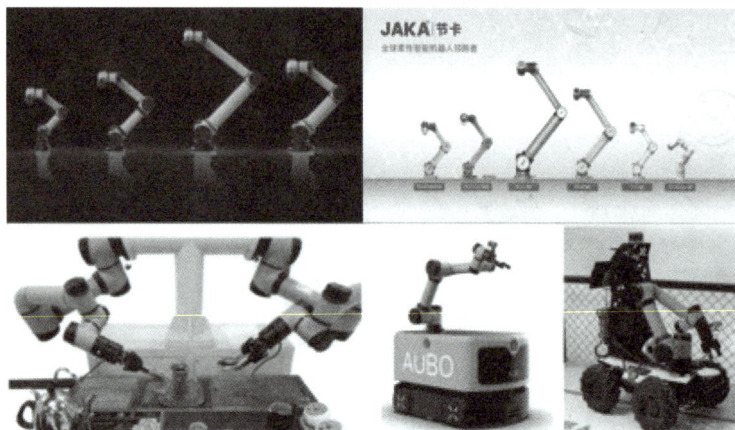

图 1.21 协作机器人及新一代复合机器人

（7）**物流仓储机器人** 仓储物流机器人作为智慧物流的重要组成部分，进行仓储机器人的路径规划和任务协同，可实现数百台甚至上千台机器人同时协作，完成上架、拣选、补货、退货、盘点等任务，是物流行业解决高度依赖人工、业务高峰期分拣等瓶颈问题的关键突破口，其主体包含 AMR、AGV 机器人、无人叉车等，具有良好的市场价值。核心技术涉及多传感器融合、建图与定位、引导和导航、避障规划、高精运动控制、多机器人集群控制等。

（8）**高端仿生机器人** 仿生机器人一般基于仿生学的机理、生物结构等特征进行设计与研发，通常具有仿生外形或运动特性，如四足机器人、人形机器人、仿鱼水下机器人、仿生扑翼机器人等。伴随高功率密度关节、平衡控制、步态规划、人机交互等核心技术快速发展，高性能四足、人形等仿生机器人的落地成为现实，以满足特殊服役、商业服务、家庭服务等场景的潜在需求。

（9）**空间机器人** 空间机器人是指面向太空环境作业的机器人，在空间勘测、航天员出仓等作业中具有重要作用。由于面临微重力、高真空、大温差、照明差的恶劣环境，对机器人的性能要求极高。随着我国探月计划、火星计划、空间站的建设等规划，对空间机器人的需求日益旺盛，相继发布了"玉兔"号、"祝融"号、空间机械臂等太空机器人。核心技术包括运动控制、柔顺控制、轨迹规划、无线通信等。

（10）**特殊环境服役机器人** 在特殊环境下服役的机器人，如消防救援、电力勘测、农业、核工业、反恐防暴、国防安全等领域，都具有巨大的需求，代替人进行危险的作业或者重复性的操作。核心技术包括导航与定位、机器人核心零部件、力位控制、机器视觉、遥操作与精确控制技术等。

1.5.3 机器人未来发展趋势

机器人的发展主要受两个因素影响，**一个是新原理的推动，另一个是新场景的拉动**。从新原理的推动看，近年来，特别是材料科学、计算机科学、生命科学、脑科学、人工智能、微机电和微纳制造技术等领域的进步，为机器人在基础前沿领域的颠覆性创新提供了新的机遇；从新场景的拉动看，人口红利的消失、生产模式的改变、制造业的转型升级等，改变了机器人的工作场景，为人机关系赋予新的定义，带动技能型机器人的发展。上述两方面因素交叉融合，使得机器人技术的发展呈现以下几个方面的转变和趋势。

(1) 机构由非生命体向以类生命体和混合生命体为特征的生机融合转变 材料科学和生命科学的进步，颠覆了传统刚体机器人的设计制造、建模分析和驱动控制，促进了材料结构功能一体化的软体机器人以及基于生机融合的类生命机器人的出现和发展。这类新型机器人对复杂非结构化环境和任务具有更强的适应能力，但是，同时也对机器人的设计实现技术、建模分析理论和控制方法提出了新的挑战。

(2) 感知由单向单模态向双向多模态为特征的全域感知转变 微机电（MEMS）和微纳制造技术的快速发展，出现了种类繁多、功能各异的高灵敏、多模态传感器技术，促进机器人全域多模态感知及人-机-环境交互共融协作理论和技术的发展，为解决传统机器人感知受限、交互协作不自然等技术瓶颈提供了解决方案，是提高机器人环境适应能力、人-机-环境交互协作能力以及本质安全的有效途径。

(3) 智能由单体逻辑判断向以自主进化、群智涌现为特征的类脑智能转变 近年来，信息科学和脑科学的进步，极大推动了机器学习和人工智能的发展，催生了多种人工智能理论和方法，促进机器人复杂作业技能和行为意图的自主学习、发育和进化以及群体智能等研究，有望提升机器人的认知学习、知识表达、推理决策等智能水平，为提高机器人复杂任务作业、机器人共融协作等综合能力奠定基础。

(4) 工作环境由固定结构化向以动态变化为特征的非结构化转变 目前，无论是工业机器人、服务机器人还是特种机器人，都只能在一个相对可预知的环境内工作，而在未来，制造模式、服务模式和服役环境都将更具动态未知属性，具备针对复杂非结构化环境的适应能力和自主能力，是机器人深入走进人类社会、发挥更大效能的必经之路。

(5) 人机关系由物理空间隔离向以紧密共享空间为特征的人机共融转变 机器人的工作模式正发生颠覆性改变，机器与人的关系正得到重新定义，将由物理隔离的奴仆模式向共享物理和信息空间的伙伴模式转变，由以"人为中心"的编程示教模式向以"人机均衡"的自然交互模式转变，机器人将具备高效安全性能，与人紧密协调合作。

(6) 作业方式由简单作业向以拟人灵巧作业为特征的精细技能型作业转变 目前机器人仍存在灵活性不足、软能力弱、信息技术融合深度不足等问题，使机器人无法完成人类所期望的复杂灵巧作业任务。在未来，机器人将与新一代信息技术深度融合，具备更好的结构灵巧性、类人技能学习能力和智能增值能力，帮助和替代人类完成更多灵巧性工作。

1.6 国内外机器人发展战略

机器人作为国民经济和社会发展的基础性、战略性产品，成为全面融入国计民生的重要使能技术，是"四个面向"的典型代表。与以人工智能为代表的新一代信息技术、生命科学等多学科的交叉融合将产生大量的新技术和新形态，将颠覆生产和生活方式。为了进一步在未来技术竞争中立于不败之地，以美、欧、日等为代表的诸多世界科技强国对机器人发展高度重视，纷纷将其上升至国家战略高度，争相出台相关政策，在努力保持自身优势的同时，积极提升源头创新能力、拓展应用领域形成产业规模，争夺机器人技术的领先地位。

1.6.1 美国

美国是机器人的诞生地，也是目前机器人应用最广泛的国家之一。20世纪70年代后期，美国在技术路线上把重点放在研究机器人软件及军事、宇宙、海洋、核工程等特殊领域的高级机器人开发上；20世纪80年代中后期，美国政府开始鼓励工业界发展和应用机器人，制定计划、加大投资，把机器人看成美国再次工业化的象征，并开始研制带有视觉、力觉的第二代机器人。近年来，美国先后启动先进制造伙伴计划（AMP）和制造业创新国家网络计划（NNMI），颁布了机器人发展路线图1.0，并提出从互联网到机器人的发展战略，2017年再次修订机器人发展路线图，同时启动《国家机器人计划2.0》发展规划。美国机器人发展政策见表1-1。

表 1-1   美国机器人发展政策

发布时间	主要规划政策	主要内容
2010	先进制造伙伴计划	明确提出通过发展工业机器人重振制造业，凭借信息网络技术的优势，开发新一代智能机器人
2011	国家机器人计划	目标是建立美国在下一代机器人及应用方面的领先地位，助力美国制造业回归
2016	美国机器人技术路线图：从互联网到机器人	强调机器人技术在美国制造业和卫生保健领域的重要作用，描绘机器人技术在创造新市场、新就业岗位和改善人们生活方面的潜力
2017	国家机器人计划2.0	目标是支持基础研究，加快美国在协作型机器人开发和实际应用方面的进程

除了国家政策支持，美国互联网巨头也纷纷进行机器人技术的研发，推动机器人智能化的发展。在工业机器人方面，美国重点关注仿人灵巧操作、基于模型的集成、非结构化环境感知、教育训练、人机协作等关键技术。在特种机器人方面，作为世界军事强国，美国对国防、军事领域高度重视，大力推进特种机器人等国防军工类机器人的发展。除此之外，医疗、太空机器人领域也是美国主要的研究方向。

国际上美国机器人技术一直处于领先地位，其技术特点包括：**性能可靠、功能全面，精确度高；机器人语言研究发展快，水平居世界之首；智能技术发展快，其视觉、触觉等人工智能技术已在航空航天、汽车工业中得到广泛应用；高智能、高难度的军用机器人、太空机器人等发展迅速，在国际上处于领先地位。**

1.6.2 欧洲

1. 欧盟

欧盟的工业机器人发展水平始终居世界领先地位，德国KUKA（2017年被我国美的集团收购）、瑞典ABB、意大利COMAU等均为世界领先的工业机器人制造商。早期机器人主要应用于汽车制造及零部件加工等领域，目前欧盟工业机器人除了流水线作业方式，还在向灵活和个性化定制方向发展。欧盟也颁布了机器人发展路线图，2014年启动了全球最大的民用机器人研发计划"SPARC"项目，到2020年投入28亿欧元，推进工业机器人关键技术开发，以增强欧洲工业智能化竞争力，机器人在制造业、农业、健康、交通、安全和家庭等各领域的应用都被纳入该计划。2016 年，欧盟"2020 地平线"项目公布，在机器人领域资助 21 个新项目，涉及医疗、交通、物流、建筑等领域，增强机器人技术的竞争力和领先地位。欧盟机器人发展政策见表 1-2。

表 1-2　欧盟机器人发展政策

发布时间	主要规划政策	主要内容
2014	民用机器人项目"SPARC"	该计划是目前全球最大的民用机器人研发计划，到 2020 年投入 28 亿欧元，为增强欧洲工业竞争力插上新的翅膀
2016	"2020 地平线"机器人项目	在机器人领域资助 21 个新项目，主要面向工业机器人和服务业机器人的开发和应用，投资总额近 1 亿欧元

德国机器人的总数占世界第三位。德国引进机器人技术较晚，但是由于战争的缘故，导致了劳动力短缺，而国民技术水平又较高，所以机器人技术的发展拥有了有利条件。20 世纪 70 年代中后期，德国政府就在"改善劳动条件计划"中规定，对于一些危险、有毒、有害的工作岗位，必须以机器人来代替人的劳动。这个计划为机器人的应用开拓了广泛的市场，并推动工业机器人技术的发展。德国除了将机器人应用在汽车工业，还在纺织工业使用机器人，使纺织业重新崛起。目前其智能机器人的研究和应用方面，在世界上处于公认的领先地位。如今，德国为保持其制造业领先地位提出工业 4.0 计划，也将智能机器人和智能制造技术作为迎接新工业革命的切入点，机器人的运用越发广泛。

2. 欧洲其他主要国家

苏联的机器人在数量、质量和技术水平上均处于世界前列，其机器人技术研究始于 20 世纪 50 年代后期。1968 年，成功试制出一台深水作业机器人；1971 年，研制出用于工厂的机器人；到 1975 年，已研制出 30 个型号的 120 台机器人。近年，在俄罗斯联邦国防部和国内工业的全面支持下，俄军在无人军事平台方面取得不少成果。2014 年和 2015 年，先后成立了隶属于俄罗斯联邦国防部的机器人技术科研试验中心和国家机器人技术发展中心，前者主要开展军用机器人技术综合系统的试验，后者主要监管和组织军用、民用机器人技术领域相关工作。这两个机构的成立意味着，俄罗斯已经开始在国家层面对无人作战系统的建设发展进行总体规划，其中重点关注无人机和地面战斗机器人的发展。近年，俄罗斯联邦国防部还先后发布了《军用机器人综合系统使用构想》《2025 年前先进军用机器人技术装备研发专项综合计划》等多个文件，指导俄军智能化机器人系统和无人作战装备的研制、发展和使用。

英国政府于 2013 年将大数据以及机器人和自主系统（RAS）列入"八项重大技术"中，并于 2016 年发布了《机器人技术和人工智能》等战略文件，主要关注英国机器人、自动化和人工智能产业整体，并确定了一份包括资金、领导者以及技术 3 个方面的机器人和自主系统 2020 行动计划。

1.6.3　日本

日本机器人产业发展虽晚于美国，但其工业机器人产业可与欧美工业机器人并驾齐驱。1967 年，日本川崎重工业公司从美国 Unimation 公司引进机器人及其技术后，日本政府在政策和经济上开始大力扶持机器人产业发展。1968 年，试制出第一台川崎的"尤尼梅特"机器人，经过短暂的试验应用阶段，日本的工业很快进入实用阶段，由汽车业逐步扩大到其他制造业以及非制造业。1980 年称为日本的"机器人普及元年"，随后，日本的工业机器人产业处于鼎盛时期；20 世纪 80 年代中期，日本机器人的产量和安装的台数已在国际上跃居首位，成为"机器人王国"，虽然后来曾有短暂的低迷，但很快又恢复了辉煌。

作为一个电子产业极其发达的国家，日本在机器人技术方面也具有极大优势，如控制器、传感器、减速机、数控系统等关键零部件领域。但是，日系机器人仍存在应用领域不广、企业创新能力不足等问题。因此，近年来日本出台了《机器人白皮书》《机器人新战略》等机器人技术发展战略，将机器人与 IT 技术、大数据、人工智能等技术深度融合，推进机器人在制造业、服务业、医疗护理、公共建设等领域的融合创新，并将机器人产业作为"新产业发展战略"中 7 大重点扶持的产业之一。日本机器人发展政策见表 1-3。

表 1-3　日本机器人发展政策

发布时间	主要规划政策	主要内容
2014	机器人白皮书	总结机器人开发的前沿科学技术，探讨今后机器人的利用与普及。为解决老龄化社会等重大课题，政府将大力推广机器人技术的运用
2015	机器人新战略	三大核心目标，即创建世界机器人创新基地、成为世界第一的机器人应用国家、迈向世界领先的机器人新时代；及五年战略目标

1.6.4　韩国

韩国机器人产业起步较晚，但经韩国政府大力推动，已使其产业得到快速发展。韩国机器人产业主要集中在 3C 行业，尤其电子零部件领域。目前，远程控制技术、水下机器人技术、探针和导管介入技术、软体机器人技术等是韩国机器人技术发展的重要方向。整体而言，韩国机器人技术仍与美国、日本等领先国家存在较大差距。韩国机器人发展政策见表 1-4。

表 1-4　韩国机器人发展政策

发布时间	主要规划政策	主要内容
2012	机器人未来战略 2022	为期 10 年的中长期战略，计划投资 3500 亿韩元，将当时 2 万亿韩元规模的机器人产业扩展 10 倍；重点发展救灾机器人、医疗机器人、智能工业机器人、家庭机器人等
2014	第二次智能机器人行动计划	明确要求 2018 年韩国机器人国内生产总值达 20 万亿韩元，出口 70 亿美元，占据全球 20% 的市场份额，挺进"世界机器人三大强国行列"
2022	2022 年智能机器人实行计划	持续对工业和服务机器人进行投资和支持，将投入 2440 亿韩元（约合 2 亿美元）开展工业及服务机器人研发和普及，比上年增长 10%

1.6.5　中国

我国于 20 世纪 70 年代开始机器人技术的研究。可分为理论研究、样机研究、示范应用、产业化四个阶段。20 世纪 70-80 年代，主要由高校对机器人基础理论进行研究，在机构学、运动学、动力学、控制理论等方面取得了进展。20 世纪 80 年代开始了样机研发，我国机器人产业步入了跨越式发展的时期。"七五"机器人攻关计划、"863"高技术发展计划均将机器人方面的研究开发列入国家重点科研规划内容，研制出了多种类工业机器人整机、专用和通用控制系统及关键元器件，性能指标都较为成熟。20世纪90年代，国家制定了特种机器人与工业机器人及其应用工程并重、以应用带动关键技术和基础研究的发展方针，实施了百余项机器人应用工程，建立了多个机器人产业化基地和科研基地，相继研制出示教再现型的搬运、点焊、弧焊、喷漆、装配等门类齐全的机器人及水下作业、军用和特种机器人，我国自行研制的机器人喷漆流水线在长春第一汽车厂及东风汽车厂投入运行。

21世纪，我国工业机器人进入产业化阶段，并自主研制了多种工业机器人系列。当前，我国制造业智能化改造升级需求旺盛，工业机器人的市场发展空间巨大，现为全球最大的工业机器人应用市场，但我国在该领域的水平仍远低于欧美国家，因此，保持工业机器人快速增长是我国机器人产业的重要发展目标之一。机器人产业也受到我国政府的高度重视，2014年6月9日，习近平总书记在两院院士大会上提出，机器人是"制造业皇冠顶端的明珠"，其研发、制造、应用是衡量一个国家科技创新和高端制造业水平的重要标志。"机器人革命"有望成为"第三次工业革命"的一个切入点和重要增长点，将影响全球制造业格局。习近平总书记明确提出要求，**"不仅要把机器人水平提高上去，而且要尽可能多地占领市场"**。

近年来，我国先后颁布了多项国家政策支持该领域的发展。2015年5月8日，国务院印发"实施制造强国战略"。在该行动纲领中，机器人领域位列十大重点领域的第二位，机器人技术成为重点发展方向，是推进制造强国战略的重要支点，是我国制造业走向高端化和智能化的重中之重。在机器人核心零部件技术领域，我国将提升减速器、控制器、传感器、末端执行器等关键零部件性能，突破技术壁垒，打破长期被国外零部件厂商垄断的局面；在服务机器人领域，我国将围绕医疗健康、家庭服务、国防安全等方向，推进专业服务机器人落地，提升生活服务和公共服务品质。中国机器人发展政策见表1-5。

表1-5　中国机器人发展政策

发布时间	主要规划政策	主要内容
2013	关于推进工业机器人产业发展的指导意见	突破一批关键零部件制造技术和核心技术，提升主流产品的可靠性和稳定性指标，在重要工业制造领域推进工业机器人的规模化示范应用；到2020年，形成较为完善的工业机器人产业体系
2016	机器人产业发展规划（2016-2020）	力争五年内，形成较为完善的机器人产业体系，技术创新能力和国际竞争能力明显增强，产品性能和质量达到国际同类水平，关键零部件取得重大突破，基本满足市场需求

总体来看，全球工业机器人市场规模持续增长。美国、日本和欧洲部分国家是工业机器人制造强国，实现了传感器、控制器、精密减速机等核心零部件完全自主化。美国十分重视特种作业机器人发展，不断增强其国防力量。中国、韩国虽落后于日欧美，但都在加紧布局，持续推动工业机器人产业发展。相比日趋成熟的工业机器人，服务机器人市场空间更为广阔，各国都提供创新政策支持，推动服务机器人在医疗、交通、家庭服务等领域的广泛应用。未来机器人产业将获得各国家更多的政策支持，机器人产业也迎来了千载难逢的发展契机。

1.7 机器人工程专业建设概况

未来新兴产业和新经济需要实践能力和创新能力强、具备国际竞争力的高素质复合型新工科人才。为主动应对新一轮科技革命与产业变革，支撑服务创新驱动发展、"中国制造2025"等一系列国家战略，2017年2月以来，教育部积极推进新工科建设，先后形成了"复旦共识""天大行动"和"北京指南"，并发布了《关于开展新工科研究与实践的通知》《关于推进新工科研究与实践项目的通知》，鼓励"双一流"建设高校将"新工科"研究与实践项目纳入"双一流"建设总体方案，全力探索形成领跑全球工程教育的中国模式，总结中国经验，助力高等教育强国建设。

新工科专业，主要指针对新兴产业的专业，以互联网和工业智能为核心，用于传统工科专业的升级改造，如机器人工程、智能制造、大数据、云计算、人工智能、智能科学与技术等相关工科专业。其中，"机器人工程"专业是顺应国家建设需求和国际发展趋势，直接面向前沿高新技术而设立的一个新兴基础性本科专业，覆盖面很广，也是目前新工科专业的典型代表和热门专业，具有很强的新颖性、综合性和实践性；是以控制科学与工程、机械工程、计算机科学与技术、测控技术与仪器、材料科学与工程、生物医学工程和认知科学等学科中涉及的机器人科学技术问题为研究对象，综合应用自然科学、工程技术、社会科学、人文科学等相关学科的理论、方法和技术，研究机器人的智能感知、优化控制与系统设计、人机交互模式等学术问题的一个多领域交叉的前沿学科。

美国伍斯特理工学院早在2007年就制定了全球首个机器人工程本科专业培养计划，并一直致力于推行全球机器人人才培养的标准化体系（ABET认证），这标志着美国机器人教育从嵌入传统专业的课程体系转变为独立的新兴专业培养模式。我国高校的机器人工程专业于2016年被教育部批准设立为本科新专业，近年来得到了社会的高度关注。截至2021年，已有323所本科院校开设了机器人工程专业，包括北京大学、北京航空航天大学、哈尔滨工业大学、西北工业大学、东南大学、南京理工大学、北京理工大学等著名高校，如图1.22所示。总体而言，我国高校机器人工程专业教育工作稳步推进，但由于专业建设起步晚，目前占全国高校总量比例仍然较小，处于起步和发展阶段。

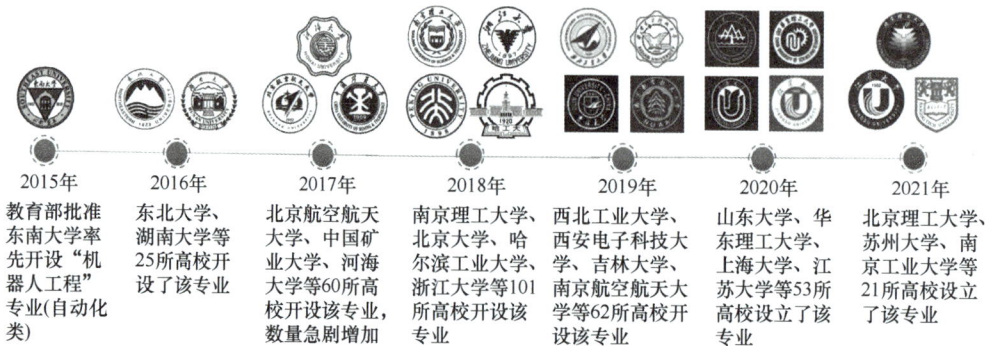

2015年	2016年	2017年	2018年	2019年	2020年	2021年
教育部批准东南大学率先开设"机器人工程"专业(自动化类)	东北大学、湖南大学等25所高校开设了该专业	北京航空航天大学、中国矿业大学、河海大学等60所高校开设该专业，数量急剧增加	南京理工大学、北京大学、哈尔滨工业大学、浙江大学等101所高校开设该专业	西北工业大学、西安电子科技大学、吉林大学、南京航空航天大学等62所高校开设该专业	山东大学、华东理工大学、上海大学、江苏大学等53所高校设立了该专业	北京理工大学、苏州大学、南京工业大学等21所高校设立了该专业

图1.22　本科院校开设机器人工程专业概况

"机器人工程"专业主要面向机器人系统的工程设计、开发及应用，培养适应国际科技前沿和国家战略发展需求，符合社会和行业发展需要，熟悉国际规则和惯例，掌握各类工业机器人、特种机器人和服务机器人的机构及控制系统设计、研发、集成应用、人工智能、测试运维等技术，具有扎实的数理基础、良好的创新能力和工程实践能力、全面的综合素质和宽广的国际视野的高素质复合型创新技术人才，培养德智体美劳全面发展的社会主义建设者和接班人。

核心课程主要包括《控制工程基础》《现代控制理论基础》《机械设计基础》《工程图形学》《模拟电路与数字电路》《高级语言程序设计》《传感器与测试技术》《机器视觉》《机器人结构设计及分析》《机器人建模与控制》《机器人操作系统与应用》《嵌入式系统》《机器人系统集成设计》《人工智能》《算法设计与分析》等相关课程。

学生毕业后，能够在与机器人相关的设计研究单位、生产制造企业以及集成应用公司，从事机器人设计研发、装调与改造，机器人自动化生产线的设计、应用及运行管理等技术或管理岗位的工作。

1.8　主流机器人竞赛概况

机器人大赛是各种机器人比赛的总称，于 20 世纪末兴起，其发展是一个从无到有、从单一到综合、从简单到复杂的过程，对于激发创造力和科技发展有着很大的帮助。世界各地都有属于自己的机器人竞赛，按设计比赛项目主要分为任务类（如 ROBOCON、IARC、RoboSub 等）、非接触的同场对抗类（如 RoboCup、FIRST、VEX、MakeXPremier 等）、格斗对抗类（如 RobotWars、ROBO-ONE 等）以及评审类（如创意、设计、创业等）。

1.8.1　机器人大擂台（RobotWars）

机器人大擂台是由英国 TNN 电视台发起的世界上规模最大的科普类机器人游戏节目，1998 年在英国电视台首次公演。其搏斗系列已经覆盖了全球近 30 个国家，如英国、美国、瑞典、意大利、荷兰等。参赛的机器人选手也由最初的 30 多部机器人发展到每年有 1700 多部机器人参赛。

比赛采取类似足球联赛的形式，由各个国家的机器人爱好者使用自己制造的竞技型机器人，以角斗士的方式战斗，看谁的机器人更胜一筹。组织者将机器人分成若干小组，进行淘汰赛，直至决出总冠军。在淘汰赛中，机器人在障碍物之间穿行，试图击倒目标，挑战越大，得分越高。在半决赛中，机器人在格斗场上相互格斗，直到其中一个机器人被击败，如果出现平局，专家委员会将根据四条标准（①破坏程度；②战斗风格；③攻击性；④控制），决定哪个机器人获得胜利。后来经过改进，障碍物被取消，变为纯机器人格斗比赛，与半决赛规则一致，彻底摧毁对方或四项评分较高的机器人获胜。竞争者依赖于他们闪电般快速的反应和驱动能力，以及他们对于机器人充满想象力和有效的设计来击败对手。这些精锐的机器人不仅相互之间战斗，并且还要与可怕的主机器人周旋。这些主机器人在场上巡逻，摧毁并分解任何已无行为能力或不幸迷失在绝境中的机器人。

通过比赛现场的讲解，该活动也丰富了世界各地青少年的相关科技知识，提高了他们对机器人技术的兴趣，极大地增强了他们的动手能力。机器人大擂台如图 1.23a 所示。

1.8.2　国际空中机器人大赛（IARC）

国际无人系统协会基金会（AUVSIF）的国际空中机器人大赛（International Aerial Robotics Competition）是世界上历史最悠久的大学生空中机器人挑战赛，始创于 1991 年，2012 年首次在我国设立亚太赛区，与美国赛区同步进行。国际空中机器人大赛（IARC）的首要目的是通过创造意义重大与有用的任务挑战来推动目前最先进的空中机器人技术的发展，而这些挑战在提出时被认为是"不可能的"。因此，国际空中机器人大赛（IARC）不是一项"观赏性运动"，而更像是一项"技术运动"。大赛一直鼓励协同合作的氛围，组建团队与任务对抗，而不是彼此竞争。

按照比赛规程，空中机器人需自主完成极具挑战性的任务。国际空中机器人大赛的前八代任务已经由美国斯坦福大学、卡耐基梅隆大学、德国柏林理工大学、佐治亚理工学院、麻省理工学院、清华大学、浙江大学、南京航空航天大学完成。目前为第 9 代任务，难度更大，将基于之前的一系列任务，参赛机器人需要在任务 9 中展现出强于在任务 8 中的表现，同时强调以下内容：①操纵大型物体；②长距离户外快速作业；③与移动参考系的相互作用；④移动平台的空中机器人维修；⑤光学识别；⑥仅使用 GPS/光学/磁性导航（无其他帮助）；⑦仅使用机载计算（除一键关机和安全驾驶员操控外，无数据链接）。国际空中机器人大赛如图 1.23b 所示。

1.8.3　机器人世界杯（RoboCup）

机器人踢足球的想法由加拿大英属哥伦比亚大学 Mackworth 教授于 1992 年首次提出，他希望在 2050 年组建起一支能够战胜人类的机器人足球队。同时，日本的研究人员也在致力于以机器人踢球来推动科学技术发展的研究，并于 1993 年 6 月在东京发起了一场名为 RobotJ-League 的机器人足球赛。赛后，许多科研人员呼吁将这一赛事扩大为国际联合项目。于是，机器人世界杯（RobotWorldCup）应运而生，简称为 RoboCup。中国队现已多次参与机器人世界杯国际竞赛，并取得了较好成绩。随着人工智能技术的发展，RoboCup 比赛向能够击败人类世界杯冠军队的足球机器人的发展迈出了第一步。机器人世界杯如图 1.23c 所示。

1.8.4　亚太大学生机器人大赛（ROBOCON）

该项赛事是亚洲广播联合会（ABU）在 2002 年发起的大学生机器人创意和制作比赛。比赛每年发布一个新规则，需要参赛者综合运用机械、电子、控制等技术手段完成规则设置的任务。"全国大学生机器人大赛"是"亚太大学生机器人大赛"的国内选拔赛，由共青团中央学校部、全国学联秘书处、CCTV 共同主办，教育部高等学校机械类专业教学指导委员会、计算机类专业教学指导委员会协办。作为高技术门槛的机器人竞赛平台，自 2002 年以来，"全国大学生机器人大赛"已经成功举办了 23 届，国内先后有百余所院校的万余名大学生踊跃参加，中国代表队在 ABU 年度总决赛中曾获 6 次亚太冠军。整合高校、媒体、企业和政府的资源，这项赛事已经成为我国理工科院校最具影响力的赛事之一。亚太大学生机器人大赛如图 1.23d 所示。

1.8.5 中国全国大学生机器人大赛（RoboMaster）

RoboMaster 是 2015 年大疆发起并承办的新一代机器人竞赛。机器人界缺少一个技术与视觉并重的比赛，而 RoboMaster 的出现正填补了机器人赛事的这个空缺。RoboMaster 采取"机器人对抗"的方式将电子竞技与机械发明相结合，参赛队伍需自行设计英雄机器人、步兵机器人和空中机器人，在设置有"资源岛"、"神符"等复杂地形的战场中发射子弹进行对战，选手使用第一人称视角操作，队伍内需要战术上的高度配合，摧毁对方基地或比赛结束时总血量多的一方获得胜利。RoboMaster 凭借其颠覆传统的比赛方式、震撼人心的视听冲击和激烈硬朗的竞技风格吸引了许许多多的科技爱好者，2016 年有超过六百万的网友观看比赛，主办方称要将其办成工程师界的 F1、科技界的 NBA。全国大学生机器人大赛如图 1.23e 所示。

1.8.6 世界机器人大赛（World Robot Contest）

世界机器人大赛自 2015 年起已成功举办了 7 届，共吸引了全球 20 余个国家的近 20 万名选手参赛，通过多年的积淀成长，大赛体系不断完善、竞赛内容不断丰富、参赛规模不断扩大，已发展成为国内外影响广泛的机器人领域官方专业赛事，被各大主流媒体广泛赞誉为机器人界的"奥林匹克"。自 2018 年开始，世界机器人大赛新设立共融机器人挑战赛，比赛以"人-机-环境共融"为主题，通过机械、信息、力学、医学等多学科交叉竞赛内容，旨在推动在刚-柔-软耦合柔顺机构设计与动力学分析、多模态环境感知与人体互适应协作、群体智能与分布式机器人操作系统、人-机-环境多模态感知与自然交互等方面进行创新性研究，并为该领域的科研技术人员打造一个同场竞技、共同交流及展示的全新平台。世界机器人大赛如图 1.23f 所示。

**RoboMaster 机甲
大师赛现场**

a) 机器人大擂台

b) 国际空中机器人大赛

c) 机器人世界杯

d) 亚太大学生机器人大赛

e) 全国大学生机器人大赛

f) 世界机器人大赛

图 1.23　主流机器人竞赛

参考文献

［1］阿西莫夫. 我，机器人［M］. 国强，赛德，程文，译. 北京：科学普及出版社，1981.

［2］游有鹏，张宇，李成刚. 面向直接示教的机器人零力控制［J］. 机械工程学报，2014，50（3）：10-17.

［3］胡进，侯增广，陈翼雄，等. 下肢康复机器人及其交互控制方法［J］. 自动化学报，2014，40（11）：2377-2390.

［4］张文辉，叶晓平，季晓明，等. 国内外空间机器人技术发展综述［J］. 飞行力学，2013，31（3）：198-202.

［5］周崇波，程雪山，李旭东. 一种新的清洁能源电站巡检机器人框架设计［J］. 能源与环境，2017，12：13-18.

［6］齐有泉，李艳文，陈子明，等. 串联九自由度喷涂机器人及其运动学分析［J］. 机械工程学报，2020，56（3）：165-171.

［7］朱大奇，颜明重. 移动机器人路径规划技术综述［J］. 控制与决策，2010，25（7）：961-967.

［8］蒋新松，封锡盛，王棣棠. 水下机器人［M］. 沈阳：辽宁科技出版社，2000.

［9］邓志东. 智能机器人发展简史［J］. 人工智能，2018，（03）：6-11.

［10］张宪民. 机器人技术及其应用［M］. 2版. 北京：机械工业出版社. 2017.

［11］王田苗，陶永. 我国工业机器人技术现状与产业化发展战略［J］. 机械工程学报，2014，50（9）：1-13.

［12］张益民. 人工智能关键技术决定机器人未来［J］. 机器人产业，2016（01）：52-56.

［13］杨闯，刘建业，熊智，等. 由感知到动作决策一体化的类脑导航技术研究现状与未来发展［J］. 航空学报，2020，41（01）：35-49.

［14］黄鹏程，江剑宇，杨波. 双目立体视觉的研究现状及进展［J］. 光学仪器，2018，40（4）：81-86.

［15］李延浩. 机器视觉在多领域内的应用［J］. 电子技术与软件工程，2018（01）：93-94.

［16］赵小川，罗庆生，韩宝玲. 机器人多传感器信息融合研究综述［J］. 传感器与微系统，2008，27（8）：1-4.

［17］王耀南，李树涛. 多传感器信息融合及其应用综述［J］. 控制与决策，2001（05）：518-522.

［18］杨磊，何克忠，郭木河，等. 虚拟现实技术在机器人技术中的应用与展望［J］. 机器人，1998（20）：76-80.

［19］王丹，孟悦，尹伟萌，等. 可重构模块化空间机械臂的模块库与构型［J］. 机械设计与研究，2018，34（06）：176-181+187.

［20］赵雪. 我国工业机器人技术现状与产业化发展战略分析［J］. 科学技术创新，2019，36，72-73.

［21］张玫. 机器人技术［M］. 3版. 北京：机械工业出版社，2023.

［22］姚威，胡顺顺. 美国新兴工科专业形成机理及对我国新工科建设的启示——以机器人工程专业为例［J］. 高等工程教育研究，2019，（05）：48-53+87.

［23］中国青年报. 日本研发出世界首例人工肌肉手指机器人［EB/OL］.（2018-05-31）. https://baijiahao.baidu.com/s?id=1601986504755546229&wfr=spider&for=pc.

［24］机械工程学报.【WRC大会成果】机器人十大前沿热点领域（2022-2023）［OL］.（2022-08-24）. https://www.163.com/dy/article/HFIJVAUI0511CJ6T.html.

第2章　工业机器人

2.1　工业机器人的定义及分类

2.1.1　工业机器人的定义

工业机器人，简单地说，就是在工业中帮助制造的机器人。不同的标准化机构和专门组织的定义不尽相同，但都包括一些共同的特点，如"可编程""装备有记忆装置""具有一些智能能力""自动化"等。其中，常见的定义如下所述。

国际标准化组织（ISO）将其定义为：**"一种能自动控制、可重复编程、多功能、多自由度的操作机，能搬运材料、工件或操持工具，来完成各种作业"**。

国际机器人联合会（IFR）根据 ISO 8373 将其定义为：**"一种固定或移动地应用在工业自动化中的可自动控制、可重复编程、多用途、三轴或更多轴的机器"**。

美国机器人工业协会（RIA）将其定义为：**"一种用于移动各种材料、零件、工具或专用装置的多功能操作机"**。

日本工业机器人协会（JIRA）将其定义为：**"一种装备有记忆装置和末端执行装置的、能完成各种移动来代替人类劳动的通用机器"**。

德国工程师协会（VDI）将其定义为：**"具有多自由度的、能进行各种动作的自动机器，它的动作是可以按顺序控制的，轴的关节角度或轨迹可以不靠机械调节，而由程序或传感器加以控制。工业机器人具有执行器、工具及制造用的辅助工具，可以完成材料搬运和制造等**操作"。

我国机械工业标准规定：**"工业机器人是自动控制的，不更换机械结构或控制系统即可更改已编程的运动或辅助功能，适用于不同用途，并对三个和三个以上轴（即机器人机械关节）进行编程，它可以是固定式或移动式，在工业自动化中使用"**。

2.1.2　工业机器人的分类

1. 工业机械臂分类

工业机械臂可以按操作机坐标系、运动链类型、用途、驱动方式、程序输入方式等进行分类，以便在设计开发、应用选型时区分、正确选择，这里主要介绍前三种分类方法。

（1）按操作机坐标系分类　在理论设计时，不同运动坐标系的运动学方程不同。在实际控制中，其定位计算过程与其运动构成的坐标系有极大的关系。按操作机的坐标系不同主要分为以下几类。

1）直角坐标型机器人。直角坐标型机器人空间位置的改变是沿着三个互相垂直的直角

坐标 x、y、z 的独立运动来实现的，动作空间为一长方体，其结构和控制简单，运动直观性强，重复定位精度高但操作灵活性差，动作范围相对较小，运动速度较慢，实现相同的动作空间要求高，体积大，常应用于计算机数字控制机器（CNC 机器）、3D 打印、铣床、拉丝机等。直角坐标型机器人如图 2.1 所示。

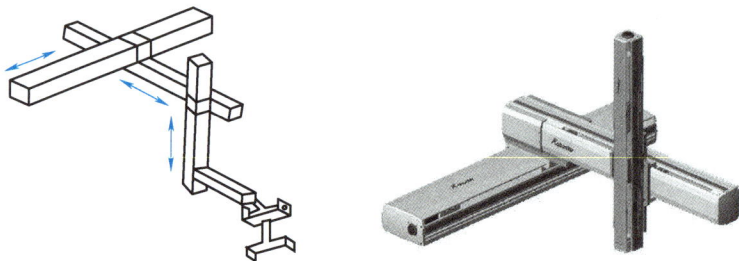

图 2.1　直角坐标型机器人

2）关节坐标型机器人。 关节坐标型机器人由多个旋转和摆动机构组成，各关节的运动方式均为转动，以相邻运动构件间的相对角位移为坐标。其操作灵活性高，运动速度快，操作范围大，既能抓取靠近机座的物件，也能绕过机体和目标间的障碍物抓取物件。关节坐标型机器人的应用范围广，适用于诸多工业领域的机械自动化作业，如自动装配、喷漆、搬运、焊接等。关节坐标型机器人如图 2.2 所示。

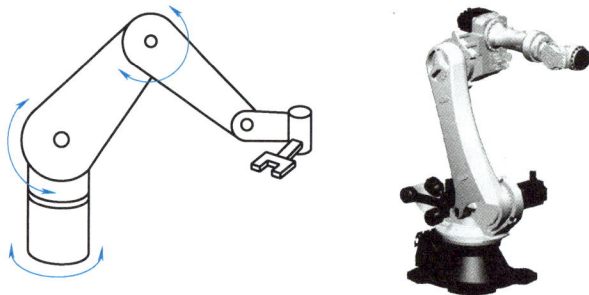

图 2.2　关节坐标型机器人

3）圆柱坐标型机器人。 圆柱坐标型机器人有两个移动关节和一个转动关节，动作空间成圆柱形，空间运动通过一个回转运动及两个直线运动来实现。其工作范围较大，运动速度较快，但随着水平臂沿水平方向伸长，其线位移分辨精度越来越低。常用于运动幅度较大的生产中，如生产流水线上工件的搬运和码垛等。圆柱坐标型机器人如图 2.3 所示。

SCARA 机器人是一种特殊类型的圆柱坐标型工业机器人，也称作水平关节机器人，一般有 4 个自由度，可以实现沿 X、Y、Z 方向的旋转和绕 Z 轴方向的平移。这类机器人的结构轻便、响应快，比一般关节式机器人快数倍，在水平方向具有顺应性，在垂直方向具有很大的刚性，方便完成二维平面作业，广泛应用于电子产品工业、药品工业、食品工业、金属加工等领域，主要功能是搬取零件和装配。

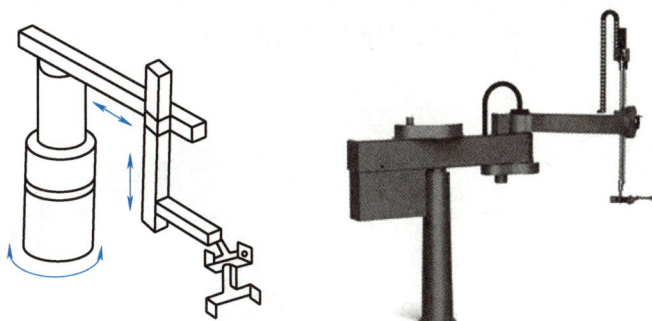

图 2.3　圆柱坐标型机器人

4）球（极）坐标型机器人。球坐标型机器人具有两个转动关节和一个移动关节，工作臂不仅可绕垂直轴旋转，还可绕水平轴做俯仰动作，且能沿手臂轴线做伸缩动作，其工作空间是一个类球形空间。其操作比圆柱坐标型更为灵活，并能扩大机器人的工作空间，具有结构简单、成本较低的特点；但精度不高，适用于所需工作空间较大的搬运、码垛等工作场合。球坐标型机器人如图 2.4 所示。

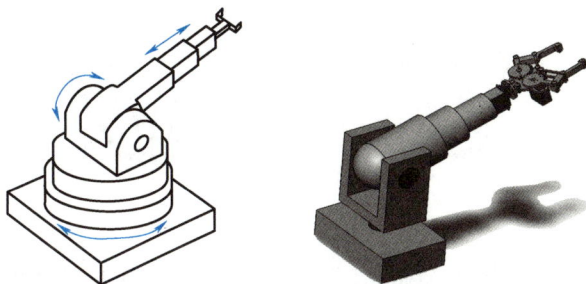

图 2.4　球（极）坐标型机器人

（2）按运动链类型分类　工业机器人按运动链类型可分为串联机器人和并联机器人。

1）串联机器人。串联机器人是一种开式运动链机器人，由一系列连杆通过转动关节或移动关节串联而成。采用驱动器驱动各个关节的运动，从而带动连杆的相对运动，使夹爪到达一定的位姿，但机器人一个轴的运动会改变另一个轴的坐标原点。串联机器人结构简单，易操作，灵活性强，工作空间大，运动分析时可以避免驱动轴之间的耦合，在位置求解时正解较为容易，逆解较难；缺点是运动链较长，系统刚度和运动精度低。由于各个关节都要设置驱动装置独立控制，各动臂的运动惯量较大，不宜实现高速或超高速操作。串联机器人主要应用于装配、码垛、焊接、喷涂等领域。串联机器人如图 2.5 所示。

2）并联机器人。并联机器人是一种闭式运动链机器人，包含运动平台（末端执行器）和固定平台（机架）。运动平台通过至少两个独立的运动链与固定平台相连接，通过改变各个支链的运动状态，使整个机构具有两个或两个以上的自由度。以并联方式驱动，机器人一个轴的运动不会改变另一个轴的坐标原点，在位置求解时正解较为困难，逆解容易。并联机器人结构紧凑稳定，机器刚性高，具有较大的承载能力，运动精度高，不易产生动态误差，运动空间相对较小，适合高速和高加速度的场合，常应用于食品、化工、电子、医疗等行业的产品分拣、装箱、搬运等工序。并联机器人如图 2.6 所示。

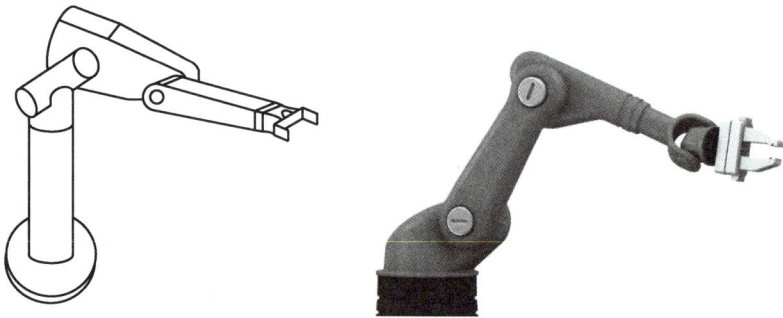

图 2.5　串联机器人

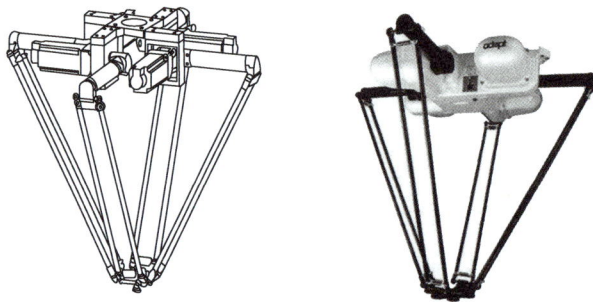

图 2.6　并联机器人

（3）按工业机械臂用途分类　目前，工业机械臂应用最为广泛和成熟，已大量用于汽车、3C、航空航天等领域的喷涂、装配、焊接、磨抛、搬运、码垛、分拣、检测、机床上下料等工艺中，代替人工做重复性、繁重以及对人体有伤害的工作。

1）喷涂机器人。 喷涂机器人又叫喷漆机器人，是可进行自动喷漆或喷涂其他涂料的工业机器人。喷漆机器人主要由机器人本体、计算机和相应控制系统组成，手臂有较大的运动空间，可做复杂轨迹的运动。喷涂机器人如图 2.7a 所示。主要有以下优点：①柔性好，工作范围大；②提高喷涂质量和材料使用率；③可离线编程，大大的缩短现场调试时间，易于操作和维护；④设备利用率高。

2）装配机器人。 装配机器人是柔性自动化装配系统的核心设备，由机器人操作机、控制器、末端执行器和传感系统组成。主要用于机械制造业中代替人完成具有大批量、高质量要求的工作，如汽车制造、舰船制造、家电产品、化工等行业自动化生产线中。装配机器人如图 2.7b 所示。主要有以下优点：①装配精度高；②柔顺性好；③工作范围小；④能与其他系统配套使用。

3）焊接机器人。 焊接机器人是指具有三个或三个以上可自由编程的轴，并能将焊接工具按要求送到预定空间位置，按要求轨迹及速度移动焊接工具的机器。焊接机器人如图 2.7c 所示。主要有以下优点：①提高稳定性和焊接质量；②提高劳动生产率；③改善工人劳动强度，可在有害环境下工作；④降低对工人操作技术的要求；⑤缩短产品改型换代的准备周期，减少相应的设备投资。目前焊接机器人已经能够实现焊缝的实时跟踪和焊接质量展示。

4）磨抛机器人。**磨抛机器人可对物体表面进行打磨抛光，主要应用于叶片等的磨抛，机器人末端常集成力/力矩传感器，通过柔性接触、视觉定位等方式减小磨抛缺陷。**磨抛机器人如图 2.7d 所示。主要有以下优点：①能适应高噪声和粉尘浓度的恶劣工作环境和大负载需求；②能保证产品加工精度的稳定性，提高良品率；③能代替熟练工人，降低人力和管理成本；④可根据不同产品重新编程，缩短改型换代的准备周期，减少相应的设备投资。

5）码垛机器人。**码垛机器人将已装入容器的物体，按一定排列码放在托盘、栈板上，进行自动堆码，便于叉车运至仓库储存，**广泛应用于纸箱、塑料箱、瓶类、袋类、桶装、膜包产品、灌装产品等。码垛机器人如图 2.7e 所示。主要有以下优点：①结构简单、零部件少；②占地面积小；③适用性强；④能耗低；⑤操作简单便捷。

6）分拣机器人。**分拣机器人可结合视觉系统完成自动化分拣，**如图 2.7f 所示。分拣任务一般对作业效率要求很高，例如，对糖果的分拣需要快速装箱。人的速度没有那么快，难以满足工厂的节奏，并且长时间重复性动作容易疲劳。与人相比，工业机器人能够自动识别和超高速拾取物品，重复定位精度高，分拣误差率低，并且可 24h 连续作业，能大幅提高生产效率，降低人力成本。

7）机床上下料机器人。**工业机器人还可应用于数控机床的自动上下料，**如图 2.7g 所示。上下料机器人运行平稳、结构简单更易于维护，机床的控制器与机器人的控制模块独立互不影响，可实现对圆盘类、长轴类、不规则形状、金属板类等工件的自动上下料、工件翻转、工件转序等工作，在汽车制造、机械制造、军事工业、航空航天、食品药品生产等行业应用广泛。

8）检测机器人。检测机器人如图 2.7h 所示，**将检测设备安装在工业机器人末端，可充分利用工业机器人的灵活性，完成大范围、多角度的检测，**降低人为因素对检测结果的影响，提高检测的可靠性。

2. 工业应用移动机器人分类

工业机器人除了前述的工业机械臂，还有一类**工业应用移动机器人，是指应用在工业及物流领域中，装备有导航装置，由车载控制系统控制，以轮式移动为特征，自带动力或动力转换装置的机器人。**其装备有电磁或光学等自动导引装置，能够沿规定的导引路径行驶，具有安全保护及移载功能，被广泛应用于机床上下料、自动装配流水线、码垛搬运、集装箱搬运等场合。主要有以下优点：①提高效率；②降低生产成本；③提高产品品质；④安全性好。按智能化水平，可以分为以下几类。

（1）有轨制导车辆（Rail Guided Vehicle，RGV） 有轨制导车辆 RGV，又叫有轨穿梭小车，应用场合相对简单，常用于各类高密度储存方式的立体仓库。小车通道多为环形轨道式和直线往复式，可根据需要设计任意长度，并且在搬运、移动货物时不需要其他设备进入巷道，速度快、安全稳定性高，可以有效提高仓库系统的运行效率。

（2）自动导引运输车（Automated Guided Vehicle，AGV） 自动导引运输车 AGV 是装备有电磁、激光、视觉或其他自动导引装置，能够沿规定的导引路径行驶，具有安全保护以及各种移载功能的运输小车。其以轮式移动为特征，不需要铺设轨道、支座架等装置，不受场地、道路和空间的限制，工作效率高、自动化程度好。

a) 喷涂机器人	b) 装配机器人	c) 焊接机器人
d) 磨抛机器人	e) 码垛机器人	f) 分拣机器人

g) 机床上下料机器人　　　　h) 检测机器人

图 2.7　工业机械臂按用途分类

（3）智慧型引导运输车（Intelligent Guided Vehicle，IGV）　智慧型引导运输车 IGV 是最近几年提出的新概念。和传统 AGV 相比，IGV 柔性化程度更高，不需要借助任何固定标记物行驶，并且路径灵活多变，可根据实际生产需求灵活调度。

其中，AGV 在立体仓储系统和柔性化生产线中应用最为广泛，是智能工厂的基石。按结构和场景又可分为顶升式 AGV、叉车式 AGV、牵引式 AGV 和背负式 AGV 四种。

1）顶升式 AGV。顶升式 AGV 小车可以自动潜入货架底部并顶升搬运的 AGV 小车，适用于车间或厂区物料配送，如图 2.8a 所示。

2）叉车式 AGV。可完成托盘及类似物料的平面搬运和堆垛，适用于仓储和生产线上物料自动搬运堆垛，如图 2.8b 所示。

3）牵引式 AGV。尾部安装自动或手动脱钩机构，可在 AGV 小车尾部拖挂物料车进行物料配送，比较灵活，适用于工厂元器件物料的配送，如图 2.8c 所示。

4）背负式 AGV。在 AGV 车体上放置托盘、料架、料箱等货物进行搬运，运行平稳，适用于运输频繁、物料供应周期长的生产体系，如图 2.8d 所示。

此外，按导航方式不同，工业应用移动机器人可分为电磁导航、磁带导航、磁钉导航、光学导航、二维码导航、坐标导航、激光导航、视觉导航、惯性导航、基站导航、RFID 导航、复合导航等；按驱动方式不同，可分为单轮驱动、双轮驱动、多轮驱动；按驱动结构不同，可分为差速结构、舵轮结构、麦克纳姆轮型结构、履带结构、车桥结构等；按照功能不同，可分为搬运型移动机器人、装配型移动机器人、牵引型移动机器人、巡检型移动机器人、分拣型移动机器人、复合型移动机器人等。

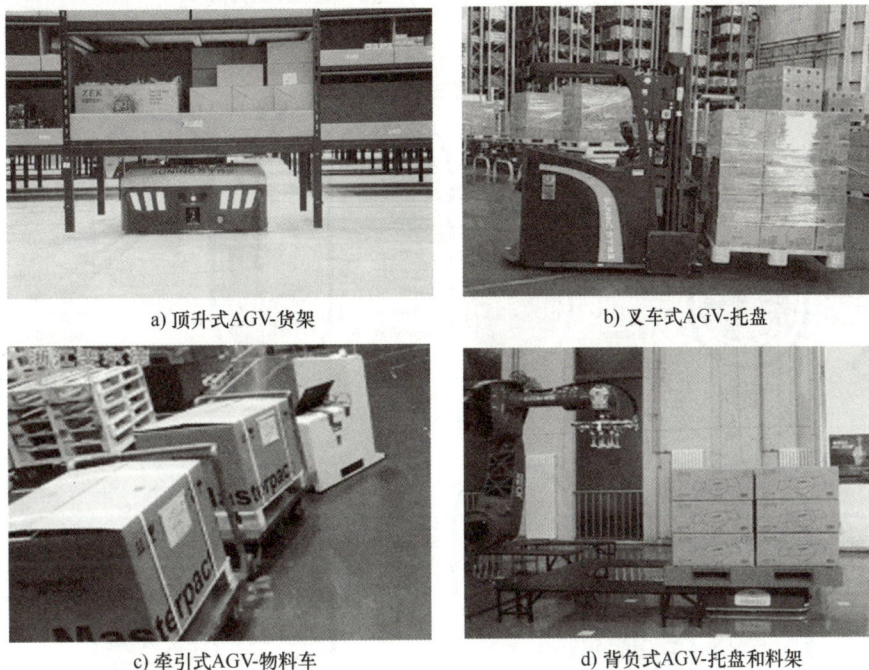

a) 顶升式AGV-货架

b) 叉车式AGV-托盘

c) 牵引式AGV-物料车

d) 背负式AGV-托盘和料架

图 2.8 AGV 按结构和场景分类

2.2 工业机器人的发展历程及未来趋势

2.2.1 工业机器人发展历程

1. 工业机械臂发展历程

工业机械臂的发展起步于 20 世纪 50 年代，到目前为止，对其开发、研制和应用已有近 70 年的历程。在经历 60 年代摇篮期、70 年代实用期后，80 年代跨入普及、提高并广泛应用期，此时传感技术，包括视觉、非视觉（力觉、触觉、接近觉等）以及信息处理技术得到发展，产生了第二代有感觉的机器人，工业机械臂产业快速发展。20 世纪 90 年代，工业机械臂技术在发达国家应用更广，并开始向智能型（第三代）机器人发展。

同全球主要机器人大国相比，我国工业机械臂起步较晚，经历了 20 世纪 70 年代的理论研究阶段、80 年代的样机研发阶段、90 年代的示范应用阶段以及 21 世纪以来的初步产业化阶段，我国工业机械臂得到一定程度的普及。目前，我国研制的工业机械臂已达到了工业应用水平。

传统的机械臂几乎没有"适应性"可言，工作时依赖于许多假设，例如，工件总是会在某个特定位置摆成某个姿势，机械臂工作时周围绝不会有任何人、任何东西来打扰它。即使加上工业视觉，机械臂对工业视觉的精度要求也非常高。未来的工业机械臂需要的不仅是

与人协作的能力，更是自身对复杂环境与复杂任务的适应能力。2019 年，AI 机器人公司
Flexiv（非夕）在汉诺威工业展上正式发布了第一台自适应机械臂。

工业机械臂的发展历程如图 2.9 所示。

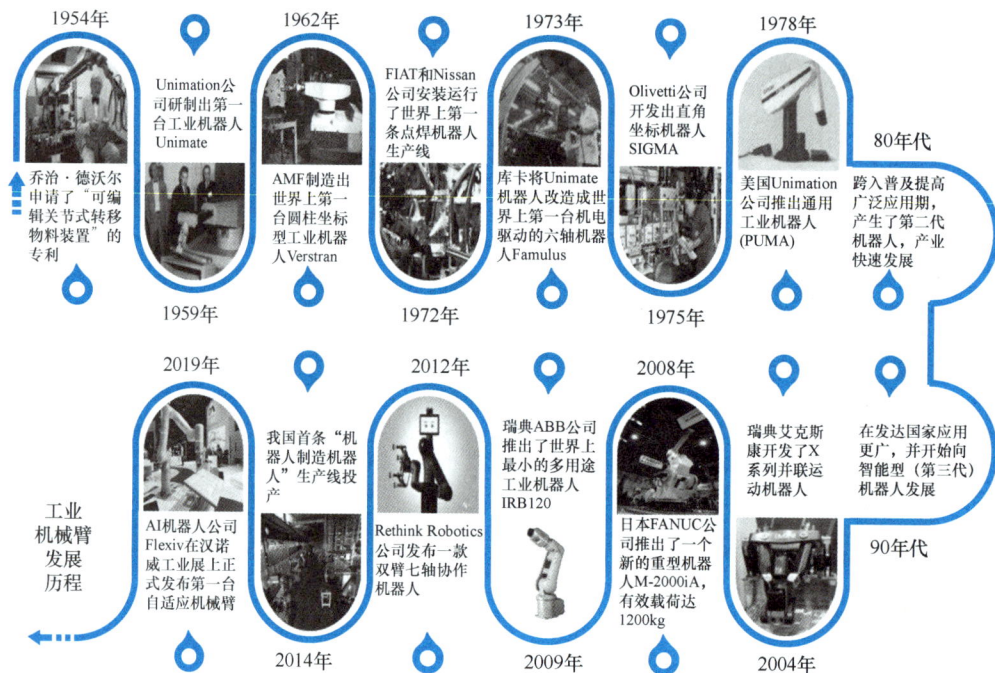

图 2.9　工业机械臂发展历程

1954 年，乔治·德沃尔巧妙地将遥控操作手的连杆机构与数控铣床的伺服轴连接起来，
开发出世界上第一台电子可编程序机器人装置，具有"示教-再现"和"可编程"的功能。
并于 1958 年与约瑟夫·恩格尔伯格合作成立了世界上第一个机器人公司 Unimation。

1959 年，Unimation 公司研制出第一台工业机械臂 Unimate（意为"万能自动"），基座
上有一个大机械臂，可绕轴转动，大臂上又伸出小机械臂，它相对大臂可以伸出或缩回。小
臂末端有腕关节，可绕小臂转动，进行俯仰。1961 年将其应用到汽车生产线上，用于将铸
件中的零件取出。德沃尔和恩格尔伯格也被称为"工业机器人之父"。

1962 年，美国机械与铸造公司（AMF）制造出世界上第一台圆柱坐标型工业机器人，
命名为 Verstran（意为"万能搬动"）。

1972 年，意大利菲亚特汽车公司（FIAT）和日本日产汽车公司（Nissan）安装运行了
点焊机器人生产线，这是世界第一条点焊机器人生产线。

1973 年，德国库卡公司将 Unimate 机器人研发改造成第一台产业机器人，这是世界上第
一台机电驱动的六轴机械臂，命名为 Famulus。同年，日本日立公司（Hitachi）开发出为混
凝土桩行业使用的自动螺栓连接机器人，这是第一台安装有动态视觉传感器的工业机器人。

1975 年，Olivetti 公司开发出直角坐标机器人 SIGMA，它是一个应用于组装领域的工业
机器人，在意大利的一家组装厂安装运行。

1978 年，美国 Unimation 公司推出通用工业机器人（PUMA），标志着工业机器人技术

已经完全成熟，PUMA 是一种经典的六轴机器人，每个关节均为旋转副，其中腕关节三个关节的轴线相交于一点，能灵活调整末端工具的姿态，至今仍工作在工厂第一线。

同年，日本山梨大学的牧野洋发明了选择顺应性装配机器手臂（SCARA），这是世界第一台 SCARA 工业机器人，包含 3 个轴线平行的旋转关节以及 1 个 Z 轴方向运动的平移关节。它适合垂直装配的任务，具有很快的速度和很高运动精度，至今仍广泛应用于 3C 等领域。

1985 年，上海交通大学机器人研究所完成了"上海一号"弧焊机器人的研究，这是我国自主研制的第一台六自由度关节机器人。同年，哈尔滨工业大学与风华机器厂（现航天科工哈尔滨风华有限公司）协作，自行研制出我国第一台弧焊机器人"华宇Ⅰ型"焊接机器人。

1995 年，我国首台四自由度点焊机器人开发成功，第一条点焊机器人生产线投入使用。

1998 年，我国首台激光加工机器人开发成功。同年，我国首台浇注机器人用于生产。

2004 年，瑞典艾克斯康开始利用专利技术开发 X 系列并联运动机器人。

2008 年，日本发那科（FANUC）公司推出一个新的重型机器人 M-2000iA，其有效载荷达 1200kg。

2009 年，瑞典 ABB 公司推出世界上最小的多用途工业机器人 IRB120。

2012 年，Rethink Robotics 公司发布一款双臂七轴协作机器人，人机协作路线开始受到市场青睐。

2014 年，我国首条"机器人制造机器人"生产线投产。同年，新松推出国内首台自主研发的 500kg 重载工业机器人，打破国外重载机器人垄断。

2019 年，AI 机器人公司 Flexiv（非夕）在汉诺威工业展上正式发布第一台自适应机械臂，自适应工业机器人成为新研究热点。同年，中国航天科技集团展示"长征号"工业互联网平台。工业机器人开始融合 5G 通信+工业互联网。

2. 工业应用移动机器人发展历程

工业应用移动机器人的发展历史可追溯至 1953 年。历经七十多年的发展，可分为起步-分化-发展-蓬勃四个阶段，每个地区都有各自的应用特点。我国也从 1991 年开始，历经三十多年发展，成为工业应用移动机器人全球销量最大的市场。

（1）起步阶段—欧美地区快速推进　1953 年，第一辆 AGV 诞生于美国的 Barrett 电子公司，是由一辆简易的 AGC（Automated Guided Cart）牵引式拖拉机改造而成，带有车斗，用于在一间杂货仓库中沿布置在空中的导线运输货物，随后 AGV 相关研究开始起步。

20 世纪 70 年代，由于微处理器及计算机技术的普及、伺服驱动技术的成熟，促进了复杂控制器的改进，并设计出更为灵活的 AGV。1972 年，科尔摩根主导了在沃尔沃 Kalmar 工厂的第一套现代化的自动化导引车系统 NDC 的开发；1973 年，瑞典 Volvo 公司在 Kalmar 轿车厂的装配线上大量采用 AGV 进行计算机控制装配作业，扩大了 AGV 的使用范围。

1984 年，美国通用汽车公司完成了它的第一个柔性装配系统（FAS），该公司成为当时 AGV 最大的用户。

自 1960 年以来，欧洲安装了 220 套各种形式的 AGV 系统，使用 1300 多台 AGV；到 70 年代末，欧洲装备了约 520 套 AGV 系统，共 4800 台小车；1985 年则发展到 10000 台左右，分布于汽车工业（57%）、柔性制造系统 FMS（8%）和柔性装配系统 FAS（35%）。

1985 年，美国 AGV 生产厂商已剧增至 74 家，1986 年达到 1407 台（包括牵引式小车、叉车和单兀装卸小车），1987 年又新增加 1662 台。美国各公司在欧洲技术的基础上将 AGV 发展到更为先进的水平，他们采用更先进的计算机控制系统，运输量更大，移载时间更短，小车和控制器的可靠性更高。

可见，经过三十余年的发展，欧美地区的 AGV 技术及应用渐趋成熟，AGV 开始出现产业化发展趋势。

（2）分化阶段—日本与欧美两条路线演变　AGV 在欧美市场应用逐渐扩大的同时，日本也开始注意到这种自动化搬运设备。日本在 1963 年首次引进 AGV，其第一家 AGV 工厂于 1966 年由一家运输设备供应厂商与美国 Webb 公司合资建成。1976 年后，日本对 AGV 的发展给予高度重视，每年增加数十套 AGV 系统，有神钢电机、平田电机、住友重机等 27 个主要生产厂商生产几十种不同类型的 AGV。但在技术路线上，日本与欧美走向了不同的方向。

欧美国家追求 AGV 的自动化。这种 AGV 功能完善、技术先进，不需要人工干预路径，能够运用在几乎所有的搬运场合；同时为了能够模块化、提高批量生产速度，欧美的 AGV 放弃了对轮廓造型的追求，采用大部件组装的形式进行生产；系列化产品的覆盖面广，如多种驱动模式、多种导引方式、多种移载机构，载重量可从 50kg 到 60000kg。但由于技术和功能的限制，此类 AGV 的价格居高不下。

日本则追求简单有效的 AGV，或者只能称其为 AGC，尽量让用户在最短的时间收回投资成本。该类产品完全结合生产应用场合（单一路径、固定流程），只用来搬运，而并不强调自动装卸功能；在导引方面，多数只采用纯粹的磁带导引方式；只配置最简单的功能器件，使成本降到极限。这种 AGC 80 年代在日本得到了普遍应用，2002 年左右达到顶峰。

不管是追求全自动化的欧美还是简易搬运的日本，都只是从各自的实际需求出发，让成本和效率实现最好的平衡。

（3）发展阶段—我国移动机器人市场崛起　在欧美和日本 AGV 技术及应用逐渐成熟之际，国内在 AGV 领域的探索才刚刚开始。

1976 年，北京起重机械研究所研制出第一台 AGV，随后又研制出单向运行载重 500kg 的 AGV、双向运行载重最高 2000kg 的 AGV，并开发研制出几套较简单的 AGV 应用系统。但整个七八十年代，国内 AGV 技术的研究都只停留在实验室阶段，并没有真正落地应用。

1991 年起，中国科学院沈阳自动化所和新松机器人自动化公司陆续为沈阳金杯汽车厂研制生产了 6 台用于汽车装配线中的 AGV，完成了 AGV 从实验室样机到生产一线产品的跨越。

1996 年，昆明船舶设备集团开始与 NDC 合作，并利用 NDC 技术生产了第一套 AGV 验证系统，以及我国第一台激光导引 AGV 和第一台全方位运动 AGV。

2000 年—2012 年是国内 AGV 行业的平稳发展阶段，国民经济的多个领域，如传统制造行业、食品行业、轻工业等开始深入应用 AGV。国产 AGV 开始出口国外发达国家和地区。

（4）蓬勃阶段—仓储机器人及 AMR 盛行　技术路线上，2012 年以后，AGV 开始沿更加自主化的方向发展，业内在 AGV 的基础上提出了智慧型导引运输车 IGV，或者自主移动机器人 AMR。从 AGV 到 AMR，导航技术的发展是设备从"车"逐渐过渡到"机器人"的主要因素之一，传统 AGV 多采用磁条、电磁及二维码等导航方式；而 AMR 更多采用 slam 技术，搭载激光雷达或视觉传感器，实现自主导航。

工业移动机器人行业，欧美企业仍走高端发展路线，也出现了一批优秀的 AMR 厂商；由于日本专注 AGC 的应用历史，正逐渐丧失在高端 AGV 领域的竞争力；而国内 2014 年前后，创业公司不断涌现，仓储机器人头部企业凸显，尤其资本的助力使仓储机器人快速发展，在国产化率、自主技术、产品研发能力、全球竞争力等各方面，都处于国际先进水平。

市场方面，2012 年，亚马逊收购 KIVA，这种新式的仓储分拣 AGV 进入人们视线；十年后，亚马逊又发布了 Proteus 货架挪动机器车，应用场景更复杂，自动化系统也更加自主有效，可以在人类运动的环境下自由行进。2015 年之后，随着类 KIVA 仓储机器人的发展，我国市场应用逐渐扩展到更多行业。2018 年，阿里、京东无人仓使用了大量工业应用移动机器人，京东"亚洲一号"无论是订单处理能力，还是自动化设备的综合匹配能力，都处于行业领先水平。目前，国内 AGV 无论销量还是应用都走在了世界前列，不仅在国内市场牢牢掌握主动权，更是不断拓展海外市场，在全球都有举足轻重的地位。

发展至今，工业应用移动机器人已成为集环境感知、动态决策与规划于一体的多功能综合系统，汇集了传感器技术、信息处理、电子工程、计算机工程、自动化技术，是目前人工智能（AI）学科技术发展最活跃的领域之一。作为智能化的运输设备，它将成为连接智能生产、智能工厂、智能物流的重要纽带，是整个物流体系中的重要组成部分，对降低物流成本、转变制造方式、实现生产制造转型升级具有重要作用。

工业应用移动机器人的发展历程如图 2.10 所示。

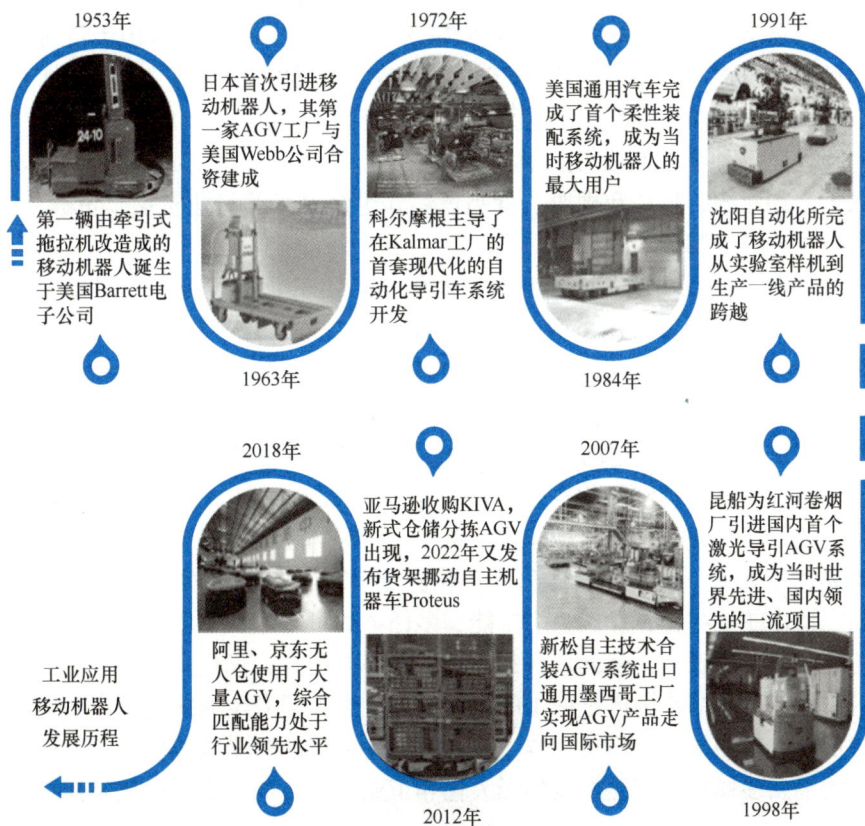

图 2.10　工业应用移动机器人发展历程

2.2.2 工业机器人未来趋势

随着劳动力供给总量减少，人口红利耗尽，产品质量要求越来越严苛，生产效率越来越高，传统劳动密集型产业模式正面临严峻挑战，致使制造业从劳动密集型模式向智能化生产方式转变。智能制造是成为制造强国的必由之路，作为发展智能制造的重要抓手，加速工业机器人部署应用，逐步提升产业发展质量，对构建新型制造体系、促进制造业向中高端迈进、实现制造强国具有重要意义。同时，全球新一轮科技革命的孕育兴起，也将大大加速工业机器人技术的变革。应对智能制造的发展需求，未来工业机器人系统将主要呈现以下发展趋势。

（1）机械结构由整体向模块化柔性可重构发展 现代智能制造模式对工业机器人提出了柔性化和标准化的要求。设计和制造模块化、可重构化的机械结构，例如，关节模块中实现伺服电动机、减速器、检测系统三位一体化，将有助于车间根据生产制造的需求自行拓展或组合系统的模块，提高生产线的柔性化程度，有能力完成各类小批量、定制化生产任务；此外，对于不同品牌或不同型号的工业机器人，零件差异性较大，更多地采用模块化设计，可以使大部分零部件实现兼容。通过开发工业机器人开放式的控制系统，使其具有可拓展和可移植的特点。不同厂家生产的机器人之间进行零部件与通信的互换，将有助于实现机器人的标准化发展，提升企业经济效益。模块化柔性可重构机械结构如图 2.11a 所示。

（2）外形尺寸由庞大沉重向小型轻量灵巧发展 工业机器人最开始主要大规模应用于汽车行业，多以负载大于 20kg 的中大型号六轴机器人为主，外形尺寸庞大沉重。随着工业机器人的应用场景越加广泛，苛刻的生产环境对机器人的体积、重量、灵活度等提出了更高的要求，工业机器人正向着小型化、轻型化、灵巧化的方向发展，不但可以大幅降低成本、节约占地面积，而且外形小巧美观，移动运输简便。近年来，六轴机器人已逐渐向 3C 电子、金属加工、新能源、塑料和橡胶、食品饮料、生命科学等行业扩展，负载小于 20kg 的小六轴机器人越来越受到市场的偏爱。

（3）电动机伺服控制由驱、控分开向一体化发展 工业机器人的控制和伺服系统呈现出一体化的趋势，主要分为两种类型：第一种是"ALL in ONE"方式，将伺服驱动器和电动机一体化，这样电动机与驱动器的线缆就得到了极大的节约；另一种是驱控一体化，即将运动控制和伺服驱动系统一体化，具有体积小、质量轻、成本低、可靠性高、部署灵活的特点，通信速度高达 100Mb/s。这两种区别在于，传统模式由于空间相对分散，上层中央控制器和底层执行机构相对物理空间比较远，而采用"ALL in ONE"方式可以控制几十台甚至上百台设备，使用非常方便；驱控一体化技术应用在对物理空间要求较高的场合更有优势。

（4）功能性能由单一简单向一体化高可靠发展 现代工业机器人正从功能单一、仅可执行某些固定动作的机械臂，发展为多功能、多任务的可编程、一体化机器人。对工业机器人进行多功能一体化的设计，使其具备加工多道工序的能力，优化生产环节，实现测量、操作、加工一体化，能够减小生产过程中的累计误差，大大提升生产线的生产效率和自动化水平，降低制造中的时间成本和运输成本，成为适合集成化的智能制造模式。同时，生产环境和工作任务的复杂多样性、智能产线的无人化和工业机器人的高度集成化对其可靠性也提出了极高的要求。

（5）作业方式由人机隔离向协作虚实交互发展 传统工业机器人作业时，需与人保持安全距离，一般安装部署在保护围栏后，以免人员受到伤害，这极大地限制了其应用效果。而协作机器人借助表面力传感器、关节力矩传感器、电流估算力反馈模型等方式和特殊算法，碰到人体后自动停止，具有安全可靠、部署简单、成本较低、支持柔性生产模式的特点，可以使机器人和人同时处于同一个工作空间一起工作，强化人机交互体验与人机协作效能，实现机器人和人在感知、理解、决策等不同层面上的优势互补，有效提高工业机器人的复杂作业能力；同时，基于 VR/AR 虚拟现实技术，将仿真软件与虚拟现实技术相融合，能够把工业机器人的全息图像投影到真实物理环境中以及 360°体验虚拟场景，还可在机器人执行动作之前预览潜在规划动作，降低损坏系统或伤害操作人员的风险；而 5G 技术将为其提供更高的网络速率、网络安全性以及承载能力，可以在虚拟场景中查看实际生产情况，随时随地检查机器人各项数据，对其进行远程操作维护指导。VR 远程控制机械臂如图 2.11b 所示。

（6）**由单机向多机、集群机器人协同作业发展**　多机器人协同可以完成单台机器人难以完成的高难度、高精度和分布式的复杂作业任务，提高机器人系统在作业过程中的执行效率，增强机器人系统的环境适应能力，其具有的冗余特性还可提升任务应用的鲁棒性。尤其在未来工业移动机器人应用中，成百上千台机器人规模化集群作业将成为发展的必然趋势。通过研发工业机器人的多机协同技术，开发更加智能的集群机器人调度算法和分布式控制方法，使调度系统能够接入各种类型的机器人，在统一的环境下完成作业调度，让众多机器人能够准确、高效地协同工作。移动机器人集群智能协同作业如图 2.11c 所示。

（7）**大范围作业场景急需复合机器人自主导航**　现代柔性制造系统对物流运输、生产作业等环节的效率、可靠性和适应性提出了较高的要求。在需要大范围作业的工作环境中，固定基座的传统工业机械臂很难完成工作任务，通过引入移动机器人技术的复合机器人，可以有效增大工业机械臂的工作空间，提高机器人的灵巧性。此外，移动机器人能够高效、智能、灵活地运行，有赖于其导航技术。目前，2D 视觉导航和 2D 激光导航在移动机器人领域的应用已经十分成熟，但 3D 视觉导航、3D 激光导航和融合导航技术还处于发展阶段。由于 3D 导航技术和融合导航技术具有更好的环境适应性，未来在复杂的应用场景中，将会有更大的发展空间。

（8）**智能水平由示教传感向智能化、信息化发展**　以"互联网+机器人"为核心的数字化工厂智能制造模式将成为未来制造业的发展方向，真正意义上实现机器人、互联网、信息技术和智能设备在制造业领域的完美融合。针对目前工业机器人存在的操作灵活性不足、在线感知与实时作业能力弱等问题，通过机器人多模态感知、环境建模、自我强化学习、优化决策等关键技术，并结合工业互联网技术、边缘计算和云边系统等相关技术，能够快速获取加工信息，精确识别和定位作业目标，排除工厂环境以及作业目标尺寸、形状多样性的干扰，增强其类人精细化操作能力，满足智能制造的多样化需求。未来的自适应工业机器人将主要满足以下三个特性：①适应操作对象位置的不确定性；②适应复杂外部环境的干扰；③适应类似任务的快速迁移。

（9）**产品开发由传统设计向全周期数字化发展**　数字化转型已成为时代的趋势，工厂企业正试图通过自动化和机器人，结合物联网、云计算和人工智能等技术，提高生产线的灵活性和效率。云计算将传统的 IT 工作方式转变为以网络为依托的云平台方式运行，边缘计算使物联网时代大量传感器捕捉的海量数据得以在最合适的位置进行处理分析，终端人工智能在保护隐私的安全性、性能、整体可靠性等方面更具优势。此外，工业大数据技术正在崛起，海量且多样化的数据是最宝贵的信息资产，分析和采集机器人传感器的大量数据，从而实现对机器人进行监测和故障诊断，提高机器人的可靠性；实现对工作流程的优化，提高自身的作业效率。可以说，数字化技术贯穿于整个工业机器人产品生命周期，从产品设计、生产、运行、维护的无缝集成，不仅可以提高开发和生产的有效性和经济性，更有效地了解产品的使用情况，便于修改和优化设计方案，还能更精准地将客户的真实使用情况反馈到设计端，实现产品的有效改进。工业机器人数字化设计如图 2.11d 所示。

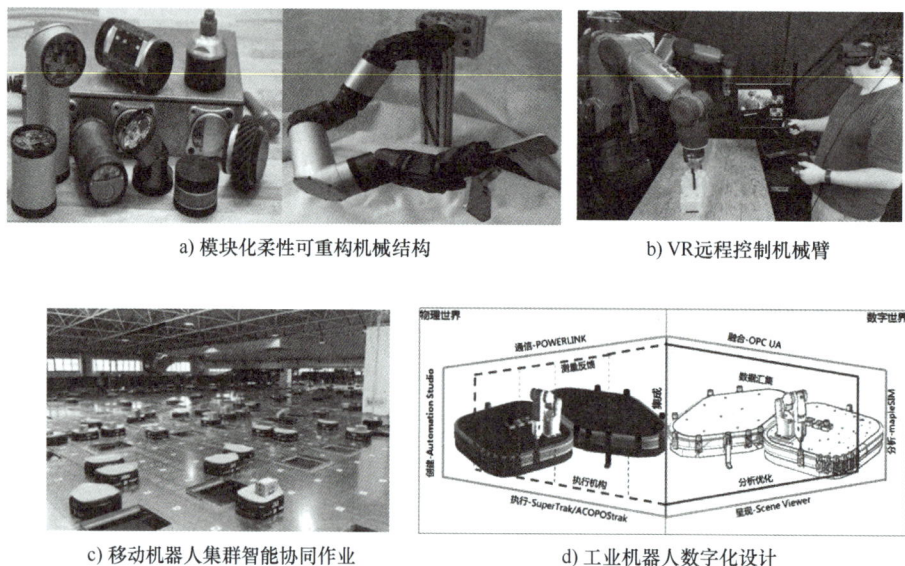

a) 模块化柔性可重构机械结构

b) VR远程控制机械臂

c) 移动机器人集群智能协同作业

d) 工业机器人数字化设计

图 2.11　工业机器人未来发展趋势

（10）产业竞争由提供硬件向系统解决方案发展　随着伺服系统、精密减速器、运动控制器三大核心零部件的日益成熟，单纯工业机器人本体生产和供应逐渐失去竞争优势，从提供硬件到提供系统性解决方案的转变正成为工业机器人发展的新策略，"从硬到软"竞争要素的转变反映出重心从核心零部件向工艺软件的变化。在这个过程中，国外工业机器人已经建立起规模化的应用，形成群聚化的先发优势，进一步巩固其垄断性的国际地位。以工艺软件的多样性为例，规模化的应用形成了工艺软件包，降低了机器人融入制造系统的门槛，进一步正向反馈扩大了市场份额，未来将进入以自主化操作系统和能够满足客户多样化需求的工艺软件包为代表的软件时代，工艺软件的核心竞争优势将体现在可以实现快速复制、缩短调试周期、让客户更易于使用等方面。

2.3　工业机器人的系统组成及技术参数

2.3.1　系统组成

1. 工业机械臂的系统组成

工业机械臂主要由本体、控制柜和示教器三部分组成，如图 2.12 所示。本体是机械臂的执行机构，一般由多个关节和连杆组成；控制柜为本体和示教器提供能源，控制本体的运动，并提供一定的输入和输出插口；示教器提供人机交互界面，帮助人来操控工业机械臂。

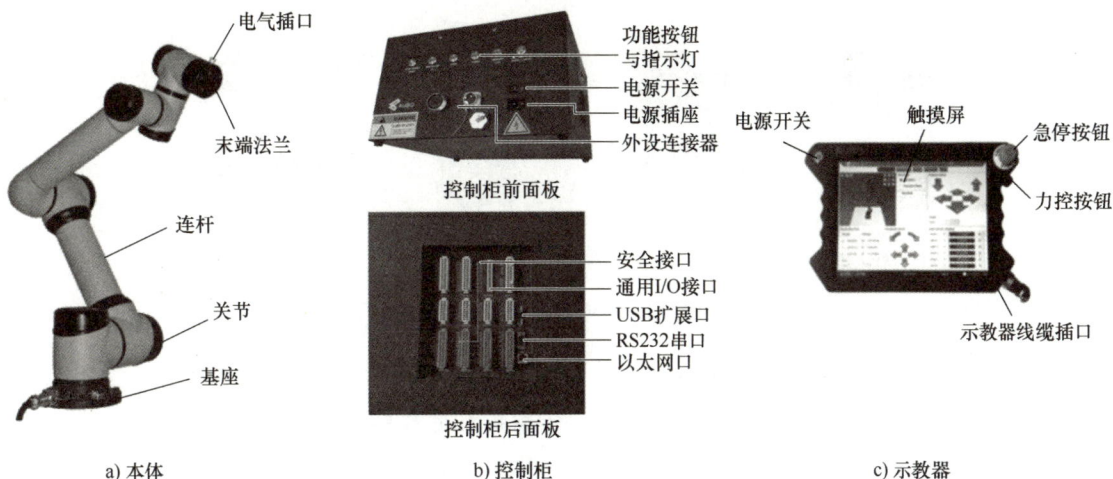

图 2.12　工业机械臂的系统组成

（1）本体　**本体是工业机械臂带动工具完成所需任务的机构，主要由关节和连杆组成。**本体关节与连杆的关系构成如图 2.12a 所示，各部分分别为电气插口、末端法兰、连杆、关节和基座。一般而言，从安装位置起，第一个连杆称为基座。关节按顺序称为第 i 个关节（$i=1,2,\cdots,N$，N 为关节的数量），最后一个连杆称为机器人末端。机器人无法单独完成任务，通常在末端设计有法兰盘，用于安装必要的工具或工具的连接；并且一般会预留一定的电气插口，用于工具的供电、通信等。

本体中的关节最为重要，它决定了机械臂的主要性能。关节需具有伺服控制、抱闸等功能，以保证机械臂能按照需求完成任务，并能在断电情况下保持原有的构形。另外，为了保证操作的准确性，关节要求具备高刚度、高精度等特点。连杆决定了机器人的工作空间，臂杆长度越大，机器人的工作空间越大。为了增大机器人的负载能力，连杆要在满足刚度要求的前提下尽量轻量化，降低机器人自重对性能的影响。关节的选型和连杆长度的选择需综合考虑，以利于充分发挥每个关节的能力，获得最优的性能。

（2）控制柜　**电力供应、运动控制器、外部插口等均在控制柜中，机器人本体和示教器均与控制柜相连，从而构成一个完整的系统。**控制柜的前面板包括电源开关、功能按钮、状态指示灯等；后面板包括线缆插口、网络和 USB 等外设插口，以及 PLC（Programmable Logic Controller）电气插口，如图 2.12b 所示。

（3）示教器　**示教器是人与机械臂交互的重要设备，提供图形操作界面，通过示教器，人能对机械臂发出基本的控制指令，如关节运动控制、末端位姿控制、脚本编程等，可完成一般任务；**另外，机械臂的大部分状态信息，包括系统信息、关节角度、电动机温度等，都可以在示教器中查看。如图 2.12c 所示，示教器上一般包括：①电源开关，用于启动控制系统；②触摸屏，用于触屏操作；③急停按钮，用于系统急停；④力控按钮，按下后可对机器人进行拖动示教；⑤示教器线缆插口，通过电缆与控制柜相连。

（4）其他配件　工业机械臂的系统组成除了本体、控制柜和示教器，一般还会包括相应的外围设备或配件，才能正确使用或者完成某项具体工作任务，如机械臂末端工具、安装底座、安全装置、配套自动化设备等，如图 2.13 所示。

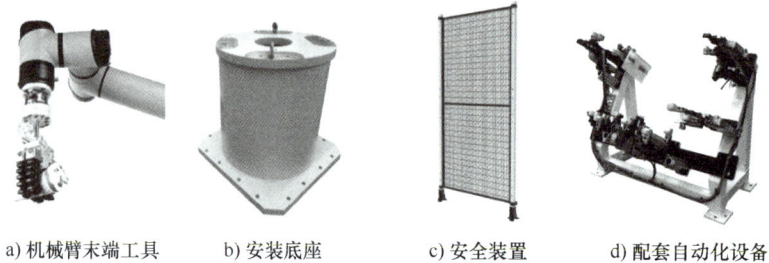

a) 机械臂末端工具　　b) 安装底座　　c) 安全装置　　d) 配套自动化设备

图 2.13　工业机械臂其他配件

2. 工业应用移动机器人的系统组成

工业应用移动机器人主要由中央控制器、传感器和底盘驱动组成，如图 2.14 所示，可根据外界环境的变化，进行自主识别、推理和判断，一定程度上自行修改程序以达到最终设定的目标。

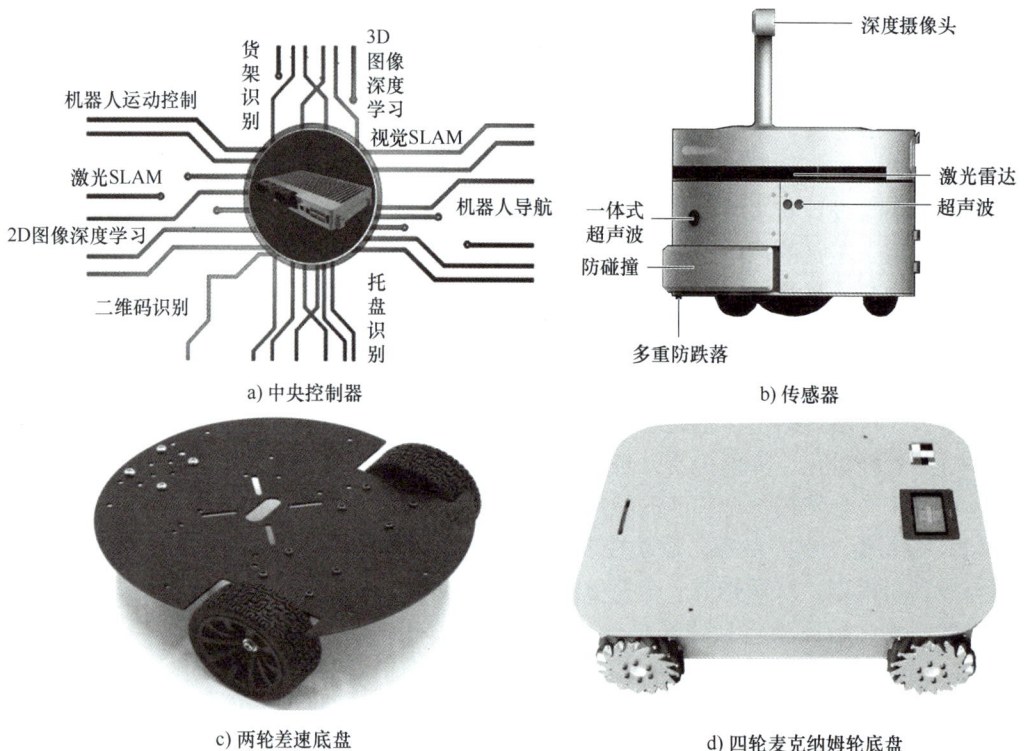

a) 中央控制器　　　　　　　　　　　　b) 传感器

c) 两轮差速底盘　　　　　　　　　　d) 四轮麦克纳姆轮底盘

图 2.14　工业应用移动机器人的系统组成

（1）中央控制器　中央控制器是工业应用移动机器人的核心组件，其功能性质类似于人的大脑，能够对机器人本体进行任务管理、通信管理及交通管理；通过精准、高效地获悉机器人的方位信息，实时检测周边环境并躲避障碍，控制机器人以最短路径、最高效的方式执行移载货架和货品、叉取托盘货物等搬运动作及任务。

（2）传感器　移动机器人的感知系统通常由姿态传感器、接近传感器、距离传感器、激光雷达、视觉传感器等多种传感器组成，类似于人的五官，用于感知机器人自身状态和外部环境，为其自主导航和智能作业提供决策依据，是构成移动机器人智能系统的重要部分。

（3）底盘驱动　底盘驱动是移动机器人非常重要的执行机构，类似人的脚。底盘不仅是各种传感器、机器视觉、激光雷达、电动机轮子等设备的集成装置，更承载了机器人本身的定位、导航、移动、避障等基础功能。底盘驱动通过双轮差速或多轮全向，以响应中央控制器发送的速度消息，实时调节移动速度与运行方向，灵活转向以精确到达目标点。

移动机器人有各种类型的底盘，一般是两轮差速底盘，此外还有三轮全向轮底盘、四轮全向轮底盘、四轮麦克纳姆轮底盘以及四轮滑移底盘。两轮差速底盘是目前应用最多的机器人底盘，包括两个驱动轮和几个万向轮，依靠差速转弯；四轮麦克纳姆轮底盘也非常典型，可以像正常车轮一样前后各布置两个轮子，实现全向移动；四轮滑移底盘也叫四轮差速底盘，和两轮的原理一样，依靠差速转向；但由于四个轮子都是固定的，当车子差速原地转向时，四个轮子会发生一定漂移，轮子磨损比两轮大。

2.3.2　工业机器人三大核心件

工业机器人的三大核心件指控制器、伺服系统和减速器。如图 2.15 所示，控制器相当于机器人的大脑，负责控制整台机器人的运动，即进行运动规划，实现机械臂操作空间坐标和关节空间坐标的相互转换，完成高速伺服插补运算和伺服运动控制，并发布和传递动作指令等；伺服系统则可看作工业机器人的执行器，当控制器发出运动指令后，需要相应的机构部件去精确执行，其主要作用为机械臂关节的运动提供精准的位移、速度与力矩；由于工业机械臂需要重复、可靠地完成大量工序任务，对其定位精度和重复定位精度要求很高，因此，需专门的减速器以保证精度。减速器还可以使伺服电动机在一个合适的速度下运转，并精确地将转速降到机械臂各部位需要的速度，提高机械体刚性的同时，输出更大的转矩。

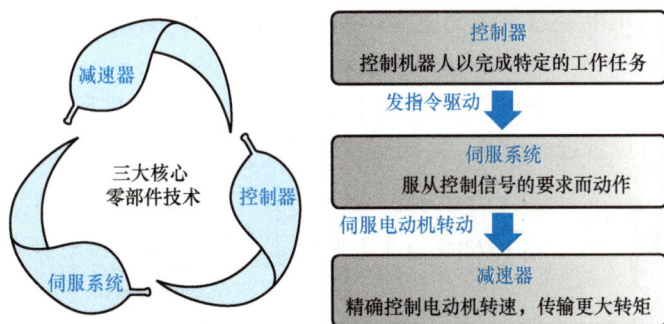

图 2.15　工业机器人三大核心件及其作用

1. 工业机器人的大脑——控制器

工业机器人控制器的主要任务是接收来自视觉、力觉等传感器的检测信号，根据操作任务的要求驱动机械臂中的各伺服电动机，进而控制机械臂在工作空间中的运动位置、运动姿态、速度、轨迹、操作顺序及动作的时间等；同时，控制器也具有各类输入和输出接口、人机交互界面等，编程简单、使用方便。控制器分为硬件结构和软件结构，伺服控制器如图 2.16 所示。

控制器的核心技术集中于**软件算法**，最能体现各厂商的调教水平与风格，一般由机器人厂家自主设计研发，是各机器人厂商的"软实力"。目前，主流机器人厂商的控制器均在通用的多轴运动控制器平台的基础上进行自主研发，各品牌的机器人均有自己的控制系统与之匹配，因此，控制器的市场份额基本和机器人市场份额保持一致，发那科、库卡、ABB、安川"四大家族"分别占据前四名。

近年来，国内机器人专用运动控制产品的开发和行业应用的推广也逐渐走向成熟和产业化，以埃斯顿、广州数控等为代表，不只开发出机器人专用控制系统，还借此进入机器人行业，并成为国产机器人企业中的代表。此外，国内也诞生了一批专注于运动控制产品的企业，

图 2.16　伺服控制器

为无力研发自主控制器的小型工业机器人厂家提供解决方案，这类企业以固高科技为代表，主要向工业机器人集成商提供控制系统平台。

目前，与国际先进水平相比国产控制器还存在较大差距，主要体现在底层核心算法上，如参数自整定、抑震算法、转矩波动补偿等，导致国产工业机械臂的精确性、稳定性、故障率、易用性等关键指标不如"四大家族"的产品，这也和国内厂家重硬件、轻软件有关。当前，工业机械臂需实现的动作愈加复杂，想在高速运动中实现精准控制，其背后需要长期的多轴联动控制技术的积累，控制器必须足够"聪明"，而先进核心算法的缺失使国产控制器要想从"能用"到"好用"，还有较长的路要走。

2. 工业机器人的执行器——伺服系统

典型的伺服系统主要由伺服驱动器和伺服电动机组成，伺服电动机又包含电动机和编码器。由于工业机械臂对位移、速度等的精度要求较高，因此，应用中多使用伺服系统中的高端产品。

（1）伺服驱动器　伺服驱动器又被称为伺服控制器，是用来控制伺服电动机的一种装置，主要包括整流部、逆变部、控制部等部分，内部结构由电源电路、继电器板电路、主控板电路、驱动板电路及功率变换电路组成，其作用类似变频器之于交流马达，主要应用于高精度的定位系统。商用电经过整流、逆变，接收控制部得到的指令信号与编码器的反馈信号，最终输出合适的 SPWM 波形驱动伺服电动机运转，从而形成一个完整的控制回路。当前，交流伺服驱动器设计中普遍采用基于矢量控制的电流环、速度环、位置环分别对伺服电动机的转矩、转速、位置进行控制，实现高精度的传动系统定位，如图 2.17 所示。

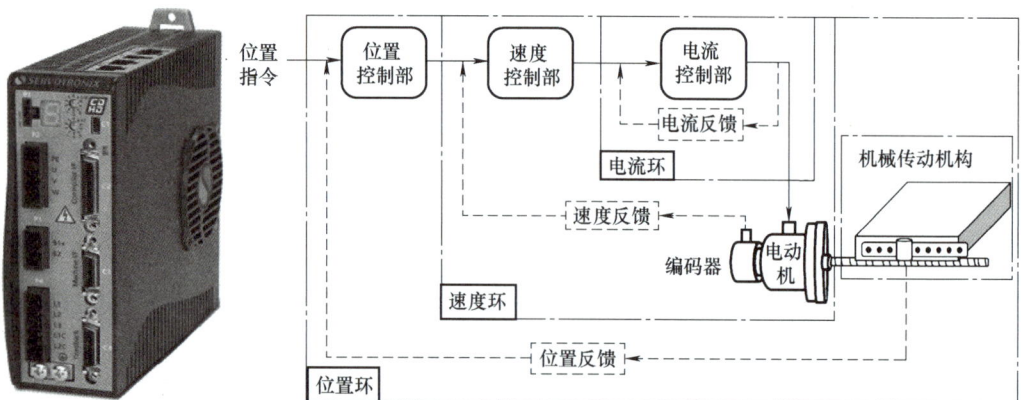

图 2.17　伺服驱动器及伺服系统控制模型

（2）伺服电动机　**伺服电动机作为执行元件，是将伺服控制器的脉冲信号转化为电动机转动的角位移和角速度。**伺服电动机是工业机器人的主要驱动力，是工业机器人实现精确定位、变速、给定力矩的关键部件。编码器则是安装在伺服电动机末端用于精确测量磁极位置和伺服电动机转角及转速的一种传感器，作为伺服系统的信号反馈装置，编码器在很大程度上决定了伺服系统的精度。

伺服电动机内部转子是永磁铁，驱动器控制的 U/V/W 三相电形成电磁场，转子在此磁场的作用下转动。伺服电动机每旋转一个角度，都会发出对应数量的脉冲信号；同时，电动机自带的编码器反馈信号给驱动器，驱动器将反馈值与目标值进行比较，进而调整转子转动的角度。伺服电动机精度取决于编码器的精度（线数）。伺服电动机和编码器的工作原理如图 2.18 所示。

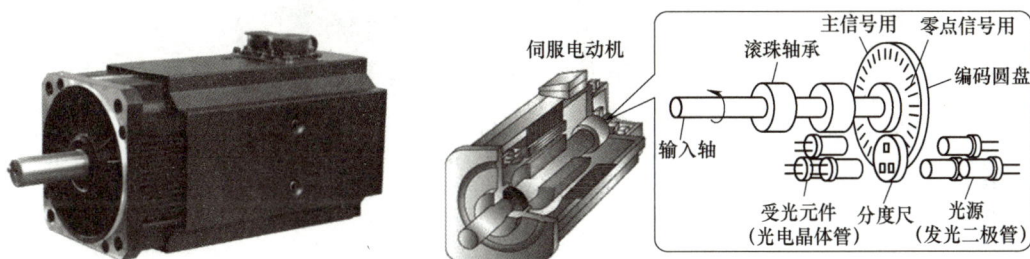

图 2.18　伺服电动机和编码器工作原理图

从市场占有率看，外资品牌占据国内伺服系统市场的大部分份额。以三菱、安川、松下为代表的日系伺服系统占据市场的前三名，占比合计超过 30%；紧随其后的是中国台湾省的台达和欧系伺服系统的西门子，占比分别为 9.9% 和 6.5%；而以汇川技术和禾川科技为代表的伺服系统厂商，虽然近年来发展十分迅速，但市场占有率仍然较小，分别为 6.2% 和 1.5%，还有很大的提升空间。

工业机械臂对闭环系统的设计、调试要求都很高，这也是伺服系统设计与生产中的核心难点所在。目前，国产伺服系统与国际先进水平在动力输出功率方面大体相同，差距主要体现在响应速度、大小、稳定性等方面。在运动控制性能方面，西门子产品具备 2kHz 的速度环频率响应能力，安川为 1.5kHz，多摩川和汇川则都为 1.2kHz，欧系产品的优势更明显，尤其在要求高速度和精度的领域。日系伺服产品的稳定性较好，可以满足大部分应用领域的需求，尤其是在小功率电动机领域中优势明显。在伺服系统大小方面，为了配合机械臂的体形，伺服系统必须体积小、质量小、轴向尺寸短，相比国产伺服系统，日系、欧系产品结构更加紧凑。

3. 伺服系统的搭档——减速器

虽然控制器发出指令、伺服系统执行指令，但如此直接输出到终端还不行。以安川的小型伺服系统为例，最高转速为 3000r/min，力矩为 0.016~0.16N·m，而工业机械臂上各轴的工作转速为 100r/min 左右，所需转矩却远超伺服电动机的工作范围。如果使用伺服电动机直接驱动，在低频运转下容易出现发热和低频振动的情况，不利于其精确、可靠地运行，因此，需要搭配减速器使机械臂每个轴的输出参数达到所需要求。

减速器能够使伺服电动机在一个合适的速度下运转，并精确地将转速降到工业机械臂各部位需要的参数，提高机械体刚性的同时，输出更大的转矩。例如，使用一个减速比为50：1的减速器就能轻松将额定转矩为0.1N·m的电动机转矩提升至5N·m，使其能承受更高的负载，并且适当减小输出转速，提高控制分辨率和闭环精度。

工业机械臂领域使用的减速器主要有RV减速器和谐波减速器两类，如图2.19所示。其中，RV减速器拥有更高的回转精度和承载能力，但体积质量较大并且结构复杂，常用于转矩大的机械臂腿部、腰部和肘部三个关节；而谐波减速器结构简单紧凑，但承载能力不高，多用于小型机械臂和大型机械臂的小臂、腕部、手部等低载荷的部位。两种减速器使用场景不同，互相补充。

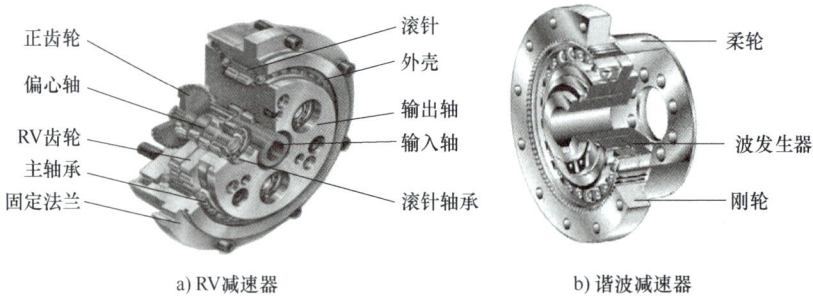

a) RV减速器   b) 谐波减速器

图2.19   工业机械臂领域使用的减速器

（1）RV减速器   RV减速器由一个行星齿轮减速器的前级和一个摆线针轮减速器的后级组成，主要包括第一减速部、曲轴部和第二减速部。

1）第一减速部。伺服电动机的旋转从输入轴传递至行星齿轮，传动比为输入齿轮与行星齿轮的齿数比，做减速运动。曲柄轴与行星齿轮直接相连，以相同的转速旋转。第一减速部如图2.20a所示。

2）曲轴部。曲柄轴偏心部分安装两个RV齿轮（摆线针轮），曲柄轴的旋转带动偏心部的RV齿轮进行偏心运动。曲轴部如图2.20b所示。

3）第二减速部。外壳内侧的针齿数比RV齿轮的齿数多一个。当曲柄轴旋转一圈，带动RV齿轮与针齿中间进行一圈的偏心运动，使RV齿轮沿相反方向旋转一个齿数的距离，并通过曲轴传递至输出轴，实现减速的目的。第二减速部如图2.20c所示。

RV减速器的工作原理如图2.20所示，总减速比为第一减速部和第二减速部的减速比之积。

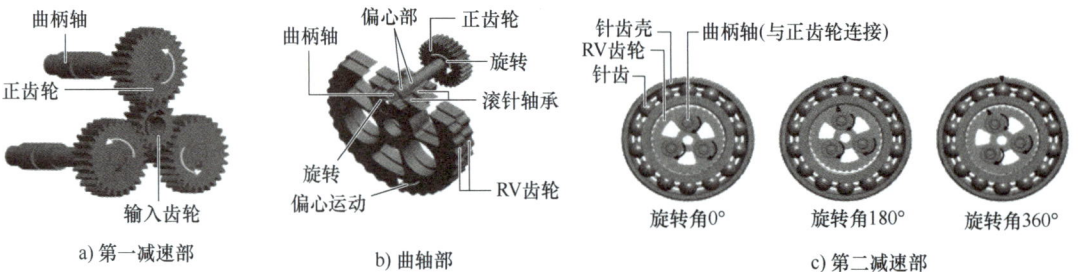

a) 第一减速部   b) 曲轴部   c) 第二减速部

图2.20   RV减速器工作原理图

由于 RV 减速器具有传动比大、振动小、噪声低、能耗低、效率高、寿命长、精度保持稳定、传动平稳等优点，且在一定条件下具有自锁功能，因此，受到国内外的广泛关注，世界上有很多国家的高精度机械臂传动都采用 RV 减速器。相比谐波减速器，RV 减速器的关键在于加工工艺和装配工艺，具有更高的疲劳强度、刚度和寿命。

（2）谐波减速器　特别在高动态性能的伺服系统中，谐波齿轮传动更能显示出其优越性。它传递的功率从几十瓦到几十千瓦，但大功率的谐波齿轮传动多用于短期工作场合。

谐波减速器主要由波发生器、柔性齿轮、刚性齿轮三部分组成，通过波发生器的作用，柔性齿轮产生可控弹性变形，并与刚性齿轮啮合来传递运动和动力。谐波减速器的主要工作原理如图 2.21 所示，波发生器两端装有滚动轴承构成滚轮，与柔轮内壁相互压紧。波发生器装入柔轮后，使柔轮的剖面由原先的圆形变成椭圆形，其长轴两端附近的齿与刚轮的齿完全啮合，而短轴两端附近的齿则与刚轮完全脱开，周长上其他区段的齿处于啮合和脱离的过渡状态。当波发生器沿图 2.21 所示的方向连续转动时，柔轮的变形不断改变，柔轮与刚轮的啮合状态也不断改变，由啮入、啮合、啮出、脱开、再啮入……，周而复始地进行，从而实现柔轮相对刚轮沿波发生器相反方向缓慢旋转。

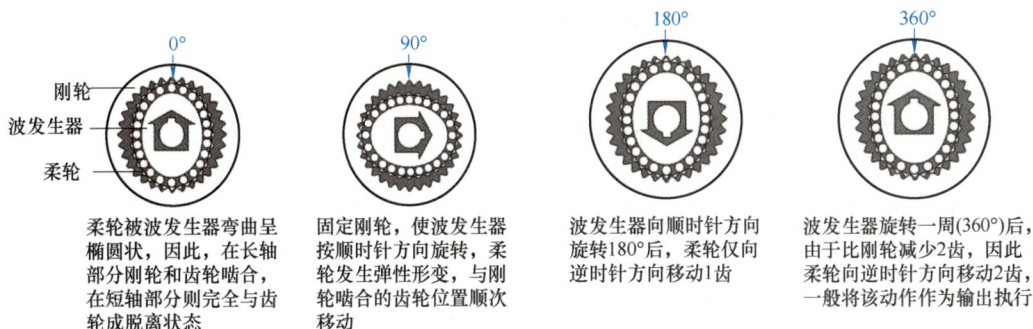

刚轮
波发生器
柔轮

0°	90°	180°	360°
柔轮被波发生器弯曲呈椭圆状，因此，在长轴部分刚轮与齿轮啮合，在短轴部分则完全与齿轮成脱离状态	固定刚轮，使波发生器按顺时针方向旋转，柔轮发生弹性形变，与刚轮啮合的齿轮位置顺次移动	波发生器向顺时针方向旋转180°后，柔轮仅向逆时针方向移动1齿	波发生器旋转一周(360°)后，由于比刚轮减少2齿，因此柔轮向逆时针方向移动2齿，一般将该动作作为输出执行

图 2.21　谐波减速器主要工作原理图

减速器生产的核心难点主要是**精密加工、齿面热处理、装配精度、大规模生产与检测**等工艺环节，恰恰是我国制造业基础配套体系中较薄弱的部分，需要长期的经验积累。与国外产品相比，国产减速器主要在使用寿命及稳定性上有较大差距，刚投入使用时各性能接近国外产品；但随着一段时间的使用后，磨损加剧，出现漏油、精度和刚度等指标有所下降的问题，这种不稳定性使国产减速器大多只能应用于中低端市场，很难进入国际一线工业机器人品牌的供应链。

减速器作为纯粹的机械零件，核心技术与工业机器人并不相关，因此包括 ABB、发那科、安川、库卡在内的工业机器人巨头也均不自研减速器，全部向外采购。目前，RV 减速器和谐波减速器市场基本由日系厂商垄断，以纳博特斯克、哈默纳科、住友、新宝为代表的企业，占据全球机器人减速器市场的大部分份额，其中，纳博特斯克与哈默纳科分别在 RV 减速器领域和谐波减速器领域处于垄断地位。

国产减速器厂商近年来有较大进步，主要以谐波减速器领域的绿的谐波为代表，产品性能已经和哈默纳科达到同一水平，近年来逐步进入国际主流机器人厂商进行测试。而在 RV 减速器领域，由于其复杂且精密的机械结构，加工难度较大，国产 RV 减速器厂商与日系品牌还有很大差距。

2.3.3　机器人的常用传感器

传感器是机器人系统组成中很重要的一部分，对机器人技术向智能化发展有着十分重要的意义。机器人能够准确地、以适当的速度移动位置、变换姿态、避免与环境中的物体发生碰撞或找到抓取对象，都离不开传感器提供的信息。机器人传感器就像人类的感觉器官，用来检测作业对象和外界环境，帮助机器人更高质量和高效地完成工作任务。机器人的自动化程度越高，对传感器的依赖性就越强。

根据传感器在机器人上应用的目的与使用范围不同，可分为内部传感器和外部传感器两类。用于检测机器人自身状态（如手臂间角度，机器人运动的位置、速度等）的传感器是内部传感器；外部传感器用于检测机器人所处的环境和目标对象的状况等，如判别机器人抓取对象的形状、空间位置，抓取对象周围是否存在障碍，被抓取物体是否滑落等。

外部传感器又可分为末端执行器传感器和环境传感器。末端执行器传感器主要安装在末端执行器上，用于检测精巧作业的感应信息，类似于人的触觉；环境传感器用于识别物体、检测物体与机器人的距离等。使用外部传感器可提高机器人的适应能力和控制水平，提升机器人的自主控制能力。

1. 内部传感器

（1）位置传感器　位置传感器有模拟和数字两类。模拟传感器有旋转变压器、感应同步器、电位器等；数字传感器有光电编码器、光栅等。其中，旋转变压器是一种输出电压随角度变化的检测装置，用于测量角位移；感应同步器是一种电磁式的测量元件，工作原理与旋转变压器相似，按其结构特点又分为直线式和旋转式两种；光电编码器是一种通过光电转换将输出轴上的角位移量转换成脉冲或数字量的传感器，转轴通常与被测旋转轴连接，随被测轴一起转动，在现代伺服系统中广泛应用于角位移或角速率的测量，又分为绝对式和增量式两种类型。常见位置传感器如图2.22所示。

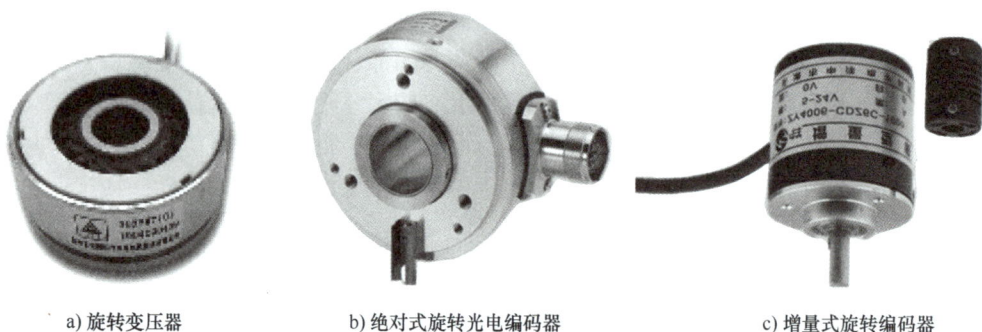

a) 旋转变压器　　　　　　b) 绝对式旋转光电编码器　　　　　　c) 增量式旋转编码器

图2.22　常见位置传感器

（2）速度和加速度传感器　速度传感器确定关节的运动速度，包括光电编码器、磁电感应式速度传感器、测速发电机等。其中，绝对式光电编码器不但可测位移，也可测量角速度，因为这种编码器输出的是旋转角度的现时值，所以若对单位时间之前的值进行记忆，并取它与现时值之间的差值，就可求得角速度；同样，增量式码盘也可作为速度传感器，把码盘的脉冲频率转换成与转速成正比的模拟电压，可得到模拟输出，而单位时间内的脉冲数就可表示这段时间的平均速度，当时间单位足够小时，则可代表某个时间点的瞬时速度值；磁电感应式速度传感器则是利用导体和磁场发生相对运动产生感应电动势，不需要供电电源，电路简单，性能稳定，输出阻抗小且频率响应范围广；而测速发电机应用最广，能直接得到代表转速的电压，且具有良好的实时性。常见速度传感器如图 2.23 所示。

a) 增量式码盘   b) 磁电感应式速度传感器   c) 测速发电机

图 2.23　常见速度传感器

加速度传感器是一种能够测量加速度的传感器，通常由质量块、阻尼器、弹性元件、敏感元件、信号调理电路等部分组成。 传感器在加速过程中，通过对质量块所受惯性力的测量，利用牛顿第二定律获得加速度值。根据传感器敏感元件的不同，常见的加速度传感器包括电容式、电感式、应变式、压阻式和压电式等。

2. 外部传感器

(1) 视觉传感器　视觉传感器是将物体的光信号转换成电信号的器件。 机器视觉通过它获取图像进行分析，让机器人代替人眼辨识物体、测量和判断，实现定位等功能。视觉传感器的优点是探测范围广、获取信息丰富，实际应用中常使用多个视觉传感器或与其他传感器配合使用，通过某些特定的算法可以得到物体的形状、位置、速度等诸多信息。机器视觉技术所涉及的关键点包括以下几点。

1) 图像采集。 数字图像的获取是图像处理和计算机视觉的前提，高质量图像是视觉测量成败的关键。数字图像采集的主要硬件设备包括相机、图像采集卡、光源系统。而图像的质量将直接影响到后续的处理及处理结果的精度，一般根据被测物形状大小、表面性质等特点，选取合适的相机、镜头、光源类型，以获取高质量的图像。

2) 相机标定和畸变处理。 为了得到图像中对应点的空间位置，或者图像中特征点之间的物理尺寸，必须对成像系统进行标定，以确定空间点与图像点之间的对应关系。常用的相机标定方法有 DLT 方法、张氏标定法、RAC 方法等。镜头中的几何畸变，对测量精度有巨大的影响；对镜头畸变进行处理，可以获得更高的测量精度。

3) 图像处理和分析。 由光学成像系统得到的二维图像，包含了各种各样的随机噪声和畸变。因此，需对原始图像进行预处理，突出有用信息、抑制无用信息。常用的预处理包括彩色图像灰度化、降噪、滤波、畸变校正等，从而恢复图像的质量，然后进行边缘检测、特征提取等。

4) 视觉伺服控制。 视觉伺服不同于机器视觉，它包括从视觉信号处理到机器人控制的全过程，利用机器视觉的原理对图像进行自动获取与分析，以实现对机器人的某项控制为目的；采用视觉反馈环形成闭环，图像处理过程必须快速准确。

机器视觉技术在工业机器人中的应用非常广泛，视觉引导装配、焊缝实时跟踪、喷漆和自动上下料、工件检查测量、移动机器人行走等场景中都大量使用了视觉系统。例如，工业机器人装配零件时，要求视觉系统必须能够识别所要装配的机械零件，确定该零件的空间位置，根据信息控制机械手的动作，实现准确装配。工业相机和视觉系统如图 2.24 所示。

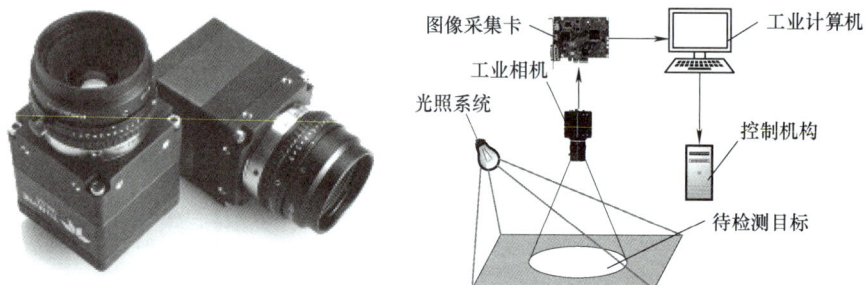

图 2.24　工业相机和视觉系统

机器人视觉系统的典型应用包括以下四点。

1）位置修正。通过相机的视觉系统对目标对象进行图像分析，计算位置坐标。机器人通过位置坐标修正当前动作姿态，调整抓取位姿。

2）对位贴合。通过相机获得需要对位的物体的相对坐标，再把两者及机器人坐标统一至同一个坐标系中，使机器人修正贴合的位置，进行对准贴合。

3）随动检测。通过对运动物体的位置识别，引导机器人在运动的过程中随动抓取物体。

4）行走识别。移动机器人通过识别室内或室外的景物，进行道路跟踪和自主导航。

（2）力或力矩（力觉）传感器　实现工业机器人力觉感知的主要器件是力觉传感器，可以测量外界环境作用在机器人的手臂、手腕等位置上三个方向的力和力矩，也可以用于控制机器人手臂和手腕所产生的力。例如，装配时需进行将轴类零件插入孔里、对准零件的位置、拧动螺钉等一系列步骤，在拧动螺钉过程中需要有确定的拧紧力；搬运时机器人手爪对工件需有合理的握力，握力太小不足以搬动工件，太大则会损坏工件；磨抛时根据力觉反馈，控制磨抛力在一定阈值内，保证磨抛工具与工件实时接触且处于恒力磨抛状态；另外，机器人在自我保护时，也需要检测关节和连杆之间的内力，防止机器人手臂因承载过大或与周围障碍物碰撞而引起损坏。力觉传感器还可用于感知夹持物体的状态、校正由于手臂变形引起的运动误差等。因此，力和力矩传感器在工业机器人中的应用较广泛，主要分为以下四种类型。

1）装在关节驱动器上的力传感器，称为**关节力传感器**，用于控制中的力反馈。

2）装在末端执行器和机器人最后一个关节之间的力传感器，称为**末端力（腕力）传感器**，能直接测出作用在末端执行器上的各向力和力矩。

3）装在机器人手爪指关节（或手指上）的力传感器，称为**指端力传感器**，用来测量夹持物体时的受力情况。

4）装在机器人底座上的力传感器，称为**底座力传感器**，一般量程较大。

工业机器人这几种力觉传感器具有不同特点，关节力传感器用来测量关节的受力（力矩）情况，信息量单一，传感器结构也比较简单，是一种专用力传感器；指端力传感器一般测量范围较小，同时受手爪尺寸和重量的限制，指端力传感器在结构上要求小巧，也是一种较专用力传感器；从结构上末端力传感器是一种相对复杂的传感器，它能获得手爪三个方向的受力（力矩），信息量较大，又由于其安装部位在末端执行器和机器人手臂之间，比较容易形成通用化的产品系列。机械臂不同安装位置的力/力矩传感器如图 2.25a 所示。

力觉传感器常用的形式有电阻应变片式、压电式、电容式、电感式以及各种外力传感器。它的原理都通过弹性敏感元件将被测力或力矩转换成某种位移量或变形量，然后通过各自的敏感介质把位移量或变形量转换成能够输出的电量，目前使用最广的是电阻应变片式。

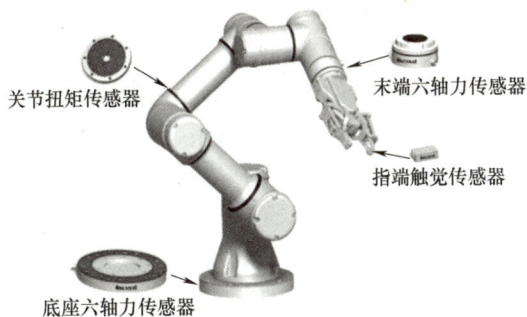

a) 机械臂不同安装位置的力/力矩传感器　　　　b) 机械手用压觉传感器抓取塑料吸管

图 2.25　力觉和触觉传感器

（3）触觉传感器　广义触觉包括接触觉、压觉、滑觉、力觉四种，狭义触觉指前三种感知接触的感觉。

1）接触觉传感器。这是一类装在手爪上以判断是否接触物体为基本特征的测量传感器。根据触觉传感器的输出，机器人可以感受和搜索目标物体，感受手爪与目标物体之间的相对位置和姿态，并修正手爪的操作状态。采用分布密度比较大的接触觉传感器，还可以判断目标物体的大致几何形状。

微动开关、光敏开关可作为简单的触觉传感器，装在机器人手爪的前端及内外侧或掌心，通过电接点的通断信号实现检测功能。这种传感器价格便宜、实用可靠、连接方便。

在码垛、上下料等搬运作业中，常用吸盘吸住物体，此时可通过真空压力开关信号检测吸盘是否吸住搬运物，当表面作用力超过阈值压力时，传感器输出电信号。

此外，还可采用柔性导体（如导电橡胶、碳素纤维）和柔性绝缘体为基本材料构成传感器，利用柔性导体和电极间的接通状态形成接触觉。这种传感器的特点是可以提高触点密度、柔性好，甚至可以安装在曲面形手掌上。

2）压觉传感器。这是一类检测机器人与作业对象之间接触面法向压力值大小和压力分布的传感器，可分为单一输出值压觉传感器和多输出值分布式压觉传感器。它有助于机器人对接触对象的几何形状和硬度的识别；对于易碎、易变形的物体，必须使用压觉传感器控制夹持力。通过合理选材和加工，可制成高密度分布式压觉传感器，这种传感器可以测量细微的压力分布及其变化，又称为"人工皮肤"或"电子皮肤"。机械手用压觉传感器抓取塑料吸管如图 2.25b 所示。

3）滑觉传感器。这是一类检测机器人与抓握对象间滑移程度的传感器。为了抓握物体时确定一个适当的握力值，需要实时检测接触表面的相对滑动，进而判断握力的大小，在不损伤物体的情况下逐渐增大力量，滑觉检测功能是实现机器人柔性抓握的必备条件。通过滑觉传感器可实现识别功能，对被抓物进行表面粗糙度和硬度的判断。滑觉传感器按被测物体滑动方向可分为无方向性、单方向性和全方向性传感器三类。其中，无方向性传感器只能检测是否产生滑动，无法判别方向；单方向性传感器只能检测单一方向的滑移；全方向性传感器可检测各个方向的滑动情况。这种传感器一般制成球形以满足需要。

（4）接近觉传感器　接近觉传感器可以测量机器人自身与周围物体之间的相对位置或距离，探测距离一般在几毫米到十几厘米之间。其介于触觉传感器和视觉传感器之间，可以融合视觉和触觉传感器的信息，可以辅助视觉系统来判断对象物体的方位、外形，同时识别其表面形状。因此，为准确抓取部件，对机器人接近觉传感器的精度要求非常高。这种传感器主要有以下三点作用：①发现前方障碍物，限制机器人的运动范围，避免不障碍物发生碰撞；②在接触对象物前得到必要信息，如与物体的相对距离、相对倾角等，以便为后续动作做准备；③获取物体表面各点间的距离，从而得到有关对象物表面形状的信息。

接近觉传感器在结构上分为**接触型**和**非接触型**两种，非接触型接近觉传感器应用较广。按照转换原理的不同，接近觉传感器分为电涡流式、光纤式、超声波式、激光扫描式等。其中，光纤式传感器可以检测机器人与目标物间较远的距离，这种传感器具有抗电磁干扰能力强、灵敏度高、响应快的特点；而超声波式传感器对于水下机器人的作业非常重要，能使其定位精度达到微米级；激光扫描式接近觉传感器的测量原理与超声波式传感器类似。接近觉传感器如图2.26所示。

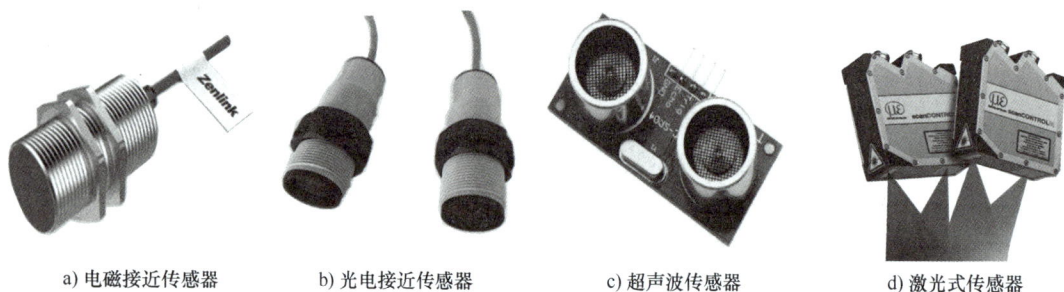

a) 电磁接近传感器　　　b) 光电接近传感器　　　c) 超声波传感器　　　d) 激光式传感器

图2.26　接近觉传感器

（5）距离传感器　用于智能移动机器人的距离传感器有激光测距仪（兼可测角）、声纳传感器等，近年来，发展起来的激光雷达传感器是目前比较主流的一种，可通过扫描被测物体表面轮廓、测量位移和速度变化以及工件与机器人之间的距离等获取信息，然后将雷达采集到的数据进行相关波束形成处理，根据处理后的激光雷达信号进行目标方位估计和距离测量，修正机器人的位置，实现机器人的自主定位导航和回避障碍物。

此外，近年来，声觉传感器和声音识别技术也已从实验室走向实际应用，国内外很多公司都利用声音识别技术开发出相应产品，如科大讯飞、腾讯、百度等巨头。

从拟人功能出发，视觉、力觉、触觉、声觉最为重要，目前已进入实用阶段，但其他感官，如滑觉、嗅觉、味觉等对应的传感器还有待进一步提高。另需说明的是，上述这些传感器不仅应用于工业机器人，同样也广泛应用于各种特种机器人和服务机器人。

2.3.4 工业机器人的主要技术参数

1. 工业机械臂的主要技术参数

技术参数反映了机器人可胜任的工作、具有的最高操作性能等情况，是设计、应用机器人必须考虑的问题。工业机械臂的种类、用途以及用户要求都不尽相同，其技术参数也不同。主要技术参数包括自由度、工作空间、工作精度、工作速度、承载能力、驱动方式、控制方式等。

（1）自由度　自由度是指机器人具有的独立坐标轴运动的数目。工业机械臂的自由度是指确定机器人手部在空间的位置和姿态时所需要的独立运动参数的数目，手指的开、合，以及手指关节的自由度一般不包括在内。串联机器人的自由度数与关节的数量相同，并联机器人的自由度数为主动关节的数量。一般自由度越多，机器人越灵巧，但是成本一般也会随之升高，求逆解、控制会更困难，刚度、精度等性能也会下降。单自由度关节见表2-1，通常可实现平移、回转或旋转运动。完成某一特定作业时具有的多余的自由度，称为冗余自由度；具有冗余自由度的机器人，简称冗余度机器人。

表 2-1　单自由度关节

名称	符号	举例
平移		
回转		
旋转（第一种）		
旋转（第二种）		

（2）工作空间　工作空间是指机械臂末端法兰中心所能到达的所有点的集合，又称为工作区域或工作范围。机械臂工作空间的大小取决于各连杆的尺寸、关节的运动范围以及总体构形。机械臂所具有的自由度数目及其组合决定了其运动图形，而自由度的变化量（即直线运动的距离和回转运动的角度）则决定着运动图形的大小。需注意的是，手部末端工具的尺寸和形状是多种多样的，为了真实反映机械臂的特征参数，工作范围是指不安装末端工具时的工作区域。但实际运用机器人时，还需考虑末端工具的尺寸和形状，仔细验证其运动的安全性。

机械臂工作空间的形状和大小十分重要，机器人在执行作业时可能会因为存在手部不能到达的作业死区而无法完成工作任务；此外，工作空间也为防护围栏的安装提供了依据。需注意的是，即使每个关节能单独运动到某一位置，如果机器人的连杆之间发生了碰撞，则该点也是不可到达的，不在机器人的工作空间内。

上述工作空间的定义只包含了位置，即只约束了 3 个自由度。但在某些区域，如边界区域，机器人末端姿态的可调整范围十分有限，对于有姿态要求的任务，这些位置无法到达，也不在工作空间内。在某些可达区域内的位置，机器人末端的速度也会受到影响，如果有速度需求，同样需要考虑。此外，选择机器人安装位置时，必须考虑机器人正上方和正下方的圆柱体空间，尽可能避免将工具移向圆柱体空间。

因此，工业机械臂的工作空间形状非常复杂，某款库卡机械臂的工作空间如图 2.27 所示。

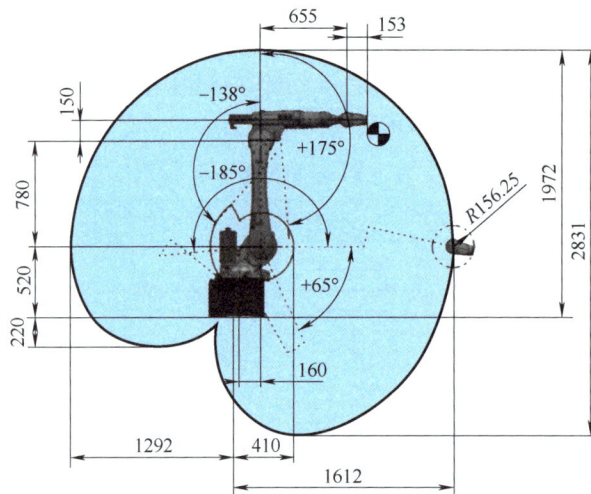

图 2.27　库卡 KR 16 R1610 机械臂的工作空间

（3）工作精度（定位精度、重复定位精度、分辨率）　工业机械臂的工作精度主要涉及**位姿精度、重复位姿精度、轨迹精度、重复轨迹精度**。位姿精度又称绝对精度，是指令位姿和从同一方向接近该指令位姿时的实到位姿中心之间的偏差；重复位姿精度又称重复精度，是指对同一指令位姿从同一方向重复响应多次后实到位姿的不一致程度，可以用标准偏差来表示；轨迹精度指机器人机械接口从同一方向多次跟随指令轨迹的接近程度；轨迹重复精度指对一给定轨迹在同方向跟随多次后实到轨迹之间的不一致程度。此外，分辨率是指机械臂每根轴能够实现的最小移动距离或最小转动角度。目前，工业机械臂的重复精度一般能达到 ±0.02mm，高精度的能达到 ±0.005mm。

（4）运动特性　**速度和加速度是机器人运动特性的主要指标**，运动特性越好，工作效率就越高。工作速度是指机器人在工作载荷条件下、匀速运动过程中，在单位时间内移动的距离或转动的角度。在实际应用中，不仅要考虑主要运动自由度的最大稳定速度，还应注意其最大允许的加速度、减速度。工作速度直接影响工作效率，而加速和减速能力则保证了机器人加速、减速的平稳性。

（5）承载能力　承载能力是指机械臂在工作范围内任何位姿上所能承受的最大负载，

通常指机械臂在最大臂长位置举起的最大质量，可以用质量、力矩、惯性矩表示。实际上，由于被操作物体是运动的，因此，承载能力不仅决定于负载质量，还要考虑运动过程产生的动载，即加速度、惯量带来的影响，一般规定高速运行时所能抓起的工件质量作为承载能力的指标。此外，承载能力还与末端工具的质心有关，当工具的质心偏离法兰中心太远时，承载能力也会相应下降。

2. 工业应用移动机器人的主要技术参数

工业应用移动机器人的技术参数反映机器人的作业能力和效率，主要技术参数包括工作精度、最大速度、转弯半径、额定负载等。

（1）工作精度（导航精度、定位精度、姿态精度、重复定位精度）　移动机器人的工作精度包含导航精度、定位精度、姿态精度和重复定位精度，较高的工作精度可以提高移动机器人的运动性能，完成高精度作业任务。导航精度是移动机器人运行时，实际轨迹与理论轨迹的最大偏差值。定位精度是移动机器人到达目标位置时，实际位置与理论位置的偏差值。姿态精度是移动机器人运行或定位时，实际航向角与理论航向角的偏差值。重复定位精度是移动机器人从同一方向重复多次定位时，实际位置与理论位置的偏差值。

（2）最大速度　最大速度是移动机器人直线行驶时能达到的最大运行速度。最大速度值越大，移动机器人的机动性越好，作业效率越高。实际应用中，不仅要考虑最大速度，还应注意其最大允许的加、减速度，保证移动机器人加速、减速的平稳性。

（3）转弯半径　转弯半径是移动机器人转向时，回转中心到车体最远端的距离。转弯半径越小，移动机器人运动灵活性越强，在狭窄空间中的适应能力越强。

（4）额度负载　额度负载是移动机器人在正常环境中运行时所允许的最大载荷。额度负载越大，移动机器人的作业能力越强。

2.4　工业机器人关键技术

近年，我国在工业机器人核心部件研发、共性关键技术攻关、系统应用集成等层面均取得了系列进展，连续多年成为世界第一大工业机器人市场，其中，国产工业机器人占据近30%的国内市场份额，在制造业的中低端应用中已具有一定竞争优势，在中高端产品和应用方面，利用性价比、专业化服务、快速响应等综合能力也形成了局部突破。但在国产机器人产品迈向高端化、参与国际竞争的进程中，机器人核心部件、专用芯片、算法软件与操作系统等方面的研发工作依然艰巨，产业空心化问题依然严峻；机器人在性能和关键技术方面与国际领先水平仍有较大差距。急待全方位、系统性突破机器人高能效传动及驱动技术、设计/建模/感知/控制关键技术、多机协作、敏捷集成等技术瓶颈，深度融合新一代信息技术，并形成系列检测评定方法与标准，开发协作机器人、自主移动机器人、机器人化制造等多种新型机器人系统，提升国产机器人技术和产品核心竞争力。

2.4.1　核心部件/器件与专用芯片

智能工业机器人对核心部件、器件和专用芯片的性能提出了更严苛的要求，其相关技术的缺失是制约国产工业机器人高端应用发展的主要因素。针对工业机器人高精密减速器、高性能伺服电动机与驱动器、高速高性能控制器、传感器、末端执行器等核心零部件和感知/控制专用芯片的性能、可靠性差，使用寿命短等问题，研究人员从优化设计、材料优选、加工工艺、装配技术、专用制造装备、产业化能力等多方面，突破机器人核心零部件与专用芯片在性能、功能、质量稳定性和批量生产能力上的技术瓶颈，基于正向设计、性能优化、参数在线监测等技术，形成对批量制造可靠性、一致性、稳定性的测试、分析与提升方法，研发机器人智能核心零部件，以及机器人感知、控制、人工智能等专用芯片。关键技术包括以下六项。

（1）高精密减速器　减速器属于技术壁垒最高的机器人核心零部件之一，目前，我国减速器企业主要集中在谐波减速器领域，精度更高的 RV 减速器基础工艺和结构更复杂，需要工艺层面的积累沉淀。发展高强度耐磨材料技术、精密加工及装配技术、高速润滑技术、可靠性及寿命检测技术以及对新型传动机理的探索，发展适合机器人应用的高效率、低重量、长期免维护的系列化减速器，提高其一致性和可靠性。

（2）高性能机器人专用伺服电动机和驱动器　机器人对伺服电动机的要求较高，必须满足高精度、高刚度、高启动转矩、高可靠、宽调速、轻量化、快速响应等条件。研究高磁性材料优化、一体化优化设计、加工装配工艺优化等技术，提高伺服电动机效率，实现高功率密度；发展高力矩直接驱动电动机、盘式中空电动机等机器人专用电动机；研究负载惯量在线辨识技术、扭转振动自适应抑制技术、强电磁干扰高耐受技术、高速高精度伺服系统以及评估技术。

（3）高速高性能控制器　国产控制器在硬件上与国外差距不大，差距主要体现在算法和兼容性方面。研究人员需研制高算力、多感协同、适用于复杂场景的多轴多机驱控一体控制器；发展高性能关节伺服、振动抑制、前馈控制、阻抗控制、惯量动态补偿、多关节高精度运动解算及规划等运动控制技术，满足运动控制稳定性、可靠性需求；开发高精度复杂曲线轨迹插补算法、各类误差高精度补偿算法，满足运动控制高精度、快速性、自适应等需求；研究开放式控制器软件开发平台技术，提高机器人控制器的可扩展性、可移植性和可靠性。

（4）传感器　研究人员需重点开发高精度编码器、六维力/力矩传感器，以及视觉、触觉、激光雷达等传感器，满足机器人产业的应用需求。

（5）末端执行器　研究人员需重点开发抓取与操作功能的多指灵巧手、具有快换功能的夹持器等末端执行器，研究基于"机械智能"的自适应抓取作业、任意形状姿态物体的抓取规划等技术。

（6）感知/控制专用芯片　研究人员需重点研究基于 RISC-V 的异构多核融合芯片架构关键技术，工业控制专用指令与高速、高实时工业现场网络体系，工业芯片可靠性关键技术等。

2.4.2　核心算法软件与操作系统

与国际先进机器人相比，我国机器人共性核心算法与软件存在"短板"，操作系统严重依赖进口、受制于人，是国产机器人发展的主要瓶颈，急需构建满足国产机器人需求的软能力技术体系。研究人员借助我国巨大的市场、庞大的制造业体量、多样化的应用场景以及人工智能、5G 等技术优势，开发高性能控制算法库、智能感知算法库，低代码编程、产线仿真、离线编程等高端功能软件，以及专用机器人操作系统，突破制约国产机器人性能提升的动态运动与感知、灵巧抓取和操纵、自主学习和顺应、主动抑振与防抖、多机器人协作等共性核心算法技术，满足机器人高性能、高稳定性、高可靠性的要求；突破机器人高端功能软件与操作系统的技术瓶颈，提升机器人感知、决策、控制、安全、协作、工艺、集成等软能力。

（1）机器人共性核心算法　对机器人共性核心算法的研究包括高动态性运动、多模感知与规划、鲁棒定位与导航、律动控制及稳定性控制、高精度全参精度补偿等算法；灵巧抓取和操纵动力学建模、高精度轨迹与力控制、具有多模式传感器反馈的远程操纵等算法；复杂任务理解与决策、柔顺行为学习和能力涌现、技能知识累积与迁移泛化等算法；平滑轨迹跟踪及精细作业、主动抑振与动态防抖、变惯量控制、高速低抖动伺服等算法；多机器人的集群控制与共融决策、人机交互与协作机制等算法。

（2）机器人高端功能软件　在机器人高端功能软件方面，应研究开发面向机器人正向设计、示教、编程、动态仿真、工艺质量、监控与故障诊断等方面的功能软件。针对机器人离线编程仿真软件，开发仿真引擎，确保仿真结果接近真实，具有路径、轨迹生成与优化等关键功能，研究机器人在线调试及周边设备虚拟调试技术，实现应用参数的无缝调试，以及算法模块、多平台的便捷信息交互，形成可视化及便捷调试工具；针对数字孪生设计与仿真软件，重点研究复杂结构的精准数字建模技术、基于真实物理模型的仿真技术、针对多系统的联合仿真技术，对仿真设备实时分析与预测，以及超大场景下的软件性能优化技术，形成专用工艺软件包。

（3）机器人实时操作系统　在机器人实时操作系统方面，应研究机器人多架构适配、分布式通信与网络管理、分核分区实时性、作业载荷管控、人机接口、进程调度、系统安全冗余容错、系统级可信计算等技术，开发专用的机器人实时操作系统，研制兼容主流硬件体系架构的操作系统平台，支持主流芯片、驱动器、传感器与典型机器人功能模块，以满足多场景机器人可靠性、高度确定性响应时间、功能安全性和安全性的任务关键型系统需求。

2.4.3　前沿热点和共性关键技术

系统性突破高性能智能机器人设计研发所涉及的高能效传动及驱动技术、正向设计与建模方法、运动学、运动规划、控制算法、多传感信息融合、敏捷集成、可靠性设计及标定、多机器人协同控制等共性关键技术，形成检测评定方法与标准，构建机器人检测评估平台，以及工艺数据库、质量数据库等，探索以人工智能为代表的新一代信息技术与机器人技术深度融合，为国产智能机器人的高性能、高稳定性、高可靠性提供重要支撑，使国产机器人实现产品高端化，彻底摆脱我国机器人产业低水平、重复建设的困境。

（1）高能效传动及驱动的新原理与新技术　面向工业机器人等现代机械系统中对具有大传动比、高功率密度、高传动效率、高刚质比、高精度、高动态品质等特性的驱动和传动单元的苛刻要求与迫切需求，研究人员开展新型高能效驱动与传动的机构学原理及技术研究。此外，应重点突破高性能驱动与传动的机构学新原理与新构型、结构与性能设计新方法，驱动和传动一体化机构设计方法与精细调控技术，新型复杂关节和高集成一体化关节设计方法，精度控制及机电融合驱动技术，大承载高功率密度/高精度驱动单元设计与精度创成技术等。

（2）高性能机器人设计、建模、感知、控制的关键方法与技术　随着机器人系统从实现结构化环境下重复性作业向完成非结构化空间中不确定性任务转变，并向高速、高加速度、高精度、智能化等方向发展，高性能机器人本体的创新设计、强干扰和复杂几何约束以及多物理量耦合复杂工况下的控制、多模态信号综合等方面均面临严峻挑战。应重点突破：基于新材料、新驱动、新结构的机器人设计、仿真与控制，高性能工业机器人模块化与标准化体系结构设计，实时高精度运动学与动力学建模，力位混合柔顺控制与运动规划，精确参数辨识补偿，多传感器信息融合，三维环境重建与位姿估计，自主定位与路径规划导航等关键方法与技术。

（3） 工业机器人敏捷集成技术　小批量、多品种、短周期、定制化是未来制造模式的显著特点，给工业机器人提出了新的挑战。面向现代工业机器人"即插即用"的应用需求，突破工业机器人敏捷集成技术是提升工业机器人对未来制造模式适应能力的重要举措。应重点突破：工业机器人与生产线及其他设备的信息高效传递、敏捷集成技术，以及快速标定、示教、编程等技术；以机器人为核心的模块化制造单元设计、机器人化生产线快速重构、任务驱动的工业机器人快速配置、动态调度与协调控制等技术；构建工业机器人即插即用技术体系，形成面向自适应与可重构生产线的机器人应用模式。

（4） 深度融合新一代信息技术的智能机器人新技术　随着以人工智能、大数据、云计算、5G 通信、工业物联网为代表的新一代信息技术的快速发展，机器人技术与新一代信息技术的深度融合成为热点，有助于实现机器人数字化、网络化、智能化升级，为机器人系统在工业环境、极端环境操作等领域的推广应用提供了技术保障。应重点突破："云-边-端"平台架构下机器人与物联网的互联互通和知识共享、机器人海量异构数据和多模态数据的协同深度学习、云边协同计算、场景快速匹配与部署、智能运维、隐私保护等技术；面向云端智能的机器人自主任务推理与规划、场景感知与理解自主学习、数字孪生等技术。需注意的是，由于物联网的集成和连接需求的增加，工业机器人成为网络攻击的主要目标，必须保护机器人不会受到非法访问和侵入，采用机器人网络安全解决方案可以保护端点和连接堆栈，以防止数据泄露和服务中断。

（5） 分布式机器人多机协作控制　分布式机器人作业系统是由多个具有自主感知、自主决策、自主行为的机器人个体组成的。根据任务对象进行重构，通过研究面向多任务的多机协作系统群体结构模型与行为力学建模、多机协调协作与任务分配机制、多机协同控制策略与群体智能、检测传感信息互补、分布式通信协议与架构等关键技术，解决机器人间交互方法、信息共享、群体智能表现的问题，实现非结构化环境下复杂任务的高效智能自适应协作，综合提升分布式机器人系统的协同作业性能和工作效率。

（6） 机器人安全、检测、评定、标准等体系的建立与完善　开展机器人安全性、可靠性、作业与交互能力、核心软件、智能化水平等共性检测和评定方法研究，形成面向机器人通用技术、行业应用的检测评定方法，构建机器人检测评估平台，完善机器人标准体系，为提升我国机器人的性能和质量提供支撑技术。

2.4.4　新型工业机器人系统与应用

机器人应用场景的拓展催生了对诸多新型工业机器人的市场需求。面向工业机器人的复杂、精密、灵巧、柔顺作业与工艺多样性的需求，研究人机协作规划与控制、多机互联与多臂协同作业、操作辅助与行为增强、技能知识表达与共享、高精度定位与移动加工、在线自主识别与测量等感知、规划、协作、控制关键技术，开发人机协作机器人、双臂与多臂协作型机器人、自主移动机器人、机器人化制造等多种新型机器人系统，进一步拓展国产工业机器人在国民经济重点行业的高端应用。

（1）智能协作型机器人　在协作工业化方面，轻量化特征的协作机器人负载不断增加，在工业场景中承担更多工作，例如，20kg 负重的 UR 协作机器人在码垛、焊接、物料搬运、机器装载、机器看护等应用场景中加快普及。同时，当前协作机器人的复杂作业能力与非结构化环境感知能力大幅提升，通过人与单臂（双臂或多臂）协作型机器人、复合型协作机器人的紧密配合，能够实现智能化、定制化生产，满足多品种、小批量、柔性、快速等传统机器人难以企及的新型制造需求。机构和结构设计方面，协作型机器人要求具备与人匹配的、可实现灵活运动与复杂对象操作的仿生构型、灵巧机构、柔性驱动机构，研究高精度、高功率密度的一体化关节设计，以及面向人机共融的安全相容性设计等方法；控制方面，急需建立交互系统的刚柔耦合动力学模型，研究柔顺控制算法、低速稳定伺服控制算法、智能高效人机协作顺应控制算法，突破高动态性能自适应控制技术、协同作业技术、人机协作安全管控技术，以及移动底盘、机械臂、视觉、末端执行器等一体化控制技术；传感技术是协作型机器人感知与理解环境信息的基础，亟需研究利用视觉、力觉、红外等多模态信息的机器人外部环境建模与状态感知方法；人工智能相关理论对协作型机器人至关重要，基于自然交互与自主学习的人-机高效技能传递与技能增强方法是该领域的研究热点。

（2）自主移动机器人　对作业环境要求较高的工厂，磁条、导轨、二维码都可能带来干扰，而室外的环境与气候更复杂。自主移动机器人 AMR（Automated Mobile Robot）能更好地解决外界干扰及非固定线路场景任务，遇到障碍物时能灵活避障并自主规划线路，正越来越多地进入工业制造及物流领域。自主移动机器人使用先进的传感器和人工智能算法来实现环境理解和自主定位导航，主要包含激光 SLAM 和视觉 SLAM 两种技术路线，涉及的关键技术包括复杂恶劣气候下的智能环境感知技术、室内外高精度地图构建技术、自主定位导航与路径规划技术、面向制造业定制化需求的移动机器人模块化架构与软硬件平台等。

（3）机器人化制造装备　近年来，集群智能、自主定位导航、人工智能等技术不断突破，机器人对复杂场景的任务处理能力大幅提高。机器人技术正广泛应用于制造装备，使其具备全域感知、智能决策、准确执行等能力，"机器人化"成为装备数字化的重要路径。例如，航空航天、轨道交通等高端制造领域，存在对大型复杂构件实施原位局部铣削、制孔、磨抛、焊接、装配的作业需求，具有高精度、短流程、高柔性制造的特点，对加工装备机械本体、精准感知与自律控制、工艺流程均提出了严峻挑战。以机器人作为自律作业单元的多轴高效加工机器人化制造装备，配以强大的感知与认知功能，可实现基于工艺知识模型与多传感器反馈信息的运行参数迭代优化，将突破传统制造装备仅关注各运动轴位置和速度控制的局限，获得装备对工艺过程的主动控制能力，形成适用于高端制造领域大型构件原位加工的集群制造模式。同时，可根据应用需要配备长行程导轨或轮式自主移动平台，构建形式多样的多机器人移动加工系统，辅以主动感知、自主寻位等技术，在超大构件高效并行加工中展现优势。研究人员需重点突破高速、高精度、高动态特性机器人化制造装备创新设计方法，重载与加工型工业机器人的尺度-结构-驱动一体化设计方法，强冲击载荷动态适应技术，复杂灵巧作业技术，技能传递与自主学习技术，工件局部 3D 形貌快速检测技术，支持自律加工作业的机器人工件系统位姿精准调控技术，动态误差实时补偿技术，动态生产环境在线轨迹规划技术，面向制造对象的机器人集群自主编程和自主寻位技术，面向工艺需求的"测量-加工-监控"系统信息融合与一体化设计集成技术等。

2.5 工业机器人典型应用案例

2.5.1 高精密谐波齿轮传动减速器

目前，国外小模数精密谐波齿轮减速器多采用短筒柔轮，具有体积小、质量轻、承载能力高的特点。我国因受限于材料、热处理、齿形设计、精密齿轮刀具及设备等多种因素，主要采用渐开线齿形普通长度柔轮，导致我国谐波齿轮减速器尺寸大，承载能力反而小。例如，国外采用双圆弧齿形短筒柔轮谐波齿轮减速器的体积仅为我国同类产品的30%左右，而承载能力（转矩）却是我国相同外径产品的1~2倍。近年来，我国加速了谐波齿轮传动的研究，但仍有不少关键技术亟待解决：①短筒柔轮变形力的应力随筒长的减小而急剧增加的问题；②尺寸限制下高强度短筒柔轮材料和结构的优化设计难题；③研究新齿形，解决制齿方法和工艺问题；④超小模数短筒柔轮和刚轮的制造问题等。

苏州绿的谐波传动于2022年发布了新一代e系列升级版谐波减速器，如图2.28a所示。通过对谐波齿形、啮合、材料热处理及制造工艺等方面的全方位优化，使其运行时的振动得到明显改善，运转声音也更柔和。其中，齿形优化完全跳出了传统渐开线齿形设计理论，而运用有限元设计方法对谐波传动进行数学建模，将3D仿真引入谐波齿形设计；此外，还采用全新的密封结构，油脂防渗漏性能提高3~5倍。绿的谐波减速器产品已广泛应用于机器人、高端机床、航空航天、医疗器械、半导体生产设备等领域。

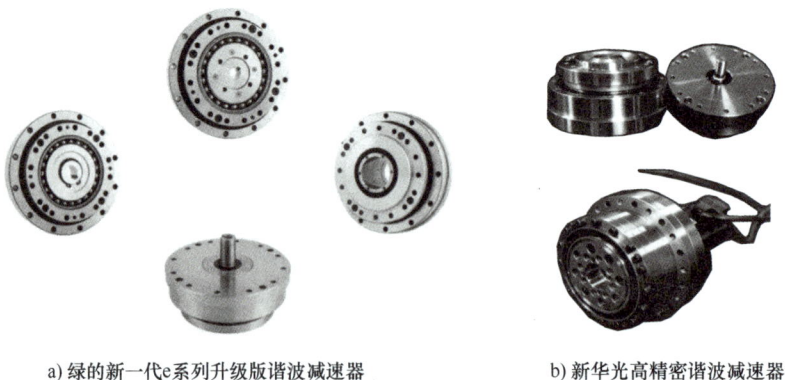

a) 绿的新一代e系列升级版谐波减速器　　　　b) 新华光高精密谐波减速器

图2.28　高精密谐波齿轮传动减速器代表产品

新华光精机也基于其十几年谐波减速器的研发及生产经验，以理论计算和有限元分析为基础，结合团队海量数据测试，对传统双曲线齿形进行了优化，研发出齿形方面更具突破性的谐波减速器，如图2.28b所示。谐波减速器双曲线齿形优化设计见表2-2。

表 2-2　谐波减速器双曲线齿形优化设计

齿形		特点
渐开线齿形		① 无法做短筒； ② 体积越大，其承载能力反而越小； ③ 综合优势相较于其他两种齿形低
单圆弧齿形		① 易于啮合； ② 齿形矮胖，刚性增强； ③ 牺牲了疲劳强度，一旦磨损，不利于长时间使用
双曲线齿形 （π 齿形）		① 齿形设计两段凹凸弧参与啮合，扭矩、精度、疲劳强度均高于其他两种； ② 相同的产品，双曲线齿形的减速器体积仅为普通齿形的 30% 左右，而承载力却是普通齿形的 1~2 倍

　　新华光谐波减速器在协作机器人、声呐雷达、旋转舞屏中的一些应用，如图 2.29 所示。下一阶段将聚焦于开发性能可靠、品质优越的一体式减速器机电模组，集谐波减速器、电动机、编码器、制动器、驱动器、传感器于一体，并升级成为有数据监测和实时反馈的物联网应用智能终端，使其更简单、更精密、更智能、更高效，从而提升减速器的功能属性，增加适用场景，降低厂商部件采购种类，减少安装环节，提高集成效率。

a) 协作机器人的应用　　　　　b) 声呐雷达的应用　　　　　c) 雅加达亚运会旋转舞屏的应用

图 2.29　新华光谐波减速器的应用

2.5.2　串联机器人

1. 智能焊接机器人

　　机器人焊接时要求移动快速平稳，定位精度较高。但目前，焊接机器人普遍存在焊接质量不可控的难题，焊接成形精确化、焊接生产自动化、焊接过程控制智能化迫在眉睫。

　　2019 年，固高科技开发出一款慧眼智能焊接机器人，集焊工手法运控复现、三维视觉焊缝重构寻位、数字孪生远程监控预测、离线编程多机协同作业于一体，是一款应用先进的智能算法、传感控制和信息通信技术开发的懂工艺、懂质量把控、懂生产的智能焊接机器人系统。焊接过程可视化、焊接数据可追溯，通过人工智能焊接质量识别和自学习数据优化实现了工艺参数自迭代，拥有专家级焊接工艺库，为焊接质量检测与分析、远程监控与预测提供了有效数据来源和柔性制造解决方案。

　　1）运控复现，提高焊接质量和稳定性。借鉴熟练焊工控制焊接熔池的方式，开发专项焊接运动路径和姿态路径，建立焊缝特征与运动轨迹间的专家系统，基于焊接熔池机理研究和焊工现场经验，开发专家级焊接工艺库，通过人工智能算法优化工艺参数，有效提高机器人焊接质量和稳定性。专家级焊接轨迹如图 2.30a 所示。

2）三维视觉，实现高精、高速焊缝识别。通过多线激光扫描实现高精度三维逆向建模，定向开发点云识别算法，生成最优焊接轨迹路线，扫描速度可达 1m/s，识别精度 0.2mm；基于结构光与双目视觉，应用三维视觉重建、视觉深度学习、边缘计算等关键技术，开发了米级大视场三维空间快速重构识别系统，识别精度 1mm，视场范围大于 2m。焊缝识别与三维重构系统如图 2.30b 所示。

3）数字孪生，实现远程监控与预测。搭载云平台，进行实时数据采集与分析、焊缝质量检测，实现秒级数字孪生工业应用，实时设备状态检测，数据延迟小于 1s，远程决策干预小于 2s，达到高效准确地远程监控与预测的目的。数字孪生实现远程监控预测如图 2.30c 所示。

4）离线编程，提升柔性自动化程度。研究人员开发了新型机器人离线编程功能，实现三维模型目标焊缝的提取，智能规划视觉扫描和焊接的运动路径与姿态，大幅简化示教编程工作。在云平台基础上搭建开发和生产环境，快速实现多轴多机多运动系统协同作业，提升生产现场的柔性自动化程度。全自主开发的离线编程系统如图 2.30d 所示。

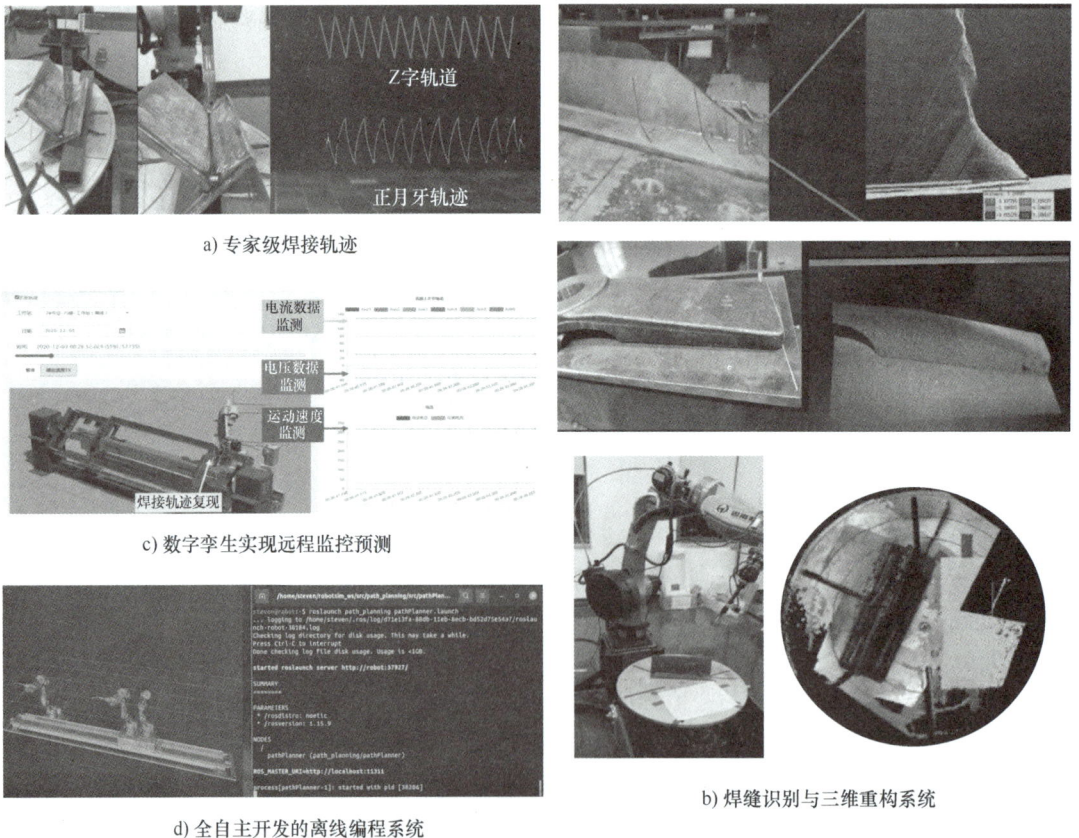

a) 专家级焊接轨迹

c) 数字孪生实现远程监控预测

d) 全自主开发的离线编程系统

b) 焊缝识别与三维重构系统

图 2.30　固高慧眼智能焊接机器人系统

2. 机器人在位测量-铣削工艺与装备

以蒙皮为代表的航空薄壁件具有外形复杂（自由曲面）、结构尺寸大、薄壁弱刚性等特点，目前，制造企业普遍采用肉眼定位和手工切边方式去除蒙皮毛坯边缘加工余量，存在人为因素误差大、边缘轮廓加工精度低、装配后对缝间隙难控制等问题。

为解决上述问题，华中科技大学无锡研究院开发了一款机器人在位测量-铣削工艺装备，机器人可以夹持多种设备（如测量工具、加工工具等），同时也可与外部标定测量设备进行通信。通过标定、测量、加工一体操作完成自动化匹配加工，解决了由于测量-加工系统部件的多元性、蒙皮实际装配变形的非刚性、加工路径生成数据的离散性导致的各部件之间位姿参数标定与误差补偿难、曲面变形映射与边缘加工余量计算难、刚度和灵巧度约束下加工路径光顺性控制难等问题，实现了对飞机的口盖类零件的标定、测量、加工一体化。飞机蒙皮在位测量与机器人智能铣削装备如图 2.31a 所示。

a) 飞机蒙皮在位测量与机器人智能铣削装备

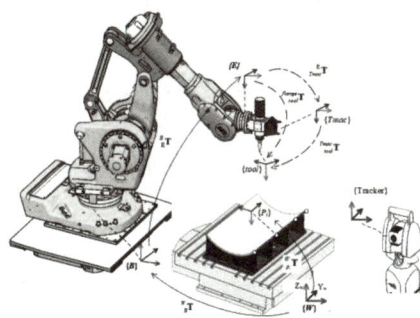

b) 机器人坐标系快速标定

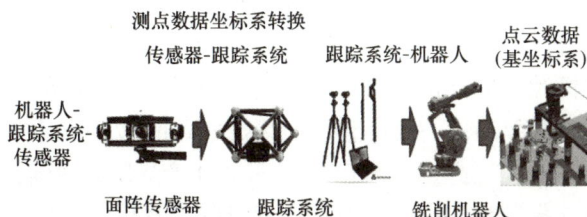

c) 装配余量边界高精快速提取技术

图 2.31 机器人在位测量-铣削工艺与装备

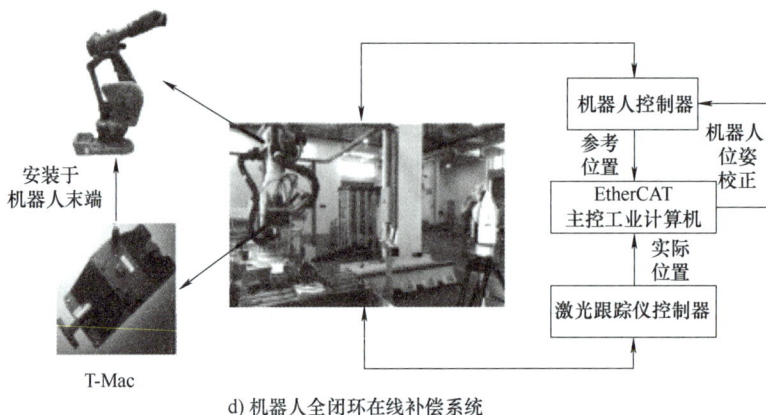

安装于
机器人末端

T-Mac

d) 机器人全闭环在线补偿系统

图 2.31　机器人在位测量-铣削工艺与装备（续）

（1）**机器人系统快速标定与空间误差尺寸链建模技术**　机器人系统快速标定包括机器人手-眼参数标定、铣削机器人 TCP 标定与误差补偿、机器人基坐标系快速标定和机器人系统精度快速校验，如图 2.31b 所示。团队提出了一种基于系统空间运动链的机器人静态与动态加工误差定量传递模型，建立了基于运动学误差补偿的手眼参数辨识模型与计算方法，实现了最优位姿下的机器人几何参数标定，使机器人末端的定位精度大幅提高。

（2）**基于机器人在位测量点云的装配余量边界高精快速提取技术**　制造企业搭建了点云在位测量机器人系统，实现测点数据的坐标系变换，形成基于点云数据的飞机蒙皮边界特征识别、边界误差补偿，以及实际边界自动生成方法，开发装配余量边界高精度快速提取技术，如图 2.31c 所示。

（3）**铣削加工机器人全闭环反馈与在线补偿系统**　传统工业机器人的绝对定位精度较差，难以满足航空制造领域大型零部件加工中的实际应用需求。为此，团队提出了一种基于机器人外部引导运动（GEM）功能的铣削加工机器人在线误差实时补偿方法。利用外部测量设备，建立了机器人外部闭环控制系统，实现了机器人铣削加工轨迹精度控制在 0.2mm以内。机器人全闭环在线补偿系统如图 2.31d 所示。

（4）**基于铣削加工动力学的机器人无颤振加工工艺优化**　制造企业建立了机器人铣削加工动力学模型，基于全离散法开展加工稳定性分析，具备典型工艺参数下的机器人铣削加工稳定性与铣削精度高精预测功能，并对机器人铣削加工工艺参数进行优化。

3. 刀具损伤在位检测机器人

高端机床是航空发动机叶片等高价值重大装备核心件制造的工业母机。刀具作为机床的"牙齿"，若加工过程缺乏有效监测，一旦发生严重磨损或意外崩刃而未及时换刀，将严重影响加工质量，甚至导致零件报废，造成巨大经济损失、耽误生产进度；为确保安全，厂商只能在刀具远未到达使用寿命时就提前换刀，造成刀具大量浪费。因此，亟需开展刀具损伤智能监测。然而，现有方法仍存在以下局限：①电流、振动等传感器在线监测法仅能间接定性判断，难以准确定量检测；②加工产生的大量油污和粉尘严重影响图像采集质量，视觉定量检测需停机拆卸刀具，难以用于实际生产；③机床种类多、开放性差，部分机床空间有限，产品灵活部署难。因此，亟需攻克油污、粉尘环境下刀具损伤在位智能诊断与定量检测技术的难题。

南京理工大学王禹林教授团队开发出一款移动共享式的刀具损伤在位检测复合机器人，将在线实时定性预判与在位视觉定量检测这两种方法相结合，突破了粉尘油污恶劣环境下的视觉图像高品质降噪、基于深度学习算法的刀具损伤高精检测与智能识别、复合机器人高精自主定位导航以及机床与机器人的互联互通交互等关键技术，最终实现了无需拆卸刀具的损伤在位视觉高精检测。该款检测机器人可同时服务于多台机床，实现多机共享，还可进一步实现针对损伤刀具的机器人在位换刀功能，为高端数控机床加工过程中的刀具损伤监测提供了系统性解决方案。

（1）在线监测与在位检测相结合的刀具损伤高可靠预警策略　基于电流、振动等多传感器融合信息进行刀具损伤实时预判，一旦发现信号异常，主轴立即停机回位，同时使用机器人末端的视觉系统进一步识别和检测刀具损伤情况，防止误判，提升故障预警的准确性和可靠性，如图 2.32a 所示。

（2）恶劣机加工环境下的视觉图像高品质降噪技术　针对实际加工环境中由于粉尘、油污等干扰造成图像采集质量差，进而影响刀具损伤图像识别精度的问题，将清洗保护模块设计与降噪算法开发"软硬"结合，在机器人末端设计刀具清洗及镜头保护模块，并采用生成对抗网络模型无监督学习方式，同时施加高斯白噪声与加性噪声，通过生成器与判别器的相互对抗学习，解决图像样本低品质问题，提升了降噪精度；同时，建立刀具损伤图像数据库，为视觉检测提供高品质图像数据支撑。视觉图像降噪技术如图 2.32c 所示。

（3）基于深度学习算法的刀具损伤高精检测与智能识别技术　研究人员提出了基于改进 yolox 的刀具损伤智能检测算法，通过识别损伤区域灰度阶跃和重构切削刃，实现刀具损伤定量高精检测；进一步，基于深度学习的语义分割方法，实现刀具损伤区域快速定量检测，该语义分割模型采用空间金字塔池模块和编解码结构，能够较好地提取刀具磨损的边缘信息，并有效减少模型计算量与参数量。刀具损伤、高精检测与智能识别技术如图 2.32d 所示。

刀具损伤在位
检测机器人

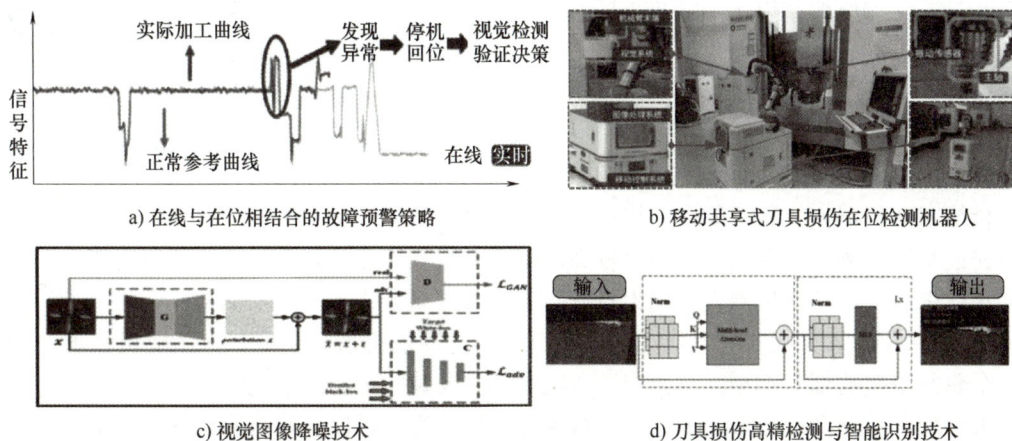

a) 在线与在位相结合的故障预警策略　　　　b) 移动共享式刀具损伤在位检测机器人

c) 视觉图像降噪技术　　　　d) 刀具损伤高精检测与智能识别技术

图 2.32　刀具损伤在位检测机器人及关键技术

（4）复合机器人室内高精自主定位导航与互联互通多机共享方法　研究人员首次将复合机器人应用于产线机床刀具的损伤检测，使用无锡黎曼机器人科技有限公司开发的高精度、全向自主移动机器人，融合二维码视觉和激光 SLAM 技术实现室内高精自主定位导航，定位精度可达±2mm；同时，攻克了检测机器人与数控机床间的互联互通技术，实现多台机床共用，解决了机床集成改造难题。

4. 工业机器人在宝马产线中的应用

2022 年 6 月升级完成的华晨宝马新工厂是宝马 BMW iFACTORY 生产战略的范例，从"精益""绿色""数字化"三个方面树立了汽车生产行业新标杆。这是宝马集团第一座完全在虚拟环境进行规划和模拟的工厂，从厂区规划、生产线布局到设备调试，全部由 3D 创作平台创建数字孪生模型完成。

生产车间在焊接、装配、喷涂、码垛等环节大量应用了工业机器人，在同一条生产线上可交替生产多种不同车型，具备极高的生产灵活性，人工智能、数据分析和算法被广泛使用，将决策从"经验驱动"转换为"数据驱动"，例如，利用 AI 技术进行视觉自动抓取，大大提高了生产效率。其中，车身车间首次引入全新焊接机器人及电伺服焊枪，实现了更精准高效的焊接和预防性维护，通过搭载云端远程服务系统，每台机器人和焊枪都连接到物联网平台上，进行数据的采集和分析。

装配机器人是柔性自动化装配系统的核心设备，末端执行器为适应不同的装配对象而设计成各种手爪和手腕，可根据工艺需要配备不同工装，以满足未来生产线多批次、小批量的多样化生产要求，只需简单编程及工装更换即可实现快速切换。而传感系统用于获取装配机器人与环境和装配对象之间相互作用的信息，利用智能力（转矩）运动技术进行零部件装配，同时，消除了零件卡死和损坏的风险。

此外，喷涂机器人采用六关节式结构，手臂具有较大的运动空间和柔性，可做复杂轨迹的运动，能针对不同工件控制喷涂参数，完成不同动作，以达到最好的补喷效果；码垛机器人具有极高的精度，抓放物品精准，且动作响应速度极快，针对不同批次产品可实现不同码垛模式的快速切换。

宝马车身车间不同工序大量使用工业机器人如图 2.33 所示。

图 2.33　宝马车身车间不同工序大量使用工业机器人

5. 协作机器人在工业领域的应用

传统工业机器人一般只能在结构化的环境中自主从事简单、重复的工作，难以智能、灵巧地完成复杂任务，部署成本也相对较高。随着全球制造业的转型发展，智能制造和柔性制造需求越来越大，协作机器人正成为行业新宠。协作机器人（collaborative robot）简称 cobot 或 co-robot，是和人类在共同工作空间中有近距离互动的机器人，是整个工业机器人产业链中一个非常重要的细分类别。与传统工业机器人需安装安全防护措施、与人隔离不同，协作机器人更加灵活安全，具备一定的自主行为和协作能力，可以在非结构化的环境下与人类共享工作空间，直接进行交互和接触，结合人的智力、灵巧性和机器的力量、精准性，人机协作可高效完成如精密装配等的工作，解决传统工业机器人应用的局限性，可同时发挥人和机器的互补优势。协作机器人的优势特点主要体现在以下几点。

（1）安全　协作机器人一般在硬件和软件控制系统中具有更多的安全设计，如灵敏的力度反馈特性、特有的碰撞监测功能等，工作中一旦与人发生碰撞，便会立刻自动停止，无需安装防护栏，在保障人身安全的前提下，实现人与机器人的协同作业。

(2) 易用　协作机器人系统的设计、安装和调试工作比传统系统更少，且更容易部署和使用，助于降低中小型企业实现自动化的门槛。用户可直接通过手动拖拽来设置机器人的运行轨迹，同时，示教器端可视化的图形操作界面让非专业用户也能快速掌握；一线工人可能只需几个小时就能学会操作，免去传统工业机器人复杂的编程和配置。

(3) 模块化　协作机器人一般采用模块化一体式关节的设计，让机器人的维修与保养更加快速与便捷。关节模块一旦出现故障，用户可在极短的时间内更换。

丹麦的 Universal Robot 公司是目前全球协作机器人的先驱和领先者之一，其在 2009 年推出了世界上第一台协作机器人 UR5；传统工业机器人四大家族 ABB、KUKA、FANUC 和 YASKAWA 也推出了各自的协作机器人产品；国内的协作机器人厂商以节卡、遨博、新松、大族电机、哈工大机器人集团等为代表，典型产品均具有快速配置、牵引示教、视觉引导、碰撞检测等功能，以及高灵敏度、灵活度、精确度和安全性特征，特别适用于布局紧凑、精准度要求高、工作空间有限的柔性化生产线，广泛应用于 3C 电子、汽车及其零配件、食品饮料、家电、五金等行业。相关协作机器人产品如图 2.34 所示。

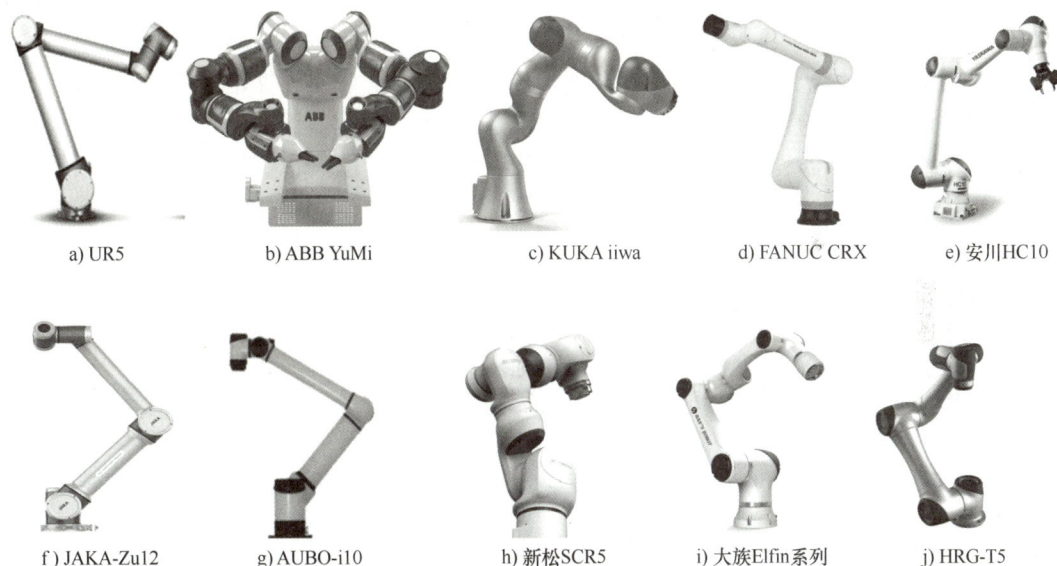

a) UR5　　b) ABB YuMi　　c) KUKA iiwa　　d) FANUC CRX　　e) 安川HC10

f) JAKA-Zu12　　g) AUBO-i10　　h) 新松SCR5　　i) 大族Elfin系列　　j) HRG-T5

图 2.34　国内外主要协作机器人厂商的代表产品

协作机器人的典型工业应用包括分拣和搬运、包装和码垛、涂胶、焊接、打磨、螺钉锁付、质量检测、精密装配、机床上下料、设备看护等。

(1) 分拣和搬运　分拣和搬运任务是指将工件拾取并放置在另一地点，如图 2.35a 所示。拾放类的协作机器人需要一个末端执行器从托盘或传送带上拾取物体，可以是夹具或真空吸盘装置；从传送带上拾取还需要先进的视觉系统支持。此外，协作机器人还可用于食品饮料、3C 电子等行业的自动上下料环节。

(2) 包装和码垛　产品离开工厂车间之前需要为运输进行适当准备，如收缩包装、箱体装配和装载、箱体整理、放置托盘准备发运等。此类工作重复度高，且包含一些小型负载，适合使用协作机器人取代人工作业，利于提高物品堆放的有序性和生产效率。该应用要求利用传送带跟踪，以同步机器人和传送带的运动。机器人首先将包装盒从托盘上拆垛放至输送线上，盒子到达输送线末端后，机器人吸取盒子，码垛至另一托盘上，如图 2.35b 所示。

（3）涂胶和焊接 此类作业常要求使用工具重复完成固定路径。涂胶时，协作机器人末端安装电动胶枪，根据要求轨迹喷涂多种胶水，并控制出胶量，保证均匀出胶；焊接时，末端则安装电动焊枪，如图 2.35c 所示的节卡焊接机器人搭载专业焊接工艺包，把高级焊工的技艺和实践经验参数化，复制迁移到软件端，打造普通工人也可使用的零门槛自动化工具，优异的牵引示教功能还可协助操作人员更方便地编写程序，以满足绝大部分的焊接需求。

（4）精密加工 协作机器人可通过末端执行器或内置的高精度力传感装置，提供精加工所需的力度、重复性和精确度，完成抛光、研磨、去毛刺等精加工作业。图 2.35d 所示的电脑面板力控打磨应用中，末端还带有可伸缩的智能浮动打磨头，通过气动装置使其保持恒力，以进行曲面打磨。

（5）螺钉锁付 协作机器人通过末端安装拧紧模组，以及配备的自动螺钉供料系统进行拧紧工作。拧紧模组通过螺钉到位传感器检测螺钉到位状态，电动数控螺丝刀通过深度传感器检测及扭矩监测反馈确认螺钉拧紧，一些行业还可通过加装 3D 视觉系统实现多位置快速准确的螺钉锁付装配工作。基于视觉的汽车部件螺钉锁付应用如图 2.35e 所示。

（6）质量检测 通常包含对成品零件的全面检测、对精密加工件拍摄高分辨率图片检测、零件与 CAD 模型的对比确认等。协作机器人的末端执行器上需安装高分辨率摄像头、激光扫描仪等传感器和系统软件，可以将质量检测过程自动化，快速准确地获得检测结果，如图 2.35f 所示。

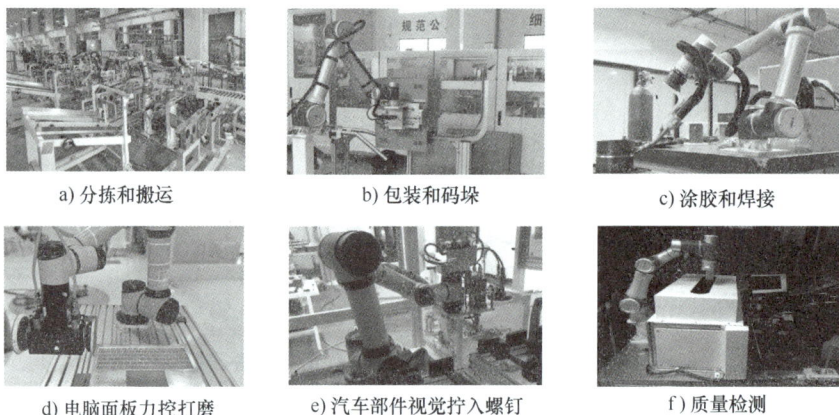

a) 分拣和搬运　　　　　　b) 包装和码垛　　　　　　c) 涂胶和焊接

d) 电脑面板力控打磨　　　e) 汽车部件视觉拧入螺钉　　f) 质量检测

图 2.35　协作机器人的典型工业应用

2.5.3　并联与混联机器人

1. 分拣包装机器人

并联机器人具有占地面积小、速度节拍快、柔性化高等特点，可适应产品个性化、多样化、柔性化的需求，在工业生产中大量应用。

图 2.36a 所示的一款分拣机器人是一种三自由度 DELTA 型并联机器人，具有刚度大、受力平衡、承载能力强、误差小、精度高、自重负荷比小、结构简洁、动力性能好、动作快速、控制容易、静音、低维护等特点，能够自动测量商品体积和重量，并根据实际大小当场裁剪、切割泡沫包装袋或纸板包装箱，适用于小件商品的分拣。此外，其还配备了图像识别设备，能根据作业任务的不同自动更换端拾器，实现快速以及不间断地拣选。

在食品行业末端的包装环节，尤其在装箱、分拣、理料、转线等工序中也大量应用分拣机器人。图 2.36b 所示为并联机器人给巧克力装盒，机器人针对不同形状和颜色的巧克力，快速抓取后放置在托盘进行装盒，拾放速度达 68 个/min。图 2.36c 所示为桂花鸭分拣的应用，机器人将每只鸭子分拣送入包装机，为外形各异的鸭子套上统一的包装。图 2.36d 所示为薯片拾取包装的应用，机器人拾取薯片送入包装生产线，拾取速度可达 230~330 片/分钟，分拣包装速度可达 20kg/h。

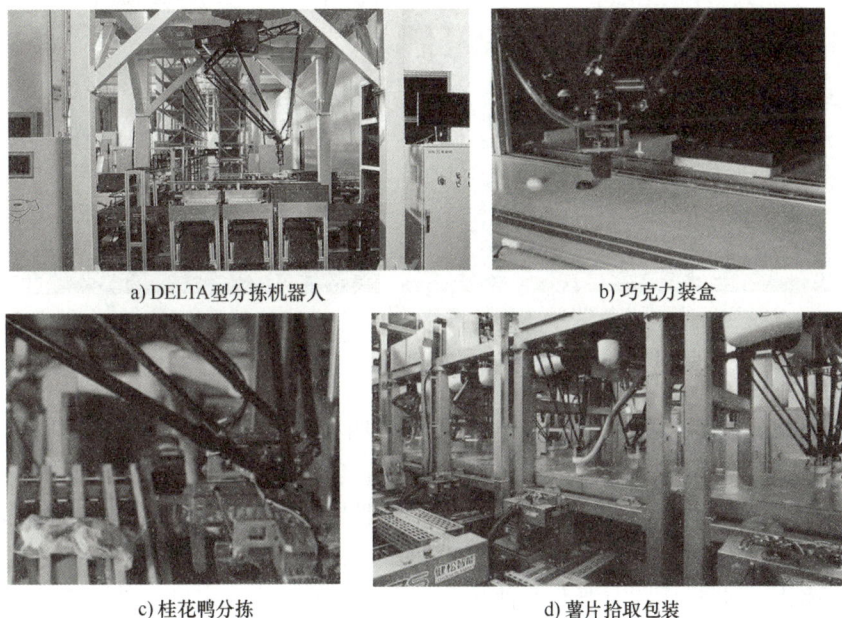

a) DELTA 型分拣机器人　　　　　　　　　　b) 巧克力装盒

c) 桂花鸭分拣　　　　　　　　　　d) 薯片拾取包装

图 2.36　分拣包装机器人

2. 并、混联机床

并联机床是指用并联机构作为部分或全部进给传动机构的数字控制机床，而混联是并联机构与串联机构相结合的一种机械结构形式。 并联机床打破了传统机床结构的概念，抛弃了固定导轨的刀具导向方式，采用多杆并联机构驱动，大大提高了机床的刚度，使加工精度和加工质量得到明显改进。另外，由于其进给速度的提高，高速、超高速加工更加容易实现。由于其具有刚度高、承载能力高、速度快、精度高、重量轻、结构简单、制造成本低、标准化程度高等优点，在加工领域得到了成功的应用。

（1）Tricept 混联机床　并联机床的典型代表是 Stewart 平台结构，如图 2.37a 所示，由六根可伸缩杆和动平台构成，可实现较高的动态特性，但其工作范围较小。为解决这一问题，可将并联机构与串联机构结合，以取得高动态性能和较大的工作空间，其典型代表是瑞典 NOUSE 公司的 Tricept 机床，如图 2.37b 所示。其核心模块由三自由度（包括两个转动自由度和一个移动自由度）并联机构和 RR 串联机构组成，工作空间大、刚度重量比高、可重构能力强，非常灵活，末端位置实现闭环反馈，可达到传统机床的中等加工精度水平。Tricept 机器人模块还可以安装至移动站上，进行飞机、汽车中不少关键件的钻铆、切削加工。

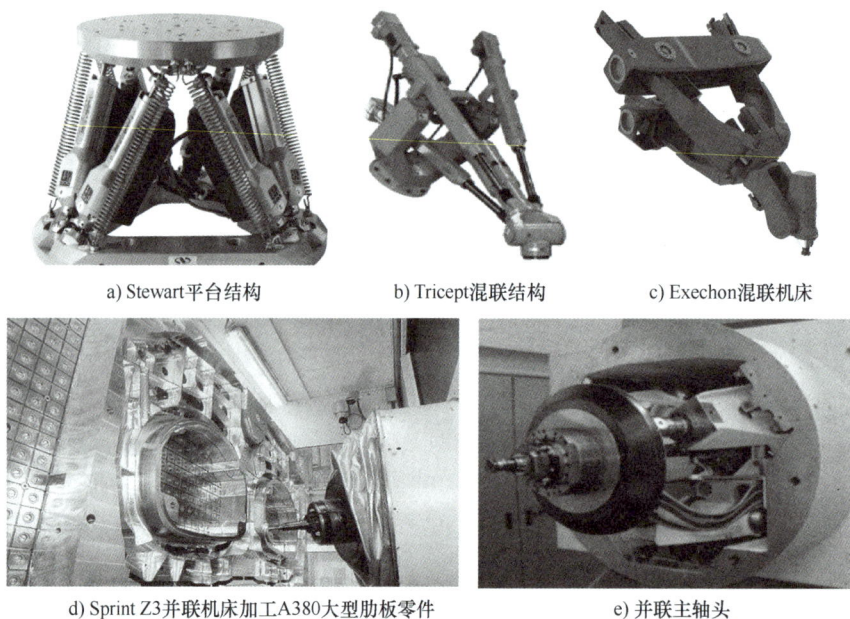

a) Stewart 平台结构　　　b) Tricept 混联结构　　　c) Exechon 混联机床

d) Sprint Z3 并联机床加工 A380 大型肋板零件　　　e) 并联主轴头

图 2.37　并、混联机床

（2）**Exechon 混联机床**　Tricept 型并联机床发明人卡勒·纽曼先生在 2004 年新组建了 Exechon 公司，在原 Tricept 并联机床技术的基础上，创新发明了新一代 Exechon 并联机床技术，突破了阻碍并联机床发展与应用的诸多障碍，性能指标与易用性均大幅优于前一代 Tricept 技术。图 2.37c 所示的 Exechon 混联机床具有以下特点。

1）高性价比。此机床同时兼有 5 轴联动、高速切削、快速定位、灵活移动、五面（六面）加工等一系列常规数控机床无法同时具有的功能，整体设备性价比高。

2）一次性装夹加工。一次装夹即可完成 5 面至 6 面的加工，轻松实现各种复杂加工与复合角度加工。

3）敏捷加工。高刚性与极好的灵活性和动态性相结合，使用测头并利用 5 轴并联机床的高速运动性能，在加工前几秒即可测完工件，建立新的工件坐标系，实现敏捷加工。

4）应用灵活。此机床既可设计成常规加工中心，又可安装于龙门支架，还可装置于行走轨道上，加工精度均由并联结构自身保证。

5）在线检测与实时仿真。此机床实现了数控机床加工在线检测与补偿，并可在西门子 840D 数控系统中实时仿真。

（3）**Sprint Z3 高速并联机床**　图 2.37d 所示为德国 Sprint Z3 高速并联机床加工空客 A380 大型肋板零件的应用，转速可达 30000r/min，其使用了并联主轴头，如图 2.37e 所示，三个平行的直线轴沿径向均布在筒形主轴箱内，主轴头通过一端带有简易枢轴的刚性连杆与每个驱动装置连接。

3. 核心零部件和元器件

基于并联机器人的多自由度主、被动运动平台也被应用于高精度航天器隔振系统中。并联平台的每个支腿都是一个隔振器，六个隔振器按照并联方式构成一个六自由度的隔振系统，能够同时隔离三自由度线振动和三自由度角振动。它既能安装于航天器本体与姿态控制单元之间，隔离扰动力矩；也能支撑空间干涉仪、激光通信设备的正常运行，使其达到纳米级的运动稳定性。图 2.38a 为基于 Stewart 机构的主被动混合隔振平台，图 2.38b 是一个动力学各向同性的主动隔振系统。

如图 2.38c 所示，并联机构与柔性铰链相结合，还可设计实现超高精度（微纳尺度）的定位平台或操作手，甚至可以设计出微观尺度下的机械本体。此外，很多并联机构以传感器敏感元件形式出现。例如，用在多维力与力矩传感器中实现六维触觉交互，如图 2.38d 所示。

a) 主被动混合隔振平台

b) 动力学各向同性的主动隔振平台

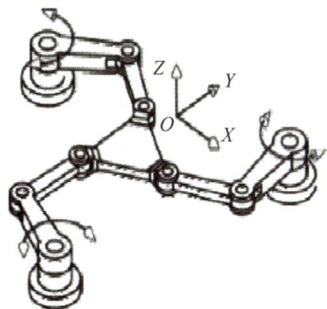

c) 超精密定位平台

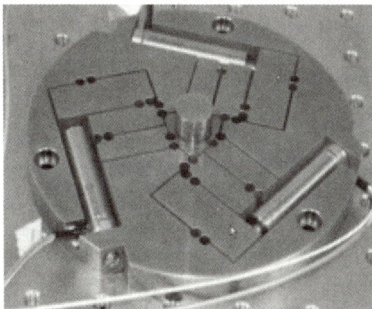

d) 多维感测元件与交互装置

图 2.38　并联机构在核心零部件和元器件中的应用

2.5.4　京东无人仓

京东集团在上海嘉定"亚洲一号"基地的无人仓是京东在全国自动化程度最高，也是唯一一座全自动化的仓库，在四万平方米的仓库内使用了包括传统的 AGV 叉车、六轴机器人等十几种不同工种的机器人，共达上千个，每天处理件量约 20 万，效率约为传统仓库的

10 倍，如图 2.39 所示。

a) 负责分拣的"小红人"

b) AGV 搬运机器人

c) SHUTTLE 多层货架穿梭机器人

d) 自动输送系统

图 2.39　京东无人仓

（1）无人仓组成

1）自动化立体库。自动化立体仓库系统是基于大数据、控制技术及计算机通信技术等发展起来的综合应用系统，具有自动存储以及分拣的功能。一般的自动化立体库主要由货物、货架、穿梭车、输送系统、控制系统等部分组成，立体仓库可以实现高效智能的快速存取，解决了传统人工存在的节奏不均衡等问题。

2）机器人。机器人作业是无人仓最大的特征，物流仓储工作靠各种机器人支撑，如AGV 搬运机器人、SHUTTLE 多层货架穿梭机器人、DELTA 分拣机器人、六轴机器人等工业机器人。整个仓储作业流程的每个环节，如入库、码垛、分拣等，都根据机器人的功能和特性进行分工作业。机器人不分日夜的多通道同时作业，高效率、高准确率地完成物流仓储中的相关工作。负责分拣的"小红人"如图 2.39a 所示。

如图 2.39b 所示，AGV 搬运机器人能自动导引搬运货物，即根据控制系统发出的指令自动把货物从一个位置搬到另一位置，还可自动灵活地更改路径，实现相互之间的避让与路径的优化。该 AGV 搬运货物的重量可达 300kg，运行速度可超 3m/s；能够自动移动至墙边充电，充电 10min，可以工作 4h。

SHUTTLE 多层货架穿梭机器人如图 2.39c 所示，又可分为单通道作业和多通道同时作业穿梭车系统，作业区域主要在各高层的立体货架之间，对高层立体货架的货物进行搬运，作业效率高、性能稳定且能够精准定位，作业速度最高可达 6m/s。

3）输送系统。输送系统是一个把所有的机器人以及自动化立体库等环节连接起来的物流系统，通过自动检测、自动识别、感知技术等，实现高效率、高准确率的物流作业，如图 2.39d 所示。无人仓由自动输送系统连接而成，自动输送系统在入库作业中连通自动化立体库，可根据商品本身的条码、订单信息条码来识别商品，实现自动卸车、自动供包与分离的功能，所有包装都是机器人根据实际大小当场裁剪包装。自动卸车系统中，卸车运输方式为笼箱运输，在该运输方式下，快递包裹运至无人分拣中心；自动供包系统中，笼箱内的货物通过自动倾倒设备放置在输送线上，然后将货物输送至单件分离区。其中，小型 AGV 将小包裹按照订单地址投入至不同的转运包裹；中型 AGV 完成第二轮分配和打包；大型 AGV 把最后送往终端配送站点的大包裹送上输送线。

（2）无人仓技术　整个无人仓的设计运作应用了人工智能算法、视觉识别、感应识别等创新技术，使京东无人仓真正实现了无人化。机器人在人工智能技术的支持下可获取所有商品以及设备的信息，从而进行采集和识别。同时，系统会根据传送回来的信息生成决策和指令，机器人再根据这些决策和指令分别对货物的入库、上架、拣选、补货、出库等环节进行自动作业。

1）多智能体协调控制与自主路径规划技术。智能仓库中，要求多个仓储运输机器人同时工作，并且机器人在移动货架时与无须移动的货架以及正在被其他机器人移动的货架之间不发生碰撞，以保证货架上物品的安全性。在该过程中涉及如何通过电磁感应、激光或视觉引导等方式确定机器人的自身位置和目标位置，实现多移动机器人间的协同控制，以及按照某一性能指标规划出一条从起始状态到目标状态路程最短、用时最少或损耗最小的最优或近似最优的无碰撞路径。京东无人仓可以在 0.2s 内，为 300 多个机器人计算出 680 亿条可行路径，并做出最佳选择。

2）机器视觉技术。京东无人仓采用机器视觉识别模式，融合 2D 视觉识别、3D 视觉识别，以及由视觉技术与红外测距技术组成的 2.5D 视觉技术，实现机器对环境的识别、定位和交互。

3）RFID 电子标签技术。RFID 电子标签技术是一种非接触式自动识别技术，可进行发货订单的识别，保障发货准确性。RFID 电子标签技术可以存储相关数据的标签，通过 RFID 读写装置对标签进行读取和写入数据。相比于条码信息，RFID 电子标签技术读取距离远，而且不受障碍物影响；但因标签成本较高，限制了其应用范围。

2.6　工业机器人产业发展概述

2.6.1　产业发展态势

近年来，工业机器人在汽车、电子、金属制品、塑料、化工产品等行业得到了广泛应用。如图 2.40a 所示，据 IFR 统计数据显示，2021 年，全球工业机器人市场强劲反弹，市场规模达 175 亿美元，超过 2018 年，安装量创下历史新高，达到 48.7 万台，同比增长 27%。随着市场需求的持续释放以及工业机器人的进一步普及，工业机器人市场规模将持续增加。

我国已连续多年保持全球第一大工业机器人需求市场，全球份额超 40%。在我国密集出台政策、不断成熟的市场等多重因素的驱动下，国内工业机器人需求量增长迅猛，除了汽车、3C 电子两大需求最为旺盛的行业，化工、石油等应用市场逐步打开，工业机器人发展持续向好，已成为驱动机器人产业发展的主引擎，也成为全球机器人市场增长的重要推动力。根据 IFR 统计数据测算，如图 2.40b 所示，近五年我国工业机器人市场规模始终保持增长态势，2024 年市场规模将进一步扩大，超 110 亿美元。

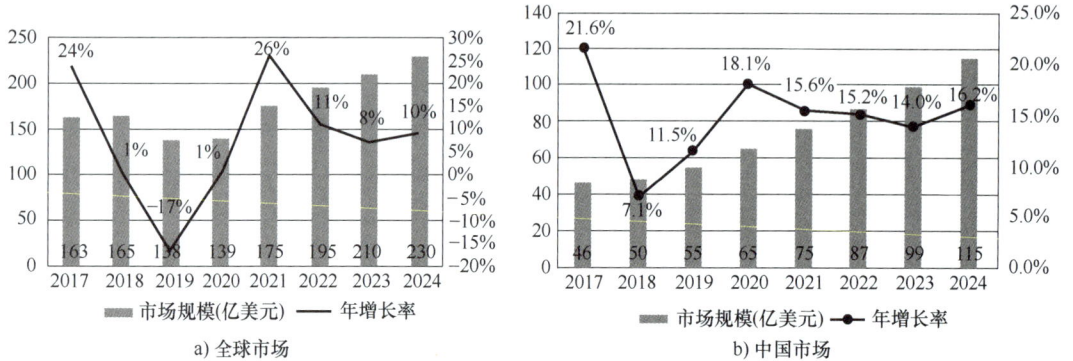

图 2.40 2017—2024 年工业机器人销售额及增长率

2.6.2 国内外著名制造商

（1）传统工业机械臂著名制造商 工业机械臂起源于美日，历经 60 余年发展，形成了以 ABB（瑞士）、库卡 KUKA（1898 年建立于德国，2017 年被我国企业美的集团收购94.55% 的股权）、发那科 FANUC（日本）和安川 YASKAWA（日本）为代表的"四大家族"。其产品各具特色，ABB 的核心技术是运动控制系统；库卡公司专注于向工业生产过程提供先进的自动化解决方案；发那科工业机器人的独特之处在于工艺控制更便捷、同类型机器人底座尺寸更小、拥有独有的手臂设计；安川则侧重于伺服和运动控制器等关键零部件。"四大家族"的产品及其特点详见表 2-3，仅四大家族就占据国内 60% 以上的市场份额，在高附加值的高端制造领域，更是几乎被外资品牌一统天下（电子制造 70%、汽车装配86%）。其他国际著名企业还包括史陶比尔 STAUBLI（瑞士）、柯马 COMAU（意大利）、爱德普 Adept Technology（美国）、罗普伺达 Robostar（韩国）等。

表 2-3 工业机器人四大家族产品及其特点

品牌	机器人产品	产品特点
ABB （瑞士）	本体 控制系统 系统集成	ABB 的核心技术是运动控制系统，这也是机器人最大的难点。掌握运动控制技术的 ABB 可以轻易实现对循环精度、运动速度、周期时间、可程序设计等机器人性能的要求，大幅提高生产质量、效率及可靠性
库卡 KUKA （1898 年建立于德国， 2017 年被我国 美的集团收购）	本体 控制器 系统集成	在重负载机器人领域做得较好，在 120kg 以上的机器人中，KUKA 和 ABB 的市场占有量居多；而在重载 400kg 和 600kg 的机器人中，KUKA 销量最大
发那科 FANUC （日本）	本体 数控系统 伺服电机	FANUC 公司是全球专业的数控系统生产商，数控系统的优势被用于机器人，使其工业机器人的精度很高，但过载能力一般。因此，FANUC 机器人常应用于轻负载、高精度的场合

（续）

品牌	机器人产品	产品特点
安川 YASKAWA （日本）	本体 变频器 伺服电动机 系统集成	安川机器人最大的特点是负载大、稳定性高，可在满负载满速度运行，甚至能够过载运行；相比 FANUC 机器人而言，安川机器人的精度较低，但价格优势明显，是四大家族中价格最低、性价比较高的

我国近年也培育了一批自主品牌的骨干企业，如沈阳新松、南京埃斯顿、芜湖埃夫特、哈尔滨博实、上海新时达、广东拓斯达、北京珞石等。但由于国产工业机械臂在功能和性能上与国外同类产品仍存在较大差距，因此，主要集中在中低端市场，国内市场占比尚未突破30%，代表中高端产品的多关节型工业机械臂占有率不足 15%；我国航空航天、船舶、高铁、军工、汽车等国家重点行业高端应用则被外资品牌长期垄断，占据了 95% 以上的份额。

目前，我国已将突破机器人关键核心技术作为重要工程，不断提升减速器、控制器、伺服电动机、操作系统等核心环节的技术能力，工业机器人的核心竞争力正不断增强；此外，面对国际机器人领军企业已占据汽车整车制造、3C 制造等主流应用领域大部分市场份额的现状，国内这批技术实力较强的机器人企业紧跟行业实际需求，将机器人的应用领域逐渐由搬运、焊接、装配等操作型任务向加工型任务拓展，推出了一批具有中国特色的应用解决方案，受到市场欢迎。例如，珞石机器人经过多年的研发攻关，综合使用机器人视觉、机器人力觉、强化学习等技术，在刀具自动化开刃、柔性物料加工等领域与应用厂商合作，开发出特色化解决方案。同时，近年来，我国的新能源汽车、锂电、光伏等战略性新兴产业展现出强劲的发展势头，成为机器人应用新阵地。围绕其产品生产以及使用维护中的需求，各企业推出创新解决方案，使战略性新兴产业机器人安装量快速增长。例如，埃斯顿推出光伏行业系列化解决方案，配合埃斯顿工业自动化全系列产品线、运动控制、视觉系统等，推动光伏行业智能制造升级。可见，这些国内企业正在细分应用领域，构建特色产品护城河，迅速占领新兴产业市场份额，并以此为基础扩大行业影响力，加速实现国产机器人的应用和替代。

（2）协作机器人著名制造商　随着人工智能、传感器等技术与机器人技术不断融合，提高了人类与机器协作的普及率，以协作机器人为代表的后起之秀正成为主力，其规模增速将迎来爆发性提高，应用范围也将越来越广。

丹麦优傲 UR 作为全球第一家开发、研制、生产和产业化的协作机器人公司，具备深厚的行业背景与技术底蕴，专注于协作机械臂的低成本实现，2020 年成功交付 5 万台协作机器人，达到新的里程碑。近年来，鉴于人机协作在制造领域重要性的不断提升，占据工业机器人全球市场绝对优势的传统四大家族也加紧布局协作机器人，并凭借早期拥有的良好技术基础，相继推出协作机器人产品，都希望在协作机器人市场分得一杯羹。例如，KUKA 公司的代表产品 IIWA 机械臂，以关节力矩灵敏感知和柔顺控制著称；近年，KUKA 一部分研发人员独立出来，研发了 FRANKA 机械臂，重点关注力控、友好界面、智能交互和多传感器融合；加拿大 KINOVA 推出的 GEN2、GEN3、JACO 等机械臂系列产品则具有超轻量化和高集成化的特点。

国内众多协作机器人企业在近几年脱颖而出，本土厂商呈现新锐与传统的竞争格局。协作机器人"四小龙"节卡、遨博、珞石、艾利特领跑；集萃智造、扬天科技、麦荷、镁伽等新锐厂商也活跃于国内协作机器人领域；此外，格力、大族激光等也已加入其中，行业生态圈初具规模。通过不断加强技术及产品创新，国内厂商与传统四大家族展开竞争，逐步打破外资品牌市场垄断地位，市场占有率不断提升。从出货量看，近年来，国内协作机器人实现了爆发性的增长，2016年到2018年的两年间，年均复合增速高达93%。不同于其他工业机器人，协作机器人因为要与人进行配合，2020年受疫情影响较其他工业机器人更为严重；但随着全球生产逐渐恢复，协作机器人仍然有望凭借人机协作研究的进一步加深实现快速增长。而随着国产化需求的不断增加及厂商技术实力的不断提升，国产厂商基于本地化优势将会大有可为。

（3）工业应用移动机器人著名企业　对比目前国外的移动机器人产品特点，不同地区各有侧重。目前，可以将国外的移动机器人厂家分为欧美厂家和日本厂家两类。

1）欧美厂家。由于欧美的工业模式偏向于大型重工业，因此欧美厂家生产的移动机器人普遍载重能力较强，产品的载重量可达60t，一些高级重载移动机器人的承载能力已经达到了150t，技术也因此更加复杂。欧美高昂的人力成本，也使得欧美厂家在生产时更追求移动机器人的自动化与智能化、产品功能完善程度和技术先进程度。为了采用模块化设计，降低设计成本，提高批量生产的标准，欧美移动机器人放弃了对外观造型的追求，采用大部件组装的形式进行生产。此外，欧美的工业厂房环境较为友好，移动机器人的应用极为普遍。在移动机器人排名中，欧美企业占行业前列。代表性企业包括比利时的Egemin（英杰明）、德国的EK automation、意大利的Elettric80、西班牙的ASTI、法国的AXTER、芬兰的Rocla以及美国的JBT和Creform等。

2）日本厂家。由于日本主要以高端轻工业为主，如电子等科技产业，因此，日本厂商对移动机器人的技术复杂程度和车体复杂程度进行了极大的简化，成本也相对低廉。日本厂家生产的移动机器人完全结合简单的生产应用场合（一般是单一的路径、固定的流程），只用来搬运，并不强调自动装卸功能；在导引方面，多采用磁带导引的方式。日本厂商简化生产的极致产品，凭借其低廉的成本一度在东亚市场大行其道。目前，国内也有不少企业在模仿日本厂家的产品特点，以降低产品成本、提升普及率。

我国移动机器人国产化率高达80%以上，每家移动机器人产商都有自己独特的优势，且性价比高，但市场集中度相对较为分散。2015年以来，我国移动机器人产业进入了快速发展期，在汽车装配、3C电子、第三方物流、半导体、航空航天及港口码头、快消食品等传统行业需求继续扩大；得益于碳排放政策影响，在新能源电池、光伏等领域出现爆发式增长，移动机器人已成为这些行业投产、扩产的标准解决方案。在国内市场不断推进之际，我国移动机器人厂商也开始大力进军国外市场。由于劳动力成本优势和我国本身巨大的消费量，我国制造的移动机器人竞争优势明显。其中，沈阳新松的移动机器人产品主要应用于汽车及军工领域，汽车领域的市场份额位居行业前茅；云南昆船的移动机器人产品主要集中在烟草、汽车、家电行业，尤其在烟草行业领域，市场份额超60%；此外，还包括杭州海康、苏州华晓精密、广州井源、广东嘉腾、北京机科等代表性企业。

2.6.3　产业链分析

1. 工业机械臂产业链分析

工业机械臂的产业链分为上中下游，**上游是基础原材料和核心零部件生产厂商，中游是**

机器臂本体产商，下游是系统集成商。其产业链全景概览如图 2.41 所示。

上游	中游	下游	应用场景
基础原材料 金属、非金属、基础元器件	**机械臂本体** 从上游采购各种基础原材料和核心零部件，集成制造成机器人本体	**系统集成** 从上游采购原材料和机器人本体，结合智能化管理软件，为用户打造生产线	**应用场景** 汽车制造 家电制造 电子产品 金属加工
核心零部件 控制器：发那科、ABB、安川、KEBA、B&R；KUKA、埃斯顿、新松、广数、华数、汇川、固高等			
伺服系统：国外有三菱、安川、松下、西门子、施耐德等；国内有汇川、台达、埃斯顿、禾川等	国际品牌：发那科、KUKA、ABB、安川、史陶比尔、住友、那智不二越、爱普生、川崎、欧地希等 国内品牌：埃斯顿、新松、埃夫特、拓斯达、华中数控、广州数控、广东启帆、新时达等	国际品牌：发那科、安川、西门子、施耐德、ABB、杜尔、野田等 国内品牌：埃斯顿、新松、汇川、埃夫特、今天国际、智云股份、哈工智能、拓斯达、克来机电、新时达等	
减速器：国外有纳博特斯克、哈默纳科、住友、新宝等；国内有绿的、双环、振康等			

图 2.41 工业机械臂产业链全景概览

上游的控制器、伺服系统和减速器是生产工业机械臂的核心零部件，直接决定了机械臂的性能，包括传动精度、负载、扭转刚度、控制精度等，在机械臂生产的成本中占比最大，是现阶段价值链中的利润关键点；其技术壁垒较高，也是核心竞争力所在。目前，三大核心零部件已实现产品化和批量化的国产替代，培育了绿的、双环、振康、汇川、广数等在内的多家骨干企业，核心部件在我国整体市场占有率接近 30%，产业空心化问题得到初步缓解。

但其精度保持性、可靠性等关键性能指标与国外同类产品相比仍存在明显差距，高性能核心部件仍依赖进口，被安川（伺服电动机与驱动）、纳博特斯克（RV 减速器）、哈默纳科（谐波减速器）、KEBA 及 B&R（控制器）等公司垄断，成为我国机械臂产业的突出短板。另一方面，国内机器人控制器与国外产品存在的差距主要在软件部分，即控制算法和二次开发平台的易用性方面。控制系统的开发涉及较多核心技术，包括硬件设计、底层软件技术、上层功能应用软件等。由于缺乏平台基础，国产控制器多为封闭结构，存在开放性差、软件独立性差、容错性差、扩展性差、缺乏网络功能等缺点，难以适应智能化和柔性化要求。此外，机器人操作系统尚未形成成熟产品，对外依存度高，严重受制于人。

中游是工业机械臂本体设计，主要包括支柱、手臂、底座等部件与减速器等零部件的加工和组装，技术门槛比核心零部件低，著名企业有 KUKA、ABB、发那科、安川、川崎、新松机器人、埃斯顿、埃夫特等。在中游环节，关节型工业机器人的功能最强大，销量也最多，占机械臂本体市场规模的八成以上。

下游系统集成商根据汽车、电子、金属制品等不同应用场景和搬运、焊接、喷涂等不同用途，进行针对性的系统集成和软件二次开发，需具有产品设计能力、对终端客户应用需求的工艺理解、相关项目经验等，提供可适应各种不同应用领域的标准化、个性化成套装备。

基于我国巨大的市场、庞大的制造业体量、多样化的应用场景以及人工智能、5G 等技术优势，有望在高端功能软件方面实现率先突破并进行应用和推广。

综上，四大家族在工业机械臂产业链各环节发展完善，从上游零部件、中游机械臂本体到下游系统集成均有布局，技术研发和市场扩张均十分活跃，抓住了产业价值链上的利润关键点，具备很强的盈利能力。尤其日本和德国的水平全球领先，其中，日本在减速器、伺服电动机等关键零部件的研发方面具备较强的技术壁垒，德国在原材料、本体零部件和系统集成方面有较强优势。近年来，沈阳新松、哈尔滨博实、上海新时达、广州数控、安徽埃夫特、北京珞石等一批本土企业逐步发展壮大，已经初步形成完整的机器人产业链。部分企业凭借市场反应速度快的优势，凭借"人无我有、人有我优"的专业化和精品化产品服务，在汽车零部件制造、线路检修、3C 产品质量检测等诸多细分领域的市场竞争中脱颖而出，建立起较为成熟的产品条线与供应体系，迅速占领一定的国内市场份额。

随着机器人技术的迅猛发展和市场潜力不断被挖掘，越来越多的企业跨界进入机器人领域，成为机器人行业的新势力，在跨界整合机器人产业链资源方面发挥了重要作用，"机器人即服务"的商业模式、强强联合的研发模式也成为行业加速创新的重要途径。例如，全球领军的高通、英伟达等半导体企业凭借其强大底层平台能力也进入了机器人行业，为机器人行业带来新变革。

2. 工业应用移动机器人产业链分析

工业应用移动机器人具有与工业机器人相同的产业链结构。上游为机器人零部件制造商，这一部分是产业链的核心，在机器人产品的成本中占据绝大部分。中游为机器人本体制造，下游是系统集成企业，应用于汽车、3C 电子、物流等行业。其中，在上游的驱动控制器、系统，以及激动导航传感器等核心部件上，仍主要依赖国外厂商。若要在移动机器人领域有所作为，国内企业需要在上游机器人零部件上持续发力。目前，国内工业移动机器人需求方的两极分化严重，既有华为、东风汽车、京东等大型企业，也有年销售额勉强过亿的小型企业。其中大量订单来源于后者，这些小型企业对移动机器人的需求多则四五台，少则一两台，且应用场景、具体需求各有不同，加上自身改造能力弱，需要中游厂商为其提供完善的后续服务。因此，能够为需求方提供个性化服务的中游国内机器人本体制造商很受这些需求方青睐。由于国内移动机器人性价比明显，目前市场的国产化率很高，达到 80% 以上。

参考文献

[1] 移动机器人产业联盟. 工业应用移动机器人 70 年发展史 [OL]. (2022-06-16). http://m. agv-amr. com/news/show. php？itemid=981.

[2] 先进制造业. 2020 工业机器人行业研究报告 [OL]. (2021-01-29). https://mp. weixin. qq. com/s/396APHrr6NY96i-JahD5fw.

[3] ISO/TC299 Robotics. Robotics and robotic devices：ISO 8373-2012 [S]. Sweden：Swedish Institute for Standards，2016.

[4] 陈渌漪. 工业机器人技术应用 [M]. 北京：机械工业出版社，2017：7.

[5] 中华人民共和国国家发展和改革委员会. 中国机器人产业发展规划（2016-2020 年）[EB/OL]. (2016-04-27) [2025-02-20]. https://www. ndrc. gov. cn/xxgk/zcfb/ghwb/201604/t20160427_962181. html.

[6] ATC 汽车技术平台. 全球工业机器人详细产业链梳理! [OL]. (2020-08-20). https://mp. weixin. qq. com/s/cUebn83bl9zScRu80a7wdQ.

[7] 固高科技. 慧眼焊接机器人系统|运用数字化手段挖掘数据价值，赋能机器人焊接 [OL]. (2021-05-12). https://mp. weixin. qq. com/s/G9moFJRooaywiA4Fw5GiHA.

[8] 元宇宙与数字智能. 中国机器人产业发展报告（2022 年）. [OL]. (200-08-25). https://mp. weixin. qq. com/s/MltaFcCIABOiB4HHMUsb0g.

[9] 未来智库. 移动机器人产业链分析：进入发展黄金期，广阔应用前景未来可期 [EB/OL]. (2019-04-06) [2025-02-20]. https://www. vzkoo. com/read/ddc4a90fbd2455871dfa617511f7cbd6. html.

[10] 蔡自兴. 机器人学 [M]. 北京：清华大学出版社，2000.

[11] 余德泉. 国内外工业机器人发展现状与趋势 [J]. 大众用电，2017，32（09）：20-21.

[12] 中国标准出版社第三编辑室. 中国机械工业标准汇编·工业机器人卷 [M]. 北京：中国标准出版社，2009：65.

[13] 苏豪. 基于 ODE 的工业机器人三维仿真平台设计与实现 [D]. 重庆：重庆大学，2012.

[14] 卜王辉. 面向复杂任务的机器人操作臂作业过程优化技术研究 [D]. 杭州：浙江大学，2009.

[15] 杨浩然. 东风日产花都二工厂涂装车间黑漆机器人喷涂自动化系统的研究 [D]. 武汉：武汉轻工大学，2017.

[16] 杜宏旺. 接管焊接机器人关键技术研究 [D]. 哈尔滨：哈尔滨工程大学，2010.

[17] 李欣. 美国工业机器人产业发展及相关政策研究 [D]. 呼和浩特：内蒙古师范大学，2018.

[18] 冯旭，宋明星，倪笑宇，等. 工业机器人发展综述 [J]. 科技创新与应用，2019（24）：52-54.

[19] 边可可. 工业机器人未来发展趋势 [J]. 中外企业家，2020（07）：147.

[20] 田闯. 工业机器人的现状及发展趋势研究 [J]. 中国管理信息化，2019，22（20）：156-157.

[21] 庄存波，刘检华，熊辉，等. 产品数字孪生体的内涵、体系结构及其发展趋势 [J]. 计算机集成制造系统，2017，23（04）：753-768.

[22] 张培艳. 工业机器人操作与应用实践教程 [M]. 上海：上海交通大学出版社，2009.

[23] 王宇. RV 传动拓扑学分析及创新设计 [D]. 哈尔滨：哈尔滨理工大学，2014.

[24] 殷红峰. 谐波减速器零件成组工艺过程设计与成组夹具设计 [D]. 天津：天津大学，2013.

[25] 潘加宏. 伺服控制系统在数控设备改造中的研究与应用 [D]. 石家庄：河北科技大学，2014.

[26] 朱铮涛. 基于计算机视觉图像精密测量的关键技术研究 [D]. 广州：华南理工大学，2004.

[27] 刘良江. 先进电子制造生产线机器视觉检测方法与技术研究 [D]. 长沙：湖南大学，2010.

[28] 王金涛. 从新松看工业机器人关键技术 [J]. 互联网经济，2019（Z1）：50-55.

[29] 喻洋. 基于力觉和视觉的双机器人协作研究 [D]. 青岛：青岛科技大学，2016.

[30] 黄玲涛，王彬，倪水等. 基于力传感器重力补偿的机器人柔顺控制研究 [J]. 农业机械学报，2020，51（03）：386-393.

[31] 徐青青，刘莉，秦运栋. 基于激光定位的机器人加工轨迹规划 [J]. 激光杂志，2020，41（01）：143-147.

[32] 梁林勋，杨俊杰，楼志斌. 基于激光雷达的机器人定位信息处理技术研究 [J]. 自动化与仪器仪表，2020（01）：40-43.

[33] 张纶昭. 基于线激光视觉传感的机器人三维焊缝导引与跟踪控制研究 [D]. 上海：上海交通大学，2018.

[34] 许伟. 基于激光雷达环境信息处理的机器人定位/导航技术研究 [D]. 南京：南京理工大学，2006.

[35] 文斐. 激光雷达数据采集系统框架研究 [D]. 合肥：中国科学技术大学，2013.

[36] 陈涛. 机载激光雷达技术在构造地貌定量化研究中的应用 [D]. 北京：中国地震局地质研究所，2014.

[37] 张倩. 绝对式编码器误差分析与补偿系统的研究 [D]. 大连：大连海事大学，2013.

[38] 董志学. 中国汽车产业与信息技术产业耦合发展研究 [D]. 北京：首都经济贸易大学，2016.

[39] LI Y, YANG X, WU H, et al. Optimal design of a six-axis vibration isolator via Stewart platform by using homo-

geneous Jacobian matrix formulation based on dual quaternions. Journal of mechanical science and technology ［J］, 2018, 32: 11-19.

［40］ YANG X, WU H, LI Y, et al. Dynamic isotropic design and decentralized active control of a six-axis vibration isolator via Stewart platform. Mechanism and Machine Theory ［J］, 2017, 117: 244-252.

［41］ YANG X, WU H, CHEN B, et al. Dynamic modeling and decoupled control of a flexible Stewart platform for vibration isolation. Journal of sound and vibration ［J］, 2019, 439: 398-412.

［42］ 吴爱萍. 无人仓技术的研究分析——以京东无人仓为例 ［J］. 电子商务, 2018（10）: 51-52+57.

［43］ 马珣. 科技的力量 ［J］. 中国物流与采购, 2017（22）: 34+36.

［44］ 从行健. 浅析自动化技术在智能物流系统中的应用——以京东无人仓库为例 ［J］. 中国战略新兴产业, 2018（04）: 53+55.

［45］ 杨江领, 代文强, 赵清玲. 工业机器人四大家族的前世今生 ［J］. 智能机器人, 2019（01）: 53-56.

［46］ 付欣然. 中国工业机器人"产业链—创新链—资金链"的三链协同研究 ［D］. 大连: 大连理工大学, 2017.

［47］ 陈春春. 工业机器人产业: 现状、产业链及发展模式分析 ［J］. 互联网经济, 2019（Z1）: 32-37.

［48］ 中国产业信息网. 2018-2024 年中国工业机器人市场深度评估及投资前景评估报告 ［R］, 2018.

［49］ 王福君. 比较优势演化与装备制造业升级研究 ［D］. 长春: 东北师范大学, 2009.

［50］ 李欣. 工业机器人上游产业链分析 ［N］. 中国航空报, 2019-04-11（006）.

［51］ 孙立宁, 许辉, 王振华, 等. 工业机器人智能化应用关键共性技术综述 ［J］. 振动. 测试与诊断, 2021, 41（02）: 211-219+406.

［52］ 刘乃军, 鲁涛, 蔡莹皓, 等. 机器人操作技能学习方法综述 ［J］. 自动化学报, 2019, 45（3）: 458-470.

第 3 章　特种机器人

3.1　特种机器人的定义及分类

3.1.1　特种机器人的定义

广义上，特种机器人是除工业机器人之外、用于非制造业的各种机器人。狭义上，区别于面向公众与个人服务的机器人，特种机器人主要用于专业服务，一般由经过专门培训的人员操作或使用，以辅助或替代人执行任务。例如，在地外探险领域，"玉兔"号月球车、"好奇号"火星探测器等空间机器人一直是探索其他星球的先行者；在抢险救援领域，消防机器人、搜救机器人等保护着人们的生命安全。

3.1.2　特种机器人的分类

根据全国特种作业机器人标准化工作组织提出的特种机器人分类标准 GB/T 36321—2018，将特种机器人按使用空间、运动方式和功能进行如下分类。

1. 按使用空间分类

根据特种机器人使用的空间（陆域、水域、空中、太空），可将特种机器人分为地面机器人、地下机器人、水面机器人、水下机器人、空中机器人、空间机器人和其他机器人。

具体地，地面机器人主要包括地面作业机器人、山地作业机器人、极地作业机器人、缆索作业机器人、爬壁作业机器人、滩涂作业机器人等；地下机器人主要包括井道作业机器人、管道作业机器人、巷道作业机器人等；水面机器人主要包括水面无人艇、海洋救助机器人等；水下机器人主要包括潜水机器人、水下滑翔机器人、水底作业机器人等；空中机器人主要包括飞行机器人、浮空作业机器人；太空机器人主要包括空间舱内机器人、空间舱外机器人、星球探测机器人、空间飞行机器人等。

2. 按运动方式分类

特种机器人可分为轮式机器人、履带式机器人、足腿式机器人、蠕动式机器人、飞行式机器人、潜游式机器人、固定式机器人、喷射式机器人、穿戴式机器人、复合式机器人和其他运动方式机器人。

3. 按功能分类

特种机器人的功能分类与行业相关，常见功能主要包括采掘、安装、检测、维护、维修、巡检、侦察、排爆、搜救、输送、诊断、治疗、康复、清洁等，图3.1给出了几种典型的特种机器人。

本章主要介绍面向专业领域的特种机器人，而面向公众与个人服务的机器人将在第 4 章介绍。此外，仿生机器人、医疗机器人、军用机器人将在后续作为独立章节分别详细介绍。

a) "玉兔"号月球车   b) 消防机器人   c) 废墟搜救机器人

图 3.1   典型的特种机器人

3.2   特种机器人发展历程及未来趋势

3.2.1   特种机器人发展历程

特种机器人的起源可以追溯到东汉末年，诸葛亮设计了具有搬运功能的木牛流马。

1959 年 1 月，苏联发射"月球"1 号，这是人类成功发射的第一个星际探测特种机器人；同年 9 月，发射的"月球"2 号是世界上第一个在月球表面硬着陆的星际探测机器人。

1962 年，美国 AMF 公司生产出了适用于码头物流运输的特种机器人 VERSTRAN，该机器人是一款真正商业化的特种机器人，并出口到世界各国，掀起了全世界对特种机器人研发的热潮。

1965 年，约翰霍普金斯大学（Johns Hopkins University）应用物理实验室研制出 Beast 特种机器人，能通过声呐系统、光电管等装置，根据环境校正自己的位置。

1976 年，美国国家航空航天局（NASA）发射了火星探测机器人 Viking-1 与 Viking-2。这两个特种机器人均由放射性同位素热电发电提供动力。

同年，东京理工学院 Shigeo-Hirose 等人研发了一款软钳特种机器人，可根据目标物体的形状来调整自身关节角度，从而实现对物体的夹取。

20 世纪 80 年代，日本研发了 5 种型号的灭火机器人，分别配备于大阪、东京、高石、太田、莆田等地的消防部门，是世界上最早的消防机器人。其中，日本建筑公司清水建设（Shimizu）于 1982 年制造的"钢骨架喷涂耐火覆盖材料的 SSR-Ⅰ型特种机器人"是世界上第一台实际应用于建筑施工的特种机器人。

1989 年，卡内基梅隆大学（CMU）教授 Dean Pomerleau 打造了特种机器人 ALVINN，此机器人应用神经网络技术实现了初级的自动驾驶功能。

同年，麻省理工学院（MIT）的研究人员研发了一款六足特种机器人 Genghis，该特种机器人体积小，可穿越多种复杂地形。

20 世纪 90 年代，由西屋电气（Westinghouse）和美国卡内基梅隆大学机器人研究所合作研制的检修机器人 ROSA-III，是西屋电气在国际上承担核电服务项目的主力蒸汽发生器检修机器人，一直使用至今。

同时期，日本四国电力与东芝公司及其他研究所设计了世界上第一款变电站巡检机器人，应用于 500kV 变电站。

1997 年 6 月 18 日，我国 6000m 无缆水下特种机器人试验应用成功，标志着我国水下特种机器人技术已达到世界先进水平。

1998 年，美国智能系统与机器人中心开发出世界上第一台矿山救援机器人——RATLER 矿井探索机器人，该机器人采用电传遥控方式，有主动红外摄像机、无线射频信号收发器、陀螺仪、危险气体传感器等传感设备。

同年，瑞典 ABB 公司开发出 FlexPicke 机器人，该机器人是当时世界上速度最快的采摘机器人。

2003 年，斯坦福大学（Stanford University）打造"Stanley"，成为第一辆完成 DARPA 挑战赛的无人驾驶车辆，该车辆在 10h 内穿越了 142 英里的沙漠路程。

2004 年 1 月 4 日和 1 月 25 日，美国"勇气"号和"机遇"号火星车分别在火星登陆。

2006 年，中国矿业大学成功研制 CUMT-I 型矿山救援特种机器人，标志着我国开始具备救援机器人的自主研发能力。

同年，美国科学家开发出一种具有黏性脚足的壁虎状机器人，足底有数百万个极其微小的毛发，借助这些毛发，它就能"飞檐走壁"。

2009 年，日本 TMSUK 公司和 ALACOM 公司发布了共同开发的警备机器人 T-34，这是一款能通过 FOMA 手机操作且具有网络发射起动装置的特种机器人。

2014 年，nLink 公司公布了其研发的移动式建筑钻孔机器人 Robobusiness，操作人员可通过电脑端来控制特种机器人工作。

2017 年，Google 旗下的自动驾驶公司 Waymo 举办民众试驾自动驾驶汽车的活动，标志着轮式特种机器人的自动化发展取得新的进展。

2019 年，博铭维智能科技研发了一款 DOLPHIN-L1 大型管道检修机器人，该机器人是当时国内技术领先的管道检修机器人。

2023 年 4 月，德国马克斯普朗克智能系统研究所（MPI-IS）的科学家受水母启发，开发出一个多功能水下机器人 Jellyfish-Bot，该机器人体积小、节能且几乎完全静音。

3.2.2 特种机器人未来趋势

1. 轻量化

轻量化可大幅提升运动的机动性和工作效率，进而提高操作速度和动作准确度；同时，减轻运动惯性，提高了机器人的本质安全性。各机器人制造公司在满足机器人高速度、高精度等基本性能要求的基础上，通过轻量化技术减轻机器人的自重，不仅提升了机器人的综合性能，同时还降低能耗、减少环境污染。

机器人轻量化的基本原则是在保证机器人功能先进性、稳定性、使用的可靠性和安全性的前提下，通过结构优化设计、轻量化材料选择、先进制造工艺等方式，来达到机器人构件轻量化的目的。图 3.2 所示为轻量化设计过程中经常使用的碳纤维复合材料和结构拓扑优化技术。

2. 智能化

高度智能化的特种机器人能够感知多种信息，并将获得的数据信息进行融合，快速适应环境变化，具有自适应、自学习和自治能力。随着智能控制、人工智能等技术的不断发展，各行各业对特种机器人的关注度也变得越来越高。我国对于特种机器人的研究正处于第三代智能机器人阶段。虽然国内外对特种机器人的研究已经有了很大的成效，但其自身的发展空间仍非常大。

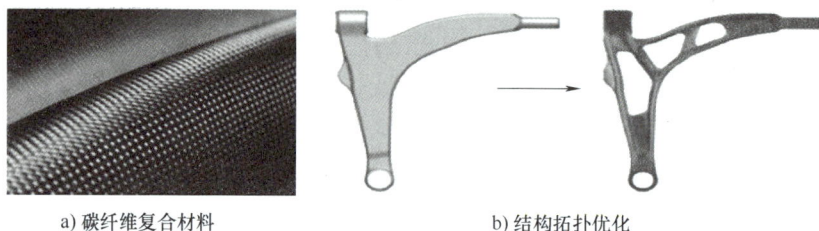

a) 碳纤维复合材料　　　　　　　　　　　　b) 结构拓扑优化

图 3.2　轻量化设计

特种机器人智能化研究包括其外形结构设计、模型建立、智能控制方法等方面。其中，智能模型将直接决定机器人发展方向和智能化程度，而智能模型也包含多个研究方向，如神经网络、仿脑技术、遥控技术等。机器人感知、行动、决策等方面的行为，值得深入研究，以进一步提升机器人智能化水平。

3. 柔性化

所谓柔性化，有两个方面，一方面是运动机理类似于动物，运动方式简单连贯，动作柔软。 目前的前沿技术都围绕这种仿生学展开，研究各种动物的运动方式和运动步态，并将其应用于特种机器人，使其运动更灵敏，能耗更低。美国军方正在研究一种微型飞行器"侦查蝇"，运动方式跟苍蝇类似，体积小、噪声低，这使其在未来战争中能够更加有效地获取情报。**另一方面是一种柔性关节**，市场上现有的特种机器人，因为其自由度的限制，存在很大的工作盲区，导致工作效率不足。然而，柔性化关节没有工作盲区，而且在重载的生产环境中可以缓解冲击，从而减小工作误差。图 3.3 为柔性机械臂抓取水母的全过程，当机器人抓手的 5 个花瓣关合时，从外形上看是一个中空的十二面体，能够在观察到猎物时迅速关合并且给猎物留下足够的空间，因此，可以实现在 AI 的控制下准确识别、追踪目标并对其进行捕捉。

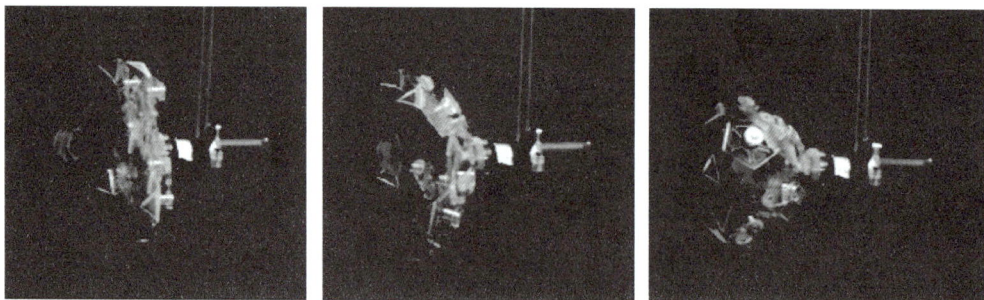

图 3.3　柔性机械臂抓取水母的全过程

4. 模块化

模块化思想在柔性加工系统中得到越来越多的重视。特种机器人的**模块化是指其各组成部分由标准且相互独立的制造模块组成，每个模块有驱动部分、动力源等**。不同模块组合在一起，由一个上层控制系统控制。在结构上，模块化的特种机器人更容易维护与拆装；在软件层面，更易于配合开源平台分别设计各个模块的功能。图 3.4a 示意了特种机器人开发过程中软件模块化的思想，图 3.4b 是某军用机器人的模块化示意图。

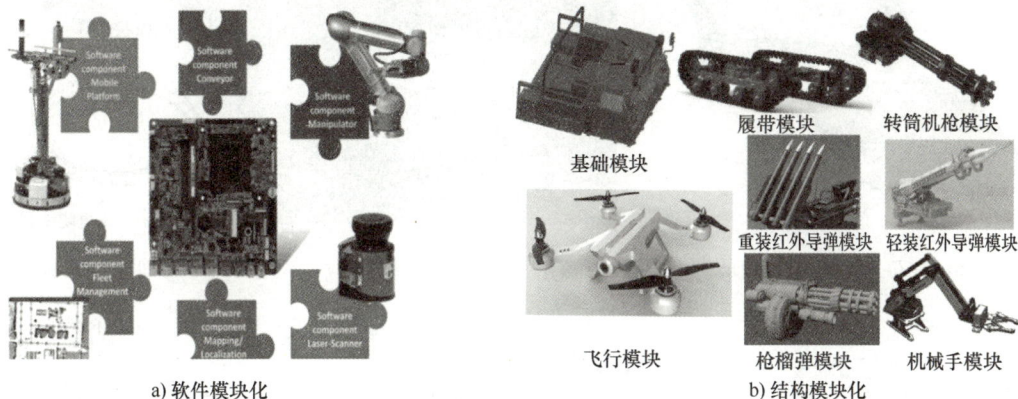

a) 软件模块化

b) 结构模块化

图 3.4　模块化示意图

5. 多智能体协同

单个特种机器人由于能力有限，在问题复杂或任务工作量较大的情况下难以取得理想的效果，一旦发生故障或瘫痪，整个任务进度就会被搁置。通过引入多智能体协调控制技术，包括任务的解释和表达、学习、实时推理和广义反应能力、监控和异况处理等，**使特种机器人个体之间具有交互通信、协调合作、冲突消解等能力，实现群行为控制**，提高多个特种机器人个体之间的紧密群体合作，而非个体能力的自治和发挥。因此，将多智能体协调控制技术应用于特种机器人群体，建成彼此互相通信和协调的、易于管理的系统，会极大地提高系统的鲁棒性和稳定性，并且具有较高的问题求解效率。

3.3　特种机器人关键技术

特种机器人种类繁多，大都处于非结构化环境中，执行一种或多种工作任务。为适应不同工作环境及任务的需求，每类特种机器人具有各自的关键技术，但可以总结出一些共性技术，如下所述。

3.3.1　仿生机构创新设计

通常情况下，特种机器人的工作环境都是未知的，无论是以地震为代表的自然灾害现场，还是在核电与石化行业中不慎引发的人为灾害现场，现场环境都十分复杂，导致机器人的搜索路径无法固定并且蜿蜒复杂；同时，空间各个方向都可能存在挤压的几何约束，并且没有固定的约束模式。特种机器人服役的特殊环境要求其具备较强的地形适应能力，能够通过多种类型的障碍，这就要求能够设计出各种新型移动载体结构与机构，为机器人在特殊环境下的作业提供保障。依据仿生学方法和机构学理论，目前已开发了多种类型的特种机器人结构和机构，包括地面机器人的轮式、履带式、足腿式移动机构，空中机器人的翼型机构和良好的气动力外形结构，水下机器人的流线型外形结构和螺旋桨推进机构等，图 3.5a 是流线外形的水下仿生机器人 Robo-Shark。

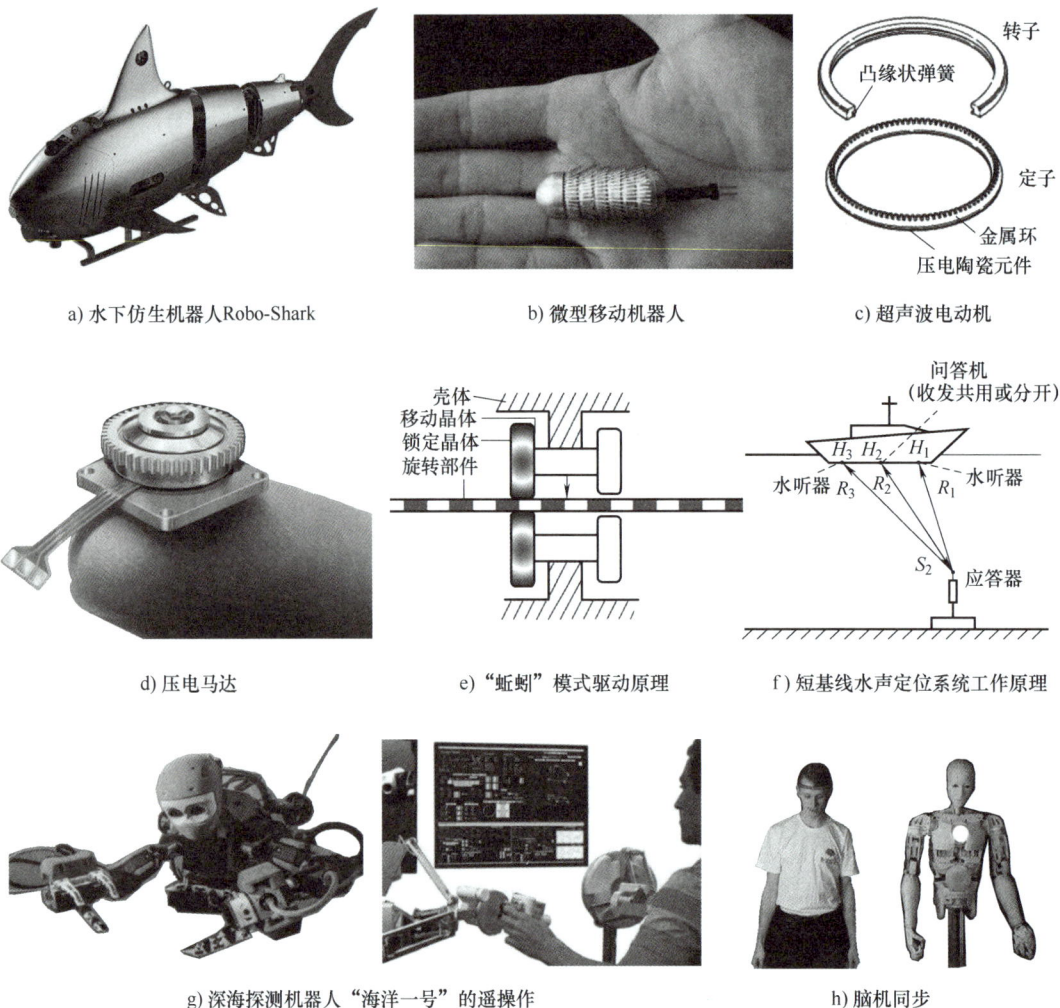

a) 水下仿生机器人Robo-Shark

b) 微型移动机器人

c) 超声波电动机

d) 压电马达

e) "蚯蚓"模式驱动原理

f) 短基线水声定位系统工作原理

g) 深海探测机器人"海洋一号"的遥操作

h) 脑机同步

图 3.5　特种机器人关键技术

3.3.2　微小型机器人技术

微小型机器人技术包括微机构、微传感及相应的微系统集成技术等。图 3.5b 所示为手指大小的微型移动机器人，可进入小型管道进行检查作业。其运动基于谐振原理，只需 6V 电压驱动，利用机器人体内所带的微型电动机带动偏心轮转动产生一定的振动，通过毛刺与管壁非对称的碰撞与摩擦，从而驱动管道机器人运动。微小型机器人技术不仅会在机器人技术方面引起一场革命，还将对经济和社会生活各个方面产生深远的影响。

3.3.3　高效驱动技术

驱动装置是特种机器人的动力源泉，高效的驱动技术能够帮助特种机器人更可靠、更持

久地执行工作任务。特种机器人的驱动方式,除了传统的电驱动、液压驱动、气压驱动,还包括超声波电动机驱动、压电马达驱动、静电驱动、形状记忆合金驱动、电致伸缩驱动、高性能燃料电池驱动等,下面对前两项驱动技术作简单介绍。

(1) 超声波电动机驱动 与传统电动机不同,超声波电动机无绕组和磁极,无需通过电磁作用产生运动力,一般由振动体(相当于传统电动机中的定子,由压电陶瓷和金属弹性材料制成)和移动体(相当于传统电动机中的转子,由弹性体和摩擦材料及塑料等制成)组成,如图 3.5c 所示。在振动体的压电陶瓷振子上加高频交流电压时,利用逆压电效应或电致伸缩效应使定子在超声频段(频率为 20kHz 以上)产生微观机械振动,并将这种振动通过共振放大和摩擦耦合变换成旋转或直线型运动。

(2) 压电马达驱动 在压电马达中,在材料上施加电压而产生电场,材料发生轻微延伸。对于典型的电压,其形变量约为 0.01%~0.1%。这些马达很小,每个典型装置的尺寸约为 10mm,如图 3.5d 所示。它们所产生的形变虽是微米量级,但所产生的力却是牛顿量级的。通过堆叠多个压电晶体,可以实现更大的承受力和伸长量。在"蚯蚓"模式(也称为蠕动式)中,压电材料交替夹持,然后由一组微小的基于压电的夹具释放,从而允许晶体类似蚯蚓一样以微小量向前移动,如图 3.5e 所示。

3.3.4 多传感融合技术

当人无法进入特种机器人的工作环境时,如果特种机器人能够自主采集环境的视频信息,将有助于任务的完成。而部分环境较为复杂,如深海、崎岖山地等,如何能够基于视频信息快速实现对现场环境的识别成为关键,这就要求特种机器人具有较为完备的多传感器系统。感知范围包括但不仅限于视觉、触觉、力觉、听觉、嗅觉、味觉等,通过各种传感技术融合感知信息并处理,从而识别和判断自身及周边环境的状态。

3.3.5 导航定位技术

对于特种机器人,导航和定位是两个需要重点考虑的问题。对于陆上机器人,里程计、方向陀螺等较为成熟;对于水下短程机器人,定位可以利用短基线定位系统(SBL)、超短基线定位系统(USBL)或长基线定位系统(LBL),而不用 GPS 或者北斗定位系统来标定,导航可采用基于方向陀螺和多普勒测速的原理组成递推算法,并按测定位置定时校正。图 3.5f 为使用应答器的短基线定位系统工作原理图,通过问答机向应答器发射信号,水听器和问答机再接收应答器发射回来的信号,从而计算出船体的位置。长基线定位系统因其基线较长,所以定位精度很高;但在深水区域使用时,位置数据更新速率较低,仅达到分钟量级,另外布放、校准以及回收需要较长时间,作业过程较复杂。短基线定位系统由于基线长度不及长基线,因此,定位精度也逊色于长基线系统,但要优于常规超短基线系统。相比于长基线复杂的应答器校准过程,短基线基阵一旦安装校正完成,定位导航作业就较为方便,其更新速率可达到秒量级。受限于声基阵的尺寸,超短基线定位系统提供的定位精度往往不及前两种,但通过精细设计,超短基线系统的定位精度有望能够接近长基线定位系统。与其他两种定位系统相比,超短基线定位系统更新速率可到达毫秒量级。

3.3.6 遥操作技术

遥操作是指人类通过操纵控制装置，对特种机器人进行远程控制，操作者和机器人可能处于同一环境，也可能分布于两个相对独立的空间位置。不少特种机器人需要人机协作来执行任务，特别是当特种机器人受空间、水下、地下等极端环境限制时，操作者与机器人处于两个相对独立的空间位置，遥操作不失为一种有效的手段。例如，人类可从地球上对火星探测机器人进行遥操作，以采集火星表面的土壤；图3.5g所示为人在遥操作控制室中，通过远程控制设备，操纵"海洋一号"机器人进行深海探测；再以排爆任务为例，专业排爆人员通过控制装置远程操纵排爆机器人到达目的地，然后通过给出控制指令，让机器人安全排爆。由此可见，遥操作的普及，能够减轻人员的伤亡，同时，以人类的经验辅助高度智能的特种机器人，降低任务失败率，避免机器人在排爆过程中因突发故障、外界干扰等因素引起的错误操作而损坏或报废，最大限度地减轻损失。但因为经由空气、深海等介质的信号传播，遥操作也存在一系列技术难题，包括机器人应该具备高水平的半自治功能以提高安全性、多机器人和操作者之间的协调控制、大范围机器人遥控系统的搭建、克服由于时延所造成的控制上的困难、通过事先对可能出现的情况及对策的详细研究进行局部自治控制等方面。

3.3.7 人机接口系统

目前，很多特种机器人尚不能完全自主，还需通过人机交互来完成工作任务；即使完全自主的机器人，也由于缺乏对环境的适应能力而并不实用，往往需要向工作人员反馈实时的任务执行情况。因此，设计良好的人机接口成为智能机器人研究的重点之一。近年来，在包括虚拟环境人机接口方面的研究工作非常活跃，出现了各式各样的输入和输出装置，如三维鼠标、数据手套、快门眼镜、脑控头带等；各种具有良好性能的临场感方法相继被提出，如具有类似人的大小的手臂和双眼视觉系统等；利用临境技术建立机器人工作环境，让操作者身临其境地操作。图3.5h所示为利用脑控头带实现脑机同步，从而使被控机器人的动作与操作人员同步。

3.4 特种机器人应用案例

3.4.1 探测机器人

探测机器人是能够在特殊环境下进行环境探测并将数据传回、帮助使用者深入研究所处空间环境和物质成分的一种机器人。探测机器人的探测范围上达浩渺宇宙，下至海底世界，可谓是"可上九天揽月，可下五洋捉鳖"。面对不同的空间环境和任务要求，探测机器人发展出不同的形式，因此，探测机器人种类繁多，如星球探测机器人、水下探测机器人等。这些不同种类的探测机器人极大地提高了人类的探测能力，扩展了人类的感知范围，带给人类未知世界的神秘知识。

1. 星球探测机器人

20 世纪 70 年代，国外开始研制星球探测机器人。到如今，星球探测机器人的发展可分为以下几个阶段。

1）20 世纪 70 年代：苏联开发无人驾驶的月球探测器，美国开发载人驾驶的月球探测器。

2）20 世纪 80 年代：为了实现火星取样返回任务，NASA 曾计划建造大型探测器，但最终放弃了该计划。

3）20 世纪 90 年代：美国陆续实施了小型月球探测器和火星探测器的探测任务。美国的"索杰纳号""勇气号""机遇号"以及"好奇号"相继被送入火星表面，成功对火星进行了探测。

我国在月球探测方面始于 20 世纪末，目前已成功实施了 5 次月球环绕探测和 3 次月球着陆、巡视探测的任务。2020 年 11 月 24 日，我国成功发射了由中国空间技术研究院研制的"嫦娥五号"月球探测器，也是我国首个实施无人月面取样返回的探测器；12 月 17 日凌晨，"嫦娥五号"返回器携带月球样品以接近第二宇宙速度返回地球，标志我国探月工程"绕、落、回"三步走收官之战取得圆满胜利。

在火星探测方面，2011 年，我国自主研制了第一颗火星探测器"萤火一号"，因其搭载的主探测器俄罗斯"土壤"号变轨失败而夭折。2020 年 7 月 23 日，"天问一号"探测器发射；2021 年 2 月 10 日，天问一号探测器进入环火轨道，开展科学探测工作，获取了大量科学数据。我国首次火星探测将一次实现"环绕、着陆、巡视"三个目标，这是其他国家所未有的。

（1）月球探测机器人　月球探测机器人简称月球车，是人类月球探测的重要助力，能够拓展科学仪器的探测范围，开展有针对性的探测活动，例如，利用月球探测机器人测量不同地点月壤的厚度，分析特定岩石中矿物的成分，获得巡视区域的地形地貌信息，深化人类对月球的认知程度。

在我国月球探测车中，表现优异的"玉兔二号"探测车是"嫦娥四号"探测器的巡视器部分，它发射于 2019 年，是人类历史上第一辆到达月球背面的月球车，也是目前世界上在轨工作时间最长的月球探测器。截至 2020 年 4 月，"玉兔二号"月球车累计行驶里程已突破 400m，图 3.6 所示为"玉兔二号"月球车系统组成。

"玉兔二号"探测车由有效载荷、结构与机构、GNC、综合电子、电源、热控、测控数传、移动共 8 个分系统组成。有效载荷共配置有 4 台，包括以下几部分。

1）全景相机。其科学目标为实现近距离景物勘察、地形形貌分析和地质构造特征分析。

2）红外成像光谱仪。其科学目标为开展巡视区月表矿物化学成分探测和分布研究。

3）测月雷达。其科学目标为进行巡视路线上月壤厚度和结构探测以及月壳浅层结构探测。

4）中性原子探测仪（ASAN）。其科学目标为实地测量月表溅射能量中性原子通量，研究靠近月表的散射能量中性原子分布函数。

"玉兔二号"探测车的移动分系统设计为 6 轮全驱动，由车轮、行进驱动机构、转向驱动机构、差动机构、左右摇臂等组成，既可提高探测车在松软月表的附着牵引力，又可应对个别车轮发生故障时能够确保探测车仍保持一定的移动能力。

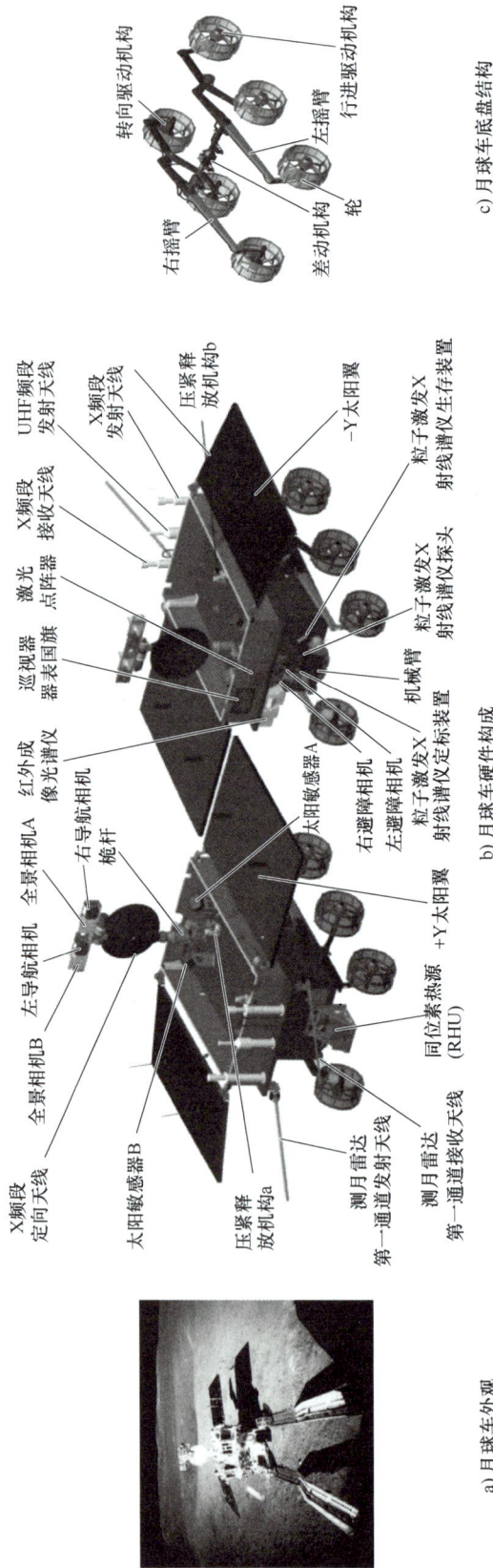

c) 月球车底盘结构

b) 月球车硬件构成

a) 月球车外观

图 3.6 "玉兔二号" 月球车系统组成

其实，在行走系统的选择上，"玉兔二号"考虑过履带式和腿式行走系统。履带式行走系统虽能通过柔软的沙地，但出现卡滞现象后无法修理；而腿式行走系统在极端条件下可能会出现断电现象。综合所有因素，最终选择了轮式行走系统。差动机构承载着车体，与左右主摇臂相连，重力载荷从差动机构到左右摇臂，再通过驱动机构和车轮到达月面。主摇臂和副摇臂通过铰链连接，使二者相互转动，左右主摇臂可绕差动机构实现两侧差动，使 6 个车轮始终同时着地，被动适应月面复杂的地形地貌。

（2）火星探测机器人　月球探测方兴未艾，火星探测应时而起。火星与月球环境差异显著，因此，火星探测和月球探测的技术要求也不同，主要表现在以下几个方面。

1）运动规律不同。月球是在地球引力作用下绕地球公转；而火星是行星，与地球同绕太阳公转。因此，轨道设计就有所不同，例如，在发射窗口方面，理论上，月球探测每个月都有发射机会，而火星探测每 26 个月才出现一次发射机会。

2）地球与火星的距离更加遥远。月球与地球的距离约在 36 万~40 万 km 之间，而火星距离地球大约在 5600 万~40000 万 km 之间变化，地火最远距离约为地月最远距离的 1000 倍，无线电信号传输时延达到 23min。这种差异对天地测控通信能力和探测器自主运行能力提出了更高的要求。

3）火星上的太阳辐射更微弱。地球和月球距太阳的平均距离约为 1.5 亿 km，火星距太阳的平均距离约为 2.3 亿 km，平均辐照强度只有地球的 43%，这对火星探测器能源获取方式及热控系统提出了更高的要求。

4）月球表面近似真空，火星具有稀薄的大气，并存在强风和沙尘天气。沙尘天气对火星车的能源、热控，以及活动机构和光学载荷的安全等都将带来不利影响，大气的影响使火星着陆更困难，需增加气动减速和伞系减速的环节，控制环节更复杂。

因此，火星车需解决长期生存和移动的重要问题。长期生存问题集中体现在能源问题。火星距离太阳远且受大气和沙尘天气的影响，导致火星车的发电功率很低；火星表面温差大，并且由于大气的影响，存在对流散热，不利于火星车保持温度，这些给火星车的能源供给带来极大的挑战；另外，火星表面存在石块密集分布的现象，对于自主行驶的火星车，存在移动卡滞的风险，对车轮的强度、耐磨性提出了挑战；而火星表面的沙尘天气也会影响移动能力。

1）美国"好奇号"火星车。美国研制的"好奇号"火星车如图 3.7a 所示，耗资 25 亿美元，于 2011 年 11 月 26 日发射。"好奇号"包括移动分系统、结构与机构分系统、导航与控制分系统、综合电子分系统、电源分系统、热控分系统、测控数传分系统 7 个分系统，并携带 11 种有效载荷，以探测火星环境和生命；总质量 899kg，有效载荷 84kg。"好奇号"在火星表面有五种工作模式，即行进模式、勘查模式、接近模式、接触模式以及样品采集与分析模式，而导航与控制分系统的设计目标也取决于这几种工作模式。

如图 3.7b 所示，"好奇号"移动系统为六轮主副摇杆系统，目的是使火星车能越过车轮大小的岩石或壕沟。这种移动系统具有很多特点：①移动分系统的 2 个前轮和 2 个后轮分别带有独立的转向电动机，这样可使火星车能实现弧线转弯和原地转弯；②主副摇杆系统能承受车体倾斜 60°、吸收着陆和行走过程中的冲击载荷；③采用摇臂-转向架式结构，能够在翻越多岩石的不平整表面时具有最大程度的稳定性，可以翻越 65~75cm 高的障碍物，能越过直径约为 50cm 的坑，在平整坚硬地面上的最高行驶速度为 0.04m/s，有效保证了火星车在严重不平整路面上移动时，六个车轮与地面也接触良好。采取这样的设计使"好奇号"的移动系统具有两个优势：①每个车轮受力均匀，可避免在松软土壤中行走因压力集中而导致车轮沉陷；②越障时能保证总有车轮与地面接触并提供驱动力，从而增强越障能力。

"好奇号"的电源分系统使用了多功能同位素温差电源，这种电源采用 PuO2（Pu-238）作为燃料，能够持续稳定地为火星车其他分系统提供能量，工作寿命可达 14 年以上。采用这种多功能同位素温差电池，大大降低了电源系统对火星环境的依赖性，提升了"好奇号"火星车在低温、尘暴等气候环境下的生存能力。

2）中国"天问一号"火星探测器。 2020 年 7 月 23 日，我国"天问一号"发射，实现火星"绕-落-巡"一体化探测任务，使我国成为世界上第二个独立掌握火星着陆巡视探测技术的国家。这次探测任务包括突破火星制动捕获、进入/下降/着陆、长期自主管理、远距离测控通信、火星表面巡视等关键技术，以实现火星环绕探测和巡视探测，获取火星探测科学数据，从而建立独立自主的深空探测基础工程体系，掌握深空探测基础共性技术，形成开展深空探测的基础工程能力，推动我国深空探测活动可持续发展。"天问一号"实物图如图 3.7c 所示。

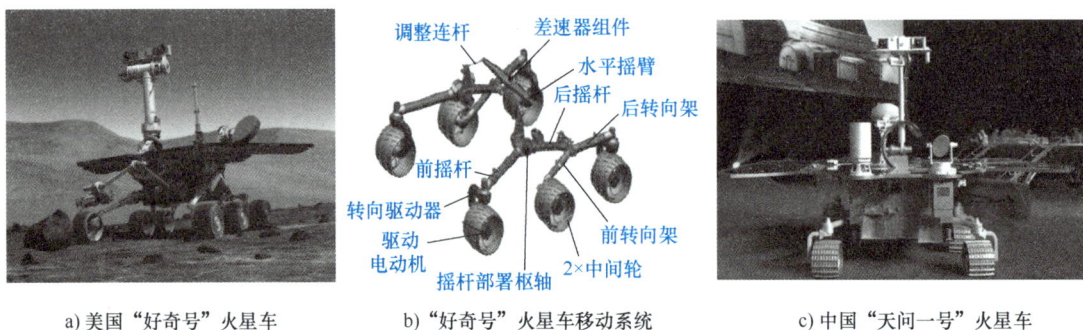

a）美国"好奇号"火星车　　　b）"好奇号"火星车移动系统　　　c）中国"天问一号"火星车

图 3.7　星球探测机器人

"天问一号"搭载与火星光谱匹配的太阳电池，采用太阳电池防尘设计与火星大气环境隔热技术，直接利用太阳能供热集热器，以解决能源问题。针对移动问题，"天问一号"火星车采用了轮步式火星车移动系统，具有轮步复合移动、蠕动移动、全方位移动、质心高度调整等运动模式，可实现主动脱陷功能。针对表面构造的力学特性，开展了移动动力学与力学仿真、火星土壤力学与车轮优化、火星复杂环境地面试验验证等技术攻关。针对火星车更强的遇险脱困要求，开展主动悬架技术攻关，实现车体升降、抬轮、蠕动等功能。针对车轮，开展高韧性、耐磨性的一体化结构轮缘设计；同时，为缓解火星车越障等引起的冲击，设计具有减振功能的弹性轮辐。

"天问一号"火星探测机器人配置多光谱相机、次表层探测雷达、火星表面成分探测仪、火星表面磁场探测仪、火星气象测量仪、地形相机共 6 台科学载荷。火星车将停留 90 个火星日，开展巡视探测、火星地貌特征研究等任务，可实现以下五项科学探测目标。

1）研究火星形貌与地质构造特征。探测火星全地形地貌特征，获取典型地区高精度形貌数据，开展火星地质构造成因和演化研究。

2）研究火星表面土壤特征与水冰分布。探测火星土壤种类、风化沉积特征和全球分布，搜寻水冰信息，开展火星土壤剖面分层结构研究。

3）研究火星表面物质组成。识别火星表面岩石类型，探查火星表面次生矿物，开展表面矿物组成分析。

4）研究火星大气电离层及表面气候与环境特征。探测火星空间环境及火星表面气温、气压、风场，开展火星电离层结构和表面天气季节性变化规律研究。

5）研究火星物理场与内部结构。探测火星磁场特性，研究火星早期地质演化历史及火星内部质量分布和重力场。

虽然火星探测和月球探测有显著差异，但无论是火星探测机器人和月球探测机器人，都应具备以下的关键技术。

1）轻小型机械及驱动机构。航天器对尺寸及重量有严格的限制，因此，机械结构应体现结构紧凑、体积小、质量轻的特点，同时，与之配套的驱动机构应具备良好的稳定性和较强的爬坡越障能力。

2）大时延遥操作技术。遥远的距离带来通信的时延性，例如，"好奇号"火星探测车与地面控制中心通信时，时延达 20min。时延性会给探测机器人通过复杂地形时带来困难，而且会使闭环反馈控制系统不稳定，需有针对这种时延性的遥操作技术来实现地面对探测车的必要控制。

3）自主导航与路径规划。由于地火通信存在时延性，实时控制干预不可取，因此，需让探测机器人在位置环境下具有一定的自主功能，即探测机器人应具备一定的自主导航和路径规划能力。

4）多种传感器信息融合技术和遥感技术。探测机器人在星球表面会遇到复杂地形和未知的恶劣环境，可通过多种传感器信息融合技术和遥感技术使探测机器人对周边环境进行感知、识别和建模，对要探测的信息进行综合处理。

5）信号的压缩、传输和恢复。由于通信距离过远，探测机器人的发送信号功率和增益很低，信噪比也很低，误差放大严重，有效数据传输困难，因此要选择合适的信道编码，提高信道抗干扰能力，需要有合适的发送信号功率和高速数字调制解调技术。

星球探测机器人研制涉及材料、工艺、控制、车传感器、遥控遥感、制导等多方面的技术，需要在高温差、高辐射、地形多变的环境下工作；并且星球探测任务越来越复杂，因此，对星球探测车的各项技术要求也将越来越高，如移动距离更长、移动速度更高、越障能力更强、承载能力更大等。其未来可能的发展趋势如下。

1）**星球表面崎岖不平的路况对星球探测机器人的越障能力提出了较高要求**。轮式机器人可通过底盘的优化提高越障能力；轮腿复合式机器人兼具轮式高速移动和腿式越障能力强的优点，是一个大的发展方向。

2）**航天器对尺寸及重量有严格的限制**。在保证正常功能的前提下，通过优化设计、采用较轻材料等手段可降低探测机器人的质量；采用新型具有大折展比的结构设计可降低探测机器人所占体积。

3）**星球表面存在较多的未知情况和各种潜在威胁，需保证星表移动探测机器人的高可靠性**。子母式机器人和弹跳式机器人将是一个大的发展趋势。子机器人既可以减少航天器的发射搭载重量、节省空间，又可以降低母机器人探测风险、扩大探测范围。弹跳式机器人具有优越的被动地形适应能力和高机动性，将成为极端危险又具有高科考价值的探测区域的首选机器人。

2. 水下探测机器人

海洋是人类发展的战略空间，蕴含丰富的资源，在普通潜水技术难以到达的区域和深度执行各种任务的水下机器人，使海洋开发进入一个全新的时代。水下机器人有很多种类，如载人潜水器、遥控有缆水下机器人（ROV）、自治无缆水下机器人（AUV）等。ROV 是最早开发和应用的潜水器；而 AUV 由于自身的优点，代表了未来水下机器人的研究方向。

AUV 是根据各种传感器的测量信号，由机器人智能决策系统实现自治指挥，完成各种机动航行、动力定位、探测、信息收集、作业等任务的机器人，其能源全部来自于携带的可充电电池、燃烧电池、闭式柴油机等可携带能源。AUV 的优点是安全、结构简单、重量轻、尺寸小、造价低。AUV 与 ROV 相比，活动范围大，潜水深度深，不怕电缆缠绕，可进入复杂结构，不需要庞大的水面支持，占用甲板面积小，成本低，主要用于海底地形地貌勘察、海洋资源以及地质调查、海洋环境和水文参数测量、生物考察等。AUV 的控制涉及决策与路径规划、避障、故障诊断、导航、通信等关键技术，其导航技术主要有惯性导航、全球导航定位系统、多普勒导航等方法。

我国从 20 世纪 90 年代初开始深海 AUV 的研制工作。90 年代中期，中国科学院沈阳自动化研究所联合国内相关单位成功研制我国第一台 1000m 级"探索者"AUV。在此基础上，联合国内与俄罗斯合作研制成功我国第一台 6000m 级"CR-01"以及"CR-02"两型深海 AUV，"CR-01"在当时达到了国际先进水平。

"十二五"期间，沈阳自动化研究所分别构建了"潜龙"系列深海 AUV 和"探索"系列 AUV 两个技术体系。潜龙系列 AUV 主要用于深海资源勘查，主要包括 6000m 级"潜龙一号"、4500m 级"潜龙二号"和"潜龙三号"。"探索"系列 AUV 主要用于海洋科学研究，主要包括"探索 100"、"探索 1000"和"探索 4500"，其中，"探索 4500"是 4500 米级深海 AUV，主要用于冷泉区科学调查，如图 3.8a 所示。

也在"十二五"期间，哈尔滨工程大学完成了 1000m 级智水-IV 的研制，天津大学完成了 2000m 级海底勘测 AUV 的研制。与浅水 AUV 的动力下潜方式不同，出于节能的目的，我国深海 AUV 多采用无动力下潜方式到达海底。

"潜龙一号"是我国首台实用化 6000m 级 AUV，以海底多金属结核资源调查为目的，主要进行海底地形地貌、地质结构、海底流场、海洋环境参数、光学探测等精细调查。2013年 9 月，"潜龙一号"首次赴太平洋多金属结核区执行调查任务。"潜龙一号"的续航时间是 30h，最大工作深度为 6000m，能覆盖全球 97% 的海域面积，搭载了我国自主研发的测深侧扫声呐、浅地层剖面仪、国产高清照相机，也搭载了 CTD 等多种水文探测传感器，具有大范围声学调查和近海底光学调查两种工作模式。"潜龙一号"支持长基线和超短基线两种定位模式，用户根据任务需求自行选择。在研制过程中，"潜龙一号"AUV 重点解决了深海 AUV 组合导航定位技术和动力定位技术，为后续深海 AUV 的发展奠定了坚实的技术基础。

"潜龙二号"AUV 是立扁仿鱼形流体外形，采用 4 个可旋转推进器的动力布局，最大深度 4500m，续航时间 30h，在艏部安装用于避障的二维多波束声呐，搭载测深侧扫声呐、磁力计、甲烷、温盐仪、照相机等多种探测载荷，具备声学调查和近底光学调查两种工作模式。2015 年 12 月，"潜龙二号"在西南印度洋洋中脊热液区发现了多处热液异常现象，这也是我国 AUV 首次在洋中脊发现热液异常。

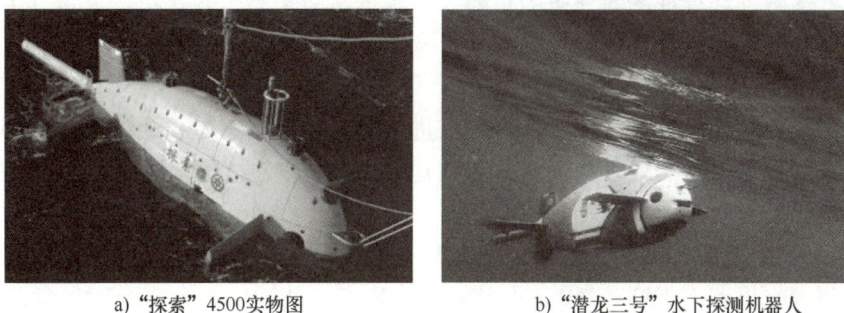

a)"探索"4500实物图　　　　　　　　　b)"潜龙三号"水下探测机器人

图3.8　水下探测机器人

"潜龙三号"是我国自主研发的潜龙系列潜水器,长3.5m、高1.5m、重1.5t,配备有许多设备。如图3.8b所示,其像"小丑鱼"样的仿生设计能有效减小阻力,利于应对海底复杂的地形,使其航行稳定,规避障碍,在深海复杂地形进行资源环境勘查时具备微地形地貌成图、甲烷探测、海底高清照相以及磁力探测等热液异常探测的能力,主要用于深海复杂地形条件下资源环境勘查。"潜龙三号"国产化程度更高,惯性导航传感器及组合导航系统、高清照相机等核心部件由进口改用为国产;降低了电子设备的功耗,"潜龙三号"工作时间可达40多小时;推进系统噪声更低、效率更高、抗流能力更强;声学成像质量得到相应提高。

深海AUV涉及机械、计算机、通信、控制、材料、人工智能等学科,围绕深海AUV专业化、模块化、集群化、智能化的目标,需重点突破以下关键技术。

(1) 深海AUV总体设计技术　AUV要在有限空间内搭载多种传感器,这就要求根据任务需求进行总体设计,对AUV的总体布局、流体外形、动力系统、探测载荷、导航与控制系统进行优化,以提高空间利用率、降低系统重量。

(2) 自主控制技术　AUV的自主控制技术包括运动控制、传感器数据感知、自主路径规划与避障等技术。运动控制技术指的是AUV能够适应海洋环境并自主调整运动。传感器数据感知技术指的是AUV根据传感器数据而自主识别目标、实时决策和规划目标搜寻策略,实现基于任务目标的智能感知和自主探测。自主路径规划与避障技术指的是AUV在复杂海底地形下具备自主识别障碍物、自主评估当前碰撞危险度和自主决策避障路径的能力。

(3) 自主对接与回收技术　水下自主对接和回收技术将帮助AUV实现在水下基站进行自动能源补给和数据交换,将AUV的支撑终端从水面搬到水下。未来,针对AUV长时间作业的任务需求,需重点解决水下自主对接操纵性分析,高精度声学、光学、电磁引导传感器,水下对接目标导航定位方法,自主对接控制等关键技术问题。

(4) 集群协同技术　集群协同技术是指在协同作业过程中,AUV集群需具备信息共享能力、协同导航能力、任务动态分配能力和编队协同能力。

(5) 水下数据链通信技术　为了实现多AUV间跨海区的数据共享,建立海陆空一体化观测平台,需解决水下远程高速水声通信、水下网络互联等关键技术问题。

3.4.2　救援机器人

救援机器人是指在危险或救援人员难以开展救援作业的环境中,用于辅助或代替救援人员完成幸存者搜救、环境探测等任务的机器人。根据事故类型，救援机器人可分为消防救援机器人、地震救援机器人、矿山救援机器人、水下救援机器人等。

1. 消防救援机器人

消防救援机器人是能够代替消防救援人员进入易燃易爆、有毒、缺氧、浓烟等危险灾害事故现场，进行数据采集、处理和反馈，有效地解决消防人员在上述场所面临的人身安全、数据信息采集不足等问题的一类特种机器人。

2002 年，由公安部上海消防科学研究所、上海交通大学、上海市消防局共同研制的我国第一台消防灭火机器人 JMX-LT50，适用于石油化工、油罐区、大型仓库等危险场所的灭火以及化学污染场所的洗消，如图 3.9a 所示。该机器人整体结构由底盘、遥控器、液控炮、电液控制系统等组成，具有如下特点。

1）装有红外高清摄像头，可在黑暗环境下看清前方情况。

2）能够在崎岖不平的路面上行驶，跨越 250mm 的垂直障碍物和 30°的斜坡。

3）操作人员通过遥控器控制车体行走，由液控泵利用车体自带的水箱中的水或后方水带所供的水进行喷雾自卫保护，并控制液控炮的左右回转及俯仰运动来调整灭火剂的喷射落点。

a) 我国第一台消防灭火机器人JMX-LT50   b) 消防灭火侦查机器人RXR-MC80BD   c) 防爆侦查机器人RXR-CJD

图 3.9　消防救援机器人

中信重工开诚智能装备有限公司研制了十余种防爆灭火侦查机器人，如图 3.9b、c 所示，可分别实现灭火、侦查、排烟等中的一项或多项任务，并获得防爆认证和消防队认证。以 RXR-MC80BD 消防灭火侦察机器人为例，具有如下特点。

1）防爆设计，适合石化、燃气等易爆环境。

2）可以拖动两条 60m 的履带行走，适合各种非铺装路面。

3）流量大、射程高，炮口可以进行左右扫射，也可以进行俯仰动作，喷水距离可以达到 110m，高度达到 80m，并且可以在喷水和喷泡沫之间自由切换。

4）机动性强、移动速度快、越障能力强，最大爬坡角度为 40°。

5）采用无线通信技术，可远程控制并实现实时视频监控。

6）可通过红外热成像实现热源的检测和跟踪。摄像头和气体传感器可升降，使得摄像头可以对远处进行观察；气体传感器可以对不同高度的各种气体浓度进行检测，使数据更加准确。

7）具有声音采集功能，便于了解被困人员情况。

8）具有一定的负载能力，可拖载救援车进入灾害现场，及时对被困人员实施救援。

2. 地震救援机器人

地震救援机器人的研发正式开始于美国"9.11"事件,美国国内的主要机器人生产公司和研究机构都参加了现场的搜救工作,在最初的十天找到了十余具遇难者遗体,与搜救人员找到的数量基本相同,所用时间却不到搜救人员的一半。自此,各国开始重视对救援机器人的研制,图3.10a所示为"9.11"事件中参与救援的部分机器人。

Talon

Micro VGTV

Solem

a) 参与救援的部分机器人

b) Packbot系列机器人

c) Warrior系列机器人

d) "麻辣小龙虾"救援机器人

图 3.10 地震救援机器人

Irobot公司研制的小型便携履带式机器人Packbot系列(图3.10b)和大型轮式机器人Warrior系列(图3.10c)是美国最具代表性的地震搜救机器人。

图3.10d所示为由我国江苏八达重工机械与中国机械科学研究总院、北京航空航天大学、大连理工大学、浙江大学、西北工业大学等科研机构和高校联合研制的双动力双臂手智能型救援工程机械,在雅安地震救援中被网友亲切称为"麻辣小龙虾"。该机器人长11.7m、宽3.1m、高3.8m,整机装备质量37.8t,具有如下特点。

1)采用轮履两用驱动行驶机构,公路上行驶时可用轮胎驱动机构快速赶往现场,在不适合轮胎的复杂地形中可收起轮胎,换为履带驱动机构。

2)两只机械臂均有7个自由度,可实现协调作业,其效率是任何单臂工程机械无法比拟的。

3)可对机械手进行替换,实现剪切、破碎、切割、扩张、抓取等作业功能。

4)可采用遥控作业方式,保证操作人员的安全。

5)机械臂可采用油电双动力,克服了单动力设备油耗高、灵活性差、无电网不能运行等缺点,极大地提高了救援效率。

3. 矿山救援机器人

发生矿难后,原本牢固的矿床遭到破坏,结构发生改变,可能发生二次坍塌。由于挖矿作业都是在地表进行，还有缺氧等更多不可控因素，救援人员直接进入，其安全难以得到保障，穿戴各种防护服也会增大行动上的不便。因此，研发能够快速进入矿井，获取各种气体浓度、温度等环境参数以及进行辅助救援的矿山救援机器人具有重要意义。

图 3.11a 是中信重工开诚智能的灾区侦测机器人 KRZ-I，其已取得煤安证书，该机器人具有如下特点。

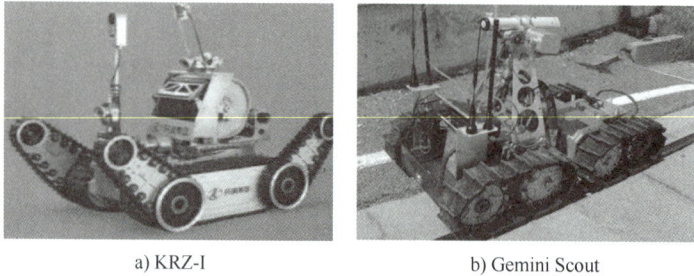

a) KRZ-I   b) Gemini Scout

图 3.11　矿山救援机器人

1）由机器人本体和防爆计算机组成，计算机和机器人之间用 1300m 长的光缆实现通信。机器人本体和计算机之间可实现双向通话，大大提高了救援的有效性。

2）采用履带式行走机构，越野性能好，可以实现爬坡、越障和跨沟。

3）拥有防爆和防水双重设计。

4）采用模块化设计，维修简便。

5）具有环境探测、声音采集、图像采集、双向对讲、辅助运输等功能。环境监测模块可探测现场多种气体浓度，包括甲烷、一氧化碳、氧气、硫化氢等。声音采集和图像采集模块可实时采集现场声音和影像，摄像头自带红外照明，零照度时也能采集清晰图像。

6）机器人具有一定的负载能力，可以搭载适量救援物资进入灾区。

在国外，Sandia 实验室曾和美国职业安全健康局开发了多款救援机器人，典型的为 Gemini Scout 救援机器人，如图 3.11b 所示，整车长 1.2m、总高 0.7m。行走机构采用分节式履带，机动性能较好，有较强的跨越台阶、沟槽的能力；采用无线控制方式，装有视频采集摄像机、红外线测距仪、多功能气体浓度传感器及导航仪，同时可以携带救援物资，从而增加了被困人员获救的概率。

4. 水下救援机器人

水下救援机器人又称无人遥控潜水救援设备，是一种用于在水下执行救援任务的特种机器人。水下环境恶劣，人类难以完成艰巨任务。因此，水下救援机器人已成为开发海洋的重要工具。典型的水下救援机器人是由水面设备（包括操纵控制台、电缆绞车、吊放设备、供电系统等）和水下设备（包括中继器和潜水器本体）组成。

中信重工开诚智能装备有限公司研制的 KC-ROV 水下救援机器人（图 3.12），最大下潜深度 300m，能够实现水平方向 360°任意角度平移。该机器人具备优良的探测能力和精确的定位能力，搭载的高分辨率多波束前视声呐能够实现水平方向 130°、120m 的大范围探测。在水下搜救打捞作业中，能够快速准确地发现目标，为搜救打捞作业节约时间。

图 3.12　水下救援机器人 KC-ROV

近年来，伴随人工智能、5G、先进导航技术和感知技术的不断发展，救援机器人的可靠性、感知性、移动性和通信续航能力不断提升。除了针对共性关键技术需加速研发与突破、完善相关标准制定，针对每一类救援机器人的独特问题，如消防机器人的防火问题、矿用救援机器人的防爆问题、水下救援机器人的抗压与密封问题等，还需同时重视细分领域的技术发展。在上述共性与特殊问题作用下，在未来，救援机器人势必朝着产品多样化、功能集成化、行为自主化、任务协同化、装备轻量化、续航持久化等趋势发展。

3.4.3　检测检修机器人

检测检修机器人是执行安装、检测、维护、维修、巡检等功能的一系列机器人的统称，具体功能和分类与行业有关，如管道检修机器人、高铁检修机器人、核电站检修机器人、变电站巡检机器人等。

1. 管道检修机器人

管道检修机器人是沿管道内外自动行走、携带传感器和操作机械、受控于工作人员或计算机自动控制的能够进行管道作业的机电一体化系统。 管道检修机器人要能实现几种基本功能，即管内外质量检测、管路表面或管材内部的故障诊断、特殊情况下的管道维护修复工作以及管道内外的运输和抢救作业。管道检修机器人的应用场景十分广泛，可用于市政管道维护、验收、普查；环保部门排查污染源、取样，进行管道水底检测；石油领域可用于石油管道运输的日常维护及检测；风电、热力领域可用于管道检测和风叶内检测；水利领域用于大坝内、水底内、坝体内、水质检测等；另外，还可在其他高危场所或者人类无法到达的空间执行检修勘察等任务。

管道检修机器人由运动机构、控制模块、信号采集模块、能源模块、辅助模块等组成。管道检修机器人的行走方式可分为主动运动方式和被动运动方式，其行走方式决定了它的整体性能。主动运动方式是指管道机器人自带驱动源，具有自主行走能力，运动速度和方向可控，并且可以装配仪器和工具，进行检测、维修作业，包括轮式、履带式和无轮式，是目前管道机器人研究的主要方向；但结构复杂，成本较高，且能源供给有限，不适合长距离作业。被动运动方式是指管道机器人依靠管内流体的压力差产生驱动力，随着管内流体的流动方向移动，并携带多种传感器；但其自身无行走能力，移动速度、范围不易精确控制。

目前，管道检修机器人的运动方式以轮式和履带式为主，已实现市场化生产的管道检修机器人大都比较简单，更加复杂功能的管道检修机器人大部分还处于实验室开发阶段。传统管道检修机器人难以解决在垂直管道、弯管、支管、变径、微小管道等环境下工作的问题。

加拿大 Pure Technologies 公司制造的履带式管道机器人，如图 3.13a 所示，可以轻松地将传感器和工具通过管道运输并进行相关的评估评测；同时作为一个多传感器平台，可以在一次部署中，在管道内携带各种状态评估工具，还提供实时视频，以帮助检测管道内的异常情况。

内蒙古工业大学研制了一台轮式压壁型管道机器人，如图 3.13b 所示。这种管道探测机器人采用轮式运动，主要应用于变径管道内的清淤和检测工作。该机器人采用连杆机构原理，即通过舵机的驱动，使丝杠随之转动，进而使得可动螺母上下移动，带动伞状结构收齐或张开而改变三组轮胎的距离，从而改变机器人的径向尺寸，因此可以满足在变径管道（96～180mm）内的行进要求；尾架部件起辅助支撑作用，使机器人本体保持平衡；辅以红

a) Pure Technologies产品　　　b) 轮式压壁型管道机器人　　　c) X5-CCTV管道检测机器人

图 3.13　管道检修机器人

外、摄像头等传感器采集信息并与上位机进行无线通信。该机器人的优点是具有变径适应性，能够在弯管中行进，但由于伞状伸张结构缺少柔性连接，因此，经过管道较大变径处，有可能造成机器人运行不稳或本体卡住以致驱动电动机过载。

武汉中仪物联技术于 2018 年研发的 X5-CCTV 管道检测机器人如图 3.13c 所示，可采用平板、笔记本电脑或者专用工业控制器作为主控，自由选择无线或有线方式连接操控，实时显示、存储高清检测视频。该机器人由爬行器、镜头、电缆盘和控制系统四部分组成。其中，爬行器可搭载不同规格型号的镜头（如旋转镜头、直视镜头、鱼眼镜头），通过电缆盘与控制系统连接后，响应控制系统的操作命令，如爬行器的前进、后退、转向、停止、速度调节，镜头座的抬升、下降、灯光调节，镜头的水平或垂直旋转、调焦、变倍、前后视切换等。在检测过程中，控制系统可实时显示、录制镜头传回的画面以及爬行器的状态信息，并通过触摸屏录入备注信息。

随着机械结构设计和自动控制技术的不断发展，要求管道检修机器人既要适应垂直管道、复杂结构管道、变径管道等情形，还需在以下方面进行突破。

（1）行走机构的设计　在管道检修机器人常见的运动方式中，轮式运动显示出较好的管道适应性，但也有负载能力低、越障性差的局限性。因此，未来仍需研究新式行走机构来满足不同的实际要求。例如，在管道内部无障碍物时，轮腿式机器人选择驱动能力强的轮式移动方式，可以快速进行管道内作业；而当遇到障碍物时，可以选择更灵活、越障性好的腿式移动方式来跨越障碍。

（2）能量供给　管道检修机器人一般是电能驱动，因此，普遍采用携带蓄电池或拖缆供电的方式；然而这样的供电方式，存在供电时间短或负载过重的问题，都不适宜长距离复杂构造管道内的行进。因此，方便持久的供电方式，如携带大容量轻型蓄电池、利用太阳能、流体自发电的系统，将会是未来研究的重点。

（3）通信方式　常规线缆通信不适用于长距离或复杂管道，而能够做到有效克服金属管道屏蔽影响的无线通信将会是未来管道机器人通信的发展趋势。

（4）图像处理技术　随着图像采集和处理技术的发展，管道机器人将通过摄像头来采集管道内的图像，以便进行探伤、清淤等作业。

2. 高铁检修机器人

我国的高铁装备已达到世界先进水平，随着动车组数量日益庞大，所需要的检修任务也日益增多。中车青岛四方车辆研究所历时两年研制出世界首台高铁智能检修机器人，包括控制中心和图像采集机器人本体，如图 3.14 所示。图像采集机器人可以采集转向架各个方向上关键部位的高清图像，多自由度柔性机械臂携带图像采集终端采集转向架顶部、侧面和底部的高清图像，线扫相机可采集整个车体底部高清图像，面阵相机采集转向架底部高清图像。图像采集完毕，智能检修系统使用图像特征识别和深度学习技术自动识别图像中的设备故障，并自动生成工单，派发给检修人员。该智能检修机器人相比于传统人工作业，可增加40%以上的检修范围，作业效率是人工的 2.75 倍。

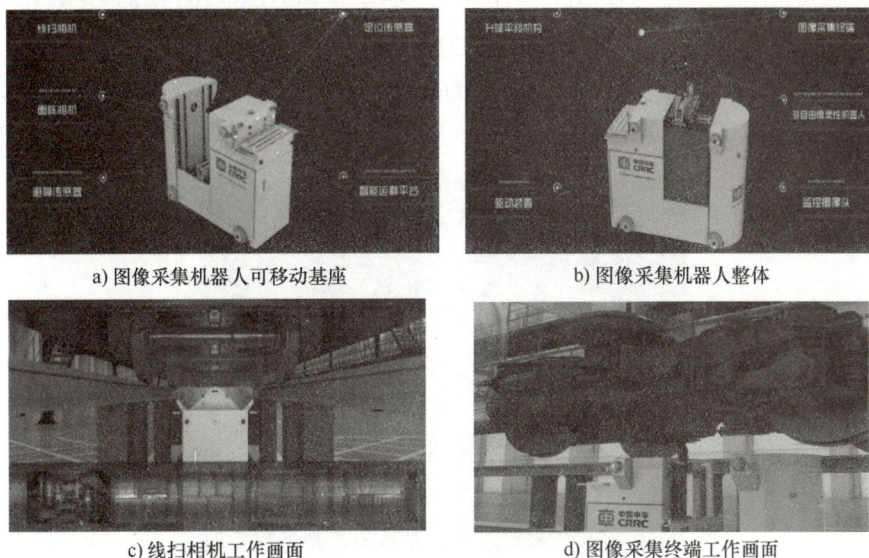

a) 图像采集机器人可移动基座

b) 图像采集机器人整体

c) 线扫相机工作画面

d) 图像采集终端工作画面

图 3.14　中国中车的高铁智能检修机器人

3. 核电站检修机器人

核能是一种能量密度极大的清洁能源。与传统发电方式相比，核能发电具有燃料体积小、污染少、产生能量大等特点。但核电站的反应器内有大量放射性物质，核电站内的很多操作都带有放射性。机器人技术进入实用化阶段后，世界各核电国家开始研究高性能机器人来解决核电站检修的问题。

核电站检修机器人在结构上多采用模块化设计，以便于快速维护、更换部件。机器人的机械结构与电气设备方面采用了特种抗辐射材料。该特种机器人能够携带经抗辐射处理后的高端摄像机、通信设备、救援设备等。

美国的 RedZone 公司、NASA、能源部等企业和机构制造了 Pioneer 核事故救援机器人，如图 3.15 所示。该机器人由拖动车辆和高 1.4m 的中心升降杆构成，携带远程视频系统、取样工具、γ/中子剂量传感器、温湿度传感器等设备，装有 6 自由度的机械手臂，在最大臂展1.68m 时可提供 45kg 的载荷能力。控制电路有屏蔽盒进行防护，每个摄像头都覆有 1.25cm 的铅板外壳进行防护，这使得该机器人可在 5~10Sv/h 的辐射环境下承受10kSv 的辐射剂量。

图 3.15　核事故救援机器人

中广核苏州热工研究院下属的中广核检测技术有限公司与西班牙 TECNATOM 公司合作，研制了用于蒸汽发生器传热管涡流检查的 TESAR 系统，此系统运动速度快、操作简单，适用于所有类型的蒸汽发生器，检查时间短于同类型的其他检查机器。TESAR 系统由定位器（ROBOT）、探头推拨器（TPU2）和高性能多频涡流仪（TEDDY+）组成，ROBOT 为其主要部分，如图 3.16 所示。ROBOT 的运动由两个直线导轨电动机完成，电动机采用大功率交流无刷电动机，最大运动速度为 5.6m/s，根据不同的蒸汽发生器类型可选用不同型号的电动机。在两个电动机中间配有一个 SMC 气动马达，使 X 轴和 Y 轴完成 90° 的旋转运动，同时通过电位器阻值变化反馈角度是否正常。ROBOT 通过四个气爪抓在蒸汽发生器管板上，在 Y 轴一端装有探头门部件，通过连接长度可变的软管引导探头进入需要检查的传热管，并配有可变焦 CCD 摄像头和两个 LED 灯。

图 3.16　TESAR 系统的 ROBOT

目前，核电站检修机器人正向智能化、模块化和系统化的方向发展，主要发展趋势如下。
1）精度、可靠性等性能的提高。
2）机械结构的模块化和可重构化。
3）控制系统的标准化、网络化，器件集成度提高，结构日益小巧。
4）基于视觉、听觉、触觉等多传感器融合技术的环境建模和决策控制。
5）使用遥控和局部自主系统构成完整的监控遥控操作系统。

4. 变电站巡检机器人

变电站是各级电网的核心枢纽，随着电力系统规模的扩大，系统稳定性要求不断提高。人工巡检的工作模式劳动强度大、检测质量分散、受恶劣天气影响大，使用巡检机器人代替人工巡检可以有效提高巡检质量，降低劳动强度和安全风险。需要监控中心、管理中心、通信系统和机器人的相互协调。

图 3.17 是南方电网广东电力科学研究院自主研发的变电站巡检机器人，采用先进的 3D 激光导航技术，使机器人面对环境变化时更智能，同时可根据实际需求配置可见光、红外、紫外、局放、噪声、振动等多种检测手段，可准确测得主变振动、温湿度等数据。该巡检机器人运用"产品化"思维，设计了模块化云台，并将可见光、红外、局放、紫外等不同功能的传感器接口标准统一，变电站可以根据自身需求和不同场景进行组装或拆卸。图 3.18 所示为亿嘉和的室外带电作业机器人。

图 3.17　变电站巡检机器人

图 3.18　亿嘉和的室外带电作业机器人

3.4.4　农林机器人

1. 农业机器人

农业机器人技术是集农学、地理信息科学、生物力学、机械学、计算机视觉、图像处理、生物传感、智能控制等学科于一体的新兴研究领域。目前，农业机器人在采摘、植保、巡查、信息采集、移栽嫁接等方面都有应用，促进了由机械化农业向智慧农业的转变。农业机器人大致可分为两类，一是行走系农业机器人，适用于倾斜路面或更复杂的作业环境，如果园、工厂、水下等环境，可进行路径规划和避障，实现自主导航、巡检、加工、搬运等功能，如巡检机器人、植保机器人、水下机器人等。图 3.19 所示为农业巡检机器人，采用 4 轮履带式底盘，利用直流电动机驱动，其上配置有传感器采集模块、GPS+GPRS 模块及算法处理模块。传感器采集模块包含温度传感器、湿度传感器、光照强度传感器、超声波传感器等，可以在农田里巡检，并实时传递回田间温度、湿度、光照强度等信息。二是机械手系农业机器人，主要用于果蔬的采摘搬运，结合机器视觉图像处理方法，识别果蔬信息，此类机器人对机械手臂的运动规划和力学特性要求较高，如授粉机器人、采摘机器人等。图 3.20 所示为一种果蔬采摘机器人，以移动机器人平台为基础，搭载机械手、摄像头、主控板等部件，识别果蔬并移动到相应位置完成采摘工作。其中，许多机型已投入实际应用，在提高农作物产量的同时，也促进了路径规划、导航定位、机器视觉等技术的创新发展。

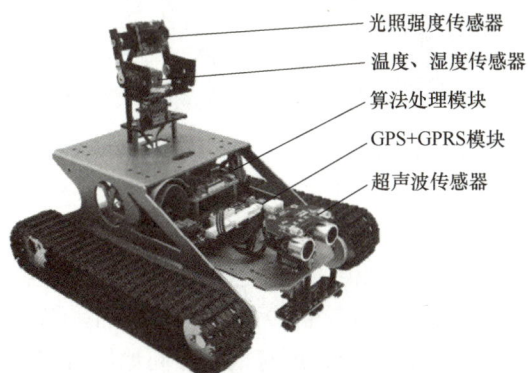

图 3.19　农业巡检机器人

图 3.20　果蔬采摘机器人

　　路径规划技术需要机器人在移动过程中的任何状态下都能计算出自身在地图中的位置，并且规划出从起始位置到目标位置，且不碰撞障碍物的最优路径。农业机器人工作环境复杂，相关的路径搜索算法也很多，常用算法有传统的 Dijkstra 算法、基于贪心策略的 BFS 算法和将两种算法结合一起的 A* 算法。其中。A* 算法非常灵活，能够以最小代价寻找出一条全局路径规划下的最短路径，并且计算速度非常快，是目前路径规划中最常用的路径搜索算法。

　　水产养殖应用中，水下作业机器人的导航定位易受海流温度、阻力变化等的影响，使用单纯的惯性导航系统，其定位误差会随时间积累逐渐增大。视觉 SLAM 技术的出现，结合 IMU 传感器、超声波传感器等多传感器信息融合技术，为水下作业机器人实现导航定位提供了重要支撑。SLAM 技术不需要先验地图即可得到机器人与周围环境的相对位置信息，最初应用于陆地上的移动机器人，后来因其实现功能与水下机器人在未知环境中的定位需求相匹配而应用于水下机器人定位。目前比较完善的应用方式为声呐和 SLAM 技术的结合，澳大利亚悉尼大学的 Oberon 水下机器人如图 3.21 所示，采用侧扫声呐和相机两种传感器来采集外部环境的图像信息，通过对采集到的声呐图像和数字图像进行特征点提取，实现机器人的自身定位和环境地图的构建。

　　机器视觉技术在果蔬采摘、果实分选、动畜禽健康状况监控等方面亦应用广泛。红外相机、高光谱相机、RGB-D 摄像机等复杂设备和各种传感器结合使用，通过视觉技术在工作环境中提取果实位置、尺寸、外观、品质等图像信息，利用多种智能识别算法提高自适应学习能力，用于消除叶片遮挡和重叠等不利因素影响，提高识别精准性和效率，完成果蔬的检测、识别、定位和跟踪。Dogtooth 公司研制的草莓采摘机器人如图 3.22 所示，能沿着作物自主导航、识别定位和采摘成熟的果实，同时对采摘的草莓进行品质分级，并将它们放入两侧的果篓中。SWEEPER 公司在 2018 年推出了适用于温室的甜椒采摘机器人，如图 3.23 所示，其基于机器人操作系统 ROS 进行自主导航和甜椒采摘。

图 3.21　Oberon 水下机器人　　　　图 3.22　草莓采摘机器人　　　　图 3.23　甜椒采摘机器人

　　另一方面，采摘机器人的关键技术包括果实的识别和位置确定、采摘方式以及机器人自动行走与导航。其中，果实的识别和位置确定主要有灰度、阈值、颜色色度法、几何形状特征等方法；采摘方式主要为机械手，根据果实的生物特性，设计机械手的自由度和采摘方式，以提高抓取成功率；目前，大部分采摘机器人使用轮式行走，还有根据不同地形与应用设计的履带式采摘机器人与腿式采摘机器人，随着结构与应用的探索，还出现了结合轮式、履带式与腿式的复合式机器人。

目前，大部分采摘机器人都在样机或研究阶段，尚未进入大规模商业应用。主要难点及问题在于果实的识别率低、定位精度较低；作业效率为每个果实 3~15s，尚不能满足商业应用需要；果蔬通常比较娇嫩，机械采摘的伤果率较高；采摘机器人通用性与利用率差。未来采摘机器人的发展方向在于采摘目标的位置精准感知、机械臂的位姿控制与多种采摘方式结合、多传感器融合定位与导航控制技术、开放式结构机器人等。

此外，各国对农田信息采集机器人也进行了系列研究。该类机器人体型一般较小且较灵活，将采集农田信息所需的传感器安装在移动机器人上，自动采集农田信息。日本京都大学研发的六足机器人，能够在田间行走并采集农业信息，如土壤的水量、肥量和农作物的生长状况等；丹麦奥尔堡大学的 API 自主农业机器人为四轮驱动、四轮转向的移动机器人，通过全球定位系统、视觉系统和雷达系统采集作物信息，监测用户农田和自主作业；美国迪尔公司发明的用于土壤测试的机器人，在机器人上装有一个或多个用于提取土样的探针，土样被采集回来后送到实验室，对采集的土样进行分析后得到数据，并把土壤数据存入数据库。图 3.24 所示为一种小型农田信息采集机器人，能够在作物行间穿行，用摄像头和 GPS 接收器获得田间杂草的位置信息。

还有一些应用较广泛的农业机器人，如收割机器人、牧草打包机器人等。收割机器人常见的有水稻收割机器人和玉米收割机器人等，玉米收割机器人如图 3.25 所示，可以直接从田地里收割玉米并将玉米粒分离出来；牧草打包机器人如图 3.26 所示，前方采用拖拉机带动整个机器移动，移动到小草垛旁边，将小草垛收集并打包成推，便于收集运输。

图 3.24　农田信息采集机器人　　　图 3.25　玉米收割机器人　　　图 3.26　牧草打包机器人

2. 园林机器人

园林机器人可以实现修剪、浇灌花卉和草坪，喷洒除虫剂等功能。目前，在园林领域中应用最广泛的就是智能割草机器人，可以取代传统的割草机，将人们从繁重的割草工作中解脱出来。割草机器人（图 3.27 和图 3.28）属于户外智能移动机器人，是一个集环境感知、动态规划与决策、行为控制与执行等多种功能于一体的综合系统，能自动割草，同时具有定时启动、自动充电等辅助功能。低等智能的割草机器人仅能依据设定的轨迹进行工作，不具备动态分析外部环境的能力，当在路径上遇到障碍物时停止，等待障碍物离开后再继续运行或请求人工协助绕开障碍物；中等智能的割草机器人则可依照某种策略绕过障碍物，但不能保证完全覆盖除障碍物以外的其他所有区域，剩余未割草坪由人工修整；高等智能的割草机器人能直接建立工作区间的地图，具备路径自主规划和决策的能力，不需要外部因素干预即可实现割草区域的完全遍历。

图 3.27　NEWEST 智能割草机器人

图 3.28　攀登者遥控割草机器人

南京理工大学研制的割草机器人如图 3.29 所示。机器人最高运行速度为 2.2km/h，割草高度调节范围设计为 25~90mm，能够完成区域覆盖式的割草任务。基于 Morse 理论进行全区域覆盖运行的路径规划，经过划分形成的子区域中，可以规划出形式统一而又简单的路径。采用牵连子区域优先覆盖，为基于全区域覆盖的运动规划提供技术方案，可以保证切入点问题的有效解决，避免切换额外未知的路径，并取得稳定连续的运动规划效果，同时能够提高景观物周围邻近区域的割草效果。全区域覆盖割草效果如图 3.30 所示。

a) 实物图

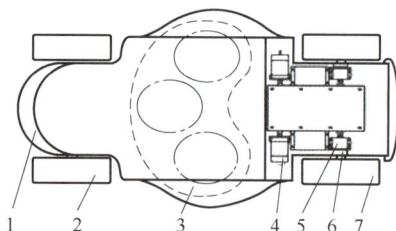

b) 模型示意图

图 3.29　南京理工大学研发的割草机器人

1—防碰橡胶圈　2—前轮　3—刀盘　4—电动机　5—减速器　6—光电编码器　7—后轮

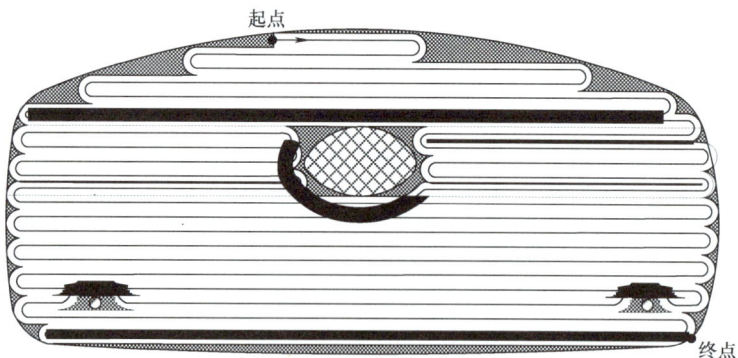

图 3.30　全区域覆盖割草效果

在园林养护中，除了割草机器人有着大规模的应用，在树木修剪、移栽、灌木造型等方面的特种机器人也有较大发展。图 3.31 所示为一种树木修剪机器人，由自动夹固装置固定在树木上，其上类似轮胎的零件为液压驱动的橡胶带，是主要动力来源；修剪机器人可沿树干上下移动，将树枝剪掉，还可在感知周围有人时自动切断电源，防止误伤。图 3.32 所示为一种树木移栽机器人，能够连同树木根部所带泥土一起挖走并移至需要位置重新栽种，避免损伤树木根部。图 3.33 所示为一种灌木造型修剪机器人，可以将小型的灌木或盆栽修剪成圆形，是一种小型设备；此外，还有用于灌木墙等修剪的大型灌木造型机器人。

图 3.31　树木修剪机器人　　　　图 3.32　树木移栽机器人　　　　图 3.33　灌木造型修剪机器人

3.4.5　无人驾驶机器人

无人驾驶机器人（Unmanned Driving Robot，UDR）属于自动驾驶技术的一种，相比于普通无人驾驶车辆，**无人驾驶机器人的优势在于能够无损安装在各种车型的驾驶室内，不用对原有车辆结构进行底盘改装，以替代或辅助人员在危险和恶劣环境下进行驾驶操作**。例如，可代替驾驶员在底盘测功机上或道路上进行汽车可靠性及性能试验、环境验证试验、耐久性试验、燃油经济性试验、动力传动试验、排放性能试验等。利用驾驶机器人代替人类驾驶员进行车辆试验（图 3.34），不仅能够让人类驾驶员摆脱重复性强、危险性大、工作环境恶劣的工作，避免人工试验中驾驶员存在的安全隐患，而且能够提高试验结果的准确性和可靠性。

a）UDR安装在驾驶室内　　　　　　b）UDR操纵车辆在底盘测功机上测试

图 3.34　无人驾驶机器人操纵车辆进行试验

此外，针对车辆和工程机械的不同使用场景，无人驾驶机器人可以代替人员驾驶车辆、工程机械、地面运动平台，以执行战场运输、驾车扫雷、抗洪抢险、火灾救援、高速环形试验、靶车移动等危险救援任务。在洪灾发生时，可采用驾驶机器人代替救灾队员驾驶渣土车前往堤坝缺口处填堵，能够及时控制洪水，尽量减少由洪灾带来的损失；火灾发生时，可采用驾驶机器人代替消防队员驾驶消防车前往火势较大处救援，既能提高灭火效率，又能避免消防队员被大火灼伤；在地震发生时，可采用驾驶机器人代替救援队员驾驶工程运输车辆前往灾区救援，若运输途中发生余震，驾驶机器人能够代替救援队员承担受伤的危险；在射击试验中，无人驾驶机器人安装于靶车上实现车辆的自动移动。

通过机器人进行车辆性能试验是驾驶机器人研究的开端。从 20 世纪 80 年代开始，为了提高车辆性能测试的准确性，国外的一些科研机构和高等院校开始研发驾驶机器人。随着科技的发展，国外的驾驶机器人技术有了很大的进展，使用范围也越来越广。驾驶机器人的相关技术也被广泛运用于自动驾驶车辆、先进驾驶辅助系统等领域。驾驶机器人领域占主要地位的包括英国 Froude Cosine、英国 AB dynamic、日本 Horiba、日本三重大学、德国申克、德国 Stahle、德国大众、德国慕尼黑联邦国防军大学、新西兰奥克兰大学等。国外科研机构及高等院校研究的无人驾驶机器人如图 3.35 所示。

a) 英国Froude Consine   b) 日本Horiba   c) 新西兰奥克兰大学

图 3.35　国外科研机构及高等院校研究的无人驾驶机器人

国内第一台具有自主知识产权的驾驶机器人由东南大学和南京汽车研究所联合研制的气动式 DNC-1 驾驶机器人，如图 3.36a 所示。后经改进换代，又研制了气电混合式 DNC-2 驾驶机器人（图 3.36b）和全电动式 DNC-3 驾驶机器人（图 3.36c）。近年，南京理工大学和东南大学合作组建无人驾驶机器人项目团队，探索研究新型高灵敏电磁直驱和多种作业领域及场景的第四代 DNC 驾驶机器人（图 3.36d），新增了转向机械手。目前，驾驶机器人已应用于汽车底盘测功机台架试验、排放耐久性试验，并在南京汽车集团技术中心和国家客车质量监督检验中心的多种车型试验车上进行了长期试验。

无人驾驶机器人总体结构如图 3.36e 所示，主要由换挡机械手、转向机械手、油门机械腿、离合机械腿、制动机械腿、驱动电动机、控制系统等组成。机器人的性能要求如下。

1）无人驾驶机器人整体（包括执行机构、驱动电动机和机箱）能够方便地安装在狭小的车辆驾驶室内，换挡机械手、转向机械手、油门机械腿等执行机构要小巧灵活，以适应不同车辆驾驶室的无损快速安装要求。

2）换挡机械手能够顺利地操纵换挡手柄以准确到达各个挡位，无人驾驶机器人选挡动作和挂挡动作的误差均在 2mm 以内。换挡机械手在选挡过程的最大输出行程为 ±100mm，最大运动速度为 0.60m/s。

3）转向机械手能根据车载传感器关于环境信息的反馈，操纵方向盘准确快速地转动相应角度。如果车辆实际运动轨迹偏离预期运动轨迹，应立即操纵方向盘使其与预期运动轨迹一致。转向机械手的最大输出转角应为 ±1080°，最大输出转速不超过 250r/min，最小可调角度为 0.5°。

a) 气动式DNC-1

b) 气电混合式DNC-2

c) 全电动式DNC-3

d) 第四代DNC驾驶机器人

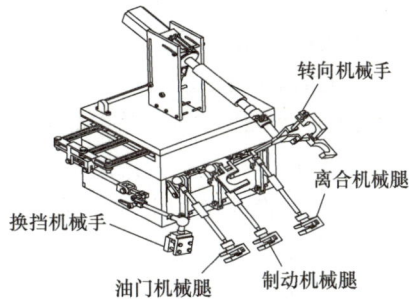

e) 无人驾驶机器人总体结构

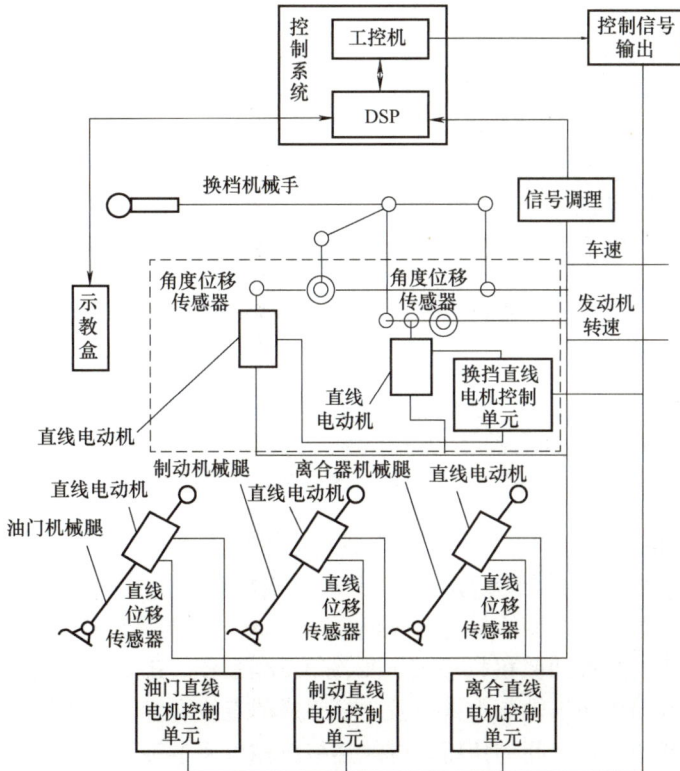

f) 控制系统结构

图 3.36 国内自主研发的无人驾驶机器人

4）离合机械腿、制动机械腿和油门机械腿能够根据控制器的不同指令分别操纵离合、制动和油门踏板完成相应的驾驶动作，还需保证油门踏板和制动踏板不能同时工作。离合机械腿的最大输出行程为240mm，最大运动速度应大于0.35m/s，最小自由度为1；制动机械腿的最大输出行程为240mm，最大运动速度应大于0.30m/s，定位误差不超过±3mm，最小自由度为1；油门机械腿的最大输出行程为200mm，最大运动速度应大于0.45m/s，最小可调行程定位误差不超过±0.5mm，最小自由度为1。

5）无人驾驶机器人需真实模拟驾驶员的驾驶操作，动作上要具有人肌肉的弹性和柔顺性，在操作配合上具有人的协调性，控制上具有自适应性以适合不同车辆动力模型的变化。

无人驾驶机器人各部分组成如下文所述。

1）换挡机械手机构。无人驾驶机器人换挡机械手是一个二自由度七连杆机构，结构模型如图3.37所示，选挡电磁直线执行器和挂挡电磁直线执行器分别驱动换挡机械手完成选挡和挂挡动作，并且选挡动作和挂挡动作能够实现解耦，互不干扰。角度传感器通过齿轮啮合传动实时监测换挡机械手选挡及挂挡两个方向的运动情况。角度调整机构可以上下摆动以调整换挡手与车辆变速器换挡杆的相对位置，确保换挡机械手与换挡手柄间安装角度合适。角度调整机构前还装有紧固手柄，其作用为连接并固定换挡手杆前后两端，并且能够调整换挡手柄抓手上下高度，进一步使换挡机械手适应不同高度的变速器换挡手柄。

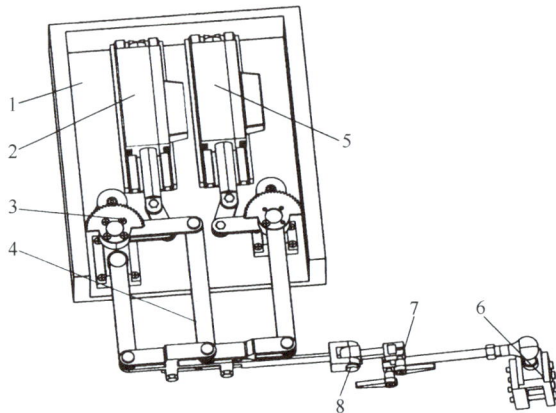

图3.37　换挡机械手机构模型
1—上箱体　2—选挡电磁直线执行器　3—角度传感器　4—七连杆二自由度换挡机构
5—挂挡电磁直线执行器　6—换挡手柄抓手　7—紧固手柄　8—角度调整机构

2）油门、制动与离合机械腿机构。无人驾驶机器人机械腿主要包括离合机械腿、制动机械腿和油门机械腿，三条机械腿的结构基本相似，这里仅对离合机械腿工作原理进行分析。此机构由电磁直线执行器、直线变旋转连杆机构、立杆、角度调整机构、机械腿大臂、螺纹连接机构、机械腿小臂、踏板加紧机构组成，如图3.38所示。机械腿工作时，动力由直线电动机输出轴提供，电动机输出轴与由推杆及立杆组成的直线变旋转机构铰接，角度调整机构可用来调整机械腿臂与立杆之间的角度，螺纹连接机构可通过旋紧与放松来改变大小臂的长度，从而使无人驾驶机器人机械腿能适应不同类型驾驶室布局的要求。踏板加紧机构可保证无人驾驶机器人机械腿能够顺利踩下或松开车辆踏板，从而完成相应的驾驶动作。

3）转向机械手机构。无人驾驶机器人转向机械手主要由底座、伺服电动机、万向节、减速器和转向机械手抓手组成。转向机械手可通过万向节来改变抓手的角度，也可通过位姿调节横槽和纵槽，使之适应不同车辆驾驶室的要求，从而实现转向机械手能够有效操纵不同车辆方向盘进行转向。转向机械手机构如图 3.39 所示。

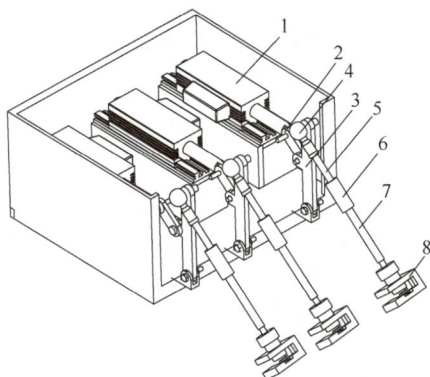

图 3.38　驾驶机械腿机构模型

1—离合电磁直线执行器　2—直线变旋转连杆机构　3—立杆　4—角度调整机构
5—机械腿大臂　6—螺纹连接机构　7—机械腿小臂　8—踏板加紧机构

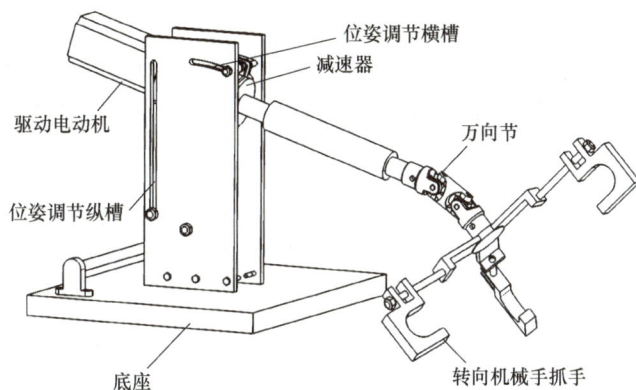

图 3.39　转向机械手机构

4）无人驾驶机器人控制系统结构。该无人驾驶机器人控制系统结构如图 3.36f 所示，主要完成传感器的信号采集处理与执行机构的输出控制。其使用 DSP 接收各执行机构的当前位置、直线电动机的位移与电流、车速与发动机转速等信息，计算并实时输出执行机构指令信号。由直线电动机驱动换挡机械手及油门、制动、离合机械腿，分别操纵变速器换挡杆、油门踏板、制动器踏板、离合器踏板。换挡机械手是无人驾驶机器人系统的关键执行部件，采用两个关节角位移传感器反馈七连杆二自由度闭链机构的移动信息，根据角位移确定机械手的空间位移坐标，在无需对车辆换挡机构进行改造的前提下，实现选挡和挂摘挡两个方向运动的机械解耦，最终实现对无人驾驶机器人机械手的精确控制；油门机械腿采用直线电动机驱动的控制方式，以实现油门的高精度定位；制动机械腿采用直线电动机驱动，通过自调节制动力大小实现对制动减速度的控制；离合机械腿采用直线电动机驱动，实现离合机械腿回收速度的调节，满足起步和换挡过程中离合器动作的快慢要求。各执行机构的驱动直

121

线电动机采用 PWM 的控制方式，直线电动机的控制算法采用位移和电流的双闭环控制策略，伺服控制单元接收 DSP 控制单元信号后驱动直线电动机，实现对直线电动机的控制。

参考文献

［1］全国特种作业机器人标准化工作组织. 特种机器人　术语：GB/T 36239-2018［S］. 北京：中国标准出版社，2018.

［2］全国特种作业机器人标准化工作组织. 特种机器人　分类、符号、标志 GB/T 36321—2018［S］. 北京：中国标准出版社，2018.

［3］罗均，谢少荣，翟宇毅，等. 特种机器人［M］. 北京：化学工业出版社，2006.

［4］陈刚. 电磁直驱无人驾驶机器人动态特性与控制［M］. 北京：科学出版社，2017.

［5］高峰，郭为忠. 中国机器人的发展战略思考［J］. 机械工程学报，2016，52（7）：1-5.

［6］张明路，彭平，张小俊. 特殊环境下服役机器人发展现状及其关键技术研究［J］. 河北工业大学学报，2013，42（1）：70-75.

［7］赵云云. 无人机编队对偶四元数控制方法研究［D］. 长沙：国防科学技术大学，2014.

［8］REDDY H A，KALYAN B，MURTHY C S N. Mine Rescue Robot System-A Review［J］. Procedia Earth and Planetary Science，2015，11：457-462.

［9］EKSO BIONICS. EksoZeroG makes heavy tools feel weightless［EB/OL］.［2020-7-1］. https://eksobionics. com/eksoworks/.

［10］PURE TECHNOLOGIES. Identify problem pipeline areas more easily through a robotic crawler［EB/OL］.［2020-6-28］. https://puretechltd. com/technology/purerobotics-pipeline-inspection-system/.

［11］亿嘉和科技. Z100 室外带电作业机器人［EB/OL］.［2020-6-27］. http://www. yijiahe.com/robot-z100.

［12］葛世荣，朱华. 危险环境下救援机器人技术发展现状与趋势［J］. 煤炭科学技术，2017，45（5）：1-8+21.

［13］吴健荣. 蒸汽发生器检修机器人样机研制及其关键技术研究［D］. 哈尔滨：哈尔滨工程大学，2009.

［14］陈光辰. 蒸汽发生器二次侧检测机器人本体研究［D］. 武汉：武汉理工大学，2014.

［15］张扬眉. 2019 年国外空间探测发展综述［J］. 国际太空，2020（2）：24-29.

［16］陈升. 矿难救援机器人的发展应用现状与未来趋势［J］. 机械制造，2015，53（04）：86-87.

［17］朱斌，雷利伟，贾瑞清. 煤矿探测救援机器人研究现状及其应用［J］. 机电产品开发与创新，2013，26（6）：14-16.

［18］葛世荣，朱华. 危险环境下救援机器人技术发展现状与趋势［J］. 煤炭科学技术，2017，45（5）：1-8+21.

［19］牛祉霏. 变电站设备巡检机器人系统设计方案的研究与应用［D］. 保定：华北电力大学，2016.

［20］GANG CHEN，JUNHAO JIANG，LIANGMO WANG，et al. Clutch Mechanical Leg Neural Network Adaptive Robust Control of Shift Process for Driving Robot with Clutch Transmission Torque Compensation. IEEE Transactions on Industrial Electronics，2022，69（10）：10343-10353.

第4章 服务机器人

4.1 服务机器人的定义及分类

4.1.1 服务机器人的定义

国际机器人联合会（International Federation of Robotics，IFR）将服务机器人定义为一种**以服务为核心的自主或半自主机器人，能完成益于人类的服务工作，但不包括从事生产的设备**。各个国家对服务机器人范围的界定则有所不同，我国对服务机器人的定义是用于完成对人类福利和设备有用的服务（制造操作除外）的自主或半自主机器人；欧美等西方发达国家对服务机器人的定义更为广泛，将从事如维修、保护、清洗、运输、救援等各种类型工作的机器人都视为服务型机器人。

本章主要介绍面向家用与商用服务的智能机器人。该类服务机器人大多融合了先进感知、认知和执行技术，以执行多样任务、提供实用服务，并且能够和人类人机交互，已广泛应用于家庭、商业、健康、教育、娱乐等领域，能够为用户提供更便捷、智能、个性化的服务体验。

4.1.2 服务机器人的分类

面向公众与个人的非专业型服务机器人，如果按照用途和应用领域进行分类，主要分成**家用服务机器人**和**商用服务机器人**，如图4.1所示。

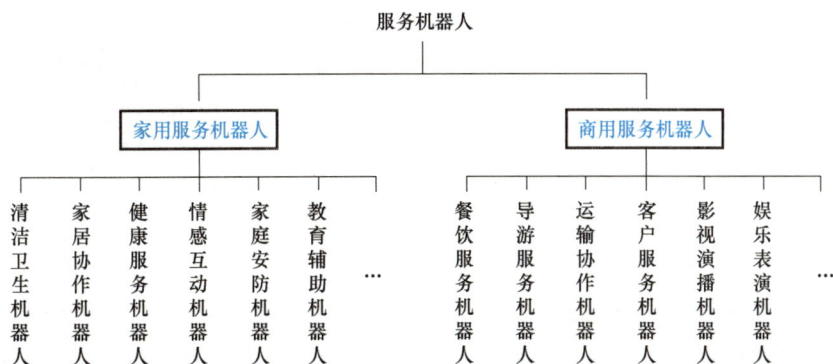

```
                            服务机器人
              ┌──────────────────┴──────────────────┐
        家用服务机器人                          商用服务机器人
  ┌──┬──┬──┬──┬──┬──┐              ┌──┬──┬──┬──┬──┬──┐
 清  家  健  情  家  教              餐  导  运  客  影  娱  …
 洁  居  康  感  庭  育              饮  游  输  户  视  乐
 卫  协  服  互  安  辅              服  服  协  服  演  表
 生  作  务  动  防  助              务  务  作  务  播  演
 机  机  机  机  机  机              机  机  机  机  机  机
 器  器  器  器  器  器              器  器  器  器  器  器
 人  人  人  人  人  人              人  人  人  人  人  人
```

图4.1 服务机器人分类

家用服务机器人主要指在家居环境中，为个人与家庭提供清理打扫、健康护理、安全防

123

护、教育娱乐、情感陪伴等服务的一类机器人，通常具备人机交互、物体识别、室内自主导航等先进技术，能够提高家庭生活的便捷性、舒适性、安全性和智能化水平，为用户创造更宜居的家居环境，提升使用者的生活质量。

其中，清洁卫生机器人能够承担家庭生活中的扫地、擦窗、清洗衣物等各类家务劳动，例如，扫地机器人（图 4.2a）能自动清扫地板，做到洗拖一体，智能打扫；智能家居中控机器人（图 4.2b）使用户能通过语音或手机控制家中设备，进行语音互动、提供日程提醒等服务；健康服务机器人是一类面向个人健康维护的智能医疗设备，能够与医疗专业人员协同工作，提升医疗服务的效率和精准度，图 4.2c 所示的健康服务机器人能够为老年人提供健康检测和智能陪护服务；家庭安防机器人具备自动提醒以及自动检测功能，能实时检测家庭的用电安全、室内防盗监控等，有异常情况时可通过远程设备及时提醒主人，起到很好的保护家庭安全的作用。图 4.2d 所示的家庭安防机器人，与现有的烟雾传感器、煤气泄露传感器、门磁、红外等传统安防系统无缝兼容，可实现看家护院、主动报警；教育辅助机器人是一类专门设计用于辅助教育和提供学习支持的智能化机器人，提供更具交互性和个性化的学习体验，例如，早教机器人（图 4.2e）专为早期学习设计，支持儿童逻辑思维和解决问题能力的发展；情感互动机器人注重个性化和情感互动，机器人设计强调与用户的紧密联系，通过模拟情感表达、个性化服务等提升用户体验，人机交互能力大大提高，图 4.2.f 所示的情感互动机器人被设计成社交陪伴伙伴，能够理解用户情感和提供情感支持。

a) 扫地机器人　　　　　　b) 家居中控机器人　　　　　　c) 健康服务机器人

d) 家庭安防机器人　　　　　　e) 早教机器人　　　　　　f) 情感互动机器人

图 4.2　家用服务机器人

商用服务机器人是一种专为商业和服务行业设计的智能化机器人，主要是提高工作效率、降低成本，提供更智能、便捷的服务，改善客户服务体验，并推动商业领域向数字化和智能化方向迈进。 这类机器人涵盖餐饮、导览、客户服务、自助服务、库存管理、娱乐表演等领域。

例如，智能餐饮机器人（图 4.3a）能自动生成健康菜谱，完成餐品制作；导览机器人

（图 4.3b）可在商场、银行等公众场所提供咨询和导购服务；外骨骼运输协作机器人（图 4.3c）的功能是将外骨骼系统打造成为附加于身体的"器官"，使得普通人拥有超出一般的力量，服务个人、胜任更繁重的工作；客户服务机器人（图 4.3d）则常用于自助结账、取餐、自助加油等场景；影视演播机器人（图 4.3e）是一种能通过远程控制和编程实现自主运动的拍摄工具，配备高分辨率摄像头、稳定器和自主导航系统，协助拍摄静态或动态图像；娱乐表演机器人是专门设计用于提供娱乐和休闲体验的机器人，通过互动、表演和娱乐活动，为用户提供愉悦的观感体验，例如，猴年央视春晚使用了 540 台 Alpha 1S 机器人（图 4.3f）进行集体舞蹈表演，并有 29 架无人机协同表演，达到了很好的娱乐效果。

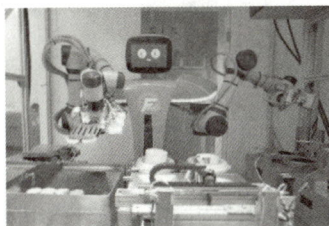

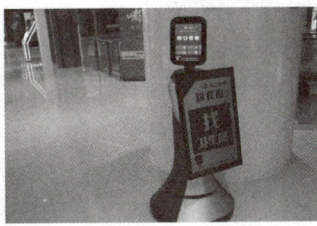

a) 餐饮机器人　　　　　　b) 商场导览机器人　　　　　　c) 运输协作机器人

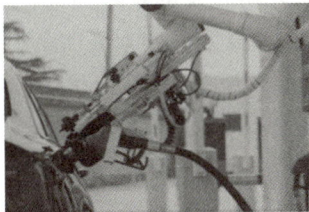

d) 自助加油机器人　　　　　e) 影视演播机器人　　　　　　f) 娱乐表演机器人

图 4.3　商用服务机器人

4.2　服务机器人的发展历程及未来趋势

4.2.1　服务机器人发展历程

20 世纪 80 年代，随着机器人越来越受重视，倾向于家庭与个人的服务机器人研究开始起步。欧美在服务机器人产品研发方面起步较早。1982 年，荷兰开发了一个装在茶托上的实验用机械手 RSI，主要完成喂饭和翻书的动作，这个项目对后来的轮椅机械手 Manus 有很大的影响。Manus 开始于 1984 年，它的手臂包含 5 个自由度，经过几年测试后，由荷兰的 Exact Dynamics bv 公司生产并投入市场。

1987 年，英国人 Mike Topping 研制了 Handy 1 康复机器人样机（图 4.4）。Handy 1 属于工作站式机器人，能够在已知的环境中，按操作要求从相应的物品架上抓取所需物品，并帮助一个患有脑瘫的 6 岁男孩实现第一次独立就餐。

2000 年后，进入协作机器人的兴起阶段。随着对人机协作需求的增加，协作机器人成为关注焦点。这些机器人能够与人类共同工作，强调高安全性，能够实现更灵活的服务任务，逐渐应用于各类服务领域。图4.5所示为美国Rethink Robotics公司生产的Baxter协作机器人。2000年，麻省理工学院还发明了一种能够识别和模拟情绪的机器人Kismet。

图4.4　Handy 1康复机器人样机

图4.5　Baxter协作机器人

2010年，服务机器人进入感知技术和人工智能的融合阶段，开始集成计算机视觉、声音识别等各种先进的感知技术，以及更强大的人工智能算法。这一时期，服务机器人开始在家庭、零售、餐饮等服务领域被广泛应用。例如，科沃斯公司研发的家用扫地机器人地宝、擦窗机器人窗宝、净化机器人沁宝、管家机器人管宝、商用服务机器人旺宝等（图4.6），致力于打造智能化的现代家居助手，实现一体化的清洁、语音应答、家居控制的智能体验。

同一时期，面向零售和服务行业的软银社交机器人Pepper（图4.7）也是服务机器人的典型代表。Softbank Pepper具备感知技术、语音识别和人工智能，能够与人互动、回答问题。在教育方向，软银机器人应用于STEAM教育领域、科研领域、比赛领域及特殊教育（如自闭症）领域。在商业场景中，软银机器人产品与服务广泛应用于汽车、公共服务、零售、金融、电信、健康护理、展览、物业、旅游等各大行业。

图4.6　科沃斯家庭服务机器人

图4.7　软银社交机器人Pepper

2014年，美国Knightscope公司研发了一款安保机器人K5（图4.8），具备异常行为侦测、障碍识别、报警等功能。2020年，广州市政府应用了一款具备体温测量、广播通知功能的安防机器人，在新冠肺炎疫情防控中减少了人员接触带来的风险。

近年来，服务机器人进入个性化和情感互动阶段，注重个性化和情感互动，人机交互能力大大提高。机器人设计强调与用户的更紧密联系，通过模拟情感表达、个性化服务等提升用户体验。一些服务机器人被设计成社交陪伴伙伴，能够理解用户情感和提供情感支持。日本机器人新创企业 GROOVE X 推出的情感陪伴型机器人 LOVOT（图 4.9），被设计成玩偶的外形，具有和人类体温相似的温度，能够提供情感支持和陪伴，感应用户的触摸和声音，通过不同的表情和动作表达情感，成为用户的情感伙伴。

图 4.8　安保机器人 K5

图 4.9　情感陪伴型机器人 LOVOT

4.2.2　服务机器人未来发展趋势

随着十四五"机器人+应用行动实施方案"的提出，我国机器人产业快速发展。作为新兴市场，服务机器人发展更迅速，类型众多，目前市场上已经出现近 300 家初创公司，尤其在教育、公共服务等应用场景。根据中国电子学会数据，2021 年全球服务机器人市场规模172 亿美元，2023 年增长至 250 亿美元；2021 年我国服务机器人市场规模 49 亿美元，2023年增长至 83 亿美元。

回顾近几十年国内外服务机器人技术的发展历程，展望未来对技术和产业发展的要求，服务机器人技术的发展方向主要为结构的模块化和可重构化；控制技术的开放化、PC 化和网络化；伺服驱动技术的数字化和分散化；多传感器融合技术的实用化；工作环境设计的优化和作业的柔性化；系统的网络化和智能化等方面，具有以下主要特点和发展趋势。

（1）更先进的人工智能　深度学习是基于人工神经网络的机器学习方法，具有强大的模式识别和自然语言处理能力。在服务机器人的人机交互中，深度学习可用于提高语音识别准确性、增强图像识别精度，甚至自主学习用户的偏好和行为。随着 ChatGPT 等大语言模型的出现和发展，给人工智能的发展带来了新的可能。大语言模型将成为服务机器人在非结构化环境中自主决策与作业的关键技术，未来服务机器人的发展将积极应用大语言模型，探索其应用边界，更好地理解用户需求，实现更智能、个性化的互动。随着深度学习和大语言模型等人工智能技术的不断升级，服务机器人将具备更强大的认知和学习能力。

此外，人们对情感智能的需求在不断增加，未来的服务机器人将更强调社交互动和情感表达。机器学习技术将得到更加深入发展，能够理解人的情感。这使得机器人不仅是任务执行者，还能成为陪伴者、助手，甚至是情感支持者。

（2）更精准的感知技术　服务机器人常装有多类传感器，并组成传感网络，是实现环境感知、人机交互和智能反馈的基础与关键。随着感知技术的进步，包括先进的计算机视觉、声音识别、触觉传感等，使服务机器人能够更精准地感知和理解周围环境，不仅有助于机器人更好地与用户互动，还使其能够执行更复杂的任务，如辨认物体、理解情感等。未来服务机器人将更注重多模态交互，即通过语音、视觉、触觉等方式与用户沟通，使用户体验更加自然，同时也使机器人能够更全面地理解和回应用户的需求。

（3）更联动的网络通信和云服务平台 网络通信技术使服务机器人能通过远程控制与监测实现远程操作与维护。团队协作也得益于网络通信，多个机器人可以协同工作、共享信息。固件和软件更新通过网络传输，确保机器人始终具备最新功能。用户数据交流通过网络实现，使机器人能够接收用户指令并反馈执行结果，提供更智能的交互体验。远程维护与故障排查通过网络连接，技术人员能够实现远程访问、监测和处理故障。这些应用使服务机器人更灵活、智能，并且能够实现远程管理和监测，提高可用性和适应性。

云服务平台则为机器人提供了强大的计算和数据存储能力，使其能够在云端进行模型训练、升级和远程监控。这种架构将帮助服务机器人更好地适应不断变化的任务需求，提高响应速度和智能水平。例如，智能助手通过云端的语音识别和自然语言处理服务能够更准确地理解用户指令；在导航和感知方面，大数据分析可以帮助机器人更好地理解环境，提高路径规划的效率。

服务机器人利用互联网资源进行大规模的并行计算和实时的大数据分享，实现相互学习和知识共享，彻底解决单个机器人自我学习的局限性。服务机器人将更多地整合边缘计算和云服务，以提高计算能力和数据处理效率，这将使机器人更适用于处理大规模数据、执行复杂算法，同时能利用云端资源实现协同学习和知识更新。

（4）更统一的标准化和更高的模块化 要想服务机器人真正像电视、电脑等家用电器一样普及、进入千家万户，关键在于标准化和模块化。在世界范围内，服务机器人的标准化和模块化还很不完善，建立服务机器人标准是发展服务机器人亟待解决的课题。在技术上，机器人软件既专用又复杂，由于缺乏统一的标准和平台，每个机器人制造商都有各自的体系结构，相关应用厂商无力开发大量不同应用软件，难以进入机器人市场。因此，应该加快开展机器人体系架构、中间件与模块化的技术攻关和应用示范，加大扶持以中间件与模块化技术为核心的机器人软件与功能构件产业化发展。只有更高的模块化，才能实现服务机器人的产品多样化，有效降低服务机器人的成本，使它走进普通家庭。

4.3 服务机器人关键技术

服务机器人是在非结构化环境下为人类提供必要服务的集成多种高技术的智能化装备，其技术及产业化水平是衡量一个国家科技创新、人工智能基础技术水平的重要标志之一，也是全球范围内前沿技术研究最活跃的领域之一。

服务机器人的未来发展目标是，如同"真人"一般进行动作、互动和思考。因此，多传感器融合、语言交互、视觉处理、即时定位与路径规划、云服务与物联网、虚拟现实等关键技术对服务机器人的发展有着重要意义。

4.3.1 多传感器融合

为了获得外部环境动态的、比较完整的信息，服务机器人须采用多种传感器，如感知触摸的压力传感器、感知环境情况的烟雾和有害气体传感器、感知光线强弱的光电传感器、进行人机对话的语音传感器等，各种传感器构成一个传感网络，感知空间环境和物体的各种信息。例如，石头科技的智能化扫地机器人（图 4.10）通常采用多种传感器，如红外线传感器、激光雷达、超声波传感器、摄像头等，可以更加精确地感知周围的障碍物、地形等情况，从而在工作中更精确、高效。

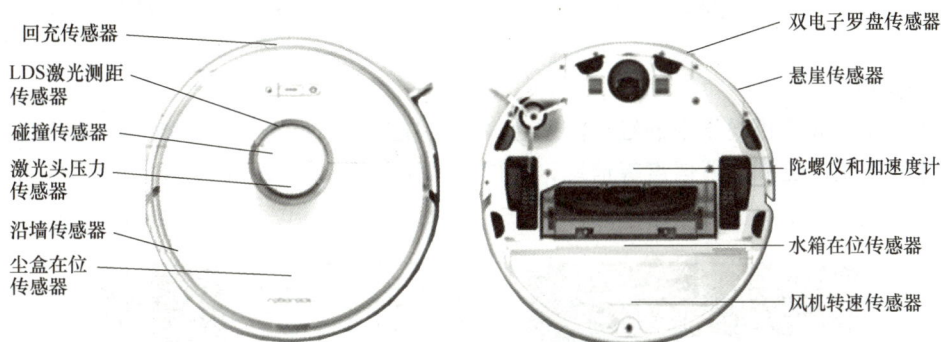

图 4.10　扫地机器人的传感器布局

多传感器融合使用多种不同原理的传感器对同一信息进行测量，可以帮助服务机器人获取更准确、完整的环境信息，进而提高系统智能决策水平。 例如，超声波传感器可以帮助机器人检测距离，但它有盲点，无法检测 30～40cm 的距离。而红外传感器可以测量近距离，因此它们可以相互补充。

4.3.2　语言交互

通过语言交互，服务机器人可以实现与人类更自然、更高效的交互。语言交互的实现需要两种技术，分别是语音识别（ASR）和自然语言处理（NLP）。 语音识别技术的目标是将人类语音中的词汇内容转换为计算机可读的输入，如按键、二进制编码或者字符序列。这样，机器人就能理解人类的语音指令。自然语言处理技术则使计算机能够理解和生成人类语言的内容。这样，机器人就能理解人类的文本指令，并生成人类能理解的语言响应。通过语音识别和自然语言处理技术，服务机器人可以与人类进行流畅的对话和交流。2023 年 2 月，微软公开了其关于 ChatGPT 在机器人方面的研究，提出了一种机器人自主决策框架，利用大语言模型理解人类的指令并自主调用已有的机器人函数。这一机器人自主决策的框架和形式改变了已有的服务机器人的开发范式。随着大语言模型在未来的逐渐迭代与发展，其可以将抽象的高级指令拆解为具体的操作步骤，使得机器人能够根据用户的指令自主地执行任务，增强了服务机器人的智能决策能力，大大提高人机交互体验。

4.3.3　视觉处理

通过对人类姿态的理解和解释，机器人能实现更自然、智能的人机交互。**应用视觉处理技术，可以识别和分析人类的面部表情、手势动作等非语言信号并做出相应的回应和反馈，从而获得更全面的人类交互信息。** 机器人视觉处理按照应用区分包括人脸识别、物体检测、视觉问答、图像描述等。

1. 人脸识别

人脸识别技术是基于人的脸部特征，对输入的人脸图像或者视频流进行识别，包括人脸检测、人脸跟踪、人脸比对。人脸检测是在动态的场景与复杂的背景中判断是否存在面部图像，并分离出这种面部图像；人脸跟踪是对被检测到的面貌进行动态目标跟踪；人脸比对是对被检测到的面部图像进行身份确认或在面部图像库中进行目标搜索。例如，通过搭载百度人脸识别SDK，可实现对指定人脸库的识别，同时可以识别客户年龄及性别，实现个性化迎宾。

2. 物体检测

物体检测是计算机视觉中的经典问题之一，其任务是用框去标出图像中物体的位置，并给出物体的类别、位置、置信度等信息，如图4.11a所示。从传统的人工设计特征加浅层分类器的框架，到基于深度学习的端到端的检测框架，物体检测变得越来越成熟。

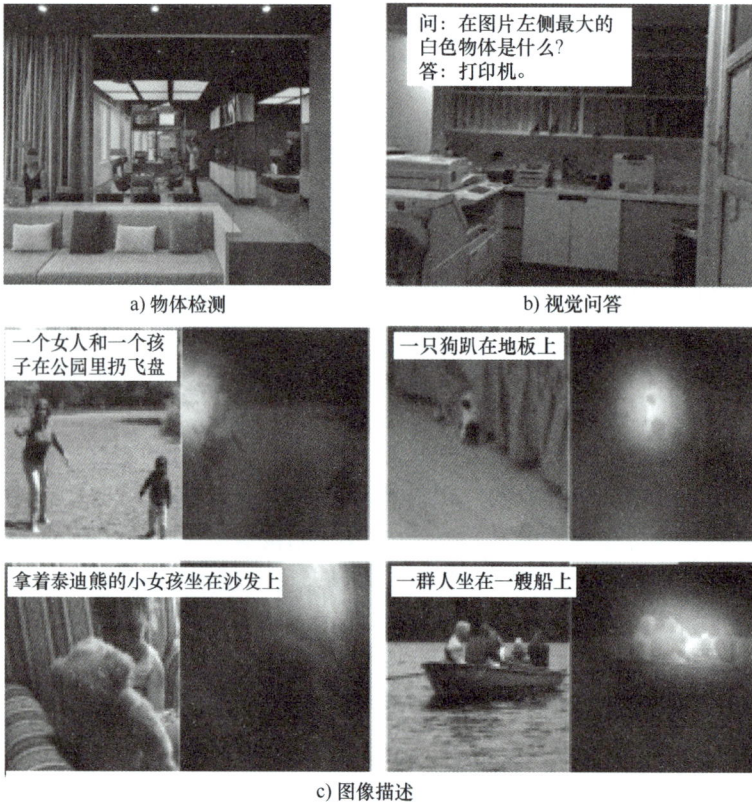

a) 物体检测　　　　　　b) 视觉问答

c) 图像描述

图4.11　视觉处理技术应用

3. 视觉问答

视觉问答（VQA）即给定一张图像和一个相关文字问题，从若干候选文字回答中选出正确答案（图4.11b），涉及计算机视觉和自然语言处理两个领域。VQA现在的主要挑战包括数据集的问题定义、多样化的回答等。尽管有挑战，但随着技术的发展，可以期待在未来看到更多应用视觉问答技术的服务机器人。

4. 图像描述

图像描述的任务是描述图像各组成部分的性质和彼此之间的关系，并生成人类可读的句子，如图4.11c所示。

4.3.4　即时定位与路径规划

即时定位技术（SLAM）指在一个未知的环境中，机器人先通过外部的传感器数据感知周围的环境，再根据自己的初始位姿，建立对周围环境的定位地图，然后在其运动过程中，将传感器数据与已构造的环境地图进行匹配从而实现自身定位，同时不断完善周围环境信息，最终建立全局地图。常见的 SLAM 系统分为基于激光雷达的 SLAM（激光 SLAM）和基于视觉的 SLAM（V-SLAM）。目前，服务机器人大多采用激光 SLAM，然而，仅靠激光有时很难满足复杂场景下的应用，因此多传感器融合是未来的技术方向。

即时定位技术解决"我在哪儿"的问题，路径规划技术则解决"怎么去"的问题。服务机器人可通过路径规划算法实现从起点到终点的最优路径，使其能够在复杂的环境中自主导航。服务机器人在运行过程中，可通过传感器感知规划路线上是否存在静态或动态障碍物，并按照一定的算法实时更新路径，绕过障碍物，最后到达目标点。

不同于点到点的路径规划，全区域覆盖路径规划（CCPP）使得机器人的运动覆盖整个工作区域。作为移动机器人的关键技术之一，对于服务机器人有着重大的意义。典型的全区域路径规划分为随机式和规划式。例如，割草机器人需完成整个草坪区域的割草任务。图 4.12a 所示的随机式路径规划，是将机器人放置在指定区域的某一任意位置作为起点，朝着某一方向按直线或曲线的轨迹前进，当遇到工作区域的界线或障碍物时，它将以一个固定的角度原地旋转，转弯后继续以原先的方式前进，通过上述方式不断重复割草，直到把整个区域完全覆盖。随机式规划在控制上相对容易，但规划的路径具有较高的随机性以及重复率，耗费时间长、效率低下。图 4.12b 所示的规划式的全区域覆盖路径规划，通过建立模型和使用搜索算法来寻找最优路径。规划式方法基于不同的算法，包括单元分解法、生物激励法、以及智能算法等。相比随机式路径规划技术，规划式全区域覆盖技术在提高效率、节省成本、适应复杂环境、实现实时响应等方面具有显著的优势。

a) 割草机器人随机式　　b) 割草机器人全区　　c) Navimow 割草机器人　　d) Navimow 割草机器人路径规划
　 路径规划　　　　　　 域覆盖路径规划

图 4.12　割草机器人

全区域覆盖路径规划在服务机器人领域有着广泛的应用，如割草机器人与扫地机器人。赛格威开发的割草机器人 Navimow（图 4.12c 和图 4.12d）融合了多种传感器信息，让机器人能够在各种草坪环境中精确定位，不需要人工埋线，仅需通过手机 APP 遥控机器人在院子中绘制一张工作区域地图，地图中会记录院子的形状、边界的位置、需要避开的禁区等，然后机器人会根据这张地图去规划最优的割草路径，从而实现无边界规划式割草，极大地提升了工作效率。

4.3.5　云服务与物联网

传统的服务机器人大多采用本地存储数据，但面对每日服务用户所产生的不断增加的巨大数据量，存在存储压力大等问题，会导致计算性能明显降低。随着云计算和软件即服务（SaaS）的兴起，云存储技术应运而生。**云服务将软件、硬件资源和信息通过互联网共享给计算机和其他设备，并根据对方需要定量提供这种共享（图4.13）**。云服务给机器人执行任务带来了巨大优势，提供了资源共享的通道，**还可以代替机器人执行复杂的计算任务，接收海量数据，分享信息和技能**。随着工业4.0和物联网技术的发展，服务机器人智能化程度迅速提升，消费者可以使用智能手机作为移动终端远程遥控家庭服务机器人，提升了消费者的用户体验。例如，Google无人驾驶车采用云计算技术进行图像识别，利用环境模型辅助系统导航，并同行不同个体的学习，将数据发回云端，不断扩大知识库。将来，通过云计算，不同的车辆之间同行互相分享信息，每个车辆向云端实时传输自己的位置和环境信息，然后云端对不同车辆分配和规划任务，才能在大城市大规模有序高效运行。

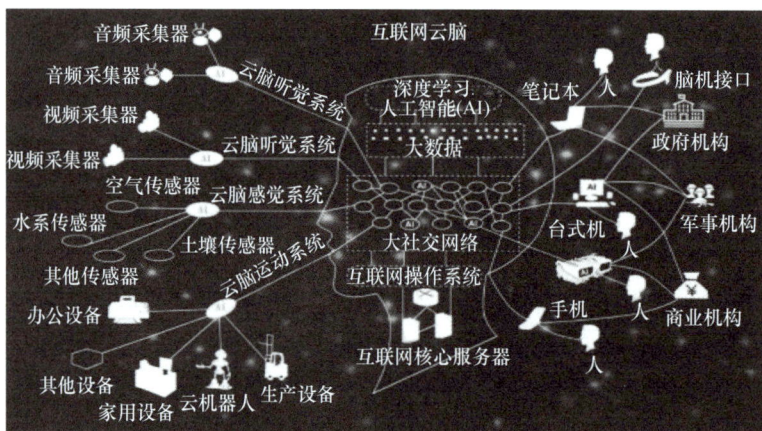

图4.13　云服务与物联网

4.3.6　虚拟现实

VR是集计算机技术、传感器技术、人类心理学及生理学于一体的综合技术，利用计算机仿真系统模拟外界环境，主要模拟对象有环境、技能、传感设备、感知等，为用户提供多信息、三维动态、交互式的仿真体验。随着5G通信技术的出现和普及，虚拟现实技术（VR）在服务机器人领域展现出了广阔的应用前景，可以提供增强的用户体验和更高效的交互方式。在培训和教育领域，虚拟现实技术通过创建虚拟场景和情境，使操作员可以在虚拟环境中模拟各种任务和场景，以提高技能和应对各种情况。例如，操作员可以在虚拟环境中进行实时反馈和指导，避免在真实环境中可能产生的风险和损失；在运动康复领域，虚拟现实技术通过虚拟现实界面和交互设备，使得患者可以利用专业设备进行虚拟运动和康复训练。康复辅助机器人可以监测患者的动作并提供实时反馈，根据患者的具体情况和需求定制个性化的康复训练方案，帮助患者纠正姿势，进行正确的运动，加快康复进程。图4.14所示的便携式上肢康复机器人，通过控制系统同沉浸式虚拟现实场景的双向通信，实现视觉、本体感觉和触觉的多感觉协同刺激与精确调控，并可构建"肢体匹配"任务，对使用者本体的感觉进行量化评估。

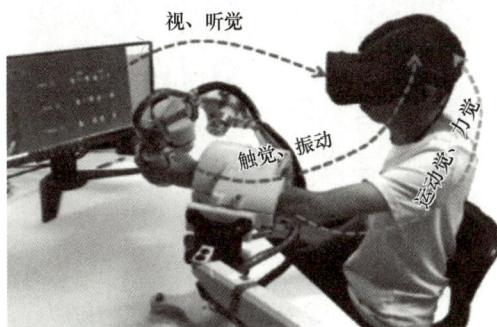

图 4.14　虚拟现实技术应用

4.4　服务机器人典型应用案例

4.4.1　清洁卫生机器人

1. 扫地机器人

扫地机器人，又称自动打扫机、智能吸尘器、机器人吸尘器等，是智能家电的一种，能凭借人工智能，自动在房间完成地板清理工作。一般采用刷扫和真空方式，将地面杂物先吸纳进入自身的垃圾收纳盒，从而实现地面清理。一般来说，将完成清扫、吸尘、擦地工作的机器人，也统一归为扫地机器人。

扫地机器人的机身为无线机器，以圆盘型为主。使用充电电池运作，操作方式为遥控器或机器上的操作面板。一般能设定时间预约打扫，自行充电。前方有设置感应器，可侦测障碍物，例如，机器人碰到墙壁或其他障碍物时，会自行转弯，并根据不同厂商设定而走不同的路线，有规划地清扫目标区域。因为其简单操作、便利的特性，现今已慢慢普及，成为上班族或现代家庭的常用家电用品。每种品牌都有不同的研发方向，拥有特殊的设计，如双吸尘盖、附手持吸尘器、集尘盒可水洗及拖地功能、可放芳香剂、光触媒杀菌等功能。

Matic 扫地机器人（图 4.15）主要借助 5 个 RGB 摄像头，使用纯视觉方法进行室内导航，可以本地化运行，无需联网，也不用将地图发送到云端。Matic 搭载了由多视觉驱动的室内地图，允许它像自动驾驶汽车在谷歌地图引导下穿越城市一样进行移动。Matic 能够响应不同的命令，并自主判断家中的脏地方进行清洁。每隔几个小时，机器人就会四处游荡并寻找垃圾。Matic 的核心优势在于，它更容易逃出扫地机器人容易进入的陷阱，如高毛绒地毯、电缆和狭小的空间。通过深度学习的方法，可以识别比其他扫地机器人更多的物体，并将它们分类为污垢、非污垢和未知物，针对后两种它会避开。借助计算机视觉和人工智能，Matic 机器人能够识别不同的地板类型，并自动将吸尘器切换到拖地模式。此外，它还应用了面部识别和手势检测技术。

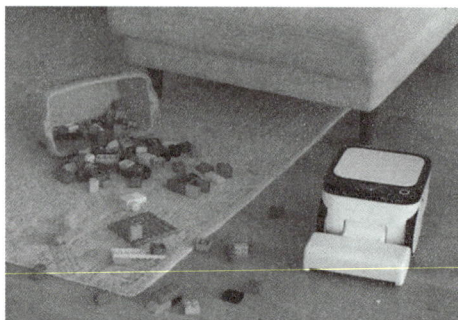

图 4.15　Matic 扫地机器人

国内的石头扫地机器人 T6 相比于其他同类产品，具有更加智能的地图管理、更先进的视觉识别、更安静的全面降噪等优点。在智能地图管理方面，如图 4.16a 所示，T6 的 LDS 导航系统采用新一代激光建图算法，提供更快速、更稳定、更准确的建图能力。系统能自动识别房间，实现像人一样按房间清扫。同时，其路径规划技术，在狭长区域清扫更快，遵循长边优先原则和就近原则，清洁效率提高 20%。T6 在首次清扫完成后能准确记住用户的家居地图，支持选区清扫、划区清扫和虚拟墙禁区设置，实现更高效、个性化的清扫操作。

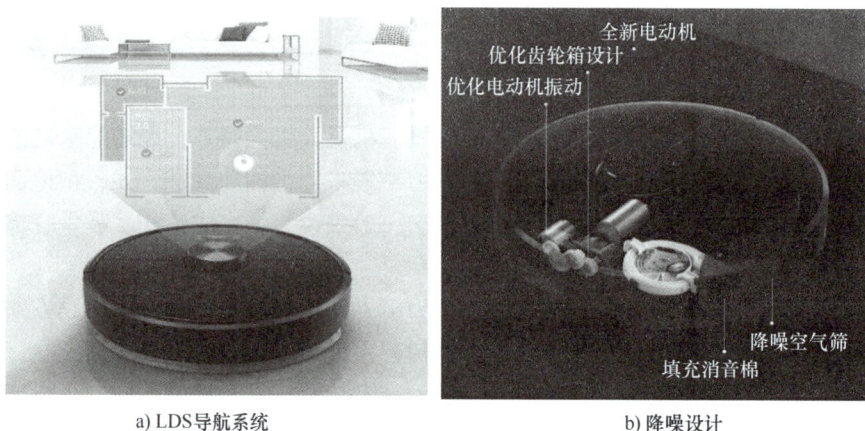

a) LDS导航系统　　　　　　　　　　　　　b) 降噪设计

图 4.16　石头扫地机器人 T6

在视觉识别方面，T6 通过双目视觉还原物体的三维信息，对于未识别的物体也可以避障。同时，可直接获得 RGB 图像信息与深度信息，进行物体 AI 识别，基于障碍物类别和深度信息进行避障策略判断，进而做到更为精确的避让。

在降噪设计方面（图 4.16b），T6 通过重新设计和优化 5 大降噪单元，保持大吸力的同时实现低噪声运行。采用全新 30.5mm 电动机，提高扭矩的同时降低了转速，有效降低了运行噪声。此外，T6 优化了电动机振动和齿轮设计，填充了隔音棉和降噪空气筛，使机器人工作时的噪声大幅降低，声功率相对上一代产品降低 50%。

2. 擦窗机器人

科沃斯研发的 W2 PRO 擦窗机器人，如图 4.17 所示。**机器人将擦窗机本体、线缆、清**

洁液等工具以及快捷操作按钮集于一体，极大地减少了擦窗前的准备工作，提高了擦窗效率。科沃斯 W2 PRO 主体底部是产生真空吸力的风机，可以提供强大的吸力，使得机器人能够牢固地吸附在窗户上；底部还设置了吸力感应器，如果吸力不足，会语音提示使用者及时充电；机器依靠两侧的橡胶履带进行移动，配有清洁毛刷可以实时清洁履带，防止污渍进入机身，同时也避免履带凹陷处堆积垃圾从而导致打滑；采用双边三喷头广角喷水的设计，进一步降低了喷水的死角；将安全绳和电源线合二为一，避免基站和擦窗机器人间因为多线而缠绕在一起，复合线缆的长度为 5.5m，更适合家庭窗户清洁。

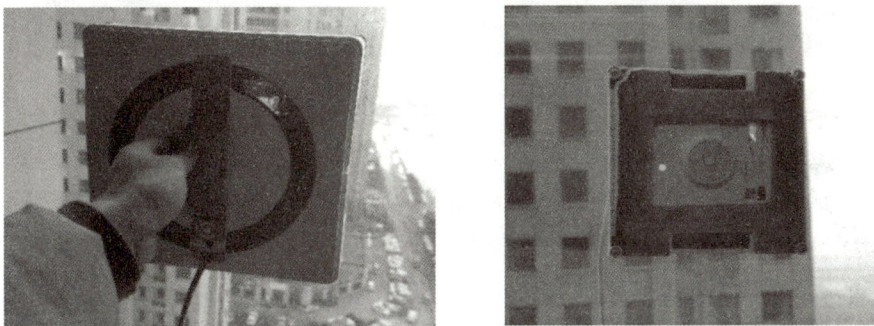

图 4.17　擦窗机器人

3. 酒店清洁机器人

景吾智能发布了主要用于酒店卫生间的清洁机器人，如图 4.18 所示，可以**自动完成桌面清理、镜子擦洗等卫生清洁工作**，其采用了**力控识别、视觉识别、深度学习、机械臂运动规划、基于激光和视觉的未知环境下自主构建高精地图和自动导航**五大核心技术。机器人能够在陌生环境中扫描不同的立体空间，判断不同材质、选用不同的清洁工具，使用机械臂并启动对应力度参数擦拭镜面、洗手台、浴缸等对象，甚至能够精准按下马桶冲水键以清洁马桶。该款酒店清洁机器人可以在复杂场景、在不同光线环境下通过颜色深浅判断出污渍的存在；针对不同的清洁目标，机械臂可自动更换刮刀、清洁球、抹布等清洁产品。除酒店卫生间场景，该产品也可用于机场、高铁、商场等其他领域的卫生间场景。

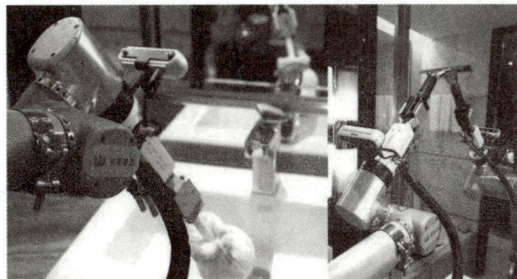

图 4.18　智能清洁机器人

由美国 Somatic 公司研发制造的自动保洁机器人，如图 4.19 所示，能够代替清洁工完成刷马桶、拖地等脏累任务。机器人能自动找到每一个厕所隔间并打开马桶圈，拿出消毒清洁喷头，对马桶里外进行清洁，完成清洁后会使用烘干喷头将马桶吹干。处理完马桶后，保洁机器人会更换强力吸尘工具，将地面上的垃圾或水渍清除干净。

图 4.19　自动保洁机器人

4. 泳池清洁机器人

图 4.20 所示的一款水下机器人 BlueNexus，专为泳池清洁而设计，适合多种泳池规格、形状及材质，能够清除碎片，还可清除藻类、清洁水线。机器人搭载了 7 种类型共 12 个传感器，通过水下定位高精导航算法、水下图像算法、水下运动控制、水下能源等技术，首先全池扫描以 3D 建图泳池形状，智能规划清洁路径，然后进入导航清洁的工作模式，清洁覆盖率超过 95%。其采用的超声波雷达和激光测距传感器相结合的一体化设计，可实现水下精准定位和对于泳池的准确建图，具有厘米级的测距精度和 20 次/s 的测距矫正，这使BlueNexus 能够精确地测量泳池形状和尺寸；此外，内置 28500mAh 的锂电池，可提供长达 210min 的工作时长；还可通过与手机 APP 实时连接，实现远程控制、实时清洁进度查看等功能。

图 4.20　BlueNexus 泳池清洁机器人

4.4.2　家居协作机器人

亚马逊公司推出一款家居协作机器人 Astro（图 4.21），外观可爱又平易近人，可以跟随房屋主人在房子周围，响应主人的语音命令，允许随时随地与朋友和家人进行视频聊天。Astro 提供的视频门铃警报服务，可以在用户外出时监控室内环境。Astro 后部内置了两个杯架，可以随身携带水、咖啡、苏打水或啤酒，做一个细心的小管家。

PALRobotics 推出模块化复合机器人 TIAGo Pro（图 4.22），集感知、导航、操纵、人机交互等多项技能于一体，适用于智能家居生活场景。采用模块化设计的 TIAGo Pro 不仅可根据用户需求进行配置，并且拥有较大的扩展性，易于配置和升级。其手臂具有较大操纵工作空间，能够到达地面以及高架，末端执行器可以是夹具或人形手，可以实现快速轻松更换。TIAGo Pro 机器人可以通过学习用户的习惯和偏好来自动完成家务任务，从而提供更加个性化的服务。

图 4.21　Astro 家居协作机器人

此外，还有一些家庭服务机器人具有智能家居协作功能，可以通过连接和控制其他智能家居设备来提供更加智能化的生活体验。例如，美的集团发布了家庭服务机器人品牌 WISHUG 的首款产品"小惟"机器人（图 4.23），其身高 1m 左右，头部是一块智能屏幕，依托 AGV 技术，可实现行走功能。作为全屋智能解决方案中人与设备间重要的桥梁，"小惟"机器人集成联动控制、协议对接、人机交互、服务呈现四大功能，是家居中控的载体，充当 AI 管家和助理的角色。所谓 AI 管家，是把全屋所有的其他家电以及能联网的 IoT 设备总体上管起来，在某些场景上能联动很多家电和设备去为用户提供服务。

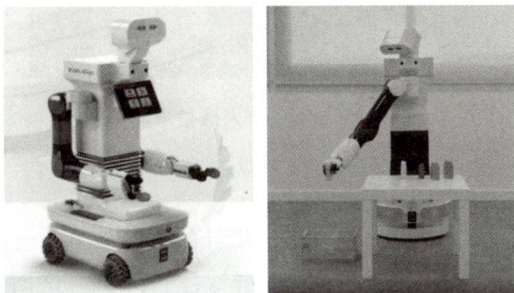

图 4.22　模块化复合机器人 TIAGo Pro

图 4.23　小惟机器人

除了美的，还有不少厂商在该领域进行布局。国外企业中，三星推出了机器人保姆 Bot Handy，亚马逊也推出了首款家庭机器人 Amazon Astro。国内企业中，优必选、科大讯飞等企业均在家庭服务机器人领域有所涉足。

4.4.3　健康服务机器人

1. 护理助手机器人

护理机器人可以在医院、老年人护理机构和家庭中充当补充医护人员，起后勤的作用，执行费力的体力任务，解决老年人群孤独、不活动的问题，或者执行常规护理任务，如传递药物、监测患者的生命体征等，旨在为医护人员提供更高效、舒适、安全的护理支持，同时可以提高患者的舒适度和满意度。护理机器人涉及机器人技术、人工智能技术、大数据应用挖掘、医学护理等领域。

图 4.24 所示的"床旁护理机器人"——床旁下肢康复训练系统，可以维持及改善病患的肌肉力量，预防肌肉萎缩和压疮；帮助病患增加关节活动度，预防骨质流失及关节挛缩；帮助改善血液循环，预防患者下肢深静脉血栓；提高患者心肺功能，增加血氧饱和度；增强患者本体感觉，促进患者下肢运动功能恢复。

该机器人采用专业的运动控制器结合末端驱动式结构，确保下肢三维康复训练的稳定性与精准性；包含被动、主动、抗阻等模式，方便康复治疗师针对患者功能障碍自定义个性化方案；与传统康复治疗手段相比，训练过程中，机器人的运动轨迹和施加在患肢上的力度具备良好的一致性，能够实现多种不同的训练策略，并提高康复训练的频率和持续时间；搭载的痉挛检测功能灵敏、急停按钮双重保护机制、高精度 6 维力传感器实时监测末端受力情况，全方面保护患者安全。

图 4.25 所示的 Pepper 人形护理机器人，能够让患有某些疾病的人参与治疗活动，监测用户身体机能，并与之交流互动。类似的机器人还有 Telenoid，可实现远程操作，能够与被诊断患有阿尔茨海默病的老年人进行交流。

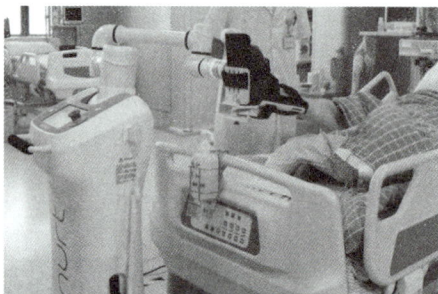

图 4.24　床旁下肢康复训练系统

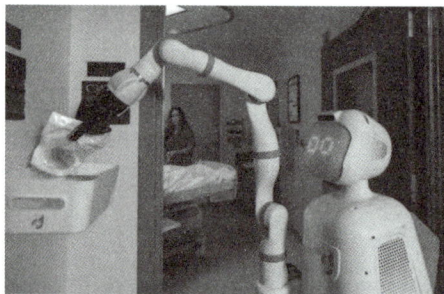

图 4.25　Pepper 人形护理机器人

2. 按摩理疗机器人

按摩理疗机器人以柔性化协作机械臂为核心，配备人体工学亲肤设计的末端工具，通过 3D 结构光视觉扫描，自动对理疗按摩区域进行三维感知，为不同人群诊疗、分析，进而形成专属数据库，可实现三维感知精度表皮误差小于 3mm。根据远红外诊疗、靶向热疗等诊疗结果自动调节诊疗能量输出，利用大数据计算呼吸频率、体温等数据并自动记忆按摩轨迹，为用户提供良好的体验感和定制健康服务。

Capsix Robotics 制造的 iYU 按摩机器人（图 4.26）具备七个自由度，配有力传感器和 3D 机器视觉技术，可以精确地施加压力，能够安全、灵活地实施各种按摩程序，进行个人按摩服务，响应用户的个性化需求，已用于水疗中心、酒店和公司，以及运动、健身和培训中心。

珞石公司依托柔性协作机器人领先的安全性、优异的运动性能以及超强的柔顺力控能力，推出艾灸机器人解决方案，助力传统艾灸理疗智能变

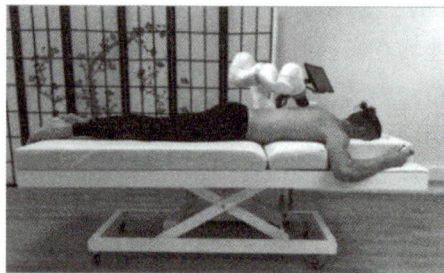

图 4.26　iYU 按摩机器人

革。图 4.27 所示的 xMate ER、SR 系列机身小巧轻便、灵活易部署，无控制柜的特点使其可以自由放置在推车或移动底盘上，组成可移动的艾灸设备；采用图形化、交互式引导编程方式，可轻松运行于笔记本、平板电脑等通用设备上，医护人员可轻松拖拽机器人布置理疗方案，快速调整治疗点位，实现不同穴位的个性化治疗方案；机器人每个关节均配置高精度力矩传感器，具备"一指触停"般的灵敏碰撞检测能力，配合多项安全功能可以解决用户安全需求。例如，针对理疗场景开发的强力顺应功能，在碰撞时，机器人将立即自动回退以保证用户安全；通过视觉和激光测距传感器使机器人实时跟随治疗点位，保证艾条与皮肤距离适中的同时跟随人体起伏自适应调整，标准化复现专业理疗师的艾灸动作，让理疗过程更轻松舒适。

图 4.27　艾灸协作机器人

4.4.4　情感互动机器人

情感互动机器人是指社交网络中扮演人的身份，拥有不同程度的人格属性，且与人进行互动的虚拟 AI 形象。 这种基于算法生成并承担特定任务的情感互动机器人目前广泛存在于社交媒体平台，以"社会性"作为核心特征，因此又被称为社交机器人。

社交机器人 Jibo（图 4.28）曾被《时代周刊》评选为年度 25 大最佳发明之一。Jibo 具备识别、理解人类语言和识别人脸的能力，可通过语言命令完成动作指令，与人类进行沟通、娱乐和社交。Jibo 外表线条圆润呆萌，可以使用肢体语言来表示高兴、悲伤或者惊讶的情绪。集听、说、看、陪伴、提醒、学习等多项功能于一体，不仅具备智能手机的绝大部分功能，还可以跳舞、卖萌、和主人玩实时游戏，讲故事来哄孩子睡觉。Jibo 还可以通过人工智能算法和大数据分析，进行自我学习和优化，实现个性化服务。

智能陪伴机器人 ElliQ（图 4.29）是一款提高老年人的生活质量、改变生活方式的社交机器人，目前已广泛用在美国旧金山地区，为独居老人家里带去关怀和陪伴。ElliQ 机器人使用了人工智能、Google 语音识别技术以及 Google 的机器学习技术。ElliQ 的声控系统可以让使用者使用语音命令拨打电话，使用在线游戏和社交媒体，轻松使用互联网，与家人和朋友保持联系；机器人还可以自我学习，研究使用者的喜好并且为他们推荐各种娱乐，如音乐和有声读物。同时，它还能提醒重要事项，发起视频通话；通过配置的摄像头，可以观察老年人的活动，给出一些运动方面的提示。与亚马逊的 Alexa 和苹果的 Siri 不同，ElliQ 并非被动等待命令，而是主动与人交流。

图 4.28 社交机器人 Jibo

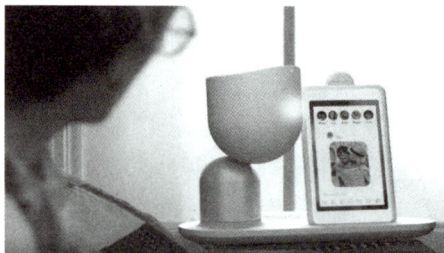

图 4.29 智能陪伴机器人 ElliQ

在墨西哥首都的一家医院，名为"LaLuchy Robotina"的陪护机器人（图 4.30）成为新型冠状病毒感染患者和医务人员之间的桥梁，为与亲人分离的患者提供心理支持，并降低医务人员感染的风险。它配备有轮子、摄像头和显示屏，能够与被感染的患者、他们的亲属和心理健康小组进行互动，让穿着全套防护装备的亲人和医生能够在房中与患者或工作人员进行对话："嗨，我是 LaLuchy Robotina! 你叫什么名字？"，这个身高 1.4m 的机器人会在每个房间询问患者这个问题。此外，它还能够发出舒缓的声音，以减轻患者因隔离而产生的压力，做到情感陪护和心理治疗。该医院的机器人是全球趋势的一部分，旨在减少大流行期间的感染风险，甚至在 2020 年 7 月被指定为新型冠状病毒感染患者的"联合治疗师"。

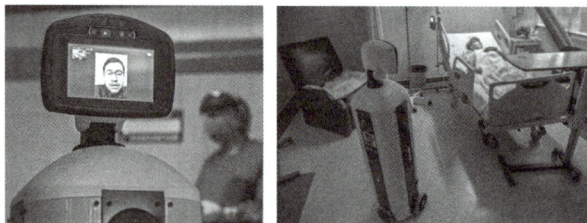

图 4.30 "LaLuchy Robotina" 陪护机器人

图 4.31 所示的"艾米"机器人是一款心理辅助机器人，功能定位于心理疏导、健康管理、政策咨询等。机器人能对用户进行定期的心理疏导、健康管理和巡查看护，具有良好的室内自主导航与定位能力，能与其他智能硬件互联互通，并融入咨询中心的健康管理信息系统。

4.4.5 安防机器人

安防机器人又称安保机器人，是半自主、自主或在人类完全控制下协助人类完成安全防护工作的机器人。安防机器人立足于实际生产生活需要，用来解决安全隐患、巡逻监控、灾情预警等，从而减少安全事故的发生和生命财产的损失，保证人民群众安全。

家用安防机器人是针对家庭安全需求设计的智能机器人，其功能主要包括监控、巡逻、智能警报等。图 4.32 所示的 Aeolus 机器人，可以在火灾等紧急情况下保持敏锐的观察力，或者注意到姿势的变化，并可以防止跌倒；可以区分家庭成员的面貌，识别出家庭物品应该摆放的位置，并把它们放回原处；还可以移动家具、寻找丢失的物品，甚至通过信息共享网络了解家庭日程安排。

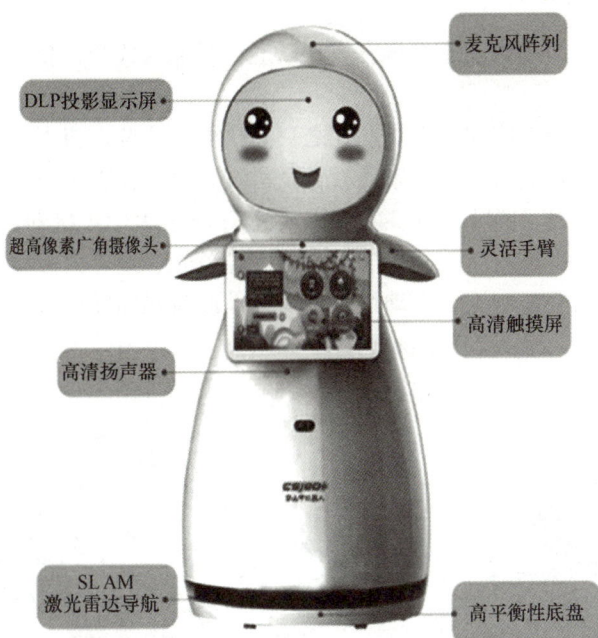

麦克风阵列

DLP投影显示屏

灵活手臂

超高像素广角摄像头

高清触摸屏

高清扬声器

SLAM
激光雷达导航

高平衡性底盘

图 4.31　心理辅助机器人

商用安防机器人能够替代安保人员，远程夜间巡查，能够跨楼层自主乘梯，自动构建室内地图，动态感知周围环境，完成巡视和安防任务；同时，操作者可以通过手机 APP、短信或电话与机器人完成人机交互，获取告警信息，安排巡检任务。图 4.33 所示的派宝安防机器人配备摄像头、传感器和导航系统，一方面通过光学和电学处理图像，增强图像清晰度，通过高清视频监控；另一方面具有热成像技术，可以轻松识别温度异常点，监测区域内的异常情况，如入侵、火灾等。

图 4.32　Aeolus 机器人

图 4.33　派宝安防机器人

未来安防机器人可从以下两方面作为发展切入点。

1）针对家庭用户，可以从照顾老人和小孩、守护家庭安全等方面入手，以智能家居为基础，给人们提供智慧、安全生活。

2）针对社会安全，可以从自身优势出发，结合在视频监控、防盗报警、智能交通方面的技术优势，推出具有针对性效用的机器人，解决实际需求，完善机器人服务体系。

4.4.6 教育辅助机器人

人机协同教学将成为未来主流教学方式，以适应智能时代个性化、高效率、包容性和多元化教学需求。

目前，国内教育机器人应用的重要形式之一是机器人竞赛。机器人竞赛不仅激发了学生的创新精神，培养了实践能力，还为素质教育及科技教育工作打下坚实的基础。大疆公司推出教育机器人"机甲大师 S1"（图 4.34）正是依托于全国大学生机器人大赛——RoboMaster 机甲大师赛。该产品秉承寓教于乐的理念设计，在配备光、声、力等多种传感器的同时拥有强大的中央处理器，结合定制无刷电动机、全向移动底盘和高精度云台，令用户在享受竞技乐趣的同时，学习机器人、人工智能和编程的知识。

图 4.34　机甲大师 RoboMaster S1

大疆公司为"机甲大师 S1"提供了专业级别的硬件设备，将其打造为强大的学习平台。"机甲大师 S1"全身配备了高达 31 个传感器，可以感知图像、光线、声音、振动。FPV 摄像头结合机器视觉技术，让 S1 能够识别多样的物体；6 块感应装甲让 S1 可以感知物理打击；麦克风让其可以识别声音；红外传感器则能让它接收来自另一台 S1 的红外信号。丰富的传感器赋予"机甲大师 S1""视觉、听觉、触觉"，而算力强大的智能中控——五核 SOC Cortex-A 处理器则令 S1 可同时运算处理大量数据，同时执行多种任务；S1 采用工业级 CAN 总线连接智能中控和各部件，不仅保证了信号传输的速度及稳定性，还使 S1 更具扩展性。

"机甲大师 S1"可利用强有力的机械组件轻松执行各类任务。定制的 M3508I 无刷电动机，内置集成式 FOC 电调，输出扭矩 $250mN \cdot m$；竞技类机器人上常见的麦克纳姆轮亦成为 S1 的标配，轮组可以轻松实现全向平移、任意旋转等灵活走位，配合前桥悬挂可最大限度降低行驶时的车身震动及车轮磨损；机械云台采用无刷直驱电动机，控制精度高达 $\pm 0.02°$，即便是在高速运动中也能保证影像稳定。发射器采用水晶弹和红外光束两种发射方式，红外光束仅通过音效和振动作为攻击提示，安全性高；水晶弹适合追求真实竞赛体验的用户，内置的射速检测装置可将水晶弹射速控制在安全限速之下。

"机甲大师 S1"采用模块化设计，用户可在拼装过程中理解机器人机械结构，享受创造乐趣。此外，"机甲大师 S1"预留了 6 个 PWM 拓展接口，可以帮助进阶用户为 S1 开发独一无二的扩展硬件。大疆将机器视觉等技术引入"机甲大师 S1"，令用户可轻松体验与学习前沿科技。从基础的行人跟随，到需要融合六类人工智能模块编写的自动驾驶算法程序，"机甲大师 S1"为用户搭建了一个从易到难、体验人工智能技术的平台。

另一方面，人工智能、机器视觉、语音识别等关键技术的进步，使得教育机器人在交互性和智能化方面取得了显著提升。当前，教育机器人广泛应用于学校、培训机构等教育机构中，可以在语文、数学等课程提供辅助教学，帮助教师提高教学效果。同时，教育机器人也被应用于特殊教育领域，通过与特殊学生互动，提供个性化的教学服务。

如图 4.35 所示，节卡的 MiniCobo 机器人简洁圆润、小巧灵活，融合了极致轻量化关键技术、智能视觉算法、无线示教技术、机器人主动防护技术、视觉及力觉感知融合等技术，极大优化了产品空间；节卡机器人的无线示教、图形化编程技术，使用户可在 pad、手机等移动终端对机器人实时远程操控和作业编辑，操作界面直观易学，实现了操作机器人"零门槛"的极简体验；深度开放的生态、丰富的二次开发接口、支持 ROS 并提供完整的功能包，这些特点让它能够更好地满足教育场景的应用需求。

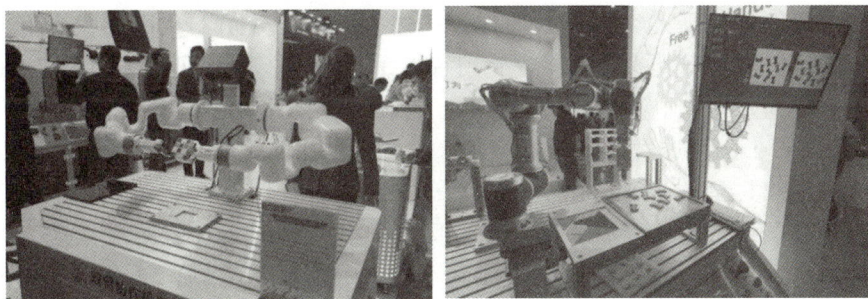

图 4.35　节卡 MiniCobo 机器人

目前，机器人教育行业仍还在快速部署阶段。可以预想，随着一二线城市的机器人教育普及度提升，三线城市的机器人也将很快作为基础设施不断普及，未来教育行业必然需要更多的机器人为"机器人+教育"的探索贡献出更大力量。

4.4.7　餐饮服务机器人

在国外，越来越多的机器人厨师服务开始出现，例如，Alpha Grill（图 4.36）是一款自动化汉堡肉饼烹饪机器人，借助人工智能，可以在不到 1min 的时间内烹饪 8 个多汁的汉堡，或者每小时烹饪多达 200 个肉饼。利用传感器模组，它可根据肉的厚度和重量来调整烧烤的温度、时间和压力，做出完成度很高的快餐。Alpha Grill 还可根据人们的口味需求，检测肉饼何时烤好，并且由于它同时烹饪两面，因此不需要像传统方式烤肉饼那样将其翻转，不会出现烤过头或未烤熟的情况。Alpha Grill 还具有自清洁功能，可以在每批汉堡烤制完成后对烤架进行消毒。它还具有直观的触摸屏显示器，允许员工自定义烹饪条件并监控机器人的状态。

2013 年，北京某地铁站出现了一款煎饼果子机器人，如图 4.37 所示，其内部主要由一只机械臂联合其他相关机构共同工作，实现做面浆、摊煎饼、加鸡蛋、自动翻面、刷酱等工序，约 3min 就能做出一个新鲜出炉的煎饼果子。久秉 AI 旗下不仅有该款煎饼果子机器人，还有肠粉机器人、小笼包机器人、烤红薯机器人，覆盖了多个种类的餐饮机器人。

图 4.36　Alpha Grill 餐饮机器人　　　图 4.37　煎饼果子机器人

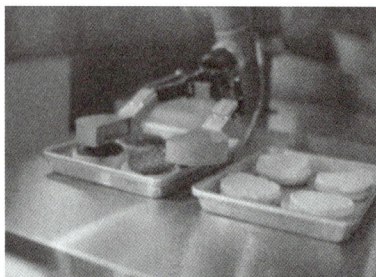

英国科技公司 Moley Robotics 开发出设备先进、功能齐全的厨房机器人系统（图 4.38）。被该公司称为"世界上第一款自动化厨房"，可实现完全自动化的烹饪体验。其本质是两个机械手臂，同时还配备了炉灶、烤箱以及各种厨具，运行 ROS 机器人系统，通过房间内的动作捕捉摄像头记录人类厨师的操作，并进行采样及效仿，从而提供良好的烹饪体验。用户可通过机器人身上的触摸屏或使用智能手机远程控制，机器人可下载创建菜谱，系统可精确捕捉到人类的手臂运动状态资料，机械手臂的运动资料来自 BBC 2011 年厨艺大师冠军 Tim Anderson，透过系统分析将 Tim 的烹饪手法转化成数码信号，给机械手臂发出指令，机械手臂共配置有 20 个马达、24 个关节、129 个传感器，可还原人类手臂的动作。不使用的时候手臂会缩回去，不占用空间。该公司还计划加入视觉系统，让机械手臂更聪明，能辨别是否放入正确的配料，而不是单一地复制动作，从而实现更安全、可靠的操作。

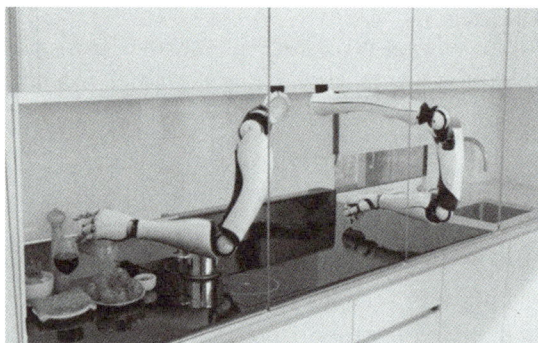

图 4.38　Moley Robotics 厨房机器人系统

4.4.8　导游导览机器人

随着语音识别技术的发展，具有语音交互功能的导游机器人、问讯机器人和讲解机器人在旅游景点、博物馆、行政机构问讯处等逐渐受到欢迎。以导游机器人为例，主要包括迎宾功能、巡线功能和语音导游功能三大功能。迎宾功能可以实现前进、转向以及头部、手臂肩部、肘部、腕部等部位的转动；巡线功能根据展馆内设计的路线，沿地面铺设好的巡航线自主移动，当机器人行进中遇到阻挡时，能够暂停移动；语音导游功能可以实现与用户互动，根据设定的语境按设定内容进行回答，当行进到设定讲解位置时，对相应展位进行讲解。

目前，国内外应用较广的导游机器人有三种，第一种是优必选的克鲁泽服务机器人（图4.39a），主要应用于科技馆、科技展馆、政府展馆等以智慧为主题的公共服务场所，具有语音互动、面部识别、自主导航、精准舵机等功能，用户可以通过触摸屏、语音等方式与机器人进行人机交互，实现导览等功能；第二种是擎朗G2服务机器人（图4.39b），适用于餐厅、医院、机场等公共场所，具有自主导航、信息发布、人体检测、语音对话、自主避撞、自动防跌等功能，用户可以通过触摸屏、语音、遥控器等方式与机器人进行人机交互；第三种是科沃斯旺宝机器人（图4.39c），主要应用于银行大厅、政务办公大厅、教育教学等商业领域，具有激光指示、自动避障、数据统计分析、自主运动等核心功能。

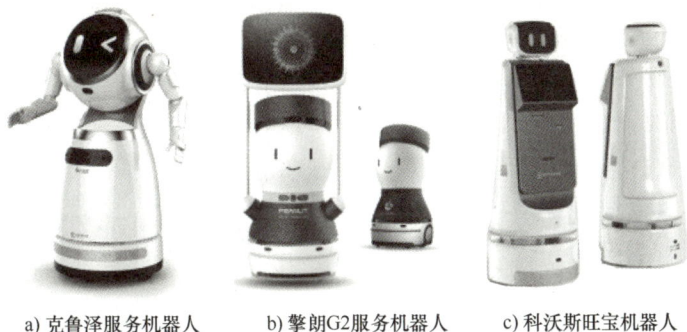

a) 克鲁泽服务机器人　　　b) 擎朗G2服务机器人　　　c) 科沃斯旺宝机器人

图 4.39　导游机器人

图4.40所示为南京理工大学团队研制的导游迎宾服务机器人，集仿生设计、多轴运动控制、语音识别与控制、多信息融合技术于一身，在上海、苏州等地的科技馆投入使用。该机器人采用全向轮设计，具备在一定的空间范围内精确移动及导航定位的全向移动能力；全身多关节协同动作，具有体现亲和力的语音识别与交互能力，配合人脸自动识别技术，使其在科教馆、展览馆、学校、未来家庭等服务领域具有广阔的市场空间。

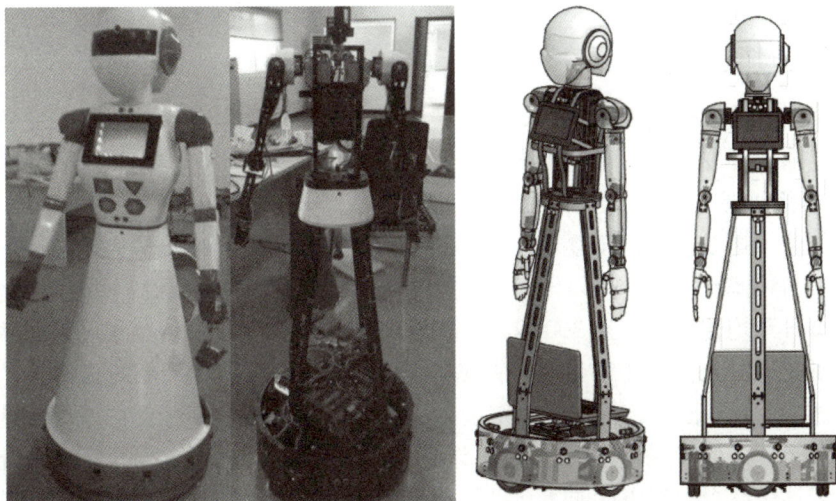

图 4.40　南京理工大学研发的导游迎宾服务机器人

145

相比于展馆内的导游机器人大多按照铺设好的巡航线进行移动，北京大学计算机学院HMI团队研发的智能户外导游机器人（图4.41）配合定位系统进行移动。这款智能导游机器人安装了机械臂，配有摄像头、语音等交互设施，使其能够对周围环境和需要执行的任务进行识别与理解，在亚运会期间，它为视障人士提供引领、导航等帮助，可解析视障人士的需求并完成相应任务；该机器人还搭载了多模态爱心助手系统，系统集成了大模型的泛化感知能力和涌现能力，为机器人赋予更智能的大脑，使其可以将人类复杂需求转化为具体行动指令。具体功能包括三点，第一点是场景感知，能够识别图像中的特定目标或特征；第二点是场景解析，能够为图像生成描述性文本；第三点是行为决策与规划，具备基于图像和文本信息进行决策和规划的能力。此外，机器人还需要能够处理在训练数据中未曾出现过的新情况，模型需具有强大的泛化能力，能够在新的、未知的环境中有效工作。为了提升机器人在开放环境下的持续性泛化能力，设计者为该机器人构建了一个端云协作的持续学习系统，旨在兼顾终端计算的个性化、隐私保护、低通信成本等优势，同时，也充分利用云端计算的大规模计算资源、大量标注数据以及卓越的泛化能力。

图 4.41　智能户外导游机器人

4.4.9　运输协作机器人

随着 SLAM 和计算机视觉、GPS 等技术的发展，运输协作机器人功能日趋完善，拥有更强的人机交互能力和安全性，可在更多场景中应用。

1. 配餐运输机器人

在餐饮行业，送餐机器人正逐步取代传菜员的工作。"欢乐送"送餐机器人（图4.42）可以装载 3~5 个托盘，并支持多任务配送，每次出餐都可根据最优路径运送到多台餐桌。一台机器人每日平均传菜量可达 300 盘以上，在节假日高峰期单日传菜量可超过 400 盘。两台机器人即可完成一家位于北京热门商圈的火锅店 3~4 名专职传菜员的工作量。通过多传感器融合算法，"欢乐送"送餐机器人实现了厘米级的定位以及高精度的地图构建，并能在障碍物出现时迅速感应，提前绕行或在 0.5s 内极速制动。此外，创新的调度系统能在超大场景中支持多达 100 个机器人同时工作，让机器人相互配合协作，从而在优化行驶路线、提升安全性的同时，方便餐厅逐步引入更多送餐机器人，进一步优化人员配置。

图 4.42　"欢乐送"送餐机器人

2. 物流运输机器人

图 4.43 所示的"小白"运输机器人具有超强载重能力，配有激光雷达和深度摄像头，可进行地图扫描和实时定位，识别障碍物，实现区域内的自主巡逻和灵活运输；自研的 4 轮 4 驱动独立悬挂和独立转向的"步甲"底盘，定位更准确，运行更平稳，可适用室内外全场景，并可在严寒、酷暑等极端环境下正常运行；为了解决人们弯腰取货时容易伤到腰部的问题，该机器人搭载了货物升降系统，更加便捷；防跌落雷达可实时建立周围环境模型，提前预警，避免机器人跌落。该机器人已经在社区、商超、冷鲜货运中发挥着智能运输的功能。

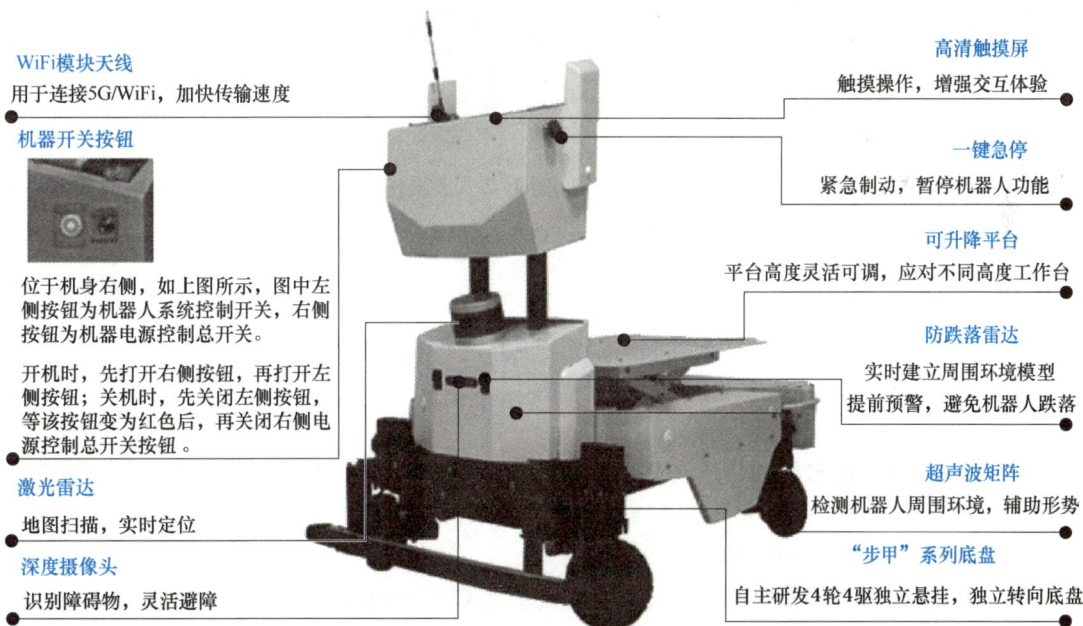

WiFi模块天线
用于连接5G/WiFi，加快传输速度

机器开关按钮

位于机身右侧，如上图所示，图中左侧按钮为机器人系统控制开关，右侧按钮为机器电源控制总开关。

开机时，先打开右侧按钮，再打开左侧按钮；关机时，先关闭左侧按钮，等该按钮变为红色后，再关闭右侧电源控制总开关按钮。

激光雷达
地图扫描，实时定位

深度摄像头
识别障碍物，灵活避障

高清触摸屏
触摸操作，增强交互体验

一键急停
紧急制动，暂停机器人功能

可升降平台
平台高度灵活可调，应对不同高度工作台

防跌落雷达
实时建立周围环境模型
提前预警，避免机器人跌落

超声波矩阵
检测机器人周围环境，辅助形势

"步甲"系列底盘
自主研发4轮4驱独立悬挂，独立转向底盘

图 4.43　"小白"运输机器人

3. 外骨骼运输协作机器人

外骨骼运输协作机器人是将外骨骼系统打造成为附加于身体的"器官"，使得普通人拥有超出一般的力量，服务个人，胜任更繁重的工作。图 4.44 所示为外卖配送员配备机械外骨骼、身背近一人高的外卖箱的场景，这款下肢外骨骼机器人系统能够使外卖骑手背部负重感大幅降低，行走更轻松。

Ekso Bionics 公司推出的 EksoVest（图 4.45）是一种上肢外骨骼，用于支撑手臂和肩膀。当需要抬臂作业时，它能够给手臂提供支撑。EksoVest 为检查高度或头部上方的任务提供了更多支持，并且由弹簧驱动，不需要电池或充电。在工作时穿上上肢外骨骼 EksoVest，可大幅减少因双臂上举而引发的疲劳和伤病。

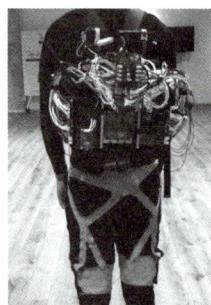

外骨骼系统更多服务个人用于工作，使穿戴者能够更长时间维持同一姿势工作，但随之而来的是穿戴者难以调整腰、胯的姿势，意味着不能转身，走起路来都很麻烦。松下公布了第一款可以使穿戴者转身的外骨骼，通过运用软体机器人原理，人造机械外骨骼（图 4.46）可以支撑多种人类肌肉运动，包括转身等常规外骨骼无法实现的动作。该外骨骼臀部位置含有 4 个致动装置控制软体塑料线，通过收缩模拟人类肌肉运动实现肢体移动。传统外骨骼只能依靠连接处轴的转动对穿戴者提供支撑力，这也意味着其形变范围非常有限；而软体塑料线不受连接轴的限制，拥有更大的形变范围，因此穿戴者可以转身、扭动胯部。

图 4.44　下肢外骨骼系统　　　　图 4.45　上肢外骨骼　　　图 4.46　可转身外骨骼

4.4.10　摄影机器人

摄影机器人是一种通过远程控制和编程实现自主运动的拍摄工具，自 20 世纪 90 年代起，演播室摄影机器人开始在欧洲、北美、日本等地区大量应用。摄影机器人主要具有以下优势。

1）能够高效提高节目拍摄的画面质量，增加节目内容的多样性。摄影机器人可拍摄的角度和速度能达到人工拍摄时摄像师难以实现的要求，配合虚拟系统，实现更加多样的拍摄角度，制作出更具吸引力的拍摄画面效果。

2）能够有效提高演播室的自动化程度。随着虚拟演播室系统技术的不断进步，大多新闻演播室、电视访谈频道开始采用全自动化演播室。为实现演播室的全自动化要求，摄像系统通过集控系统控制，使摄影机器人能够满足轨迹设定和远程控制等功能，从而提高演播室的全自动化程度。

3）能够减少节目拍摄流程和时间，有效提高节目录制效率。例如，对于新闻、气象等演播室，由于受室内场地限制，演播室内机位较少，每个机位的拍摄都非常重要，摄影机器人能够实现高重复率、高精准度、高稳定性的拍摄效果，能有效满足录制要求。

南京理工大学团队研制的轨道摄影机器人如图 4.47 所示，整体结构分为电控摄影云台模块、摇臂模块、升降模块、底盘及轨道模块。机器人具备摄像机移动、升降、偏转、俯仰等多个自由度平稳运动定位功能，可将检测到的摄像机进行推、拉、摇、移、聚焦、变焦乃至升降、俯仰等动作的数据，通过"传感器"传输到"校准器"，现场摄像机与虚拟演播室中"虚拟"摄像机相对锁定在一个位置上，虚拟摄像机受跟踪器控制可以实时与现场摄像机保持同步。该摄影机器人云台重复精度为 1mm、0.1°，水平移动精度为 1mm/5m，摇臂旋转/俯仰精度为 ±1°/45°，水平行走速度为 800mm/s，升降速度为 80mm/s。机器人采用基于YOLOv3 与改进 ResNet50 网络的人脸识别算法，具备足够的稳定性与识别精度，且检测速度很快，其综合性能能够满足摄影机器人的工作要求。

南理工研发的
轨道摄影机器人

图 4.47　南京理工大学研发的轨道摄影机器人

摄影机器人在目标跟踪过程中，对目标的空间定位至关重要。该机器人采用基于相似三角形的双目视觉测距算法，设定目标跟踪边界框，确立两种不同的机器人跟踪模式。当跟踪目标具备小距离偏移时，机器人通过云台控制实现追踪；当跟踪目标偏移量较大时，机器人采用水平轨道与三级升降系统进行追踪，从而能够更具针对性地实现目标的跟踪，且简单快捷。

4.4.11　娱乐表演机器人

娱乐机器人以其娱乐性在影视娱乐、服务等行业中具有广泛的应用前景， 它们除具有机器人的外部特征外，可以像现实与虚拟当中的动植物等，可以行走或完成动作，且通常具有语言能力和感知能力，能够与人类进行交互动作。比较典型的娱乐机器人有仿生娱乐机器人、演奏表演机器人、游戏互动机器人等。对于应用于不同领域的娱乐机器人，其关键技术也不尽相同。

1. 仿生娱乐机器人

NEON 集团旗下沉浸式项目"侏罗纪世界电影特展"运用世界领先的电子机械和动画电子互动技术，打造适合所有年龄段游客的多个巨型沉浸互动区。特展中的恐龙仿生机器模型（图 4.48）不仅可以适时发出逼真的嘶吼声，还能自如做出脖子、眼睛、头部、嘴巴等不同部位的动作。制作恐龙的技术均来自 NEON 集团全资子公司 ANIMAX Global，其采用 Animatronic 技术呈现，实现仿生机械与生物"形"的高度相似，使观众感受到娱乐机器恐龙更传神的动态效果，为观众带来身临其境的沉浸式体验。

近年来，大语言模型快速发展，聊天机器人已经能够通过深度学习技术和自然语言处理技术，学习和理解用户的输入内容，产出对应的合理回复。大语言模型的垂直领域应用，预示着娱乐机器人在未来非常重要的创新方向，而形神兼具将是娱乐机器人最核心的特点之一。以大语言模型技术为代表的人工智能技术，在智能化、高效性、自适应性、多语言支持、定制化、可扩展性等方面优势逐渐增强，将有效支持其应用于娱乐机器人交互体验中，通过多种互动方式，让娱乐机器人在精神上更贴近人类思维，为游客带来具有高度灵活性和沉浸感的体验，推动交互娱乐行业发展。

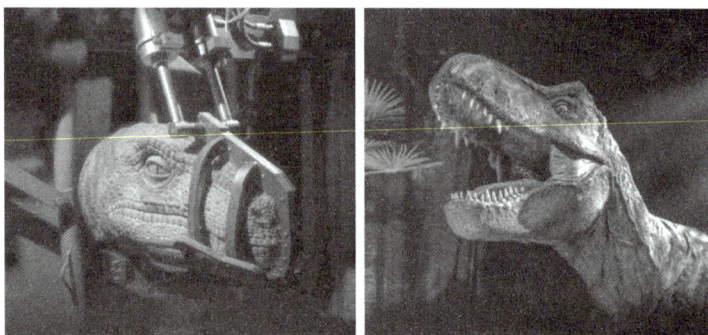

图 4.48　仿生娱乐机器人

2. 演奏表演机器人

演奏表演机器人大多能非常好地结合计算机视觉、无线通信和编程工具，且移动十分灵活，可以在家里走来走去、跳舞或作为移动多媒体播放器，人们也能在一定平台下训练这些机器人行走，做体操、打斗等动作，因此，从一开始就吸引着人们的目光。

例如，图 4.49 所示的架子鼓演奏机器人是一款融合了先进技术和音乐艺术的创新性产品。其拥有高度灵活的机械结构和先进的传感技术，可以模拟人类鼓手的动作，以出色的节奏感和精准的打击力度演奏架子鼓。不同于简单模拟机械臂的产品，该机器人通过复杂的算法和传感器系统实现对音乐的感知和处理。内置的智能学习系统使其能够适应不同风格和速度的音乐，使演奏更自然且充满表现力。架子鼓演奏机器人不仅限于单一的鼓击，还能进行复杂的鼓组合，演奏出具有层次感的音乐作品，使其不仅是机械演奏工具，更是一位独特而富有艺术性的音乐表演者。技术方面，该机器人通过高精度的传感器感知鼓面状态，结合先进的控制系统实现对击打力度和频率的精准调节。这种技术组合使得机器人在演奏中展现出极高水平，甚至可以与人类鼓手媲美。

图 4.49　架子鼓演奏机器人

3. 游戏互动机器人

在 2021 年美国 IAAPA 博览会上 ANIMAX Global 展示其最新科研成果——娱乐机器人

"ATOM"（图 4.50），并获得 2021 年国际游乐园及景点协会（IAAPA）"铜环奖"最佳展览奖。ATOM 通过具有突破性的识别和语义理解技术，以及更自然的动作处理方式，为电子仿生科技发展提供了新的灵感。流畅的人机交互也带给观众更高的情绪价值，实现人与机器人的深层次交流，满足娱乐过程中的精神需求。

图 4.50　游戏互动机器人 "ATOM"

南理工王禹林
教授团队自研的
轮足机器人进展
（拓展阅读）

参考文献

[1] 沈昭阳. 浅谈服务机器人的应用现状和发展前景 [J]. 传播力研究，2018，2（27）：247.

[2] 黄人薇，洪洲. 服务机器人关键技术与发展趋势研究 [J]. 科技与创新，2018（15）：37-39.

[3] MATSUMOTO K，YAMADA H，IMAI M，et al. Quasi-Zenith Satellite System-based Tour Guide Robot at a Theme Park [C]//2020 IEEE/SICE International Symposium on System Integration（SII）. IEEE，2020.

[4] 吴其林，赵韩，陈晓飞，等. 多臂协作机器人技术与应用现状及发展趋势 [J]. 机械工程学报，2023，59（15）：1-16.

[5] 陶永，刘海涛，王田苗，等. 我国服务机器人技术研究进展与产业化发展趋势 [J]. 机械工程学报，2022，58（18）：56-74.

[6] 黄海丰，刘培森，李擎，等. 协作机器人智能控制与人机交互研究综述 [J]. 工程科学学报，2022，44（04）：780-791.

[7] 王年文，王剑. 面向感性需求的家庭服务机器人造型设计研究 [J]. 机械设计，2018，35（11）：111-116.

[8] 张梦轩，苏治宝，索旭东. 移动机器人定位方法研究综述 [J]. 车辆与动力技术，2023（04）：56-62.

[9] 任泽裕，王振超，柯尊旺，等. 多模态数据融合综述 [J]. 计算机工程与应用，2021，57（18）：49-64.

［10］ SUN Y，YU N，FU G H. A discourse-aware graph neural network for emotion recognition in multi-party con-versation. In：Proc. of the 2021 Findings of the Association for Computational Linguistics. Punta Cana：Associ-ation for Computational Linguistics，2021. 2949-2958.

［11］ 朱亚军，陈砆兴. 基于机器视觉的目标识别方法的研究进展［J］. 科技资讯，2023，21（21）：21-24.

［12］ 黄荣怀，刘德建，阿罕默德·提利利，等. 人机协同教学：基于虚拟化身、数字孪生和教育机器人场景的路径设计［J］. 开放教育研究，2023，29（06）：4-14.

［13］ 机器人大讲堂. 长相奇怪的扫地机器人，这是扫地机器人的未来吗［OL］.（2023-11-12）. https：//mp. weixin. qq. com/s/15erhVMAwO9Ga76xnD8pIg

［14］ 科技星球 APP. 松下发布机械外骨骼，穿戴者可以自由转身［OL］.（2017-10-17）. https：//baijiahao. baidu. com/s？id=1581502346039869055&wfr=spider&for=pc.

［15］ 扬子晚报. 病榻前的"康复干将"——床旁护理机器人亮相南京明州康复医院［OL］.（2023-12-13）. https：//baijiahao. baidu. com/s？id=1785174175384226945&wfr=spider&for=pc

［16］ 华尔街见闻. 抢占全屋智能入口，美的发布首款家庭服务机器人［OL］.（2022-06-10）. https：//baijiahao. baidu. com/s？id=1735254180812507342&wfr=spider&for=pc

第5章 仿生机器人

5.1 仿生机器人的定义及分类

5.1.1 仿生机器人的定义

当今世界上存在千万种生物，都是经过亿万年的适应、进化、发展而来，具有合理而优化的结构特点、灵活的运动特性以及良好的适应性和生存能力，一直是人类产生各种技术思想和发明创造灵感不可替代、取之不竭的知识宝库和学习源泉。仿生学是模仿生物系统的原理以建造技术系统，或者使人造技术系统具有生物系统特征或类似特征的科学，它的发展为仿生机器人开辟了独特的技术道路。

简单地说，**仿生机器人是指模仿自然界中生物的外形、运动原理或行为方式的系统，能从事生物特点工作的机器人。**

本质上讲，仿生机器人是仿生学和机器人领域各种先进技术的有机结合，是利用机、电、液、光等各种无机元器件和有机功能体所构建的机器人系统，其在运动机理和行为方式、感知模式和信息处理、控制协调和计算推理、能量代谢和材料结构等方面具有高级生命的形态特征，能在未知的非结构化环境中精确、灵活、可靠且高效地完成各种复杂任务。

因此，从机器人的角度而言，仿生机器人是机器人发展的高级阶段。生物特性为机器人的设计提供了许多有益的参考，使得机器人可以从生物体上学习如自适应性、鲁棒性、运动多样性、灵活性等一系列优良的性能，便于人与机器人的和谐相处。

5.1.2 仿生机器人的分类

仿生机器人可以按模仿对象和所用材料分类，分类框图如图 5.1 所示。

1. 按照模仿对象分类

（1）仿人机器人　按研究方向不同可分为双足步行机器人和仿人手臂与灵巧手指。

1）双足步行机器人。仿人双足步行是生物界难度最高的步行动作之一，相较于多足机器人，其具有步行灵活性更强、能耗更低等优点。双足步行机器人是智能机器人的一种高级形态，也是工程上少有的高阶、强非线性、非完整约束的多自由度复杂多体动力学系统，这对机器人的运动学、动力学及控制理论的研究提供了一个非常理想的实验平台，在公共安全、国防、社会服务等领域应用前景广泛，如图 5.2a 所示。

2）仿人手臂与灵巧手指。在智能化时代，机器人的操作终端尤为重要。因此，作为仿生操作终端的灵巧手以及搭配的仿人手臂，也得到了迅速发展，如图 5.2b、c 所示。从最初的外观仿形，到实现简单运动阶段，再到现在的集运动感知于一体，并能实现类似人手的抓取等细微操作的机电系统，仿人手臂与灵巧手指也越发先进。然而，目前的机器人通常是在有限的设置中完成特定的任务，很多都不能驾驭复杂的末端执行器。因此，作为提高机器人系统作业水平和智能水平的重要工具，具有多感知功能和高自由度的仿人手臂和机器人灵巧手成为机器人领域又一重要研究方向。

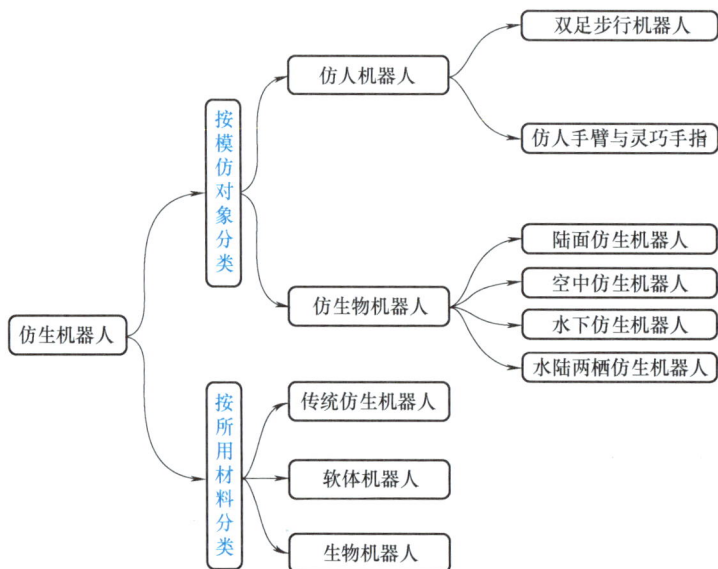

图 5.1　仿生机器人分类框图

a) 双足步行机器人　　　　b) 仿人手臂　　　　c) 灵巧手指

图 5.2　仿人机器人

（2）仿生物机器人　按生物运动环境不同可分为陆面仿生机器人、空中仿生机器人、水下仿生机器人和水陆两栖仿生机器人。

1）陆面仿生机器人。 陆面生物的运动方式多种多样，有多足爬行方式，如狗、壁虎等；有无足移动方式，如蛇类；有跳跃方式，如袋鼠、青蛙、蝗虫等。目前主要有仿生多足移动机器人、仿生蛇形机器人、仿生跳跃机器人等，如图 5.3a 所示。

2）空中仿生机器人。 飞鸟、昆虫、哺乳动物中的蝙蝠等在上亿年进化历史中，经过不断适应环境和优化选择，其在形态、运动方式、能量利用等方面，达到了几乎完美的程度，是非常善于飞行的生物，这为空中仿生机器人的设计提供了借鉴和参照的对象，如图 5.3b 所示。

3）水下仿生机器人。 水下仿生机器人是指模仿鱼类或者其他水生生物的一些特性而研制出的高效、高机动的机器人，水下仿生机器人作为一个水下高技术仪器设备的集成体，在军事、民用、科研等领域体现出广阔的应用前景和巨大的潜在价值。通过模仿鱼类和其他水下动物的运动方式，不断研制和完善具有水下生物运动特点的仿生机器人，以构建采用高效、高机动游动方式的新型水下机器人系统，如图 5.3c 所示。

4）**水陆两栖仿生机器人**。近年来，水陆两栖环境作为一种典型地形特征，在试样采集、环境监测、军事探索等科研领域中越发受到重视。为满足水陆两栖环境的要求，机器人需同时适应水下和陆地的不同环境，因此单独的地面机器人或水下机器人均不能满足要求。于是，水陆两栖仿生机器人应运而生。其设计需同时考虑不同环境下机器人的运动方式，具有较大的挑战性，如图 5.3d 所示。

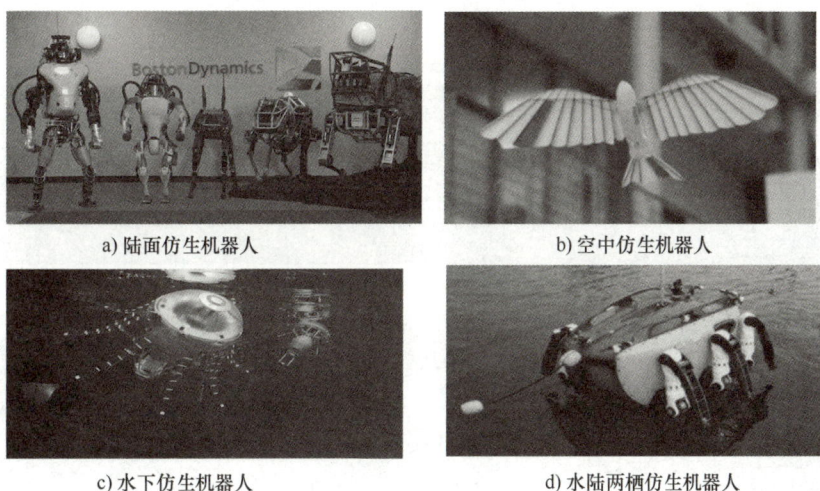

a）陆面仿生机器人　　　　　　　　　　b）空中仿生机器人

c）水下仿生机器人　　　　　　　　　　d）水陆两栖仿生机器人

图 5.3　仿生物机器人

2. 按照使用材料分类

（1）**传统仿生机器人**　传统仿生机器人是指由传统的硬质材料和刚性连接器件构成的仿生机器人，如图 5.4a 所示。其应用广泛，性能稳定，技术成熟，具有输出力大、速度快和精度高的优点。但传统机器人的结构复杂、灵活性差，使其不能穿过狭窄的空间，也不能适应形状复杂的通道。

（2）**软体机器人**　由于传统机器人的一些缺点不能满足人类的需求，促使人类模仿自然界中软体动物的运动方式而研制出软体机器人，如图 5.4b 所示，其设计灵感大多来自自然界的生物，特别是软体动物的"肌肉性静水骨骼"生理结构。**软体机器人的主体材料采用变形较大的柔性材料制成，这种材料表现出与软体生物一般的弹性和可变形性质，可以承受大应变，允许机器人在各种不同环境下进行大幅度地拉伸收缩。**柔性材料的使用使得软体机器人的质量比传统机器人轻，并能够安全地与人协作，还具有根据环境改变自身形状的能力。

（3）**生物机器人**　生物机器人是利用细胞打造成的、具有特殊功能特性的机器人。其大小通常是毫米级的，通过选取不同功能的细胞，并将他们按照预设方案排列组装，这些细胞就会形成自然界中从未见过的形态并协同工作，成为一个由活细胞构成的生物机器人，如图 5.5 所示。它们既不是传统的机器人，也不是已知的动物物种。它们是一类新的人工制品——一种活的可编程生物。

a) 传统仿生机器人　　　　　　　　b) 软体气动机器人

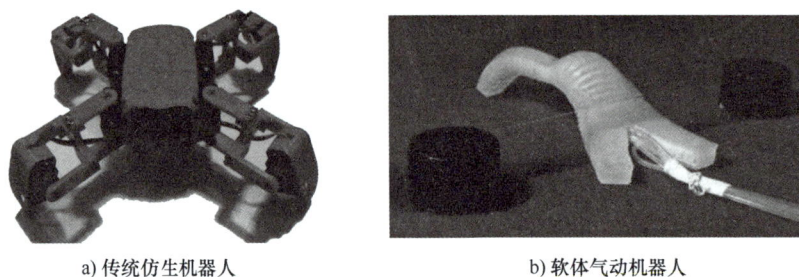

图 5.4　传统仿生机器人与软体机器人

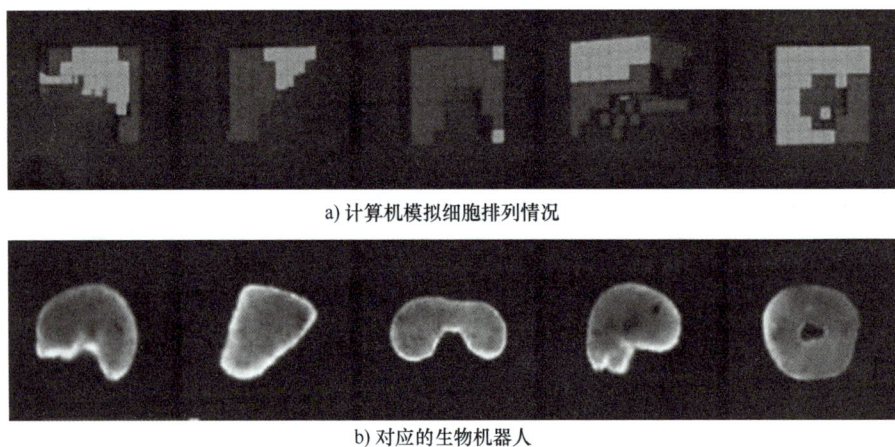

a) 计算机模拟细胞排列情况

b) 对应的生物机器人

图 5.5　生物机器人

5.2　仿生机器人发展历程及未来趋势

5.2.1　仿生机器人发展历程

仿生机器人的出现很好地体现了仿生应用的理念。如图 5.6 所示，人类最早进行了陆面仿生机器人的探索，如三国时期的木牛流马以及 1893 年由 Rygg 设计的机械马；其次，进行了空中仿生机器人的探索，最早模仿鸟类的飞行进行扑翼飞行器设计，1485 年，达芬奇设计的扑翼飞机是世界上第一个按照技术规程进行的设计；后来，人们开始对水下仿生机器人和水陆两栖仿生机器人进行探索。这二者出现较晚，1994 年美国麻省理工学院（MIT）成功研制了世界上第一条真正意义上的机械鱼 "Robotuna"，其为仿金枪鱼的结构；而最早的水陆两栖仿生机器人，是 1992 年美国麻省理工学院为应对美国海军对于侦察近海浅滩海域环境所设计的六足机器人 Ariel ALUV，它的灵感源于生物界中浅滩环境的最佳适应者——螃蟹。

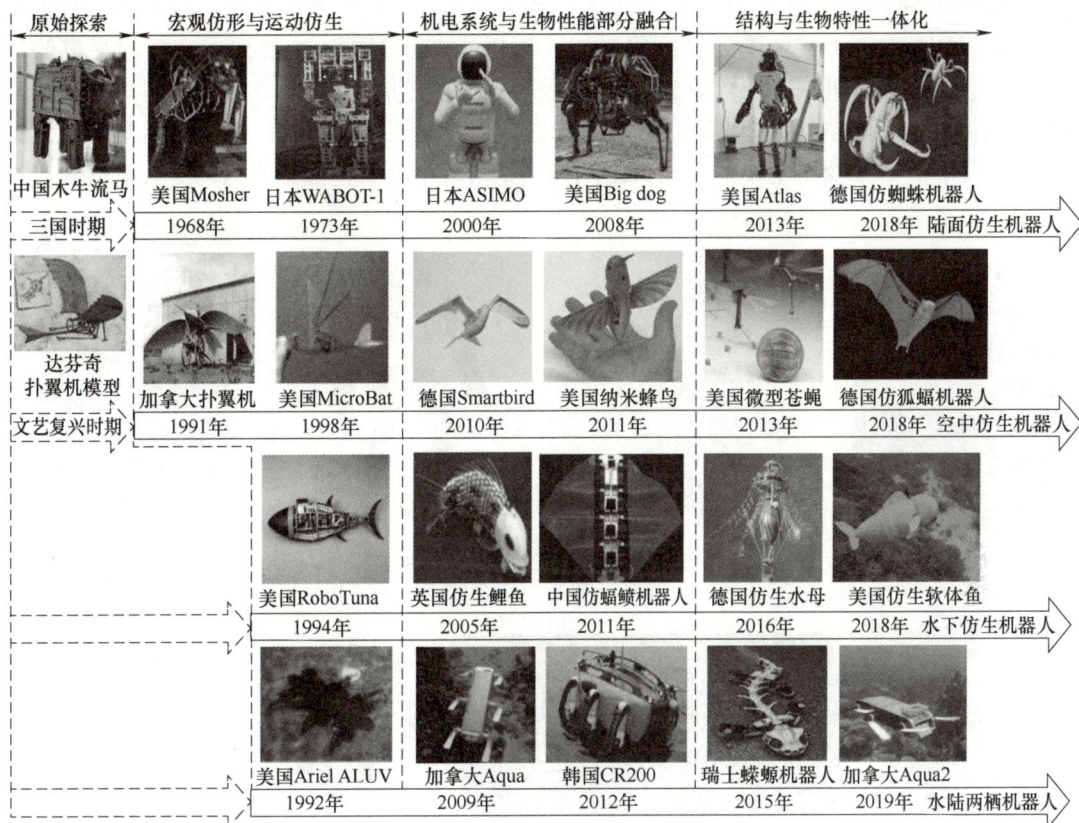

图 5.6 仿生机器人整体发展历程

时期阶段：原始探索 | 宏观仿形与运动仿生 | 机电系统与生物性能部分融合 | 结构与生物特性一体化

陆面仿生机器人：
中国木牛流马（三国时期）— 美国Mosher（1968年）— 日本WABOT-1（1973年）— 日本ASIMO（2000年）— 美国Big dog（2008年）— 美国Atlas（2013年）— 德国仿蜘蛛机器人（2018年）

空中仿生机器人：
达芬奇扑翼机模型（文艺复兴时期）— 加拿大扑翼机（1991年）— 美国MicroBat（1998年）— 德国Smartbird（2010年）— 美国纳米蜂鸟（2011年）— 美国微型苍蝇（2013年）— 德国仿狐蝠机器人（2018年）

水下仿生机器人：
美国RoboTuna（1994年）— 英国仿生鲤鱼（2005年）— 中国仿蝠鲼机器人（2011年）— 德国仿生水母（2016年）— 美国仿生软体鱼（2018年）

水陆两栖机器人：
美国Ariel ALUV（1992年）— 加拿大Aqua（2009年）— 韩国CR200（2012年）— 瑞士蝾螈机器人（2015年）— 加拿大Aqua2（2019年）

纵观仿生机器人发展历程，到现在为止经历了三个阶段。**第一阶段是原始探索时期，该阶段主要是生物原型的原始模仿**，例如，原始的飞行器模拟鸟类的翅膀扑动，该阶段主要靠人力驱动。至 20 世纪中后期，由于计算机技术的出现以及驱动装置的革新，仿生机器人进入**第二个阶段，即宏观仿形与运动仿生阶段**。该阶段主要是利用机电系统实现行走、跳跃、飞行等生物功能，并实现了一定程度的人为控制。进入 21 世纪，随着人类对生物系统功能特征、形成机理认识的不断深入，以及计算机技术的发展，仿生机器人进入第三个阶段，**机电系统开始与生物性能进行部分融合**，如传统结构与仿生材料的融合以及仿生驱动的应用。当前，随着生物机理认识的深入、智能控制技术的发展，仿生机器人正向第四个阶段发展，即**结构与生物特性一体化的类生命系统**，强调仿生机器人不仅具有生物的形态特征和运动方式，同时具备生物的自我感知、自我控制等性能特性，更接近生物原型。随着人类对人脑以及神经系统研究的深入，仿生脑和神经系统控制成为该领域关注的前沿方向。

如今，仿生机器人种类繁多，本书主要针对陆面仿生机器人、空中仿生机器人、水下仿生机器人和水陆两栖机器人领域中的部分典型研究工作进行介绍与分析。

1. 陆面仿生机器人

（1）仿人机器人 **仿人机器人不需要改变人类工作、生活环境，直接使用工具，完成拟人化的多种任务**，研制开始于 20 世纪 60 年代末的双足步行机器人。日本早稻田大学首先展开了该方面的研究工作，于 1973 年研制出国际上首台仿人机器人 WABOT-1，可实现静态行走，如图5.7a所示。进入21世纪，仿人机器人具有了一定的感知系统。2000年，日本本田公司研发出首台无外接电缆的高度集成仿人形机器人ASIMO，主要面向室内较平整的环境。它不仅具有人的外观，还可事先预测下一个动作并提前改变重心，因此，转弯时的步行动作连续流畅、行走自如甚至实现了奔跑，通过定制电动机、大减速比的减速器等部件大幅提升了性能，并且解决了电缆的移动束缚问题，是第一个具有世界影响力的仿人机器人。

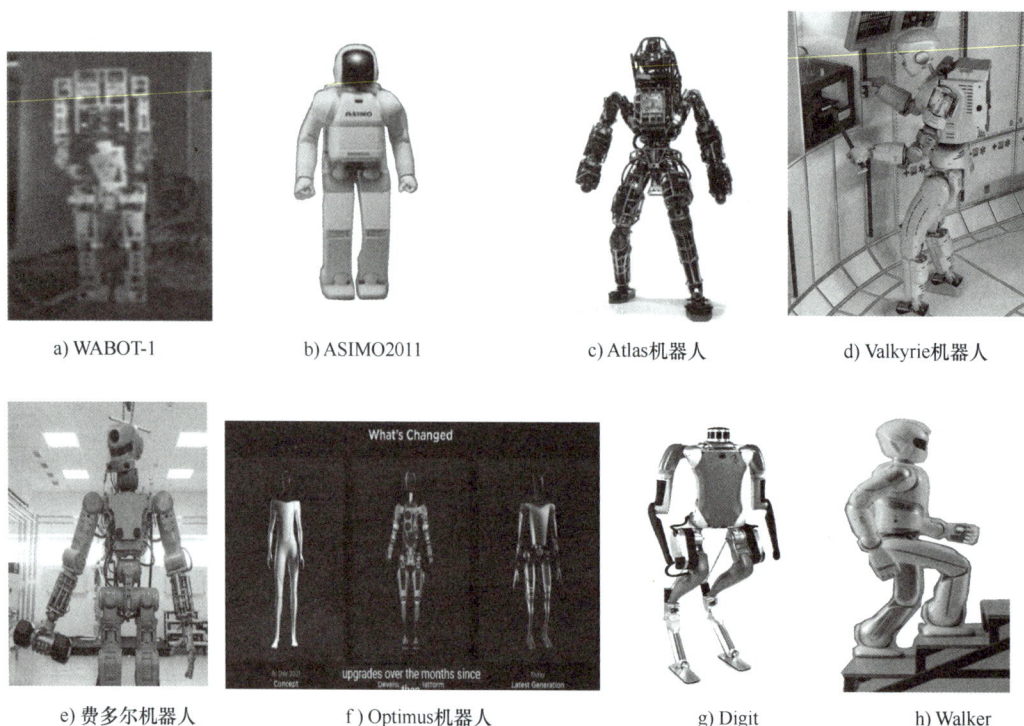

a) WABOT-1   b) ASIMO2011   c) Atlas机器人   d) Valkyrie机器人

e) 费多尔机器人   f) Optimus机器人   g) Digit   h) Walker

图5.7　仿人机器人

随着控制理论的发展与控制技术的进步，仿人机器人的智能性更强。例如，本田2011年发布的"ASIMO2011"机器人（图5.7b），综合了视觉和触觉的物体识别技术，可进行细致作业，例如，拿起瓶子拧开瓶盖、将瓶中液体注入柔软纸杯等；此外，还具备跳舞、跳跃、避障、对话等功能，设计十分精巧且功能完善。从这一角度来说，ASIMO代表了现今仿人机器人的最高水平。2013年，美国波士顿动力公司研制的"Atlas"机器人（图5.7c）是当前仿人形机器人的一个代表，除了具有人形外观，还具备了人类简单的识别、判断以及决策功能，是一款智能化程度较高的类人机器人。同年，美国航空航天局（NASA）研发了一款名为Valkyrie的仿人机器人（图5.7d），其手臂、手腕、头、腰部和腿均有一定的自由度。根据设计需求，它能完成爬楼梯、驾车、清理杂物、应对核电站事故、从事太空探索（如派往火星执行任务）等任务活动。2017年，俄罗斯研制出仿人机器人"费多尔"（图5.7e），费多尔可在高危地区取代人类工作，用于救援行动，能力扩展后还能执行太空探索等任务，而且其射击能力在军事作战方面表现出巨大的应用潜力。

2022年10月，特斯拉公司首次亮相了Optimus（擎天柱）人形机器人的原型机。Optimus高1.72m，重量73kg，身体由特殊材料制成，头部为可显示信息的屏幕，全身200

多个自由度，其中手部 27 个自由度；内置特斯拉 FSD（完全自动驾驶）芯片，并共用 AI 系统，能搬东西和浇花，未来应用可能包括烹饪、园艺，甚至是伴侣。根据特斯拉公司的计划，Optimus 最早将于 2025 年开始生产，目标售价低于 2 万美元，如图 5.7f 所示。除此之外，2021 年 9 月，美国创业公司 Agility Robotics 旗下类人机器人 Digit 已在仓库中得到应用，并于 2022 年获得了亚马逊的投资，如图 5.7g 所示。而国内的人形机器人领域已有优必选的 Walker 等出现，如图 5.7h 所示。

（2）仿人手臂与灵巧手指　美国加利福尼亚大学 TOMOVIC 于 1962 年针对伤寒病患者设计的"Belgrade"被认为是世界上最早的灵巧手机器人，只能实现简单动作。SALISBURY 于 1982 年设计的"Stanford/JPL"仿人手首次完整引入了位置、触觉、力等传感功能，开创了多指手实际抓取操作的先河，是当时乃至现在都很具有代表性的机械手。此后，机械手朝更加灵活、智能的方向发展。2010 年，德国宇航中心 DLR 研制的手-臂联合系统"Hasy"机械手臂（图 5.8a），具有 21 个自由度，是第一个采用仿生学关节进行手指设计的多指灵巧手。同时，德国 DLR 和哈尔滨工业大学联合研制的类人五指灵巧手"HIT/DLRHand"（图 5.8b），具有多感知能力，运动灵活，其抓取过程仿人化。2018 年，英国 Shadow Robot 公司研制出最新一款先进的 Shadow 机器人灵巧手（图 5.8c），该机械手采用深度学习的方法，通过大量数据反复练习，使机器人具备更加优良的性能。

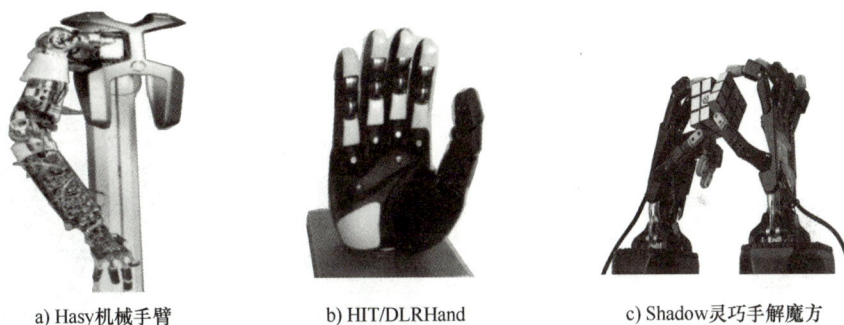

a) Hasy机械手臂　　　　　b) HIT/DLRHand　　　　　c) Shadow灵巧手解魔方

图 5.8　仿人手臂与灵巧手指

（3）仿生多足移动机器人　仿生多足移动机器人的灵感来源于自然界的爬行生物。20 世纪 60 年代中期，通用电器公司研制了四腿式步行机器人"Mosher"，是仿生多足移动机器人技术发展史上的一个里程碑。美国波士顿动力公司于 2008 年仿大狗研制的"Big dog"机器人（图 5.9a）是多足运动机器人的另一个里程碑，具有环境感知和良好的运动适应能力。2018 年，德国著名自动化技术厂商费斯托公司推出一款名为"BionicWheelBot"的新型仿蜘蛛机器人（图 5.9b）。该仿生机器人身长约 55cm，模仿了一种生活在摩洛哥沙漠中的蜘蛛生物，不仅能在地面正常行走，还能蜷缩成球用腿辅助向前翻滚。同年，我国的宇树科技公司凭借第一款主力机器人产品"莱卡狗"（Laikago），成为最早实现商业化的四足机器人公司之一（图 5.9c）。2019 年，麻省理工学院推出全球首个实现后空翻的四足机器人 Mini Cheetah 并风靡一时（图 5.9d），Mini Cheetah 可以横向移动、跳跃、自动从摔倒状态爬起，具有划时代意义。同年，我国蔚蓝公司研制出升级版阿尔法机器狗，是当时全球行走速度最快的量产机器狗。

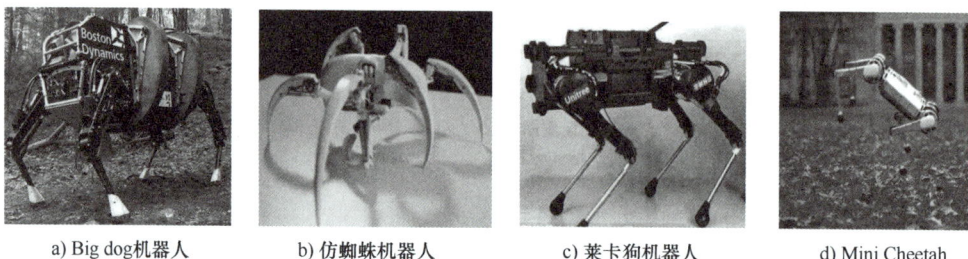

a) Big dog机器人　　b) 仿蜘蛛机器人　　c) 莱卡狗机器人　　d) Mini Cheetah

图 5.9　仿生多足移动机器人

（4）仿蛇形机器人　日本东京工业大学最早开始对蛇形机器人的研制，于 1972 年研制了第一台仿蛇形机器人。之后，又研制了"ACM"系列蛇形机器人（图 5.10a），但该机器人无法在狭小空间内运动，如管道。为此，该实验室研制了一种蠕动式行进的蛇形机器人"Slim Slime robot"（图 5.10b）。美国密歇根大学于 2005 年成功开发了一款采用履带驱动的蛇形机器人"Omni Tread"（图 5.10c），具有很强的运动能力并能跨越楼梯，提高了仿蛇形机器人的越障能力。2011 年，卡耐基梅隆大学（CMU）研制一种模块化蛇形机器人，由 16 个模块组成，能够在狭小的空间内蜿蜒运动，快速翻滚和游动以及快速沿着杆以翻滚的姿态进行内攀爬和外攀爬。2019 年，卡耐基梅隆大学又推出了最新的可拆装的模块化蛇形机器人（图 5.10d）。

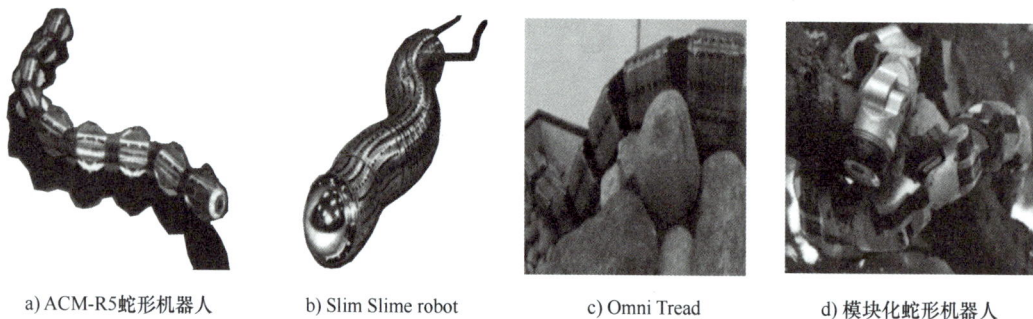

a) ACM-R5蛇形机器人　　b) Slim Slime robot　　c) Omni Tread　　d) 模块化蛇形机器人

图 5.10　仿蛇形机器人

2. 空中仿生机器人

近年来，美国、加拿大、德国等国家的科学家通过模仿飞行生物，研制了各式仿生扑翼飞行器。随着新式材料与新型驱动方式的应用、控制理论的突破以及计算机技术的进步，空中仿生机器人从最初的简单模仿昆虫鸟类的运动阶段，发展到当前无论是结构材料还是运动方式都与飞行生物更接近的材料结构一体化阶段。

空中仿生机器人最早从模仿生物外形及运动开始，从最初的人力驱动发展到依靠电动机进行驱动。加利福尼亚工学院和 AeroVironment 公司于 1998 年共同研制了"MicroBat"扑翼微型飞行器，机翼结构形状模仿蝙蝠翅膀，是最早的仿生物飞行方式的电动扑翼飞行器。近年，美国 Aero Vironment 公司研发的"蜂鸟"机器人是一种超微型扑翼飞行器（图 5.11a），翼展 16cm，质量 10g，飞行速度 10m/s，可抵挡 2.5m/s 的风力，续航时间 8min。德国 FESTO 公司于 2010 年研制出能像鸟一样飞行的扑翼飞行机器人"Smartbird"（图 5.11b），将空中仿生机器人的研究推向一个新的阶段。该公司其后研制的仿生机械蜻蜓"BionicOpter"，长 44cm，翼展 63cm，质量 175g，具有更大的飞行灵活性。美国哈佛大学于 2013 年研制的"机器苍蝇"是典型的仿生学产品，质量只有 80mg，翼展也仅 3cm，其飞行运动原理和苍蝇非常相似。2018 年，美国华盛顿大学开发出一款采用独立襟翼的无线机器昆虫——机器蝇"RoboFly"（图 5.11c），其比牙签稍重、比真的苍蝇略大，由激光束供电，内置一个微型电路板，电路板中配有微型控制器，制造成本低，非常适合在大型无人机无法到达的地方执行军事或民用监视侦察任务。2019 年，德国费斯托公司基于对狐蝠翅膀的独特研究，开发出一款仿生狐蝠机器人"BionicFlyingFox"（图 5.11d）。该款空中仿生机器人重量仅 580g，全身有 4.5 万个焊点，翼展 228cm，体长 87cm，采用以蜂巢结构编织的超级氨纶弹性纤维织物翼膜和碳纤维骨架，外形十分轻巧，并且保持了空中生物敏捷性的特点，可模仿完成大多数飞行生物在高空中飞行并做稍许停留的动作。

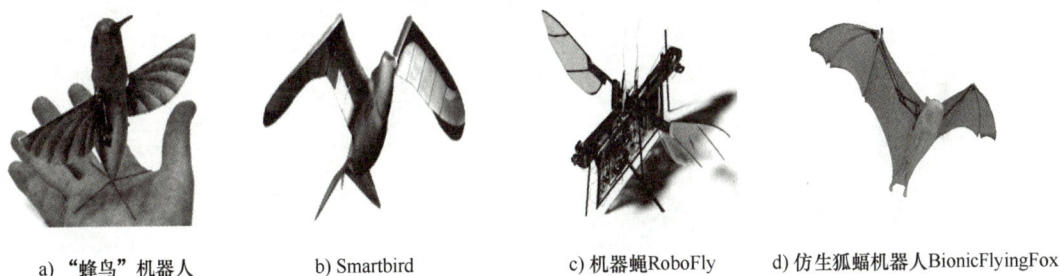

a) "蜂鸟"机器人　　　b) Smartbird　　　c) 机器蝇RoboFly　　　d) 仿生狐蝠机器人BionicFlyingFox

图 5.11　空中仿生机器人

3. 水下仿生机器人

水下仿生机器人作为一个水下高技术仪器设备的集成体，在军事、民用、科研等领域体现出广阔的应用前景和巨大的潜在价值。

1994 年，麻省理工学院（MIT）成功研制仿生金枪鱼机器人"Robotuna"（图 5.12a），开创了水下仿生机器人研制的先河。目前，机器鱼主要采用 BCF 推进模型，例如，英国埃塞克斯大学（Essex）于 2005 年研制的仿生机器鱼（图 5.12b），其外形完全按照生物鱼的原型设计，运动方式也是像鱼类一样依靠胸鳍和尾鳍的摆动完成直线运动和转向。随着研究的深入，人们发现 BCF 推进模式在高速巡游时虽然效率较高，但是稳定性、机动性差，转弯半径也相对较大。

有研究人员从蝠鲼等采用胸鳍摆动进行推进的生物中得到启发，进行 MPF 推进模式的水下机器人研制。例如，2009 年，国防科技大学研制的仿生蝠鲼机器人"Cownose ray I"（图 5.12c），采用多直鳍条方式，通过鳍条的拍动产生推进力，可实现各个方向的机动性，实现 0.13m/s 的前进速度和 0.15m/s 的后退速度。近年来，随着仿生材料、柔性材料的出现，柔性驱动成为水下仿生机器人的一个研究热点。2011 年，北京航空航天大学机器人研究所也成功研发了仿生牛鼻鲼机器人（图 5.12d）。

麻省理工学院计算机科学与人工智能实验室于 2018 年 3 月开发出一种名为"SoFi"的仿生软体机器鱼（图 5.12e）。该机器鱼的大小和行为与真鱼相似，可通过一个防水游戏手柄近距离控制，使其在产生最小破坏性的前提下近距离观察水下生物。2018 年 8 月，俄罗斯罗巴切夫斯基州立大学称，该校科学家已经完成一款"金枪鱼"水下仿生机器人的实验测试，并在俄罗斯"军队-2018"防务展期间展出（图5.12f）。该机器鱼是一个完全自主的水下平台，拥有多种传感器模块，可针对不同的作业任务进行运动模式的改变，包括在指定水域的空间内进行监视、测量和记录相关参数。

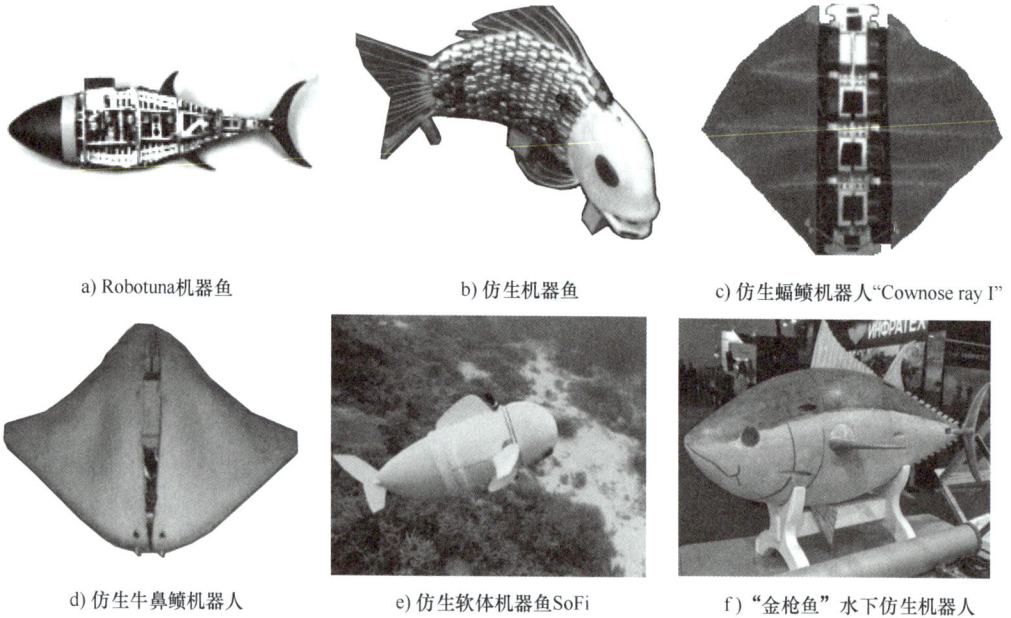

a) Robotuna机器鱼 b) 仿生机器鱼 c) 仿生蝠鲼机器人"Cownose ray I"

d) 仿生牛鼻鲼机器人 e) 仿生软体机器鱼SoFi f) "金枪鱼"水下仿生机器人

图5.12 水下仿生机器人

4. 水陆两栖仿生机器人

1992年，麻省理工大学以螃蟹为仿生原型，开发了一款近海浅滩海域的六足机器人Ariel ALUV。加拿大麦吉尔大学在RHex的基础上开发了两栖机器人Aqua（图5.13a），该机器人重约8kg，游动速度可达0.4m/s，六个关节均由独立的直流电动机驱动，在水中通过六个桨叶的上下挥拍控制姿态，在陆上运动将桨叶更换为弧形足，具有在浅滩恶劣环境中工作的能力。

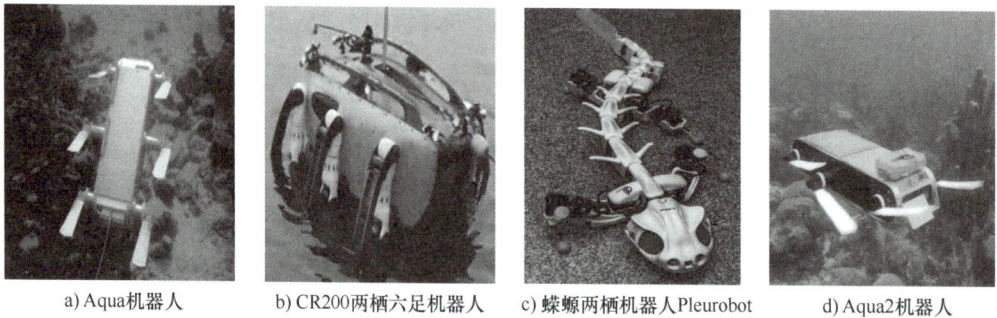

a) Aqua机器人 b) CR200两栖六足机器人 c) 蝾螈两栖机器人Pleurobot d) Aqua2机器人

图5.13 水陆两栖仿生机器人

2010年之后，水陆两栖仿生机器人迎来了较快发展。2012年，韩国海洋系统工程研究部与韩国海洋研究院合作开发了一款两栖六足机器人CR200（图5.13b）。该机器人重约

635kg，水下作业深度可达 200m，搭载了多种探测设备。2013 年，中国科学技术大学在 RHex 和 Aqua 机器人的启发下，研制了新型两栖机器人 AmphiHex-I，该机器人由六个可变形腿-璞混合推进机构组成。2015 年，洛桑理工学院在多年两栖机器人设计经验的基础上，对外公布了最新一代蝾螈两栖机器人 Pleurobot（图 5.13c），无论在水中还是陆地，均采用蝾螈的推进方式，是单一仿生的杰出代表。2019 年，加拿大 Aqua 机器人经过不断改进，正式更名为 Aqua2 机器人（图 5.13d）并开始量产。

5.2.2 仿生机器人未来趋势

目前，随着生物结构和功能逐渐被认知和掌握，仿生机器人技术已逐渐应用于军事、生产生活、康复医疗等领域。仿生机器人研究的前提是对生物本质的深刻认识以及对现有科学技术的充分掌握，研究涉及多学科的交叉融合，其发展趋势应该是将现代机构学和机器人学的新理论、新方法与复杂的生物特性相结合，实现结构仿生、材料仿生、功能仿生、控制仿生和群体仿生的统一，以达到与生物更加近似的性能，适应复杂多变的环境，最终实现宏观和微观结合的仿生机器人系统，从而实现广阔的应用。

（1）仿生机理研究由宏观向微观发展 认识生物原型的特性是仿生学的前提。随着生物学、化学、物理学、机械学等多学科在仿生机理研究上的应用，仿生机理研究将跨越宏观、微观乃至纳观尺度的多层次结构和功能，由表及里逐渐深入，通过建立更为逼真的数学模型，为仿生机器人设计提供理论基础。

（2）仿生结构由刚性结构向刚柔一体化结构发展 仿生刚柔性混合结构成为目前机构设计的发展趋势之一。仿生结构的设计从刚性结构转向刚柔混合结构，既可具有生物刚性的支撑结构，又可具有柔性的自适应结构，图 5.14a 所示为刚柔一体化的机械臂。改进现有的机械设备和工具，或设计制造新型的仿生高效机械设备和工具，仿生机器人将实现结构轻便、质量小、精密程度更高的特点。此外，刚柔一体化仿生机构可针对不同环境约束的变化具有更好的适应能力，因此，研究模拟生物运动过程中开链、闭链结构的相互转换与复合，设计创新的非连续变约束复合仿生新机构，是仿生机构的另一个重要发展方向。

a) 刚柔一体化机械臂　　　　b) 机械臂肌电控制　　　　c)高效推进的水母软体机器人

图 5.14　仿生机器人发展趋势

（3）仿生材料由传统材料向结构、驱动、材料一体化方向发展 基于智能材料与仿生结构，研究材料、结构、驱动一体化的高性能仿生机构，是未来的发展趋势之一。仿生机器人将逐渐淘汰钢材、塑料等传统材料，使用与生物性能更加接近的仿生材料，从而实现低能耗、高效率、环境适应性强的性能特点。以水下机器人的研究为例，在传统的研究中，采用刚性材料制作的尾鳍无法和真正的鱼一样实现尾部灵活摆动，而采用新型柔性材料进行仿生鱼的设计，可以更好地实现仿生鱼快速游动和灵活运动。此外，采用人工肌肉等仿生驱动形式，并实现与结构、材料一体化，将使仿生机器人与被模仿生物的形态更加接近。

（4）仿生控制由传统控制方式向神经元精细控制发展　未来，仿生机器人将摒弃传统的机器人控制方式，基于生物系统的微观机电和理化特性，探索肌电信号控制、脑电信号控制等仿生控制方式，通过神经元进行仿生机器人的精细控制，并在多感知信息融合、远程监控、多机器人协调控制等方面取得突破，实现精度更高、适应性更好、响应更加快速的控制及良好的环境感知能力。图 5.14b 所示为一款机械臂的肌电控制。此外，为达到更为逼真的运动仿生效果，仿生机构的稳定性和鲁棒性已成为研究重点。

（5）生物能量由低效的机械能向高效的生物能转换发展　随着机械系统能源问题的日益突出与机构节能、环保理念的深化，高效能的仿生机构必然成为现代机构学的发展趋势之一。生物能量研究要在生物学、化学、物理学的多学科交叉的基础上，寻求生物能量高效利用的原理，研究生物能量传递和转换机理及其与生物组织之间的关系，并在新能源、新型能量转换装置等方面进行研究。研究目标集中在功能、效率、质量、损耗这四个方面，从而提高仿生机器人的能量利用率，降低能耗。图 5.14c 所示的水母机器人，采用高效灵活的喷射式推进方式，是目前垂直上升速度最快的水母机器人。

（6）仿生机器人的相似性和多变性　在军事侦察和间谍任务中，如果仿生机器人的外形与所模仿的生物外形完全一致，将能更隐蔽、更安全地完成任务。因此，仿生机器人的外形与所模仿生物的相似性，是仿生机器人研究的热点之一。日本研制的变形机器人包括若干小机器人，小机器人通过红外传感器和照相机识别周围的障碍物，然后相互协调，按照不同需要组合成狗、蜘蛛、蛇等 7 种形态，可以根据环境变化而改变自己的形状。同时，机器人的多变性使其能够进入各种人类难以接近的灾害现场实施调查，还有望应用于航天等领域。

总之，仿生机器人的未来发展中，对自然功能与特性的研究应既要知其然，也要知其所以然，要从对自然功能的认识层面向深入的微观层面发展，揭示生物最本质的生命特征和机能，并不断将新方法、新技术应用于仿生机器人的研究中，使仿生机器人向着结构与生物材料一体化的类生命系统方向发展。此外，在仿生机器人未来的应用中，让其更好地为人类服务也是今后的一大发展趋势。

5.3　仿生机器人关键技术

仿生机器人从诞生、发展，到现在短短几十年时间，对其研究取得了一系列的突出性研究成果，开辟了机器人领域独特的技术发展道路和研究方法，大大开阔了人们的眼界，显示出广阔的应用前景和极强的生命力。其中，包括的关键技术主要有仿生模型构建、仿生材料、仿生结构和仿生控制。

5.3.1　仿生模型构建

通过对生物机理进行研究，可以揭示生物自身的功能特性，为仿生机器人的研究提供依据，而研究的关键是如何准确地对生物运动机理进行建模，图 5.15a 展示了水面仿生跳跃机器人的建模过程。目前，有不少学者从试验与理论上进行研究，一定程度上揭示了生物机理。生物机理模型建立的好坏，从根本上决定了仿生机器人与实际生物功能的差距。其技术难点主要在于三个方面。首先，生物体是一个非常复杂的系统，每一个运动功能都由骨骼、肌肉、神经系统等多因素作用，需要尽可能全面地了解生物的运动功能；第二，生物机理的研究要结合大量的试验，而现有试验条件及研究方法过于单一，无法完全满足相应生物运动规律的观测要求；第三，生物机理的研究需多学科长期密切合作，而现有研究过程中，多学科合作仍处于起步阶段。例如，脑科学的研究重点之一便是通过对脑的结构功能进行研究，从而了解大脑的控制和通信机理。由于大脑的控制过程非常复杂，且研究过程需要解剖学、生理学、分子生物学、系统生物学等多学科协调工作，这都使得研究具有较大难度。因此，实现对生物机理的准确建模和分析还有很长的路要走。

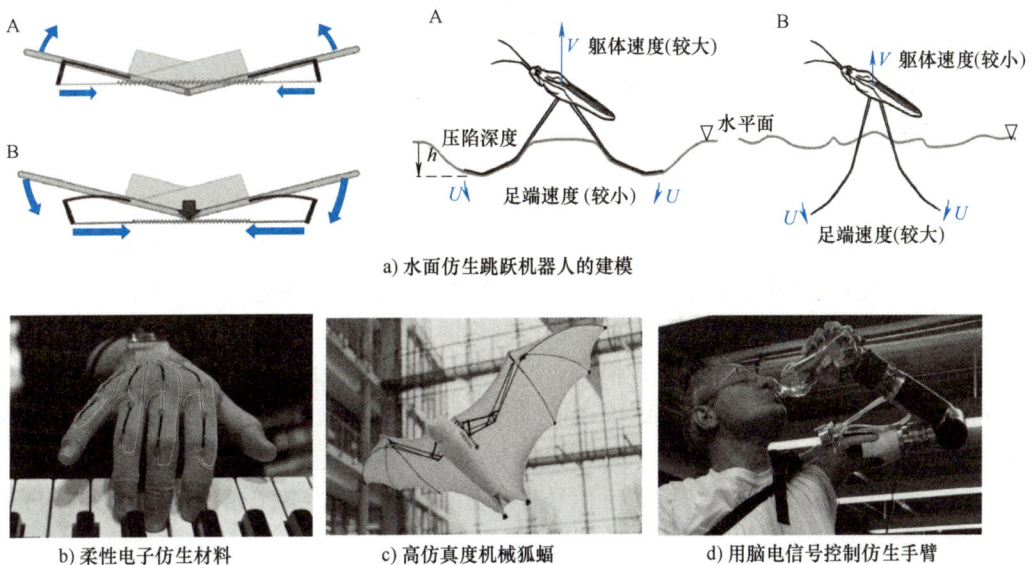

a) 水面仿生跳跃机器人的建模

b) 柔性电子仿生材料　　　c) 高仿真度机械狐蝠　　　d) 用脑电信号控制仿生手臂

图 5.15　仿生机器人关键技术

5.3.2　仿生材料

近年来，不断发展的仿生学和材料学为机器人技术带来了全新的技术方向。传统机器人多由合金、工程塑料等制成，而仿生材料具有最合理的宏观与微观结构，并且具有自适应性和自愈合能力，在比强度、比刚度、韧性等综合性能上都更为突出。因此，仿生材料的使用可以使仿生机器人与生物的运动功能更接近，实现生物减阻、耐磨、抗疲劳、防粘、自洁等优良特性。仿生机器人材料的关键在于智能柔性材料的应用，这不光包括机器人主体材料，也包含电路、电子件以及电源的材料。不同的材料选择决定了机器人的最大负载、变形、续航、耐用度等性能。目前，用作仿生机器人的主要材料有形状记忆合金、弹性体高分子材料和高分子复合物 3 种。此外，部分柔性电子材料和纳米仿生材料也开始应用，如图 5.15b 所示。

5.3.3 仿生结构

仿生机器人的整体结构应能近似再现被模仿对象的结构特点，从而更好地模拟生物的运动功能。在运动机构方面，自然界的生物都具有刚柔混合的组织结构，使生物自身具有高灵活性、高能效、轻量化等特点，增强其自身的运动性能和环境适应性。因此，仿生机器人的骨架和执行装置的仿生机构，与传统刚性机构相比具有如下特性。

1）机构灵活性高、功能复杂。仿生机器人模仿生物运动或生物行为功能，具有较高的感知能力和处理能力，因此，要求其机构具有较高的灵活性，部件也可独立参加工作。

2）存在高冗余自由度，例如，蛇形机器人的关节自由度大于确定空间机器人位姿所需的自由度。这种自由度的冗余，允许其在不平坦的地面和非结构环境下运动并保持动态稳定。

3）所用材料不全是传统刚性机构所用的钢铁合金，越来越多的仿生机器人使用形状记忆合金和可伸缩智能材料，以满足对材料性能高、形状可控等特殊要求。

4）机构具有拓扑结构可变性，即其具有变构态、变自由度等特性，但其机构仍能保持良好的运行性。

5.3.4 仿生控制

生物控制系统是仿生机器人研究的重要内容之一。传统的控制方法是基于模型的控制方法，采用建模-规划-控制的思路，即先对机器人本体及环境进行精确建模，然后人工规划得到机器人的最佳运动轨迹，再利用反馈机制控制机器人实际运动与理想轨迹之间的偏差，使机器人的运动尽可能趋近理想轨迹。但是，这种方法建模烦琐，且环境适应性不足。

麻省理工学院（MIT）的 Brooks 在 1985 年提出基于行为的控制方法，采用感知-反射的控制思路，即机器人的运动由一系列简单的形式化动作或"能力"组成，每个能力包含多个传感输入和对应的驱动输出，由传感信号直接引发相应动作。各个动作通过竞争、组合等方式决定机器人的整体行为。

之后，人们结合生物学研究发现了动物节律运动的规律，基于生物中枢模式发生器（CPG）原理的运动控制是后来兴起的一种新的机器人运动控制方法，通过对一些生物控制模型的工程模拟，提高机器人的运动能力和控制水平。

然而，生物对自身协调运动控制的能力是一般机电控制系统无法比拟的。如何设计核心控制模块与网络以完成自适应、群控制、类进化等一系列问题，已经成为仿生机器人研发过程中的首要问题。

此外，生物良好的环境感知能力也是仿生机器人研究的方向之一。生物可通过视觉、听觉、嗅觉等感官系统时刻对周围环境进行感知并做出准确判断，以适应复杂多变的环境。而现有的仿生机器人还无法准确地模拟生物的感知特性，对周围环境的感知能力存在精度较低、反应时间较长、对复杂环境的感知准确性不足等问题。

近来，随着人工智能的发展，基于人工智能尤其神经网络辅助的机器人和仿人灵巧手的自动控制及自适应调整也成为未来的研究热点。与此同时，随着生物学、医学等领域的发展，基于人体脑电信号和肌电信号直接控制的机器人系统也发展迅速。例如，在医疗领域的智能假肢等仿生器械，使机器成为人体的一部分，这也是一种全新的仿生控制方式。

5.4　仿生机器人应用案例

5.4.1　仿人机器人

本节应用案例介绍了三种仿人双足步行机器人，案例一为美国波士顿动力公司的双足机器人 Atlas，分别介绍其三代版本的"进化"之路；案例二为美国特斯拉公司的双足机器人 Optimus；案例三为日本软银集团的 Pepper 智能机器人。

1. 双足机器人 Atlas

仿人机器人有**运动敏捷性、环境适应性**和**作业多样性**三大核心问题。其中，跳跃能力对增强运动的敏捷性和环境适应性意义重大。

Atlas 仿人机器人由波士顿动力公司制造，拥有非常出色的运动能力，能够在高低不平的地面上行走，甚至能在平地上奔跑，很容易保持平稳，显示出它具备作为机器人在人类环境中安全、灵活工作的能力。以前的机器人，如本田公司的 ASIMO 和索尼公司的微型机器人 QRIO，虽然也能行走，但运动性能一般，不能迅速调整平衡，所以常看上去很笨拙。这与它们的驱动方式密切相关，Atlas 采用液压驱动方式，跳高大于 0.6m，爆发力强、适应性好，但能耗大、工作时间短、存在噪声和漏油的问题，价格较贵；ASIMO 采用电动机驱动的方式，工作时间长、成本低，但爆发力不高、抗冲击弱，难以适应野外环境。目前，科学家们正在尝试提出以电动机驱动的方式实现类似液压驱动的高爆发性，同时具有长续航、低成本、易维护等优越性的技术替代方案。

此外，高动态跳跃运动对机器人的硬件和控制提出了非常高的要求，见表 5.1。

表 5.1　高动态跳跃运动对机器人的硬件和控制的要求

场景	跳得起		落得下
硬件本体要求	大力矩	高转速	强回驱
规划和控制要求	协全身	精跟随	柔着地

为了满足本体大力矩、高转速和强回驱的要求，需攻克高扭矩密度电动机、仿生变速比机构、高回驱关节等关键技术；而在规划控制方面，为了满足协全身、精跟随、柔着地等要求，需攻克多关节协同规划、全身角动量控制、黏弹性柔顺控制等关键技术。北京理工大学的陈学超教授团队在这些方面也做了很多有益的工作。

这里，重点介绍下波士顿动力公司的 Atlas 机器人各重大版本的迭代情况

（1）Atlas 第一版　第一阶段，也是 Atlas 的第一版，主要任务是如何能像小孩子一样稳定地走路。第一版 Atlas 机器人是 2013 年基于波士顿动力公司早期的 PETMAN 仿人机器人研发而成，具有四个电液混合驱动的四肢。Atlas 机器人由航空级铝和钛建造，身高约 1.8m，重达 150kg；通过蓝光 LED 照明，配备两个视觉系统，即一个激光测距仪和一个立体照相机，并由一个机载电脑控制；共拥有 28 个自由度，实现了高速步行、单脚站立和复杂路面步行。

第一版的主要特点是 Atlas 需要一根长长的线进行供电，如图 5.16 所示。在第一版的试验中，Atlas 已经可以完成一部分需要很强平衡性的任务。Atlas 可以在实验室环境中，走过铺满石块的道路，并一直保持身体平衡不摔倒；其次，在实验室环境中，让 Atlas 保持单脚站立，引入外部撞击，在撞击力不是很大的情况下，Atlas 仍能保持单脚站立不摔倒；在履带上行走时，在一只脚的行进路线上放置障碍物，当 Atlas 踩到障碍物的时候，会自动在下一步更新步态，规划下一步的落地点离开障碍物；最后，在野外环境进行行进实验，Atlas 也能保持较好的平衡性。

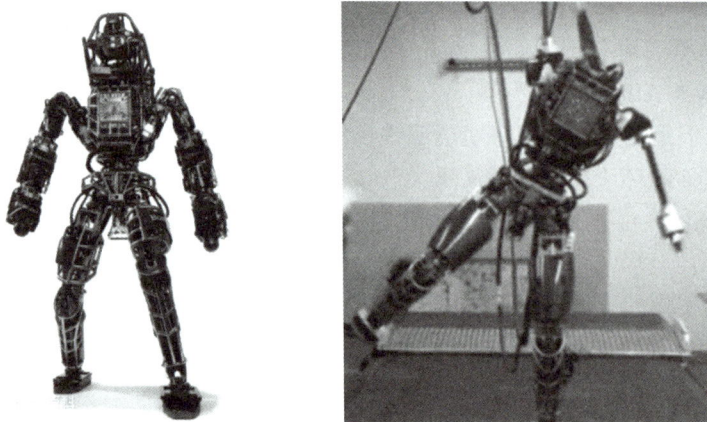

图 5.16　Atlas 在实验室单脚站立承受撞击而不倒

（2）Atlas 第二版　2015 年初，Atlas 成功进化至第二版。此次变身，Atlas 全身的 75%都被重新设计，只有小腿和脚沿用了上一版的设计，新的设计使得它变得更加强壮、快速和安静，这样改进的目的也使 Atlas 机器人更容易完成一些挑战，例如，要求它挤入专为人类设计的空间，甚至放入真正灾难救援场景。得益于其身后的电池大背包，Atlas 第二版脱离了电缆的束缚，在完成包括行走、站立、使用工具等动作的情况下可以持续 1h，还可以与上位机进行通信。

得益于全身升级后的各项组件，新改进的 Atlas 比第一版更加纤细，体型也更小，升级后的 Atlas 高 1.88m，重 156.5kg，如图 5.17 所示。更加有效的机载液压泵也使得 Atlas 机器人在移动速度上更加迅猛，并且在摔倒时有能力自己爬起来。

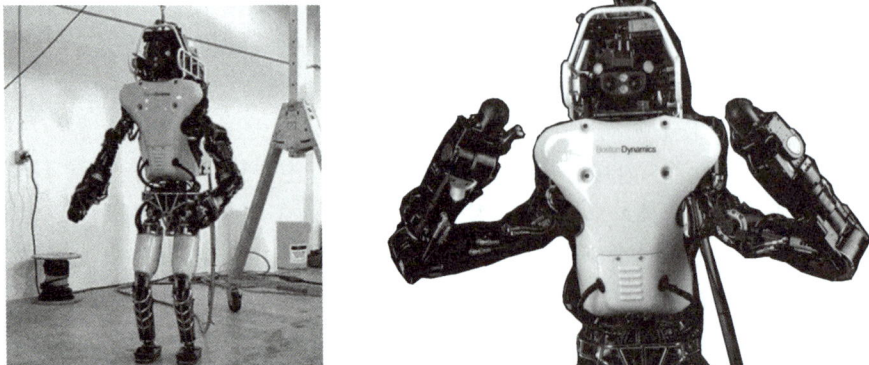

图 5.17　第二版 Atlas 和它崭新的手臂

（3）Atlas 第三版　2016 年 2 月，第三版的 Atlas 已可以在室内和室外进行实际操作。和第二版的动力一样，Atlas 采用电源供电和液压驱动。这也说明，要想有大动力，能源方面目前还只能妥协于高爆发的液压驱动。Atlas 身体内部以及腿部传感器通过采集位姿数据使其保持身体平衡，头上的激光雷达定位器和立体摄像机可以使 Atlas 规避障碍物、探测地面状况以及完成巡航任务。这版的 Atlas 高 1.75m，重 82kg，均比上一版在轻量化上有所提升，尤其体重大概只有原来的一半。这一版最震撼的还是 Atlas 摔倒后可以自主爬起来的功能，该功能体现了 Atlas 优异的平衡性能，且起身的效率十分高。但在搬箱子、出门推门等过程还需要标记点完成物体识别任务，对物体的识别等机器视觉能力有待提升。

（4）Atlas 近期版本　2017 年 11 月，第四版 Atlas 已经实现了双腿立定跳远、跳高、体操、跑酷等高动态动作。2018 年 5 月，第五版 Atlas 则实现了在软地面跑步。2018 年 10 月，Atlas 掌握了跑酷这项极限运动。最新视频中，其轻巧地跑步前进，连贯跳过一段木材障碍物，紧接着在高低不同的三个箱体上完成"三连跳"。这三次跳跃均由左右单脚交替完成，步高约 40cm，且中间没有停顿，展现了良好的身体协调性。

2019 年，佛罗里达人类与机器认知研究所（IHMC）发布了最新视频，展示这个领域的最新进展，Atlas 机器人可通过自主步伐规划算法，在狭窄的地形中自主导航。视频中，IHMC 开发的自主步伐规划（autonomous footstep planning）算法在波士顿动力公司的 Atlas 机器人和美国宇航局开发的 Valkyrie 机器人上运行。视频展示了机器人在一堆煤渣块上面行走，甚至能穿过更窄的地形。新版 Atlas 机器人如图 5.18 所示。

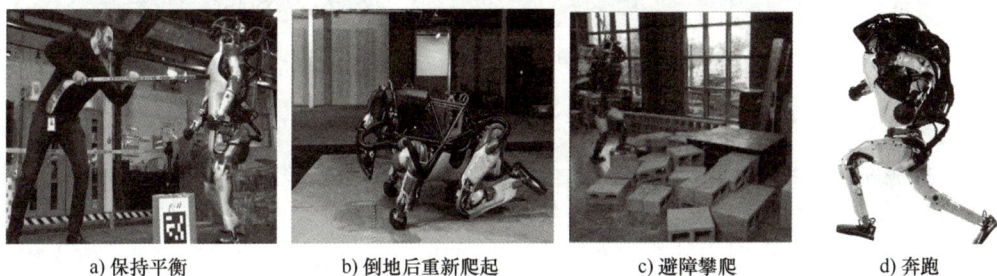

a) 保持平衡　　　　b) 倒地后重新爬起　　　　c) 避障攀爬　　　　d) 奔跑

图 5.18　新版 Atlas 机器人

2. 双足机器人 Optimus

擎天柱 Optimus 的设计是以特斯拉此前积累的车辆设计过程为基础。

（1）电动和控制系统：28 个驱动器+2.3kWh 的电池组，可工作一整天　如图 5.19a 所示，整个机器人包含了 28 个电动驱动器和电池及控制模块。身体中间有 2.3kWh 的电池组，工作电压为 52V，能支持人形机器人工作一整天。这个电池组的独特之处在于，它把所有的电池电子都集成到一起，利用传感器融合进行电荷管理。此外，机器人需要处理视觉数据并做出迅速反应、基于多种感官输入和通信，因此装有无线电连接、音频支持以及需要保护机器人本体和人类的安全特性。

（2）基础结构设计：量化人体运动轨迹、力度，机器人行动更灵活　为了保护机器人，对其结构基础进行了优化，如图 5.19b 所示，在人形机器人摔倒时不会把变速器和胳膊弄坏。此外，采用了与汽车相同的底层技术，让机器人在所有组件中产生压力，使其行走控制变得更容易，也不会那么僵硬。以膝盖为例，人形机器人在设计时需要仿照人类真实的膝盖结构。研发人员将人类的膝盖和其运动过程中所受的力线性化，从而学习如何让机器人膝盖使用更少的力来构建，让其能实现更好的力度控制，并让相关结构紧密包裹在膝盖周围。

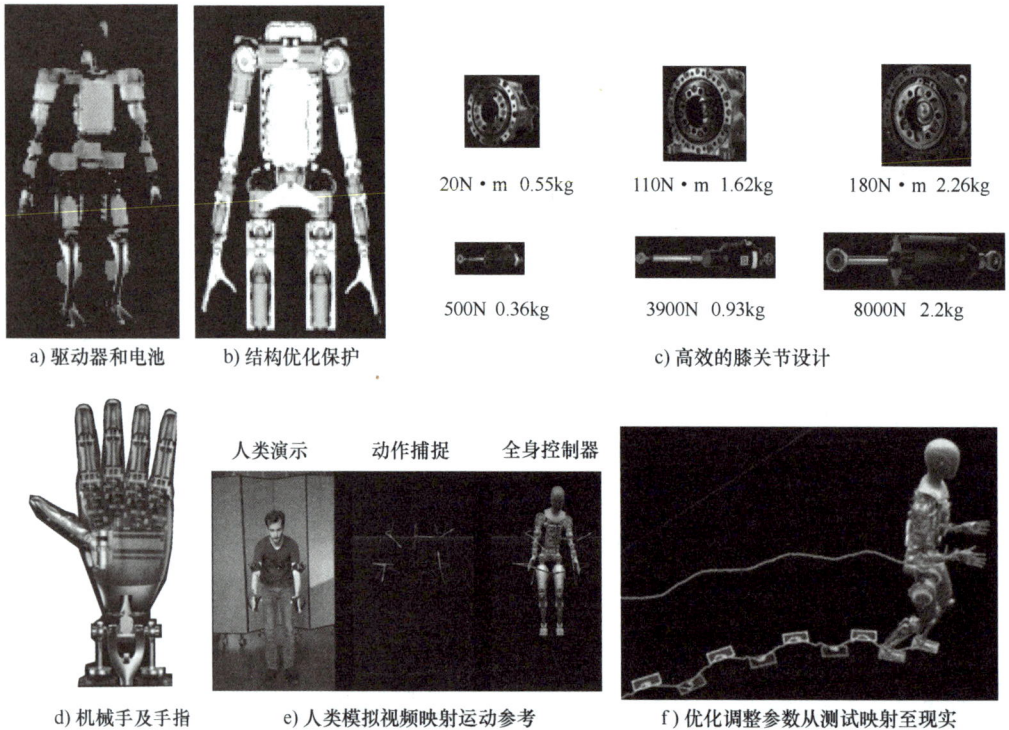

a) 驱动器和电池　　b) 结构优化保护

20N·m 0.55kg　　110N·m 1.62kg　　180N·m 2.26kg

500N 0.36kg　　3900N 0.93kg　　8000N 2.2kg

c) 高效的膝关节设计

d) 机械手及手指

人类演示　　动作捕捉　　全身控制器

e) 人类模拟视频映射运动参考

f) 优化调整参数从测试映射至现实

图 5.19　双足机器人 Optimus

（3）**机械驱动系统：解析云端数据，定制 28 个驱动器**　该人形机器人的任务非常复杂，研发人员首先用模型生成机器人的连接转矩速度轨迹，并输入优化模型，根据扭矩速度轨迹和关节驱动器的效率图，沿轨道产生的能源消耗、任务与时间的累计能量，定义特定执行机构的样本，并发送到云端。该机器人的 28 个关节都要定制规格，研发人员需减少定制的执行器设计，因此解析它们上传的信息并采取共性研究。最终，Optimus 的关节驱动器共有 6 种，如图 5.19c 所示，包括三种不同规格的舵机和三种不同规格类似重量秤一样的牵引执行器，并在极限范围内进行测试。

（4）**手部感知系统：大、小形态均能抓握，手部也能感知物体**　Optimus 机械手如图 5.19d所示，使用五个手指驱动，手指有 6 个执行器和 11 个自由度，搭载了能够驱动手指并进行感知的传感器，以增强其适应机制，既可以完成大口径物体抓取，同时也能满足抓取精巧物体的需求。

（5）**手部控制系统：人类模拟视频映射运动参考，掌握抓握物体位置**　为了解决人形机器人在观察的同时，操纵真实物体世界的难题，研发人员将这一步骤分成了两个，首先生成一个自然运动参考系统，然后再将其进行优化推广。假设有人对某一动作进行了演示，然后研发人员通过视频对其动作设置关键帧，并将其映射到机器人上。这样只需要一个演示视频，研发人员就可以将其推广到机器人的现实操纵应用上，这就可以解决机器人在抓取物体时手应该放在哪里、如何搬运放置等难题，如图 5.19e 所示。

（6）**视觉导航系统：采用汽车同款神经网络，自主识别行驶区域**　在机器人的行动方面，Optimus 使用并优化特斯拉电动车同样的神经网络"占用网络"来识别可行驶区域，使机器人更快、更精准地到达目的地。从 2022 年 4 月迈出第一步，到 7 月让人形机器人解锁了骨盆的应用来保持平衡，8 月手臂发挥作用，9 月脚趾也派上了用场，可以看出，随着更多的关节利用起来并加以训练，它的移动速度将明显提升。

（7）**行动控制系统：优化调参从测试映射至现实，解决机器人平衡难题**　从人体步行的过程看，机器人有身体上的自我意识很重要，例如，能意识到自己四肢的长度是多少、脚有多大，如何保持平衡，如何协调四肢运动等。研发人员通过运动计划和控制堆栈，生成机器人运动学模型，然后将所需路径生成底层平台，让整个系统参考其轨迹进行训练。机器人模拟系统中按照其期望的路径规划一条线路，不断添加相互连接的轨迹，并让整个系统保持平衡，如图 5.19f 所示。在运动训练中，研发人员还利用相应的传感器以及他们在现实世界中的观察来解决机器人的控制难题，如机器人的骨盆位置和重心位置，通过跟踪机器人在工作室中的路径来构建更好的机器人模型，并依据实际情况修正机器人的行为。

3. 智能机器人 Pepper

Pepper 是一款由日本软银集团和法国 Aldebaran Robotics 共同研发的仿人机器人。它拥有讨人喜欢的外形，如图 5.20a 所示能够与人亲切互动，可综合考虑周围环境，并积极主动地作出反应；同时，它还拥有开放的可编程平台，用户能够自由二次开发订制，探索人工智能机器人在服务、教育等领域的实际应用。

在我国，诸多企业已引入软银 Pepper 用做人工智能服务机器人，经过定制化开发，为客户提供更多智能服务。另外，诸多学校也引进软银 Pepper 用做教育机器人，通过"教育+机器人"的模式，推动教育行业转型升级。

在东风日产 4S 店，软银 Pepper 作为人形服务机器人"智行助手"为到店消费者提供智能化的购车体验，包括智能交互、智能销售、智能数据等功能，如图 5.20b 所示。例如，为购车者提供车型查询、精准导购、汽车科技趣味讲解等服务；同时，其还拥有大数据收集及处理能力，可为东风日产市场部门提供强有力的客户信息收集、客户画像采集、精准营销等辅助数据与报告处理等功能。

作为人形智能机器人领域先行者，软银 Pepper 人工智能机器人更注重于人机交互功能，其足迹遍及亚洲、欧洲、北美等 70 多个国家和地区，涉及教育、零售业、金融业、健康护理、旅游等领域，致力于利用智能机器人技术使人类生活更加舒适、安全和高效。

a) 软银Pepper机器人外观　　　　　　b) 机器人从事咨询服务

图 5.20　智能机器人 Pepper

5.4.2　多足机器人

1. 四足机器人 BigDog

BigDog 四足机器人是由波士顿动力公司于 2005 年专门为美国军队研究设计，其出色的运动能力震惊世界。它不仅可以跋山涉水，还可以承载较重载荷的货物，奔跑速度可能比人类更快。BigDog 机器人内部安装有一台计算机，可根据环境的变化调整行进姿态，既可以自行沿预先设定的简单路线行进，也可以进行远程控制。BigDog 搭载的传感器如图 5.21a 所示。BigDog 机器人在当时被称为"当前世界上最先进的适应崎岖地形的机器人"。

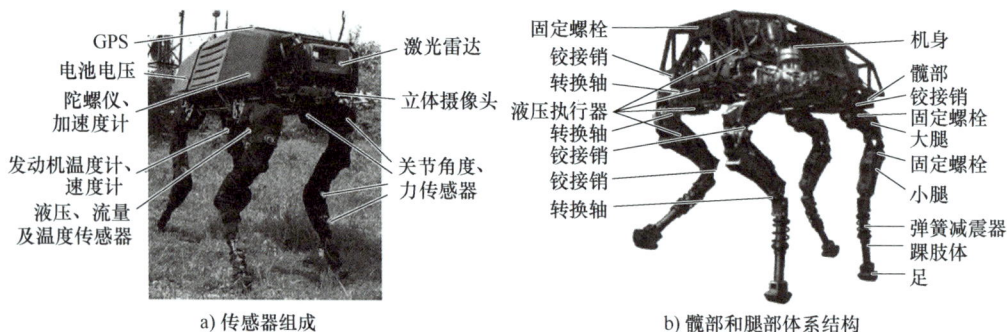

a) 传感器组成　　　　　　　　　　b) 髋部和腿部体系结构

图 5.21　BigDog 搭载的传感器及其髋部和腿部体系结构

BigDog 共计有 20 个自由度，主动驱动自由度为 16 个，是主要的力和转矩输出装置；4 个足底自由度是完全被动的，可以提高腿部对地形的适应性。所以，总输出功率 12.5kW 主要是向 16 个执行器输出功率。具体到每条腿及髋部，包括髋部横向（侧滑）和纵向（前进）2 个自由度、膝关节纵向自由度以及踝关节纵向自由度。

BigDog 的髋部和腿部是实现四足机器人运动的基本单元体，如图 5.21b 所示，每个单元体主要包括髋部、大腿、小腿踝肢体、足及 4 个液压执行器。BigDog 的大腿粗短，平衡位置接近水平，靠近机身；小腿和踝肢体较为细长，平衡位置位于机身投影面四角；髋部为细长条状物，内置于机身纵向首尾两侧。从构造原理上看，BigDog 的髋部和各肢体工作装置与普通挖掘机毫无两样，大腿如同动臂，髋部、小腿和踝肢体如同斗杆。其主要的差别在于 BigDog 机构更加精致、布局更加紧凑。

四足机器人在行走时，无论每条腿有多少个自由度，都可把它简化为只有一个自由度的直腿。直观上，四足机器人在行进过程中，重心始终处于颠簸起伏的状态。这个特性也是所有足类机器人明显区别于其他移动机器人的显著特性，例如，轮式、履带等机器人只有在非结构化环境或地面崎岖不平时才能呈现上述特性，而四足机器人在任何可行走路面都呈现这个特性。四足机器人的重心在运动过程中呈周期性的起伏，意味着行走过程中要全程调整自身的重心，因此，机器人动力源会产生大量额外的功率。对于纵向行走，这种额外的消耗其实是无用功。实际上，四足机器人消耗在调整重心方面的无用功要超过用于水平行走的有用功。选择四足这种结构，是希望机器人在行进时可以抬腿越过不适合落足的位置，有选择地下脚，从而到达轮式或者履带式机器人无法行走的地域。因此，只要选择了足式运动方式，就必须面对重心起伏大的功率消耗问题。目前，包括 BigDog 在内几乎所有的四足机器人在设计时都无法根本解决这个难题。

　　此外，足式机器人需强有力的关节来支撑和驱动机器人肢体。在机器人驱动方式上，绝大多数机器人采用电动机和减速器配合的方式进行驱动，虽然电动机驱动效率较高、控制简单，但由于其磁性材料具有饱和特性，其输入扭矩受限；若要增大输出扭矩，只能采用更大尺寸的电动机，使机器人整机质量更大，能量密度比更低。BigDog 采用液压驱动这种高能量密度比的输出方式，极大地提高了机器人的负载能力，从根本上解决了这一难题。

　　BigDog 作为当今世界最先进的四足机器人之一，虽然表现出很强的运动能力，而且其各项性能指标遥遥领先于其他足类机器人，但其与真正的四足哺乳动物相比，BigDog 的研究还有很长的路要走。例如，速度还有待大幅度提高；实现奔跑以后，还要具备在高速跑动中变向的能力；此外，复杂环境全自主导航也是面临的技术瓶颈之一。

　　2015 年，波士顿动力公司发布了四足机器人 Spot，并于 2017 年发布了这一款的迷你版 SpotMini，如图 5.22 所示。2018 年，SpotMini 还装备了一个具有操作功能的机械臂，该机器人净重 25kg，高 0.84m，最大载重 14kg，全身有 17 个自由度。相较于 BigDog 机器人，Spot-Mini 机器人最大的区别在于改用了纯电伺服驱动和具备了环境识别自动导航的能力。SpotMini 灵活得像一只真正的狗，可根据障碍物的高度，弯曲四肢匍匐前进。它的抓手可以做到精细抓取，并且全身运动时，都能保持抓手足够稳定。此外，当它摔倒时，也能通过机械臂将自己支撑起来。2020 年，波士顿动力公司正式对外销售 Spot 机器人，是四足机器人走向商业化的一个重要里程碑。

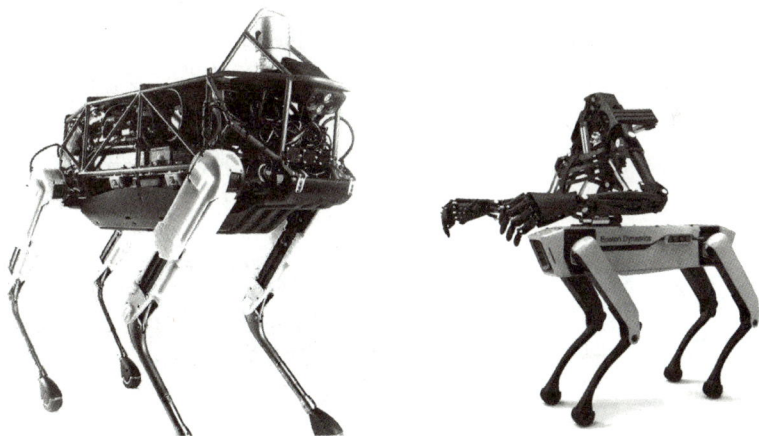

图 5.22　波士顿动力公司的四足机器人 Spot 和 SpotMini

2. 仿尺蠖机器人

　　尺蠖运动，又称为 Ω 式螺动运动。尺蠖的身体首先末端抬起，身体收缩向前一段距离，然后末端保持固定，身体呈现 Ω 状，头部释放抬起，身体伸张，然后头部固定。重复这样的动作，实现释放-收缩-伸长-固定的运动形式，如图 5.23a 所示。运动时，以触手（前足）和基盘（后半身体）接触物体表面成为两个附着点，然后触手向另一附着点移动，固定后通过收缩身体使基盘向前移动，触手再次移动到另一附着点，如此反复运动。尺蠖能够倒挂在树枝或树叶上。分析尺蠖腹足对抓机理并仿生设计爪刺，是实现机器人在粗糙天花板上爬行的关键。

a) 尺蠖运动　　　　　　　b) 仿生尺蠖微小型机器人

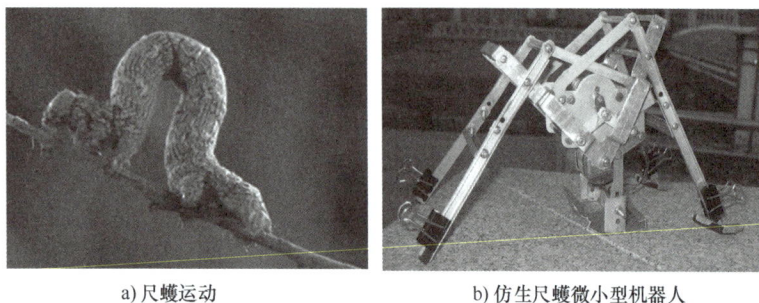

图 5.23　仿尺蠖机器人

仿尺蠖机器人（动画）

仿尺蠖机器人（图片）

南京理工大学团队利用简单的低副机构设计制作出仿生尺蠖微小型机器人，如图 5.23b 所示，机器人全重约 195g，在水平面上运动步长为 25mm，能够实现直线行走、转向和爬坡功能。仿生尺蠖微小型机器人的行走步骤为重心前移（前腿和后退共同支撑）、到达主体运动最低点（底座和后退支撑）、前腿抬起（主体不动，依旧由底座和后退支撑）、前腿再次着地（前腿和后退支撑）以及前腿抬升主体后腿被向前拖动，如此完成一个步长的运动。

5.4.3　仿蛙式机器人

由青蛙启发的仿生机器人有很大的研究价值。2020 年，哈尔滨工业大学的朱延河教授团队研发出一款灵活的柔性仿生机器蛙。为了设计该机器蛙，研究者分解了青蛙游泳的过程，分为推进、滑行和复原三个阶段，如图 5.24a 所示。在推进阶段，蛙腿快速向后蹬出，膝关节和踝关节都逐渐打开，形成推动力。在滑行阶段，前腿和后腿保持静止状态，呈现舒展状态，减小阻力。在复原阶段，后腿缓慢收缩至推进阶段前，鳍足呈现收起状态，从而减小水的阻力。图 5.24b 所示为该仿生蛙的游动姿态。

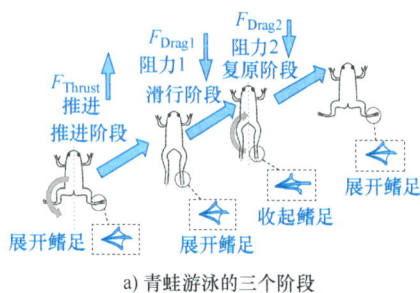

a) 青蛙游泳的三个阶段　　　　　　　　　　b) 仿生蛙的游动姿态

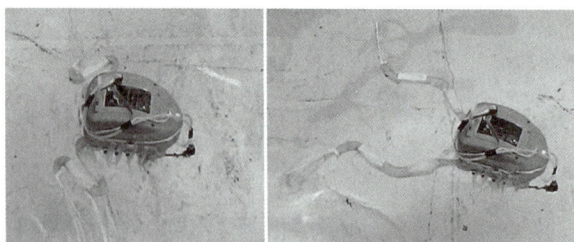

图 5.24　仿生机器蛙设计

为了设计高度灵活的仿生蛙腿，研究者提出了一种新型的关节式气动软体致动器，用来实现灵巧、柔顺的关节控制和运动；同时，采用模块化设计的方式，设计出整条前腿和后腿。如图 5.25 所示，这款机器蛙的腿部由软材料和硬材料巧妙结合制成，关节部分是气动软体致动器（硅胶），具有柔软、主动适应环境的特点。软材料可以让机器人重量更轻，有着一定的适应能力。另一方面，研究青蛙的骨骼结构发现，青蛙的重量主要集中在躯干部分，腿部重量相对较小。在青蛙的腿部有强壮的肌肉，尤其是后腿，为青蛙的跳跃和游泳提供足够的能量。青蛙精妙的骨骼系统可以帮助它们适应各种不同的环境，也可以在短时间内加速。蛙腿和躯干的连接件通过 3D 打印制成，在后腿部分里面内嵌有硬质 3D 打印的骨骼作为结构的支撑，其余柔软可动的部分由硅胶制成，将上述元件集合以合成机器蛙。机器蛙的躯干集中了一个微型气动控制平台，且其结构是刚性的，具有良好的水密性和漂浮能力。

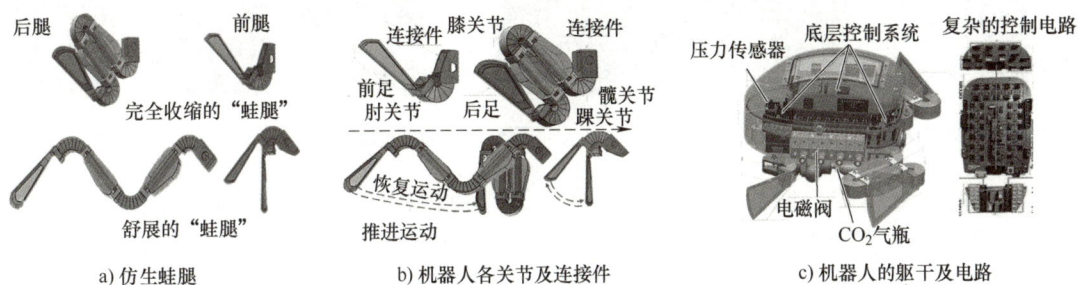

a) 仿生蛙腿   b) 机器人各关节及连接件   c) 机器人的躯干及电路

图 5.25 柔性仿生机器蛙

此外，研究者还展示了特殊的应用场景，例如，蹬游泳池壁起助推的作用，还有和复杂的水草环境之间的交互。这些测试都从一定程度上体现了借助于软体致动器的优势，既不会对机器人本身造成损坏，对环境的影响也比较小，对未知的环境有着比较强的适应能力。

2022 年，南京理工大学王禹林教授团队研发出一款水陆两栖仿蛙形机器人，如图 5.26a 所示。该机器人采用足式运动机构，兼具陆地爬行和水下游动的两栖步态，具有运动效率高、自主适应性好、环境感知能力强的优点，未来可用于未知水陆环境的探索和侦察。

该机器人采用模仿青蛙骨骼肌的多连杆腿部机构，如图 5.26b 所示，主要包括基座连接杆、驱动连接杆、仿胫骨连杆、仿腓骨连杆、脚蹼连接杆等；同时，机器人脚蹼可绕脚踝关节灵活翻转，以实现陆地爬行和水下游动的两栖步态。

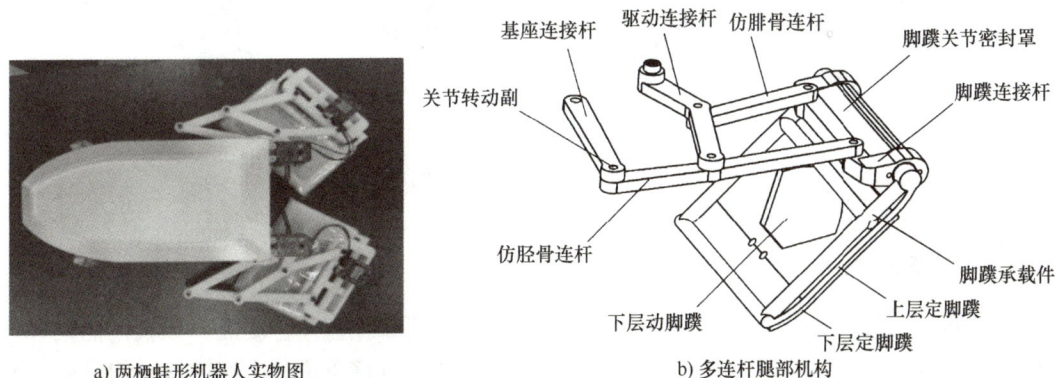

a) 两栖蛙形机器人实物图   b) 多连杆腿部机构

图 5.26 水陆两栖仿蛙形机器人

在水下游动时，可分为拍击、滑行及回复三个阶段，如图 5.27 所示。在拍击阶段，电动机带动脚蹼翻转至与多连杆后腿机构所在平面成 90°夹角位置，后腿驱动舵机带动多连杆后腿机构快速蹬腿，达到踹水的效果；在滑行阶段，防水直流电动机以及后腿驱动舵机保持不动，机器人主体低功耗地向前滑行；在回复阶段，后腿驱动舵机反转使多连杆后腿机构恢复至初始位置，便于下一运动周期中蹬腿角度最大化。

图 5.27　水下游动姿态

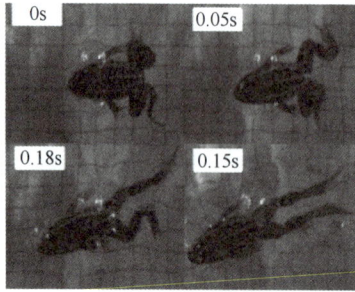

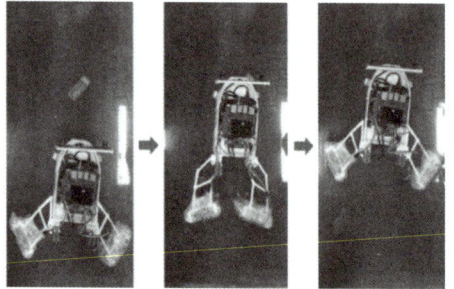

水陆两栖蛙型机器人

在陆地环境中爬行时，机器人可通过足式运动机构实现直行和转弯两种步态，如图 5.28 所示。在直行步态中，机器人活动脚蹼向地面翻转抬腿，增大脚蹼与地面的摩擦，多连杆后腿机构在电动机的带动下向后蹬腿；一侧腿部运动机构完成抬腿和蹬腿动作之后，另一侧的腿部运动机构便进行压腿和收腿动作，回到初始位置，两侧的腿部运动机构交替运动。循环往复，推动机器人向前运动；机器人转弯则通过电动机的非对称步态控制实现。

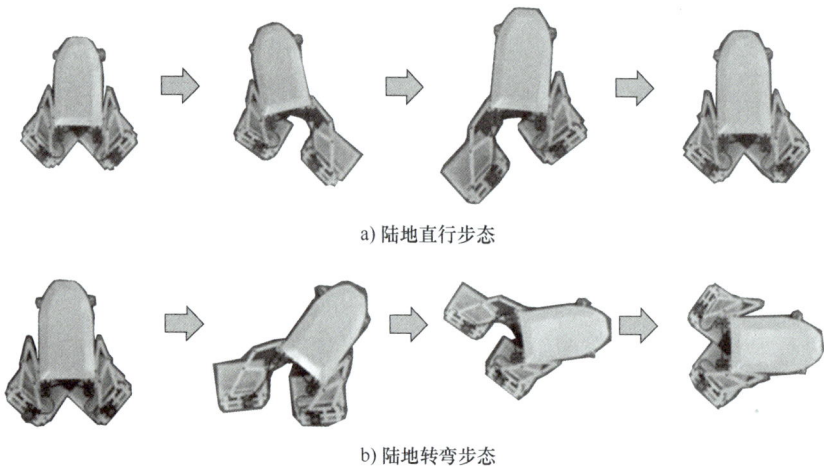

a) 陆地直行步态

b) 陆地转弯步态

图 5.28　陆地爬行姿态

5.4.4　软体机器人

软体机器人较少甚至完全不使用传统刚性材料，而是采用流体、凝胶、形状记忆聚合物等可成型材料，可以承受大应变，允许机器人在各种不同环境下进行大幅度地拉伸收缩。通过对机器人机体的主动变形，改变其原有的形态结构和尺寸，以实现多变环境下的特定操作。

（1）物体抓取　2017 年，北京航空航天大学王田苗、文力团队与德国自动化技术商 Festo 合作完成了一款防生章鱼软体触手 OctopusGripper 的研制，如图 5.29 所示。它由气动软硅胶结构构成，其具备的柔性抓取特性可以实现对多种不同形态和大小的物体稳定、无损地抓持。这种对不同形态大小物体抓取的普适性，在工业制造、医疗康复等领域有着广阔的应用空间。此外，上海交通大学谷国迎课题组研发的三爪纤维增强型气动软体抓手具有良好的气密性和抓取能力，能够实现对不同形状和尺寸物品的精确抓持，这是我国软体机器人领域发展的又一次突破。

（2）医疗领域应用　软体机器人材料具有柔软性，大多采用硅胶材料，对人体器官组织的伤害极小，更能满足医疗要求。某些康复机器人将软体机器人与人机交互技术相结合，为骨折或脑瘫患者提供方便，是未来机器人发展的主要趋势之一。2014 年，哈佛大学 P. Maeder-Yourk 等人通过 8 个独立传感器对健康手指进行生物运动学研究，研发出一种软体机器人手套。如图 5.30 所示，其材料柔软度和可拉伸度与人体皮肤和肌肉接近，通过规划自然的手指运动路径，可使神经受损的患者独立握住物体。2017 年，哈佛大学 E. T. Roche 等人研制的人工心脏是软体机器人在医疗领域的另一个成功案例。血管介入手术是操作带有一定刚性的柔性导管在血管内运动，起溶解血栓和扩张血管的作用。若能很好地将软体机器人技术与血管介入手术结合，可降低血管介入手术的风险。

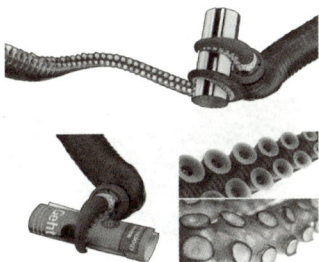

图 5.29　仿生章鱼软体触手

图 5.30　软体机器人手套

（3）野外、海洋勘探　在地震、洪涝等自然灾害发生时，在抗震救灾过程中危险性极高，这时机器人的作用显得十分重要。软体机器人可以灵活地通过各种障碍，能在危险区域更加高效地开展勘探活动。2007 年，美国塔夫茨大学的研究人员发明了软体机器人 GoQbot，这个机器人的外观酷似毛毛虫，它能依靠身体的蠕动和伸缩进行前进，可用于通过核反应堆等危险区域。2017 年，美国斯坦福大学 E. W. Hawakes 等人研发出一款新型机器人 Vine-Link，在其前端安装摄像头和其他传感器，用于对环境进行视觉反馈，通过调节气压的方式实现转弯自动避障等功能。图 5.31 所示为 Vine-Link 机器人通过内部加压在未知地形移动。图 5-31a 所示为其穿过黏连物体，图 5-31b 所示为其躲避尖锐物体，图 5-31c 所示为其通过狭小洞口。这款机器人不仅可用于工程救援和勘探，体积缩小后还可用于医疗领域。

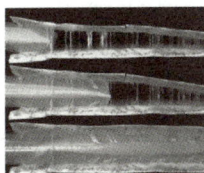

a) 穿过粘连物体　　b) 躲避尖锐物体

c) 通过狭小洞口

图 5.31　Vine-Link 在不同地形移动

5.4.5　电子皮肤

一直以来，人类都努力将自身具备的全部感官"复制"到机器人身上；但是，对于机器人，能实现一项感官就已然不易。因此，迄今为止，机器人仍然缺乏一些极其关键的能力，其中就包括人类精密而完善的触觉。

相对于听觉、视觉，人类天生的触觉更加复杂，触觉感官的模拟十分困难，这种感官"集成"了上千种感受器来追踪不同类型的压力（如柔软而有力的触摸），以及感受温度和位置变化的能力。这些庞大的信息需通过神经网络传送，神经信号通过局部神经簇传到脊髓并最终传到大脑。只有当信号足够强时，信息才能在传输过程中成功连接。

作为材料学和电子学领域的一大热门方向，柔性电子学的研究一直颇受关注。目前，基于有机高分子，在柔性可拉伸电子材料的研发上已取得一定突破。但是，受限于没有适用于高分子材料的电子制造工艺，利用柔性电子材料所制成的功能性电子器件还未实现过，导致这一领域的发展无法从材料学研发进展到真正的电子学研发。

斯坦福大学鲍哲南教授团队发明了一种可拉伸的高分子电子材料电路，该电路集成了基于晶体管阵列的有源矩阵以及触摸传感器，可以探测瓢虫的细微足迹，这也让"电子皮肤"在功能上更接近人的真实皮肤，是该领域的一大应用突破，如图 5.32a 所示。

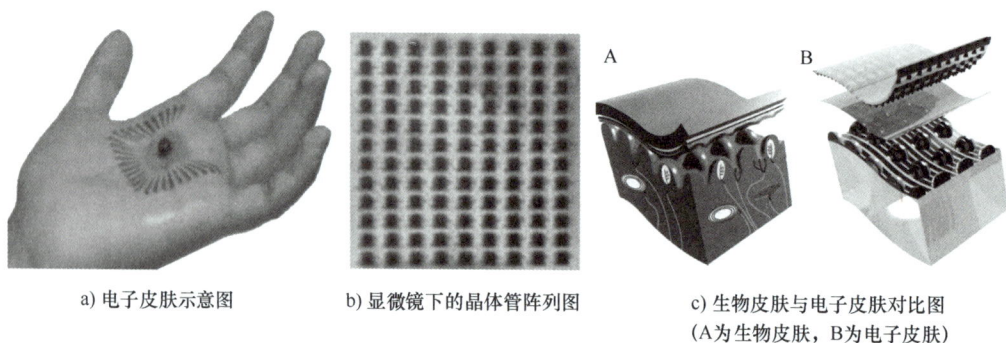

a) 电子皮肤示意图　　b) 显微镜下的晶体管阵列图　　c) 生物皮肤与电子皮肤对比图
（A为生物皮肤，B为电子皮肤）

图 5.32　电子皮肤

事实上，市面上已经出现一些可折叠电子器件；然而，能做到可拉伸的电子器件却几乎没有。而高分子电子材料已经被证明是最有前途的能用于实现兼具高电气性能和拉伸性的一类材料。鲍哲南团队同样使用了这种可拉伸的高分子电子材料作为基体（即主要聚集体）以实现拉伸性。

材料只是第一步，还需相应的制造技术，才能将这些材料成功整合到晶体管阵列中来，以实现具有柔软特性的电子电路的生产。电子元件制造工艺流程需保证器件的高成品率、性能的稳定性、各层之间良好的材料兼容性，以及良好的电气和力学性能。目前，鲍哲南团队已经生产出了可拉伸晶体管阵列，其晶体管密度约为每平方厘米 347 个晶体管，并且具有高达 100% 的可拉伸性，拉伸之后面积为原来的 2 倍，循环 1000 次后仍保持性能稳定，最大程度可拉伸至原来的 6 倍，即使受到压力，扭曲和双轴拉伸时也表现出非常稳定的电气性能，如图 5.32b 所示。

2018 年年末，鲍哲南教授团队基于上述成果，研发了一个具有触觉传感器的电子手套。在电子手套上，每一处传感器都有三个柔性层组成。其中，顶层和底层具有电活性，在两个表面铺设互相垂直的电线形成电线网格，以形成一个个小而密集的感受阵列。同时，还将底层柔性层设计成像皮肤棘层一样的不平整的形态，如图 5.32c 所示。而位于中间层的绝缘层则将上下两层的带电层分开。这一层也至关重要，上下两层带电层在保持靠近但未接触的情况下可以对电能进行储存。因此，当有压力作用到手套上时，顶层和底层在压力的作用下，各层之间的距离会被缩短，此时，储存的电能就会增加，以此感受到压力。同时，与皮肤棘层一样，不平整的底层则会将压力的强度和具体方向反映到网格上，以此达到像人类的皮肤一样，能感受到压力的强度和方向。

目前，将电子皮肤应用于机械臂上，已经能够具备部分与人类皮肤类似的触觉能力，并让机械臂执行一些重复性的任务，例如，重复地在传送带拿起鸡蛋再放入旁边的箱子中，以及通过感知平稳地拿起乒乓球，如图 5.33 所示。

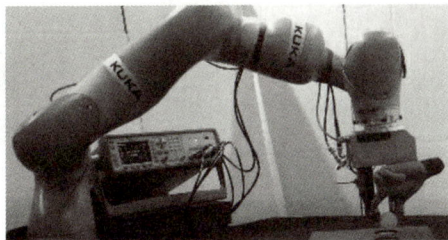

图 5.33　应用机械臂上的电子皮肤辅助抓取乒乓球

5.4.6　机器人灵巧手

要让机器人的手能像人手一样灵活动作、有效操纵物体，一直是机器人研究中的难题。尽管如此，许多实验室及科研人员依旧想完成"造手"这项挑战。因为这是制造出精密而智能的仿生机器人的关键步骤，其中包含了感知、控制、智能化等多项关键技术。"造手"的成功，意味着这些技术的集成和应用取得了重大突破。

2018 年 7 月，人工智能非营利组织研究机构 OpenAI 公布了一项机械手的研究，该机械手可以像人类一样灵巧、敏捷地转动方块，让业界大为振奋。它利用通用强化学习算法，在模拟环境下让机器学习人手是怎么操控物件，包括转动手指、滑动方块等；而且，比起典型的机器人手大多只有 7 个自由度，这只手具有 24 个自由度，可实现高维控制。这项成果是靠 OpenAI 的机器人系统 Dactyl 与英国 Shadow Robot 公司的幻影灵巧手（Shadow Dexterous Hand）一起完成的，如图 5.34 所示。Shadow Robot 公司董事总经理 Rich Walker 指出，现阶段的人工智能由数据驱动，但未来会扩展到另一个层次，即在一定程度上实现"自我思考"，做出与人类智能相关的行为，包括计划、感知、学习、分析和解决问题。

在手的硬件方面，Shadow Dexterous Hand 最大的特色就是把人手的运动学原理汇集至 20 个自由度，同时搭配另外 4 个欠驱动运动，总共 24 个关节，其为目前市场上唯一拥有 24 个运动关节和 20 个主动自由度的机械手，大幅提高了抓取和操纵各种物体的灵活性。另外，在拇指甚至是小手指底部的手掌弯曲度，也达到了类似人手的移动范围程度。同时，每一个手指可以独立地左右移动，并且通过内置的 129 个传感器实现高精确度。

但即便如此，想要复刻人类手部的运动仍然是很难的问题。人手的作业功能大致可分为"抓取"和"操控"两类，抓取又有捏、夹、握三种形态。受制于机构和控制系统方面的挑战，很难设计出像人手那样的通用装置，因此，目前多数机器人手部的设计是针对特定工作对象来进行的。随着 AI 和关键零部件的优化及成本下降，机械手将得以更往人手的功能靠近，可以预想到未来将有越来越多手部灵活的机器人出现在日常生活中。

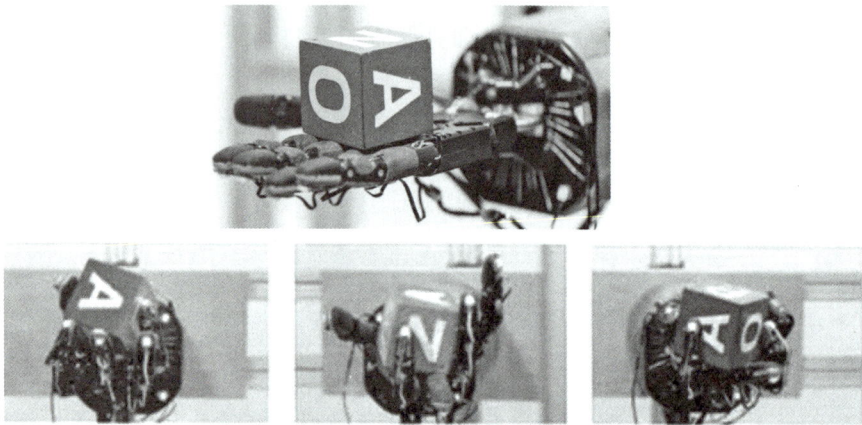

图 5.34　OpenAI+Shadow Robot 机械手

参考文献

［1］王国彪，陈殿生，陈科位，等. 仿生机器人研究现状与发展趋势［J］. 机械工程学报，2015（7）：27-28.

［2］陈小钰. 昆虫与仿生［M］. 上海：少年儿童出版社，2008.

［3］许宏岩，付宜利，王树国，等. 仿生机器人的研究［J］. 机器人，2004（5），283-288.

［4］赵旦谱. 非结构地形轮足式移动机器人设计与步态规划研究［D］. 北京：清华大学，2010.

［5］郭巧. 现代机器人学：仿生系统的运动感知与控制［M］. 北京：北京理工大学出版社，1999.

［6］魏清平，王硕，谭民，等. 仿生机器鱼研究的进展与分析［J］. 系统科学与数学，2012，32（10）：1274-1285.

［7］周耿. 水陆两栖蛙板机器人的设计［D］. 北京：北京理工大学，2016.

［8］王海涛，彭熙风，林本末. 软体机器人研究进展［J］. 华南理工大学学报（自然科学版），2020（2）：94-106.

［9］曹玉君，尚建忠，梁科山，等. 软体机器人研究现状综述［J］. 机械工程学报，2012，48（3）：25-33.

［10］王田苗，郝雨飞，杨兴帮，等. 软体机器人：结构、驱动、传感与控制［J］. 机械工程学报，2017，53（13）：1-13.

［11］SMITH K K，KIER W M. Trunks, tongues, and tentacles：moving wi-th skeletons of muscle［J］. Zoological Journal of the Linnean Society，1989，77（1）：28-35.

［12］WHITESIDES G M. Soft robotics［J］. Angewandte Chemie Internati-onal Edition，2018，57（16）：4258- 4273.

［13］央视财经. 美国科学家造出首个"活的机器人"［J］. 科技与市场，2020，6（27）：4.

［14］SUN M，TANG J. Unsteady aerodynamic force generation by a model fruit fly wing in flapping motion［J］. Journal of Experimental Biology，2002，205（1）：55-70.

［15］门宝，范雪坤，陈永新. 仿生机器人的发展现状及趋势研究［J］. 机器人技术与应用，2019（5）：15-19.

［16］Z. ZHAO，W. SHANG，H. HE，et al. Grasp prediction and evaluation of multi-fingered dexterous hands u-sing deep learning［J］. Robotics and Autonomous Systems，2020，129：1-9.

［17］冯卓. 仿生四足机器人机构设计与动力学尺寸综合［D］. 马鞍山：安徽工业大学，2019.

［18］杨钧杰，孙浩，王常虹，等. 四足机器人研究综述［J］. 导航定位与授时，2019，6（5）：61-73.

［19］张宇涵. 基于 ROS 的液压四足机器人避障规划研究［D］. 哈尔滨：哈尔滨理工大学，2019.

［20］王海龙. 仿海蟹机器人游泳桨水动力性能及浮游步态规划方法研究［D］. 哈尔滨：哈尔滨工程大学，2016.

［21］苏宗帅. 水陆两栖仿生机器人研究进展及应用［J］. 国防科技，2019，40（04）：50-54.

［22］张梦杰. 具有多种行进模式的可变形机器人的设计与控制方法研究［D］. 哈尔滨：哈尔滨工业大学，2019.

［23］宋红生. 王东署. 仿生机器人研究进展综述［J］. 机床与液压，2012，40（13）：179-183+139.

［24］沈惠平，马小蒙，孟庆梅，等. 仿生机器人研究进展及仿生机构研究［J］. 常州大学学报（自然科学版），2015，27（01）：1-10.

［25］孙广彬. 仿人机器人运动控制和规划的若干问题研究［D］. 沈阳：东北大学，2015.

［26］宋凤冕. 双足机器人高效行走的自适应控制研究［D］. 杭州：浙江大学，2018.

［27］孙哲南，张兆翔，王威，等. 2019 年人工智能新态势与新进展［J］. 数据与计算发展前沿，2019，1（06）：1-16.

［28］陈观养. Pepper-SoftBank Robotics［J］. 中国物业管理，2019（06）：40-41.

［29］侯涛刚，王田苗，苏浩鸿，等. 软体机器人前沿技术及应用热点［J］. 科技导报. 2017，35（18）：20-28.

［30］李卓雨. 软体机器人的发展应用与展望［J］. 科技传播. 2018，10（23）：109-110.

［31］王成军，李帅. 软体机器人研究现状［J］. 微纳电子技术. 2019，56（12）：948-955+991.

［32］陈东岳. 具有感知和认知能力的智能机器人若干问题的研究［D］. 上海：复旦大学，2007.

［33］裴志彬. 柔性单晶硅/低维纳米材料及电子器件的制备及性能研究［D］. 合肥：中国科学技术大学，2017.

［34］CLEMENTINE M. BOUTRY, MARC NEGRE, MIKAEL JORDA, et al. A hierarchically patterned, bioinspired e-skin able to detect the direction of applied pressure for robotics［J］. Science Robotics, 2018, 3（24）：1-9.

［35］MARCIN ANDRYCHOWICZ, BOWEN BAKER, MACIEK CHOCIEJ, et al. Learning dexterous in-hand manipulation［J］. The International Journal of Robotics Research, 2020, 1（39）：3-20.

［36］智东西. 特斯拉人形机器人真机发布！能跳舞能干活，完整技术路线公布［OL］.（2022-10-01）. https://www.toutiao.com/article/7149417986745434665/? app＝news＿article&timestamp＝1666044710&use＿new_style＝1&req_id＝2022101806114901501702030F1EA1C1&group_id＝7149417986745434665&wxshare＿count＝2&tt＿from＝weixin＿moments&utm＿source＝weixin＿moments&utm＿medium＝toutiao＿android&utm＿campaign＝client＿share&share＿token＝9f4c16b9-9017-4e8f-9923-23b6c51c6c33&source＝m＿redirect&wid＝1666052351430

第6章 医疗机器人

6.1 医疗机器人的定义及分类

6.1.1 医疗机器人的定义

医疗机器人归属于服务机器人分类中的专业服务机器人，是指用于医疗卫生、健康护理、助老助残等人体健康相关的半自主或全自主工作的机器人，能编制操作计划，依据实际情况确定动作程序，完成与人体健康相关的医护过程所需操作的运动。医疗机器人涉及机械、材料、计算机、人工智能、生物、医学等学科，属于新型交叉研究领域，不仅可提高医生的工作效率，提供高精度的医疗服务，同时随着人口老龄化程度的加剧，还可满足人们对养老服务、医疗保健、康复治疗以及陪伴陪护的需求，具有巨大的发展潜力。

6.1.2 医疗机器人的分类

根据国际机器人联合会（IFR）分类，医疗机器人可分为手术机器人、康复机器人、辅助机器人以及医疗服务机器人四大类，如图 6.1 所示。从临床医学应用角度，手术机器人可细分为骨科手术、腔镜手术、泛血管手术、经自然腔道手术、经皮穿刺手术、神经外科手术机器人等；康复机器人在医疗机器人中比重最大，约占 40%，活跃度较高，主要包括康复、护理、外骨骼等机器人；辅助机器人主要包括胶囊、配药、诊断等机器人；医疗服务机器人源于智能机器人产品领域的创新发展，主要包括送药、消毒、导诊等机器人。

图 6.1 医疗机器人的分类

（1）手术机器人 手术机器人是集医学、机械学、生物力学、计算机科学等多学科于一体的医疗器械产品，常应用于普外科、神经外科等科室手术中，具有操作精细、用时短等特点，可使外科医生远离手术台，通过远程遥操作机器人进行手术，增加医生视野并减少手部颤动，从视觉、听觉和触觉为医生手术操作提供更精确、稳定和精细的控制，从而改善手术过程，减少创伤和恢复时间，同时也为医生提供更多的信息。目前，手术机器人已在神经外科、腹腔外科、胸外科、骨外科、脑外科、血管介入、颅面外科、牙科、眼科等领域得到了越来越广泛的应用。

（2）康复机器人　康复机器人是辅助人体完成肢体动作，实现助残行走、康复治疗、负重行走、减轻劳动强度等功能的一种医用机器人，主要用作治疗辅助工具，而不是辅助设备。其核心理念是机器人、病人、治疗师之间全新的协作关系，形成更有效且个性化的康复效果，涵盖物理运动、日常生活能力、社交活动、环境控制、听觉、视觉、口头表达等应用领域，例如，为协助不同的感觉运动功能而量身定制的机器人设备的开发（如手臂、手、腿、脚踝等）、辅助治疗训练的方案、评估患者的感觉运动表现（运动能力）的功能开发等，已成为研究热点。

（3）辅助机器人　医疗辅助和服务类机器人可以辅助医疗过程、扩展医护人员能力、减少不必要的人力和资源投入、提高医护或者医药生产过程的效率，满足患者、行动不便或老年群体对医护服务的需求。其中，医疗辅助机器人主要用于个人护理和高级治疗，可以帮助医生监控病人身体状况和重要生理特征，为患者提供按时输液、配药、体检等服务功能；帮助医生根据机器人测量的数据为病人进行诊断，并在出院后继续监控病人身体状况；还可以从感知互动的角度对痴呆症和认知障碍的病人进行陪护。

（4）医疗服务机器人　医疗服务机器人可应用于送药、消毒、导诊等工作，优化医院整体环境，减少医护人员的工作量，避免交叉感染。特种医疗服务机器人还可以代替医疗人员去具有放射性、传染性的环境工作，更好地保护医护人员。

6.2　医疗机器人发展历程及未来趋势

6.2.1　医疗机器人发展历程

国外在医疗机器人领域起步较早，早在 1985 年，研究人员就借助 PUMA 560 工业机器人完成了机器人辅助定位的神经外科活检手术，这是首次将机器人技术应用于医疗外科手术中，标志着医疗机器人发展的开端。

从医疗机器人诞生至今已有近 40 年，随着人工智能技术和医疗技术的发展，医疗机器人技术也得到了突飞猛进的发展。医疗机器人的优势研究单位主要分布在欧美、以色列、日本等国家，形成了大学和产业公司互动的良好局面。在手术机器人领域，主要研究团队包括美国约翰霍普金斯大学的计算传感与机器人实验室、美国范德堡大学的先进机器人学与机械应用实验室、英国帝国理工学院的哈姆林中心等，代表性人物，如 Russell Taylor、Nabil Simaan、Guangzhong Yang 等分别建立了自己的公司，Rusell Taylor 更是被誉为"手术机器人之父"，是目前世界上应用最为成功的"达芬奇手术机器人"的发明创造者之一；康复机器人领域具有同样的特点，代表性产品主要包括美国 UC Berkeley 的 BLEEX、美国 Harvard 的 Exosuit、以色列的 Rewalk、瑞士 Lokomat 和日本筑波大学的 HAL，这些成果均最先由大学完成，并后续推向市场。本书将按照医疗机器人的功能和用途，从手术机器人、康复机器人、医疗辅助和服务机器人四种类型介绍医疗机器人的发展历程。

1. 手术机器人

1985 年用于手术的 PUMA 机器人属于关节式工业机器人，并非严格意义上的医疗机器人。直至 20 世纪 90 年代初，真正用于外科手术的医疗机器人才诞生。美国 IBM Thomas J. Waston 研究中心与加利福尼亚大学合作，于 1992 年成立 Integrated Surgical Systems 公司，推出了第一个被 FDA 通过的手术机器人 ROBODOC，主要用于膝关节和髋关节的置换手术。在髋关节置换过程中，它对股骨的调整精确度可达到 96%，而医生手工精确度只有 75%。

1997 年，机器人伊索（SESOP）（图 6.2a）完成了第一例腹腔镜手术，成为美国 FDA 批准的第一个清创手术机器人。由此，手术机器人开始走上商业化道路。

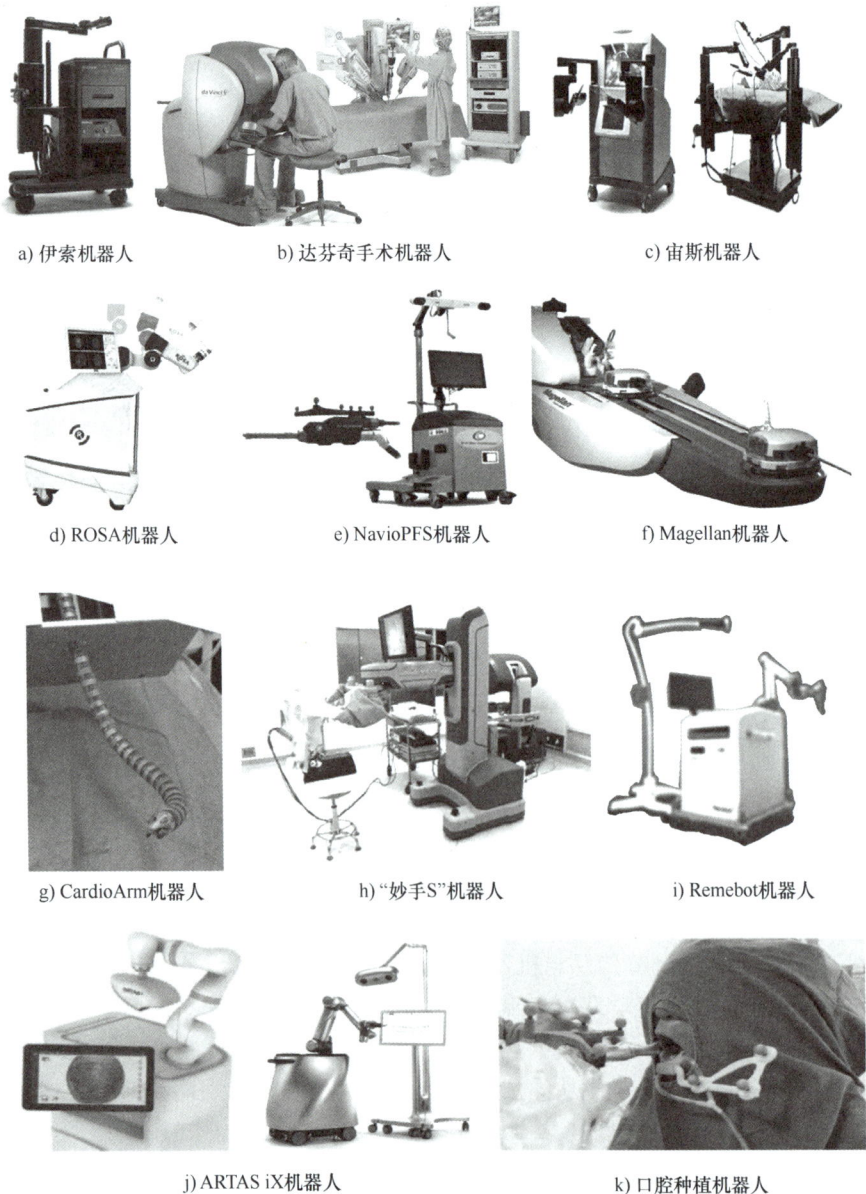

a) 伊索机器人　　　　b) 达芬奇手术机器人　　　　c) 宙斯机器人

d) ROSA机器人　　　　e) NavioPFS机器人　　　　f) Magellan机器人

g) CardioArm机器人　　　　h) "妙手S"机器人　　　　i) Remebot机器人

j) ARTAS iX机器人　　　　k) 口腔种植机器人

图 6.2　手术机器人代表产品

2000 年，美国直观外科手术公司（Intuitive Surgical Inc.）研制出达芬奇手术机器人，时至今日，达芬奇机器人（图 6.2b）已成为全球应用最为广泛的手术机器人，几乎垄断了市场。截至 2017 年，最新的第五代产品已经发布，其精度很高，代表了当今手术机器人的最高水平，目前已广泛用于泌尿外科、心脏外科、妇科外科、脑外科、小儿外科等领域的微创手术。

2001 年，著名外科学家雅克·马雷斯科和米歇尔博士协同合作，利用宙斯（ZEUS）机器人（图 6.2c）系统完成了对身在法国斯特拉斯堡的患者的胆囊摘除手术，这是第一次远程机器人手术。

2009 年，法国 MedTech 推出了针对神经外科和脊柱外科的立体定向手术机器人 ROSA（图 6.2d），适用于肿瘤切除、立体定向手术以及配合内窥镜使用的微创手术。

2012 年，NavioPFS 机器人（图 6.2e）诞生，这是一款膝关节置换术的手持型实时定位机器人；同年，Hansen Medical 公司推出了适用于各类末梢血管手术的主从式导航机器人 Magellan（图 6.2f）。

2013 年，美国卡内基梅隆大学研发了适用于微创型心脏外科手术的主从式蛇形机器人 CardioArm（图 6.2g）。

2014 年，天津大学、中南大学等联合开发的"妙手 S"机器人（图 6.2h），至今已开展了百余例手术，在肝胆胰外科、胃肠外科、泌尿外科、妇科、胸外科等领域都有应用。

2015 年，北京航空航天大学和海军总医院合作研发了 Remebot 脑外科机器人（图 6.2i），适用于神经外科微创手术导航定位，定位误差可做到小于 1mm。

2019 年，美国 Restoration Robotics 公司以 Kuka LBR Med 七自由度机械臂为平台，开发了植发机器人 ARTAS iX（图 6.2j），并通过了 CE 认证。同年，我国雅客智慧公司与空军军医大学口腔医院联合研制出口腔种植机器人（图 6.2k）。

目前，手术机器人具有较高的技术成熟度，在多种术式上均有进入临床的产品应用。其中，上述达芬奇多孔手术机器人和立体定向手术机器人 ROSA 的应用最为成功，在全球装机已超过 5000 台，完成了 100 多万例临床手术。

2. 康复机器人

20 世纪 80 年代是康复机器人研究的起步阶段，最早实现商业化的康复机器人是英国 Mike Topping 公司于 1987 年研制的 Handy1（图 6.3a），该机器人有 5 个自由度，可用于残疾人的康复治疗；另一款打入市场的康复机器人 MANUS 是一种装在轮椅上的仿人形手臂，工作范围可由地面到人站立的高度。

1990 年后，康复机器人的研究进入了全面发展时期。欧美日等西方发达国家率先发力，突破人机工程学本体结构与接口、安全传动与精密伺服系统、人机交互感知与控制等核心关键技术，搭建康复机器人性能评测与临床效能评估等关键平台，以 Ekso Bionics、Parker Hannifin、Cyberdyne 与 Rewalk Robotics 为代表的康复机器人公司占据了大部分的市场份额，相继研发出可为患者提供康复功能的实用化产品，并已部分被美国食品及药物管理局与欧洲 CE 认证机构正式批准作医疗用途与保险覆盖。

2012 年，以色列 Rewalk Robotics 公司研发 Rewalk 下肢康复机器人（图 6.3b），是首款获得 FDA 批准的外骨骼产品，可以用特定拐杖保持行走过程中身体的平衡，帮助脊髓受损导致下肢功能损伤的患者进行康复治疗。

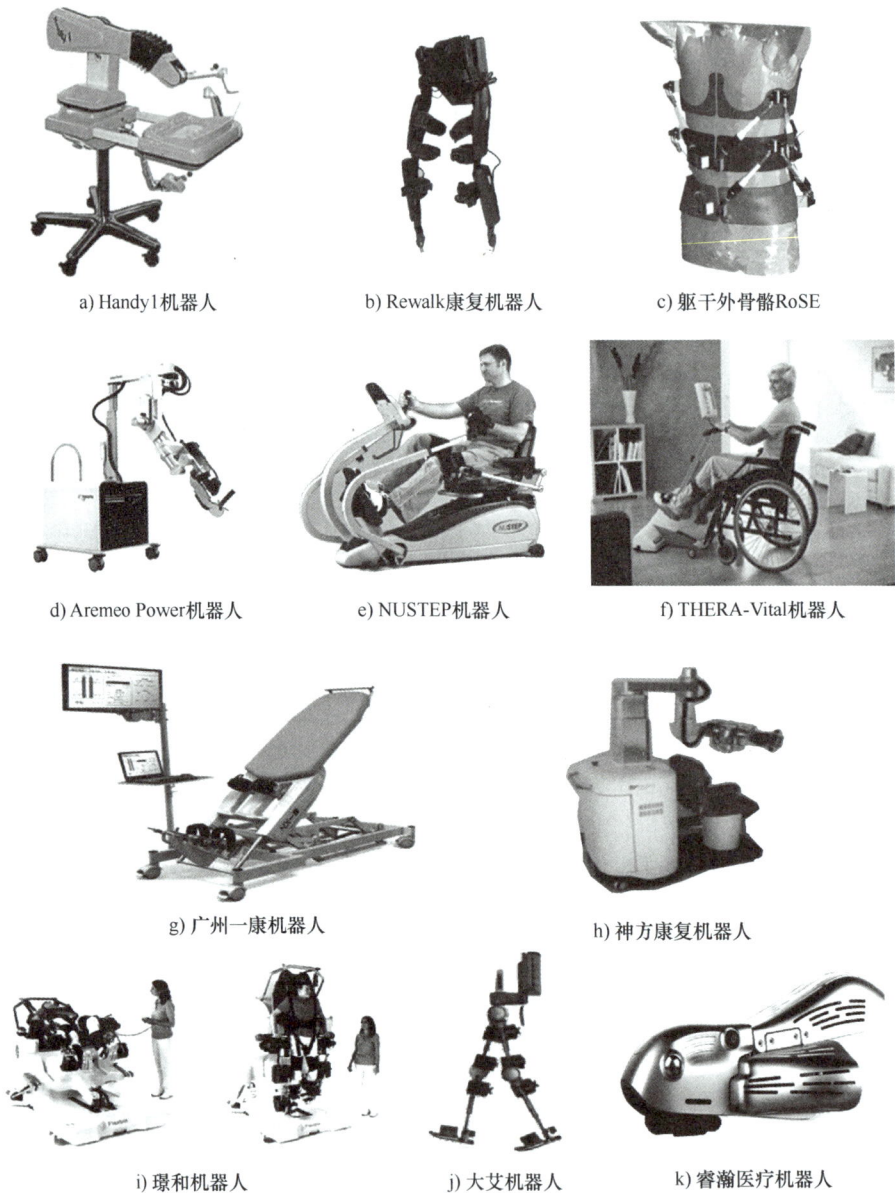

a) Handy1机器人　　　　b) Rewalk康复机器人　　　　c) 躯干外骨骼RoSE

d) Aremeo Power机器人　　　e) NUSTEP机器人　　　f) THERA-Vital机器人

g) 广州一康机器人　　　　　h) 神方康复机器人

i) 璟和机器人　　　　j) 大艾机器人　　　k) 睿瀚医疗机器人

图 6.3　康复机器人代表产品

2018 年，哥伦比亚工程研究人员 Park 等开发了躯干外骨骼 RoSE（图 6.3c），其可帮助患者矫正脊柱畸形。该设计能够控制人体躯干特定横截面的位置和方向，同时测量施加在身体上的力和力矩，结合患者特有的躯干刚度特征并利用三维力的动态调节来治疗脊柱畸形。

此外，其他代表性产品还有瑞士的 Aremeo Power 上肢康复机器人（图 6.3d）、美国的 NUSTEP 康复器（图 6.3e）、德国的 THERA-Vital 智能康复训练器（图 6.3f）等。

目前，国外康复机构配备的主要是功能更多、自动化程度较高、多自由度的牵引式或悬挂式康复机器人。为了推动康复机器人的应用和占领市场，美欧日等国家建立了较为完善的标准、检测和认证体系，这些体系提升了其他国家产品的准入门槛，一定程度上助推了其抢占国际市场主导地位的作用。

随着国家政策的大力扶持和康复机器人技术的发展，近年来，国内也有一些较为成功的品牌产品问世。广州一康公司的康复机器人产品主要包括上肢、下肢智能反馈训练系统，具有手指屈肌与伸肌肌力信号评估功能，既可以训练手，也可以训练腕部（图 6.3g）；河南安阳神方研发的上肢康复机器人（图 6.3h）是国内康复机器人行业首家应用于临床、取得医疗器械注册证的产品；璟和机器人公司推出了多体位智能康复机器人系统 Flexbot（图 6.3i），适用于各级医疗机构的康复医学科、骨科、神经内科、脑外科等相关临床科室，用以开展临床步态分析，具有机器人步态训练、虚拟行走互动训练、步态分析、康复评定等功能；大艾机器人产品包括 AiLegs 系列、AiWalker（图 6.3j）系列、步态检测分析系统、动态足底压力检测分析系统和智能病案收集系统；睿瀚医疗公司自主研发了"睿瀚 I、II、III 型"三大类手部康复机器人产品（图 6.3k），包括面向中风等偏瘫病人的手部运动功能的康复机器人和面向脑中风患者手部运动功能的 RH-I 型康复机器人系统。

3. 医疗辅助和服务机器人

随着残疾人和老年人口的不断增加，依靠科技创新保障和改善人民的健康，已成为当前许多国家的战略需求。为解决这一问题，医疗辅助和服务机器人近年成为研究热点。

国外，美国 TRC 公司的 HelpMate 机器人可以帮助护士送饭、送病历和化验单等。还有专门用于消毒的 Xenex 机器人（图 6.4a）。Aethon 公司的 TUG 自主移动输送机器人可以运送实验室标本或其他敏感材料，以便为患者运送药物以及照顾患者起居。陪伴机器人主要用于解决老人和儿童的孤独问题，主要产品有 Luvozo 公司和日本本田公司的人形陪伴机器人，可以理解和响应简单的语音命令。日本产业技术综合研究所（AIST）研发的幼年海豹机器人 Paro（图 6.4b），能够最大限度模仿真实的宠物和人进行互动，已经被应用在一些医疗和养老机构，用以改善老年痴呆患者的行为和心理状况，减少精神药物的使用。

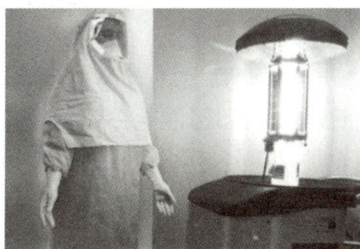

a) Xenex消毒机器人　　　　　　　　b) 海豹机器人Paro

c) 配药机器人　　　　　　d) 样本处理机器人　　　　　e) 医疗服务机器人

图 6.4　医疗服务和辅助机器人代表产品

目前，国内企业在胶囊机器人、配药机器人、消毒机器人等方面已取得了一定的成果。2011 年，金山科技公司和安翰医疗公司研发了胶囊内镜机器人，可以为医生提供疾病检查的新方法和新技术。2013 年，卫邦科技公司设计出了 WEINAS 静脉用药配药机器人（图 6.4c），可专门针对危险药物进行配置。2017 年，北京肽积木公司正式发布医疗影像辅助诊断机器人，其是一种面向不同医疗机构的低成本高效辅助阅片工具，利用人工智能技术，可实现秒级精准阅片，并进行全环节的诊疗辅助工作。济南百博生物技术公司推出一种全自动微生物样本处理智能机器人 ET-2000（图 6.4d），将最先进的机器人技术、视觉技术、红外灭菌技术、色标传感技术、运动控制技术、条码扫描、打印技术等集合为一体，不仅解决了微生物实验室的接种分离工作对人的依赖，而且确保微生物实验室中工作人员的生物安全，避免病菌样本的二次传播。此外，一些医疗服务机器人（图 6.4e）具有人脸识别、自然语音交互、远程协作等功能，可以在预定时间跟医生查房，避开障碍，与人互动，结束后自行"走"回充电桩补充能量。

6.2.2　医疗机器人未来趋势

全球医疗机器人市场规模近年来增长迅速，临床需求旺盛，市场潜力巨大，据行业市场分析数据显示，2022 年，全球医疗机器人市场规模达 156 亿美元，同比增长 14.7%。其中，手术机器人规模最大，2021 年全球市场规模为 96 亿美元，预计将以 6.7% 的复合年增长率继续快速增长，于 2030 年达到 171 亿美元，全球手术量届时将超过 650 万例；康复机器人增速最快，2023 年，全球康复机器人市场规模同比增长约 19%。在细分领域中，外骨骼机器人迎来爆发式增长，训练机器人、仿生假肢机器人等也将以较高的增速增长。

相比全球，我国医疗机器人呈现出"起步晚、空间大"的特点，自 2014 年我国出现机器人外科手术热潮以来，在政策利好、老龄化加速、资本逐利、产业化发展提速等因素影响下，我国医疗机器人高速发展，2022 年市场规模达 79.6 亿元，同比增长 34%。在我国的医疗机器人市场中，康复机器人占比最大，约为 41%。

随着人工智能、语音交互、计算机视觉、认知计算、5G、虚拟现实、大数据等技术的发展，医疗机器人的功能越来越丰富，产品日益成熟和标准化，并向医疗的各个领域渗透，涵盖包括外科手术、医院服务、助残、家庭看护、康复等各个层面。国内外多款手术机器人产品通过了监管机构审批，手术机器人和康复机器人的国际标准也逐渐完善。各种新型医用机器人、新型手术工具、医学图像采集和处理技术、智能图像导航、远程信息传输技术、遥操作、力位控制、智能传感器、智能康复设备及其他相关技术仍为研究热点。

未来，医疗机器人的交互能力和感知能力全面提升，并向精准、微创、安全、智能化、自主化、小型化、柔性化等方向发展，具有以下几大趋势。

（1）单孔手术、纳米靶向机器人等新型机器人兴起　医疗机器人创伤越小越好，单孔腔镜手术机器人相对多孔腔镜机器人具有创口更小、费用更低的特点，未来可能成为打破达芬奇多孔手术机器人市场垄断的新型手术机器人产品；另一方面，微型医疗机器人一般包含微型动力机构，可以进入人体内或在更狭小的空间内，完成药物扩散、疾病治疗等主动性动作。目前，微型医疗机器人以胶囊机器人为代表，随着技术的不断发展，纳米靶向机器人已开始应用于药物输送、血糖监测、骨重建、癌症治疗与诊断、血块移除、神经再生等方面，通过磁场控制和血管注入，可将药物靶向输送至人体病灶区域，极大地减少或避免对患者造成疼痛和创伤，此项技术有望成为癌症等治疗领域的颠覆式新技术，具有广阔的发展前景。

（2）人机交互、感知认知能力和智能化水平全面提升 医疗机器人强调医生、患者与机器人的交互，通过与人工智能、脑机交互、5G、AR（VR）、大数据等前沿技术深度融合，利用触觉、视觉等实现对数据、物体和环境进行更精确的感知，并相互反馈不断增加现实感和真实感。在互动过程中，更高分辨率的传感器将提高精确度；通过交互多模型、三维传感及其他技术手段，提高辨识率；通过与AR技术的结合，识别物体和环境，让机器人有所反应。医疗机器人的认知能力和学习能力也将不断提升，包括对知识的认知和推理、语态和姿势感知等，实现"感知-决策-行为-反馈"的闭环，使医疗更加智能化和人性化。

（3）医疗机器人的小型化、柔性化得到更快发展 目前，医疗机器人产品基本都比较"庞大"和"笨重"，因此主要应用于一些比较宏观的场景。很多研究机构和科技企业正积极推动医疗机器人的小型化和柔性化，如英国CMR公司推出的便携式手术机器人Versius。这不仅丰富了医疗机器人的应用范围，还能有效降低手术机器人的临床使用成本。此外，人体结构复杂，受限于人体内的狭小空间，柔性机器人的操作会更加便利，这也是未来发展的一个趋势。

（4）医生与产业的结合将更加深入，产品监管将不断优化 医生是医疗机器人的直接使用者，在医疗机器人研发过程中发挥着重要作用。医疗机器人的研发人员将与医生深度沟通功能需求、安全性要求及手术的方式与过程，明确需求后确定设计输入、规划实现方式、形成工程语言。双方结合设计方案进行论证，不断修改、迭代与完善。形成设计方案后，医生也参与技术测试、评价与修改；此外，医疗机器人面临非常严格的医疗产品准入机制，认证时间较长，认证不具有跨区域通用性，国际、国内各地区均有不同的本地化认证体系（如美国FDA、欧洲CE、中国CFDA等），这极大地提高了医疗机器人产业化的难度。目前，部分地区对一些创新性强、安全度高的医疗机器人产品敞开了认证绿色通道。未来各国将不断优化监管机制，更好地平衡医疗机器人的安全性与市场性，提高产业转化效率。

6.3 医疗机器人关键技术

医疗机器人包括机械学、控制学、生物学、医学、电工电子学、计算机学、数学、力学、材料学等多学科技术，主要涉及先进材料、脑机接口、生肌电、人机交互、精确控制与远程控制、图像融合与显示、微纳机器人、医疗大数据等关键技术。

6.3.1 先进材料技术

由于康复机器人、胶囊机器人等部分医疗机器人的特殊用途，对其材料的研究和选择尤为重要。

传统工业机器人为了保证强度，多采用各类铸铁、合金钢材料等，而医疗机器人为了便携和减重，多采用铝、钛合金。例如，ESKO外骨骼机器人（图6.5a）采用铝、钛合金材料，总重23kg左右。此外，北京工业大学针对医疗机器人开展了以镁合金材料为代表的机器人轻量化技术研究。

软体柔性材料也融入医疗机器人的设计中。传统的刚性机器人一般通过传感器监控来保

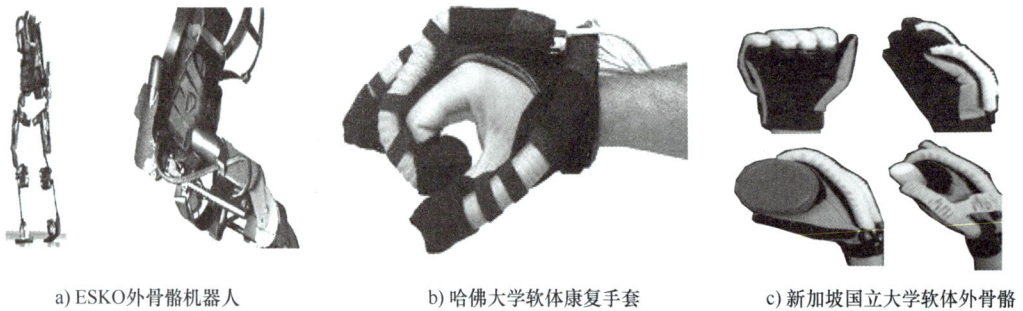

a) ESKO外骨骼机器人   b) 哈佛大学软体康复手套   c) 新加坡国立大学软体外骨骼

图 6.5 先进材料技术

证其不会对患者造成伤害，而软体机器人自身材料就具有柔性，即使在工作中运动错误，产生的有害载荷也会被材料缓冲，保证了患者的安全。目前，已有许多康复机器人采用了软体柔性材料，如哈佛大学研究的基于柔性致动器的外骨骼康复手套（图 6.5b）和新加坡国立大学所研制的具有可变刚度气动执行器的手部辅助外骨骼（图 6.5c）。

此外，胶囊机器人要求材料对人体无害，通常采用无菌耐蚀高分子材料包装。

6.3.2 脑机接口、生肌电与人机交互技术

脑机接口是一种直接连接人类或动物大脑与外部设备，实现脑与设备之间信息交流的技术；而生肌电一体化是将生物体的神经信息获取、处理和传递的机制与电子技术相结合，创造出更紧密连接人体和机器的交互模式。将机器人与生物体和脑部认知相结合，应用于残障、医疗等领域，具有广泛的应用前景，如图 6.6 所示。

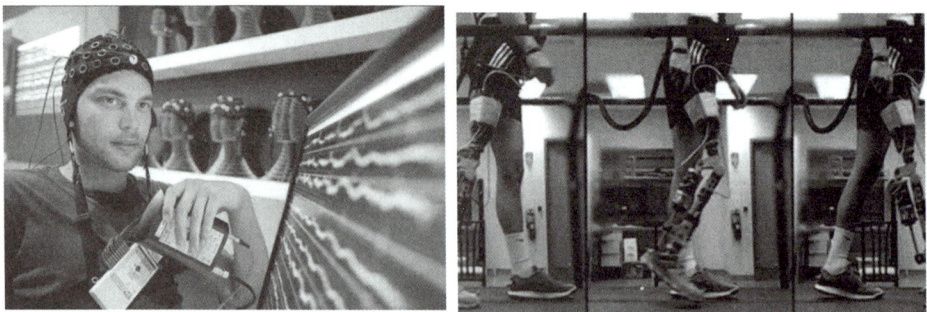

图 6.6 脑机接口与生肌电技术

另一方面，医疗机器人的人机交互技术也备受关注。关键技术包括人机耦合系统动力学、多模式人机交互机制与接口、人-机协调运动规划、人机共享控制、基于增强现实的康复训练评价、多感知模式的虚拟情景建模与实时计算、运动功能障碍肢体与机器人的人机交互方法、基于力反馈的柔顺性交互方法等。

此外，在医疗机器人系统建模方面，关键技术包括生物组织建模、运动生物力学模型、生物反馈与控制机理、生物信号处理、康复机理建模、环境感知和理解、定位与导航、基于多源传感数据融合，如医学影像、生理信号、交互力、周围环境等。

6.3.3 精确控制与远程控制技术

由于手术机器人、康复辅助机器人等的工作空间受限且具有较大的不确定性，对机器人的控制精度、安全性、可靠性、稳定性等方面提出了很高要求。例如，在机器人的安全控制方面，关键技术包括机器人柔顺控制、手术路径规划、处理不确定性、控制精度和稳定性、网络化监控、本质安全的规划与控制技术等。

此外，**机器人远程控制技术可以跨越空间上的距离，用于手术机器人、配送机器人、体检机器人等不同类型的医疗机器人中。**其中，远程控制技术在手术机器人中的应用尤为关键，常通过遥监控、遥操作等方式来实现，可弥补现阶段各地医疗资源分布不均衡的局限。远程控制技术主要通过网络接口，构建操作端和机器人端的通信，从而实现在操作端远程控制机器人的功能。随着5G技术的发展，网络通信条件得到改善，数据传输延迟大大减小，保障了控制的精确性，促进了远程控制技术的发展。

目前，已有许多医疗团队通过5G实现了远程手术。例如，西班牙巴塞罗那医疗团队指导的肠道肿瘤切除手术，被认为是世界首例使用5G的远程辅助临床手术；北京积水潭医院开展了多次"一站对多地"的5G远程脊柱机器人临床手术。精确控制与远程控制技术如图6.7所示。

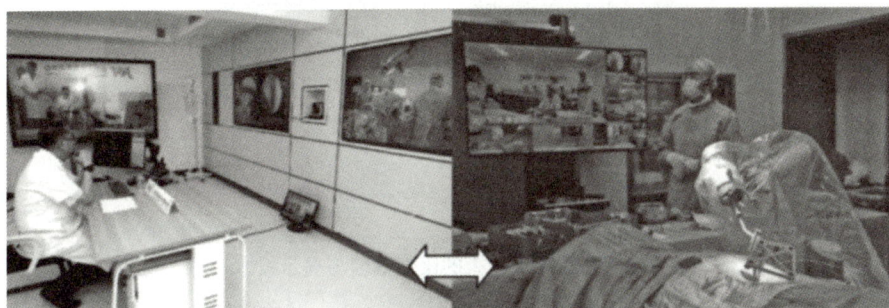

a) 5G医疗

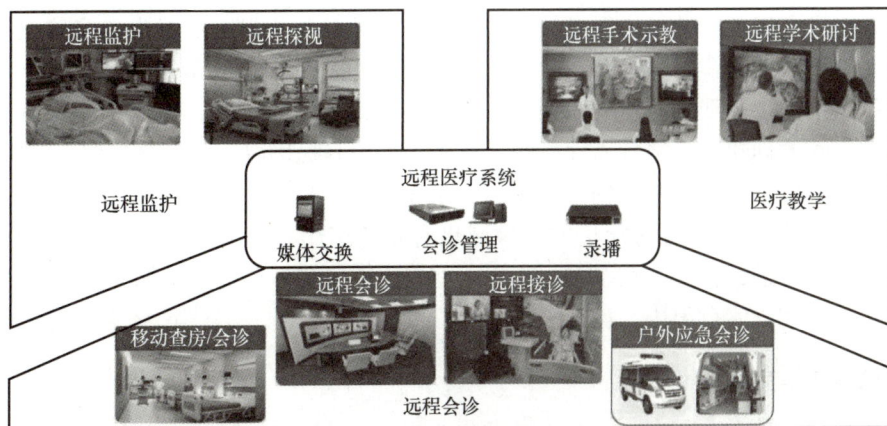

b) 远程医疗示意图

图6.7 精确控制与远程控制技术

6.3.4　图像融合与显示技术

医疗机器人的图像融合与显示方面，利用影像建立患者相关的模型，并通过实时影像或其他传感器信息动态更新患者的模型，再利用所建立的患者模型规划手术或监视手术过程。相关技术包括通过医学影像的分割和融合，建立和更新患者的解剖模型；通过生物力学建模分析和预测组织的变形，以及影响手术规划、控制和康复的功能性因素；将虚拟现实（VR）的影像和模型与患者的实际情况进行匹配；用于规划、监控、控制和智能辅助的肢体操纵的表征方法；实时数据融合，利用术中影像动态更新患者的模型；表征数据、模型和系统中的不确定性，并利用这些信息规划手术和控制方法。医疗机器人的图像融合与显示技术如图6.8所示。

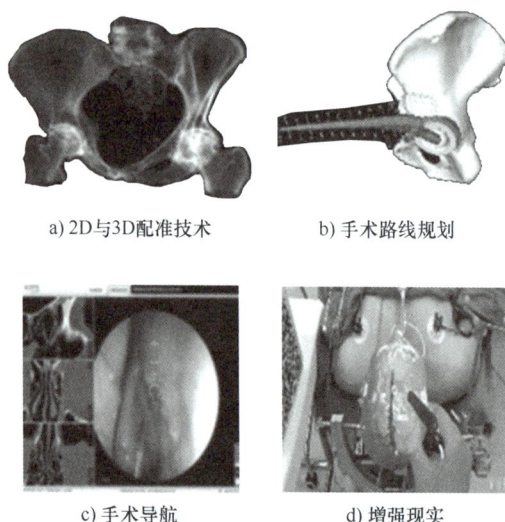

a) 2D与3D配准技术　　　　b) 手术路线规划

c) 手术导航　　　　　　　d) 增强现实

图6.8　医疗机器人的图像融合与显示技术

VR技术是实时三维计算机图像技术、立体显示技术、网络传输等多种技术的综合，应用于机器人中可实现精细的外科手术，通过创建详细的数据模型，扫描患者身体内部状况，可以让医生更直观地了解手术规划；通过创建安全、可控的模拟环境，还可增强患者治疗效果，提高手术精度，帮助医生模拟训练，推动整体医疗水平的提高。为了确保其即时性、立体性三维空间的创建，必须有高性能的计算机硬件为其提供嵌入式平台支撑，以实现其在数据处理、计算机图像、智能识别等多功能应用。

增强现实（AR）技术在医疗机器人领域也有新的应用，首次使用的案例是利用AR在手术过程中对患者进行扫描。在手术过程中，切换VR与实际环境是不切实际的，而AR可将虚拟图像叠加在真实世界中，比VR更实用。

6.3.5　微纳机器人

微纳机器人具备微小、精准、靶向、低损伤、超高精度可控等优点，认为是未来对抗人体疾病的理想武器之一，在生物医学、组织工程、微电子技术等领域具有广阔应用前景。其发展依赖于微加工工艺、微传感器、微驱动器、微结构等方面的技术与产品的突破，而有别于传统机器人的运动方式和控制方式也将是未来研究的热点。微纳机器人的核心技术包括

DNA 折纸技术、微纳操作、亚微米级微操作台、智能化细胞克隆、新材料与微电子技术等。微纳机器人如图 6.9 所示。

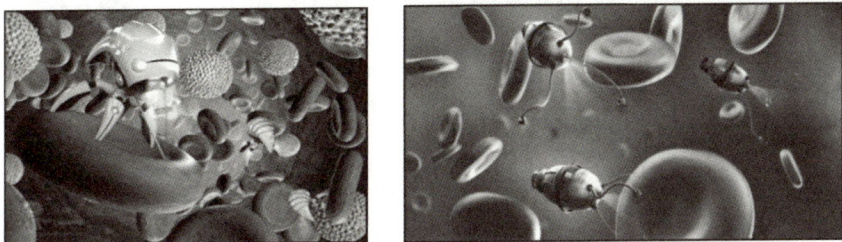

图 6.9　微纳机器人

6.3.6　医疗大数据

大数据技术的出现促进了医疗机器人的发展。大数据是指无法在一定时间范围内用常规软件工具进行捕捉、管理和处理的数据的集合，是需要新处理模式才能具有更强的决策力、洞察发现力和流程优化能力的海量、高增长率和多样化的信息资产。

在医疗机器人中，大数据技术可以应用于以陪护机器人为代表的机器人中，例如，日本的 Pepper 机器人利用了云计算和大数据技术使机器人更智能化，面对患者时可以更好地介入情感陪护。此外，通过基于大数据和自动化的电子家庭医生，建立电子病历系统，并通过云数据收集更多病人的身体状况和病历，以实现医疗系统的共享和自动诊断。

6.4　医疗机器人案例分析

6.4.1　手术机器人

手术机器人是医疗机器人中发展较为成熟的机器人，在各种精密手术中均得到了应用和商业化推广。本小节重点介绍腹腔镜机器人、骨科机器人、神经外科机器人、经口机器人这四种典型手术机器人的应用案例。

1. 腹腔镜手术机器人

相对于传统的开放性手术，微创手术能降低手术感染风险及并发症的发生概率，具有手术创伤小、痛感轻、术中出血量少、病人术后恢复快等优点。然而，普通的腹腔镜微创外科手术也存在许多问题，例如，由于器械在体表开孔处的制约而产生的杠杆效应会导致医生手眼不能协调，缺乏三维视觉信息和力感，长时间操作器械易疲劳，手部抖动会被放大至器械末端等。将机器人技术融入微创外科手术中，使之能更好地辅助医生实施高质量手术，已成为当前医学、机械、自动化、通信、计算机等领域的研究热点。腹腔镜手术机器人具有操作精度高、灵活性强、重复性好、不受疲劳和情绪等人体生理因素影响等优点。通常条件下，腹腔镜手术机器人的视野可以放大数倍，画面更清晰，可以实现毫米级操作，手术极其精细。目前，腹腔镜手术的单孔和自然通道手术方式愈发被重视。代表性的腹腔镜机器人有美国的

da Vinci、英国的 FreeHand、加拿大的 SPORT、意大利的 TelelapALF-X，如图 6.10 所示。

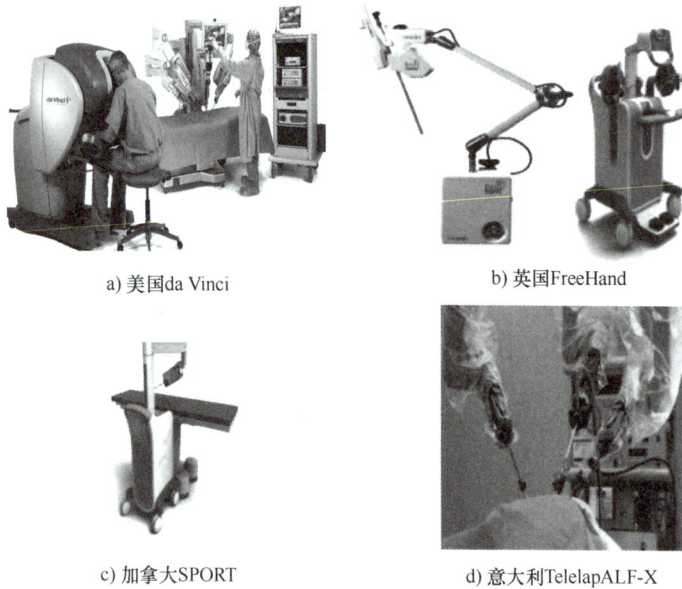

a) 美国da Vinci

b) 英国FreeHand

c) 加拿大SPORT

d) 意大利TelelapALF-X

图 6.10 国外腹腔镜手术机器人

其中，达芬奇（da Vinci）手术机器人是目前应用最广的医疗机器人系统，在全球范围内完成了超过 200 万例手术，售出 3000 多台，是目前最复杂和最昂贵的外科手术系统之一。其第五代 Xi 型系统进一步提升了机械臂的灵活性，可覆盖更广的手术部位；此外，该系统与 Intuitive Surgical 公司的萤火虫荧光影像系统兼容，可以为医生提供实时的视觉信息，包括血管检测、胆管和组织灌注等。达芬奇手术机器人的精度很高，某实验中，将一粒葡萄放在玻璃瓶中，葡萄长度不到 2.5cm，表皮的厚度更只有 1mm，达芬奇手术机器人用其机械手撕开了葡萄的表皮，随后成功缝合，葡萄表面基本保持完美。

达芬奇机器人由外科医生控制台、床旁机械臂系统和成像系统三部分组成，如图 6.11 所示。

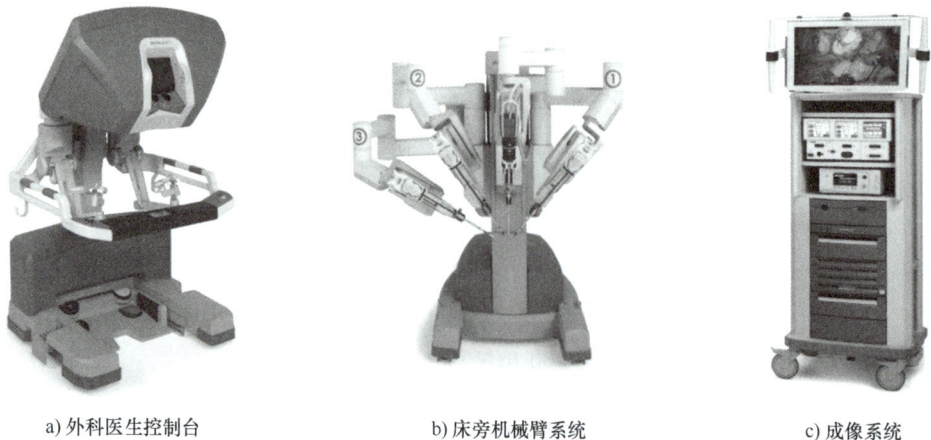

a) 外科医生控制台

b) 床旁机械臂系统

c) 成像系统

图 6.11 达芬奇机器人的系统组成

1）外科医生控制台。主刀医生坐在控制台中，位于手术室无菌区外，使用双手（通过操作两个主控制器）及脚（通过脚踏板）来控制器械和一个三维高清内窥镜。正如在立体目镜中看到的那样，手术器械尖端与外科医生的双手同步运动。

2）床旁机械臂系统。这是外科手术机器人的操作部件，为器械臂和摄像臂提供支撑。助手医生在无菌区内的床旁机械臂系统边工作，负责更换器械和内窥镜，协助主刀医生完成手术。为确保患者安全，助手医生比主刀医生对床旁机械臂系统的运动具有更高的控制权。

3）成像系统。其装有外科手术机器人的核心处理器以及图像处理设备，在手术过程中位于无菌区外，可由巡回护士操作，并可放置各类辅助手术设备。其内窥镜为高分辨率三维镜头，对手术视野具有多达 10 倍的放大倍数，能为主刀医生带来患者体腔内三维立体高清影像，使主刀医生比普通腹腔镜手术更能把握操作距离，辨认解剖结构，提升了手术精确度。

英国 FreeHand 手术机器人具有结构紧凑、体积小巧、安装方便、价格低廉等优点，但其机械臂是被动式设计，主要用于摄像头固定和支撑，为医生在实施腹腔手术时提供实时高清图像，医生可根据需要手动调节摄像头位姿。加拿大的 SPORT 机器人则是一款结构简单的腹腔手术机器人系统，只有一个机械臂，由主端控制台和执行工作站组成。主端控制台包括 3D 高清可视化系统和交互式主端控制器；执行工作站提供 3D 内窥镜、机械臂、单孔操作器械等。因整个系统结构比达芬奇手术机器人简单，占用的手术室空间相对较小，价格也较便宜，是目前达芬奇手术机器人的主要竞争者。意大利的 Telelap ALF-x 的手术功能与达芬奇手术机器人类似，主要特点在于力觉感知和反馈，使医生能够感觉到手术器械施加在手术组织上的力，这将使得手术操作更加安全可靠。另外，该系统还可追踪医生眼球，以自动对焦和调节摄像头视角范围，显示医生眼睛感兴趣的区域。

我国在腹腔镜手术机器人领域也有很多成果，天津大学、南开大学与天津医科大学总医院联合研制出"妙手 S"腹腔微创手术机器人（图 6.12a），该机器人采用主从控制方式，可以完成直径 1mm 以下的微细血管的剥离、剪切、缝合、打结等手术操作。哈尔滨工业大学联合南开大学、中国人民解放军总医院研制出的腹腔镜手术机器人系统（图 6.12b），包括医生控制台、手术辅助系统及手术执行机构，能够实现抓取、缝合、打结等手术操作，具有较好的灵活性且操作空间范围较大，三维视觉可将患者腔内影像放大 10 倍以上，突破了人眼的观察极限，极大地提高了手术的安全性和可靠性。上海微创医疗器械研发的"图迈内窥镜手术系统"（图 6.12c），由患者手术平台、图像台车和医生控制台组成，可用于辅助完成腹腔镜微创外科手术，特别是针对以开放术式或常规腹腔镜术式完成较困难的高难度复杂手术。

2. 骨科手术机器人

骨科手术机器人是用于辅助骨科手术的设备，可帮助医生准确定制三维术前方案、减少术中器械震颤、提高手术精度、减少术中 X 射线辐射影响，还可减少手术对病患健康骨骼和组织的损伤，帮助病患加快康复、缩短住院时间，具有微创、准确、智能等临床应用优势。术前，规划系统根据患者术前 CT 扫描数据建立膝关节三维模型，根据患者生理解剖学特征生成个性化假体植入手术方案；术中，导航定位系统实时提供解剖学和力学信息，并提供智能意见为医生做出判断提供参考。早在 1992 年，骨科手术就与医疗机器人进行了融合，可在相关骨关节置换期间进行手术规划与定位。其中，美国制造的骨科机器人在膝关节和髋

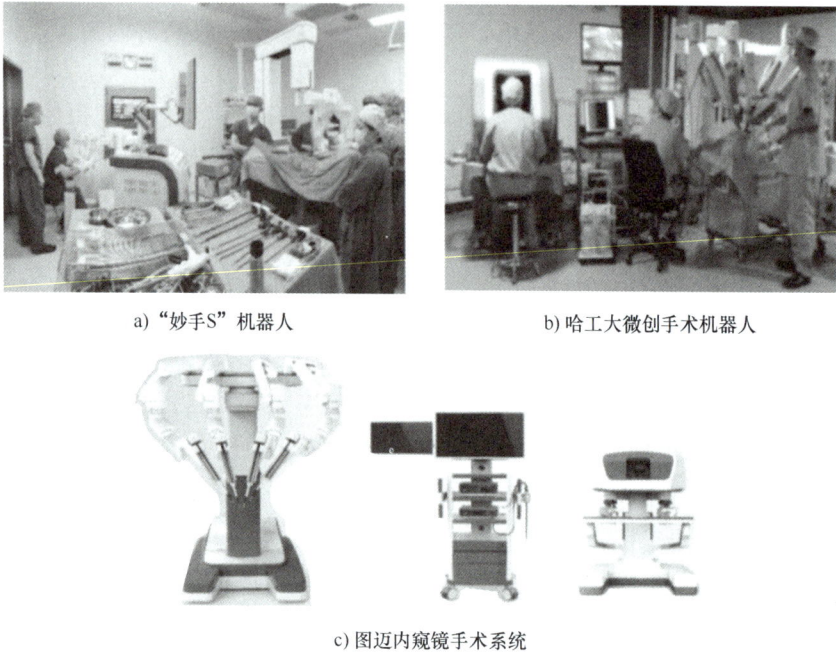

a) "妙手S" 机器人　　　　　　　　　b) 哈工大微创手术机器人

c) 图迈内窥镜手术系统

图 6.12　国内腹腔镜手术机器人

关节手术中被广泛应用。

美国 Mako Surgical 公司开发的 RIO 机器人（图 6.13a）主要面向膝关节和髋关节置换手术。iBlock（图 6.13b）是一款全自动切削和全膝关节置换的骨科机器人，可以直接固定在腿骨上，从而保证手术的精度。Sculptor RGA（图 6.13c）用于部分关节植入手术，利用机械臂辅助医生操作切削工具，并通过设置安全区域以保护该区域不被切削，根据病人实际情况对植入物进行个性化定制，借助术前 CT 图像保证植入物与切削面完全配合。Navio（图 6.13d）是手持式膝关节置换机器人，不需要术前 CT 扫描进行手术规划，借助红外摄像头实施术中导航。

天智航医疗科技公司与积水潭医院、北京航空航天大学等单位协同研发第三代天玑骨科手术机器人，如图 6.13e 所示，能够开展四肢、骨盆以及脊柱全节段手术，具有微创、精准、创伤小、并发症少等特点，已在全国 80 余家医疗机构完成超过 9000 例手术，在积水潭医院进行了全球首次骨科手术机器人多中心 5G 远程手术。

3. 神经外科手术机器人

神经外科手术机器人主要适用于发生在脑和脊髓的中枢神经系统疾病领域的治疗，是一种可应用于脑出血、脑肿瘤、帕金森病、癫痫、三叉神经痛等近百种疾病治疗中辅助医生定位的微创手术设备。机器人由计算机软件系统、实时摄像头和自动机械臂三部分组成，具有实施规划、监控和手术等功能。利用机器人辅助神经外科手术有如下优点。

1）机器人具有灵巧的结构和装置，可实现精确的定位和保持稳定的手术姿态，从而能进行精确的手术。

2）先进的机器人控制技术和友好的人机接口技术，可以提高手术的精度和灵巧性，如

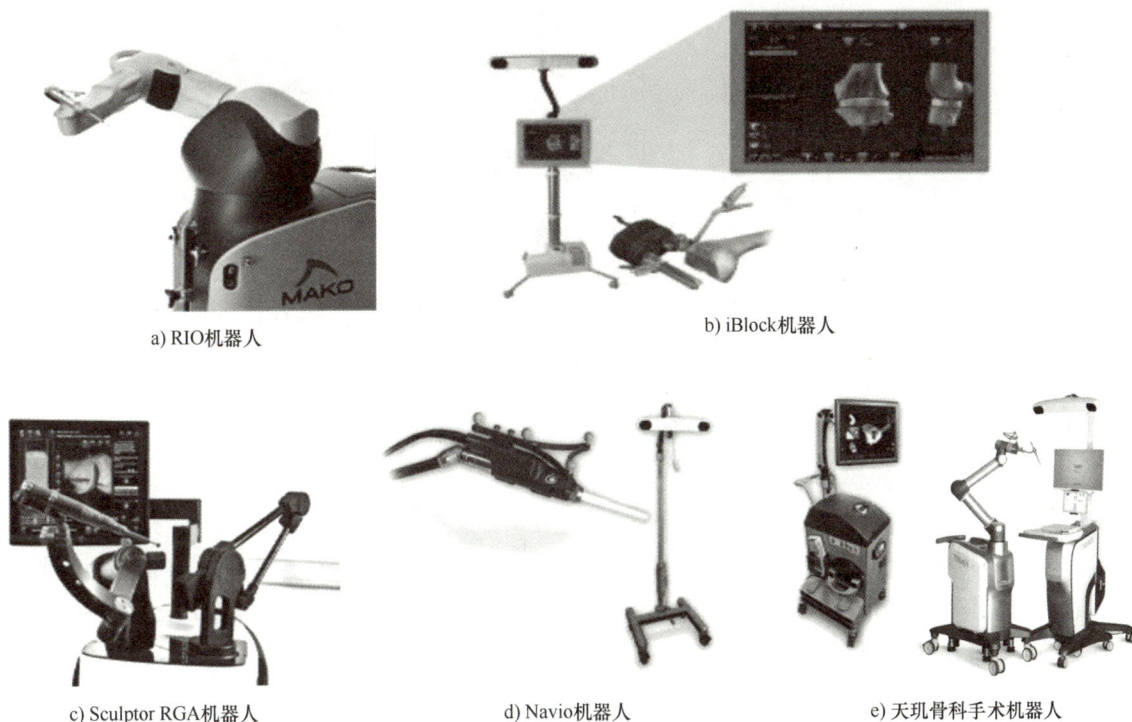

a) RIO机器人

b) iBlock机器人

c) Sculptor RGA机器人　　　　d) Navio机器人　　　　e) 天玑骨科手术机器人

图 6.13　骨科手术机器人

机器人可消除人手的震颤，提高医生的技能，因此手术更加微创。

3）机器人可以连续工作，并可提供一个适合人体力学的操作环境，使术者的疲劳程度降低到最小，从而提高了手术的安全度，工作稳定、可靠。

4）可进行远程手术。

目前，投入商业化应用的典型脑外科手术机器人包括英国 Renishaw 公司的 NeuroMate（图 6.14a）、美国 Mazor Robotics 公司的 Renaissance（图 6.14b）和美国 Pathfinder Technologies 公司的 Pathfinder（图 6.14c）。其中，NeuroMate 应用术前影像资料定位，除了用于开展活检手术，还可完成深脑刺激、经颅磁刺激、立体定向脑电图和内窥手术操作。Renaissance 主要针对脊骨手术，包括手术导航、辅助规划、定位等功能，其定位精度为 1.5mm。Pathfinder 用于完成常规的脑外科立体定向手术，医生通过设置靶点位置和穿刺路径，机器人即可完成定位，通过非线性辨识技术对摄像头进行标定，可使 Pathfinder 末端针尖定位精度达到亚毫米级别。

近十几年来，由于多媒体和信息网络技术的迅速发展，建立在有效的计算机图形学基础上的高速网络和虚拟现实系统为远程人机通信提供了技术保障，使得远距离手术逐步走向现实。手术由外科医生在外地通过遥控操作系统控制手术现场的机器人来完成。由于在远程医疗中，需要传送有数据、文字、视频、音频、图像等大量的医学信息，实时性和可靠性要求高，对通信网络有很高的要求，特别是为了在远距离控制机器人系统，需要对遥控操作环境中的通信延迟进行分析和补偿，以克服通信的延时性。

日本开发的远程显微神经外科手术机器人 NeuRobot 是一种可以远程操作的神经外科手

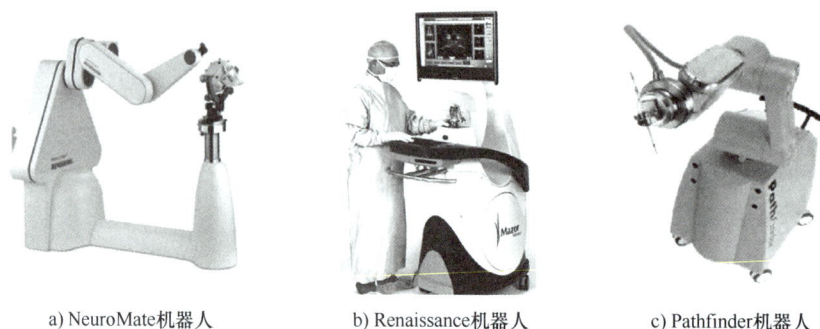

a) NeuroMate机器人   b) Renaissance机器人   c) Pathfinder机器人

图 6.14　神经外科手术机器人

术显微操作系统，主要包括显微操纵器（被动 slave 操纵器）、操纵器支持装置、手术操作装置（主动 master 操纵器）和三维显示器四个部分。显微操纵器上安装三个末端为 1mm 的镊子和一个三维内镜。每一个器械都有三个自由度（旋转、曲伸、前后运动），并能远程控制，术者不用直接接触患者即可进行精确手术操作，成功为某 54 岁男性复发的非典型脑膜瘤进行了切除手术，没有与机器人相关的并发症发生，患者术后恢复顺利，还远程（40km 外）对大鼠进行了精确的模拟手术。

加拿大研发的 NeuroArm 是基于生物模拟设计，包括两个 7 自由度的机械臂，第三个臂有两个摄像头，可以提供立体影像。NeuroArm 包括了神经外科医生在颅内需要做的所有操作，可进行活检、显微切开、剪开、钝性分离、钳夹、电凝、烧灼、牵引、清洁器械、吸引、缝合等，还可向术者提供触觉压力反馈。NeuroArm 工作站也很独特，其尽可能地复制手术场面，提供听觉、视觉和触觉方面的感受，机器人传感器和核磁在显示屏上显示三维脑组织图像。安全方面，NeuroArm 滤除手部颤动，装有安全开关以防止意外动作发生。还可在术前计划出手术边界，材料都能兼容核磁，能进行术中核磁扫描，机械臂由钛合金和聚合塑料制造，核磁图像扭曲程度很小。NeuroArm 可进行立体定向手术，通过线性驱动装置，精确到达靶点。NeuroArm 图像引导系统可虚拟现实，在术前模拟手术过程。

4. 经口机器人

与传统开放外科手术不同，经口咽入路的机器人手术（经口手术）不需要外缘切口，而是通过清晰的成像系统、细长灵活的机械臂，以及微小的外科工具，以微创的手术形式，协助医生实施术中定位、切断、穿刺、止血、缝合等复杂操作，提高手术成功率。与常规手术方法相比，经口手术有减少疼痛及出血、降低并发症风险、使患者快速恢复等优点。

根据经口机器人的刚柔性特点，可将其分为远端灵巧性机构、可变刚度机构和三角测量机构。其中，远端灵巧性机构又可根据机构组成，细分为串联机构、并联机构、连续机构和混合机构。

串联机构机器人结构多样，具有高精度、大负载能力的特点，图 6.15a 所示是基于齿轮传动的串联机构手术机器人；并联机构不仅拥有串联机构的特点，而且还具备多自由度的运动特点，可以像人类手腕一样灵巧。然而，不管是串联还是并联机构机器人，它们的刚度很大，且结构庞大，不利于微创手术的应用。而连续体机构的出现解决了这一问题，这类机构可以显著缩小手术机器人的整体尺寸，如图 6.15b 所示。其中，具有高度灵活性的气动软体驱动器常被应用于连续体机构手术机器人，如图 6.15c 所示。虽然连续体机构具有结构简单、易于制造、体积小、刚度低的特点，然而与串联机器人相比，连续体机构的工作空间和灵活性有所降低，且控制精度低和有限负载能力限制其在医疗领域的应用。还有一种结合了刚性机构和连续体机构的混合机构，既有并联机器人的高精度、高可靠性、高强度等优点，又有连续体机器人紧凑性和柔顺性的优点，如图 6.15d 所示。

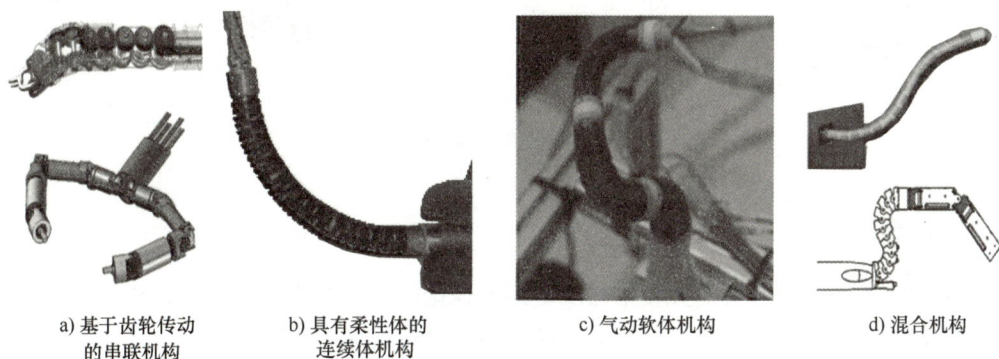

a) 基于齿轮传动　　b) 具有柔性体的　　　c) 气动软体机构　　d) 混合机构
的串联机构　　　　连续体机构

图 6.15　远端灵巧性机构

考虑人体内部是十分柔软的组织，为了拓展手术机器人在腔内手术的应用范围，还设计出了可通过温度控制的低熔点合金驱动器，其在熔点下，可以在固态和液态之间转换，从而实现可变刚度。此外，还有被广泛应用于机器人领域的形状记忆合金智能材料。然而，温度控制的机器人无法避免的一个问题是有较长的冷却时间和较低的响应频率，这限制了机器人的临床应用。此外，低熔点合金驱动器含有有毒元素，会对患者构成安全风险。

除了变刚度机构手术机器人，常用于腔内手术的还有三角测量手术机器人，如图 6.16 所示，其特点在于可提供足够的工作空间，并为各种手术操作提供充足的驱动力。通过这类机器人，可以引入铰接柔性器械，在难以到达的解剖位置提供一致的三角测量，而传统手术器械可能无法进入，并且难以用当前的内窥镜器械进行治疗。

图 6.16　被动三角测量的手术机器人

在此之上，学者还提出了延展机构以提高运动精度和负载能力，如图 6.17 所示。但该类手术机器人的工作空间和远端灵巧性囿于机器人的尺寸，导致应用范围有限。

在未来，新的机构，特别是柔性并联机构，可以采用超弹性材料，而不是传统并联机构采用的刚性连杆和复杂部件，有望产生灵巧的运动，旨在解决经口机器人在大小、工作空间、灵活性、灵巧性、负载能力和安全性方面的问题，从而降低传统手术导致的出血、术后感染等风险，同时提高手术精确度、减少手术时间，使广大患者的疗效得到保障。

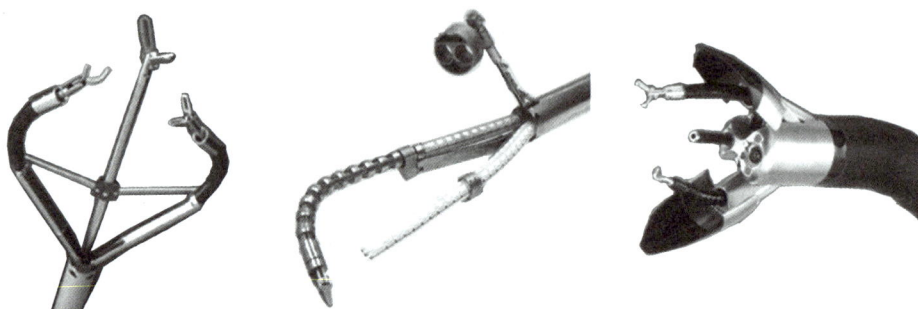

图 6.17　具有延展机构的手术机器人

6.4.2　康复机器人

康复机器人通过融合机器人技术与康复医学理论以自动执行设定的运动或动作，用于取代或协助人体的某些功能，可协助人体上肢和下肢进行康复训练。 其结构设计从人体仿生角度出发，不仅为穿戴者提供保护、支撑、助力等作用，还兼具重量轻、体积小、穿戴便携等优点。

例如，下肢康复机器人可为因脑中风、脊髓损伤、脑瘫等而行走困难的患者或者步行功能退化的老年人，进行下肢运动功能与步行功能的康复训练，如图 6.18 所示。主要由步态矫正器、体重支持系统、跑台、虚拟现实系统等组成。步态矫正器通过生成与实际步态非常接近的生理步态轨迹，采用穿戴式机器人关节带动患者的单侧或双侧下肢，引导身体、臀部关节、膝盖、足关节实现设定的步行动作，进行功能性步态恢复训练，并可刺激肌肉与关节，有恢复肌力的功效；同时，精确控制跑台的速度使之与患者步态一致，在跑台上实现患者按照设定参数完成步行动作的功能，使得患者的功能性运动治疗与患者的步态评估、反馈系统有机结合，进行下肢运动功能与步态的实时训练与反馈评价；体重支持系统可根据患者下肢肌肉力量的实际情况设定适用于患者的减重步行训练，防止下肢在训练时负载过重从而损伤腿部肌肉；在机器人上搭载的虚拟现实系统提供个性化 3D 虚拟现实训练游戏，患者可通过显示器确认自己行走的样子，并进行实时的三维步态分析，让用户享受互动和自然地步行。整个系统形成一个针对下肢的闭环康复训练系统，能根据患者的特定身体条件，提供适合患者的最优化的自然步态和训练计划，以适合不同患者的需要。

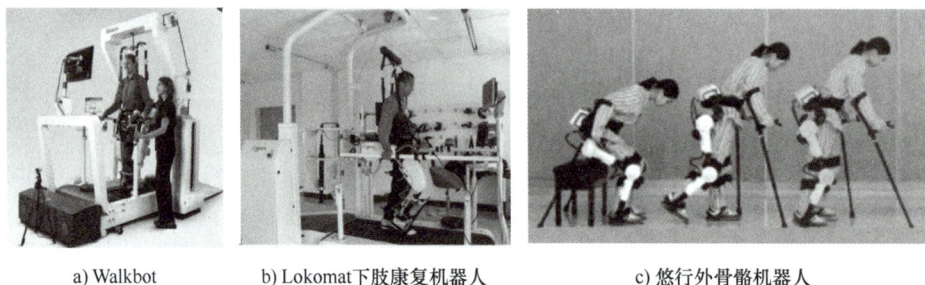

a) Walkbot　　　　b) Lokomat下肢康复机器人　　　　c) 悠行外骨骼机器人

图 6.18　康复机器人

国内众多创业公司也瞄准该方向，如程天科技的悠行外骨骼机器人 UGO220、210，傅利叶智能的 ExoMotus 康复机器人，大艾机器人的小艾康 AIWALKER 等产品。对于康复外骨骼机器人产品，传感、控制和驱动三大系统既是核心也是难点，决定了机器人的形态、响应速度、舒适性等特征。以程天科技的悠行外骨骼机器人为例，其整机外骨骼搭载了超过 50 个精密传感器，在康复周期的不同阶段，感知患者的行走意图，并给予与之适合的标准步态，实现人机步态交互；高性能人工智能核心 GPU 作为其控制核心，可并行处理大量数据，利于机器深度学习和本地化数据处理；采用伺服系统驱动，设备关节"轻便灵活"，并结合仿生学设计，保证机器人穿戴舒适性；此外，通过云平台监测数据，实时了解设备运行情况和用户训练情况。该款机器人通过带动患者反复模拟正确步态，帮助患者重新建立神经回路，增强患侧的本体感觉和肌力，患者穿戴该产品，可以实现起立坐下、基础行进、单关节训练、上下楼梯等动作。该机器人还可用于在太空环境影响之下肌肉出现可逆性萎缩的航天员群体的康复。临床数据显示，基于 30min 每次、一周五次的训练频率，在训练三周后 80% 的患者实现自主导尿、85% 的患者较之前肌张力降低及痉挛的情况显著减少、90% 的患者的焦虑量表 SAS 得分下降。

值得一提的是，康复机器人的人机交互系统是一个双向通信系统，用来将使用者预定的运动信息传输到外骨骼转化为动力进行运动，与此同时，也将外骨骼的动力运动信息反馈给使用者。目前应用较多的是基于运动信号的交互，主要是利用传感器采集当前患者肢体关节的运动状态，反馈给控制单元，形成相应的闭环控制系统，实现柔顺控制，加强控制精度及准确性，有效防止二次损伤。

在未来，人机交互技术将由机器人被动接受指令向机器人主动理解人的行为意图的方式发展，由此衍生出一类基于生物电信号的新型人机交互技术。康复机器人从患者身上获取相应的生理电信号，通过对信号的识别，判断出患者的运动意图，以运动意图为依据设计控制器带动患者肢体进行康复训练。生理电信号主要包括脑电信号和肌电信号。脑电信号是通过脑-机接口将头皮脑电位进行传导，其优点在于实用性好、信号传输快、应用广泛、便携性好等。肌电信号是人体中枢神经系统支配的神经肌肉的动作电位，先于骨骼肌收缩发生，可以比运动信息更快感知到使用者的运动意图。通过肌电信号实现人机自然交互的关键是由肌电信号识别出人体运动意图，通常包括离散动作模态分类、关节连续运动量估计以及关节刚度与阻抗估计三方面内容。基于肌电信号的人机交互有许多优点，可以实现机器人的自然控制（类似于人脑控制肢体运动），交互方式更容易被使用者接受；依赖于驱动关节运动的肌肉，不依赖执行运动的肢体，因此适用于肢体残疾患者；蕴含肌肉力、关节力矩等丰富信息，采集技术成熟，并且是无创采集，可以实现多模式交互控制，且易于开发便携式或穿戴式设备。

6.4.3　胶囊机器人

胶囊机器人是一种能进入人体胃肠道进行医学探查和治疗的智能化微型工具，集 MEMS（微机电系统）技术、多项通信技术、自动控制技术于一体，虽只有胶囊大小，却集成了胶囊内镜、控制系统、定位器、记录器等部件，如图 6.19a 所示，制作精巧、外形小巧，且控制精密，不仅在患者的胃肠道内可进行拍照观察，还能释放药物，甚至完成微型手术，是体内介入检查与治疗医学技术的新突破，在临床诊断和治疗领域有广阔的市场前景。

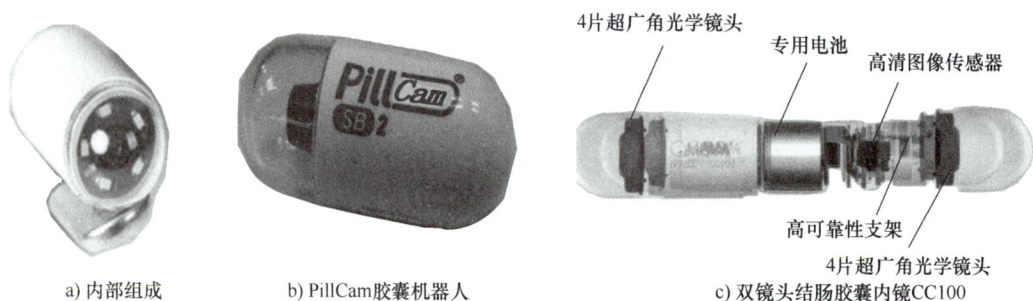

a) 内部组成   b) PillCam胶囊机器人   c) 双镜头结肠胶囊内镜CC100

图 6.19 胶囊机器人

美国 HQ 公司的 CoreTemp 是最早通过美国食品药品监督管理局认证的胶囊机器人，采用无线通信方式进行体温的实时监测和记录，至今已有 20 多年的应用历史。以色列 Given Imaging 公司开发出 PillCam（图 6.19b），当病人服用这颗胶囊后，机器人胶囊内镜便会通过病人食道，完成一次无痛检查后，24h 之后胶囊会排出体外。这些照片可以被医生下载，以便查看和诊断，其最新系统能以 14 帧/s 的速度发送高清彩色图像，全球已有超过 25 万患者使用，是目前使用最广的胶囊机器人。

中国安翰光电的 NaviCam 由巡航胶囊内窥镜控制系统与定位胶囊内窥镜系统组成，拥有磁场精确控制、光电成像等功能，可实现胃部检查的全面精确定位和控制。金山科技则自主研发了全球首台全自动导航胶囊机器人 RC100 与我国首创的双镜头胶囊内镜——结肠胶囊内镜 CC100，如图 6.19c 所示。RC100 不仅拥有解放医生双手的自动化检查模式，还配备了智能辅助阅片系统，实现图片冗余筛除及异常图片提示，极大地节省医生阅片时间。配合胃肠一体磁控胶囊内镜 NC100，一颗"胶囊"便可进行胃肠同检。RC100 还可以通过 5G 远程操控，患者在家门口的基层医疗机构就诊，将数据实时传输到中心医院，医生远程阅片，医患云端问诊、交流；而结肠胶囊内镜 CC100 则避免了单镜头拍摄盲区，提高了病灶检出率。

6.4.4 防疫机器人

2020 年，新型冠状病毒疫情严重，严重影响了人们的出行和工作，为支持抗疫工作，国内外许多企业都研制出了可用于消毒、远程巡控和物资配送的防疫机器人，可从源头切断传染源与医护人员的接触，避免交叉感染，构筑医疗安全防线。

1. 消毒机器人

消毒机器人能够根据设定的路线，自动、高效、精准地对室内环境进行自动化消毒，具有自主避障、环境识别、自主消毒等功能，可以减轻医护人员的工作强度。消毒机器人可应用于商场、机场、车站等公共场所的消毒防疫。消毒机器人具有以下优势。

1）可采用自动运行模式或遥控运行模式进行作业，充分弥补了固定式消毒装置的不足。

2）节省大量消毒人力和时间，显著提升工作效率。

3）采用智能化消毒防控技术，实现定时、定点、定量消毒处理，有效避免过度消毒。

4）实现智能远程控制、人机分离，避免消毒液侵害人体，显著降低二次污染和交叉感染的几率，降低职业伤害。

国外消毒机器人多采用 UV 或 UV-C 照射消毒方式，该方法效率高、无二次污染；但底盘多采用被动轮式结构，缺少自主导航功能。国内消毒机器人多为改装服务机器人，通过增加自动喷洒模块和紫外消毒装置进行自动化消毒。

2020 年 2 月 9 日，丹麦 UVD 消毒机器人（图 6.20a）"入职"武汉雷神山医院。该机器人的消杀功效、工作效率、职业安全等处于国际前沿技术水平。此前，它已在美国、英国、澳大利亚、日本、丹麦等 40 多个国家和地区上市，广泛应用于医院发热门诊、ICU、手术室，以及办公场所等其他场景的空气、物表和地面消毒，其功效和杀菌率获得了欧盟 CE、德国 TUV 等多个国家和地区的认证。

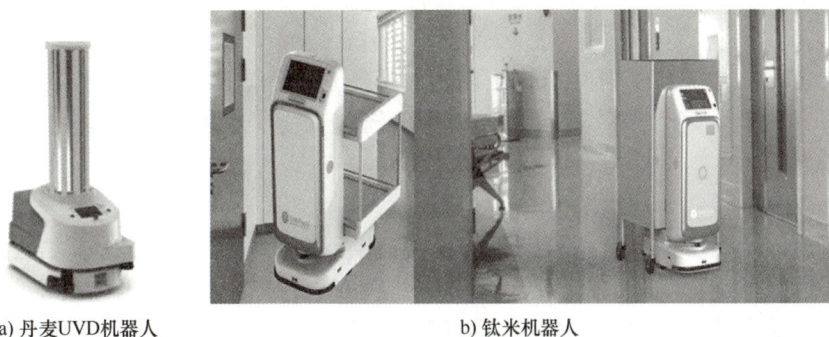

a) 丹麦UVD机器人   b) 钛米机器人

图 6.20　消毒机器人

上海钛米机器人生产的智能消毒机器人 TRD-01（图 6.20b）搭载了高浓度干雾形态消毒液、紫外线消毒灯、空气净化器等消毒设施。操作人员可以选择消毒目的地、消毒时长，机器人可自主移动到指定区域，识别消毒场景，根据场景的不同（如手术室、血液科、污物通道、检验科、门诊等）选择不同的目标消毒水平；同时，可对待消毒面积进行自动感应和测算，包括场景面积和消毒点计算，根据目标消毒水平和历史大数据，针对具体目标区域进行消毒。

2. 配送机器人

国外配送机器人的研发和试点应用起步较早，但与国内配送机器人相比，国外的室外配送机器人占据了极大比重，室内配送机器人的商业化应用则大多处于试点阶段。国内室内配送机器人目前不仅在国内得到了应用，甚至将产品输出到了海外；但是在实际应用中问题还较多，如在室内行走时，遇到地毯或坡面等不平坦道路时，运行稳定性和行走能力的问题，多机协作过程中的避障以及路线实时规划问题，以及环境发生改变后的适应性问题。

医院物流也涉及大量的物资供应链管理，包括药品、医疗器械、病历资料等的运输和配送。以往医院的物流系统主要是气动物流、箱式物流、轨道物流以及人力配送。新型冠状病毒疫情期间，很多移动机器人公司开发了相关产品用于医疗物资的配送。

例如，沈阳新松研发了医用配送机器人 SL-AC1-A（图 6.21），具有以下特点。

图 6.21　SL-AC1-A 医用配送机器人

1）自主导航。能够实现多模态复杂环境下的障碍物体识别，具备基于多传感器融合的自主导航技术、基于 SPD 系统的医院物资耗材的可追溯管理技术等。

2）自研核心控制器。搭载新松 AGV 导航核心算法，自主学习感知并适应环境，实现复杂场景的精确路径规划及自主配送、自主充电、自主避障。

3）多传感器融合。融合激光、视觉、声呐、惯导、速度传感器、激光里程计等多种传感器信息，使机器人适用于各种场景，与人和谐并存，可安全高效地工作，不丢失位置信息。

4）系统融合云端监控。可进行信息采集、状态反馈，多机器人调度协同工作，与医院 HIS 系统、病人数据和供应管理系统对接，对医疗物资使用、配送和回收进行实时监测，方便维护。

这些功能很好地契合了医疗机构在院内物品配送的需求。沈阳新松向沈阳的各大医院以及防疫部门捐赠了多台该款机器人，用于新冠肺炎感染者和疑似病例的护理与救治工作中。

3. 巡控机器人

巡控机器人是在迎宾导引类和安防巡检类公共服务机器人的基础上，结合疫情防控需求，增加了体温监测、口罩识别、快速排查、远程双向音视频交流、监控报警、抗疫知识宣传等功能，能够有效替代或协助工作人员开展巡查、排查、监控等工作，降低一线工作人员被传染的风险，主要用于车站、机场、医院、码头、学校等人群密集的公共场所。

例如，安泽智能防疫服务机器人（图 6.22）能够快速部署、精准测温，体温出现异常会在后台警告，数据追溯；同时能够进行口罩识别，发现未佩戴口罩人员会告警并提醒该人员会进行佩戴口罩。此外，机器人可以提供迎宾接待、问题咨询、多媒体控制、引导带路、定点讲解等服务，在疫情期间的医院、写字楼、机场、商场、园区、火车站、学校等公众场所和人流密集场所，从入门的测温、中间的巡逻，到公共场所的定时消毒，搭建起了一个疫情整体防控战线。

图 6.22　安泽智能机器人

4. 全自动病毒检测机器人

受新冠肺炎疫情影响，国内外多家医疗科技公司开发了做鼻和咽喉 Covid-19 筛查的全自动病毒检测机器人。例如，国内云百生联合深圳罗湖医院集团开发的鼻拭子机器人，如图 6.23 所示，通过视觉引导实现面部跟踪，雷达探头确认鼻球位置，精准的判断鼻腔的位置，再通过机器人的力敏感度探入式进入鼻腔，较高的力敏感度确保了人的舒适体验。

图 6.23　鼻拭子机器人

参考文献

[1] 赛迪顾问. 赛迪顾问│医疗机器人为科技战"疫"赋能 [OL]. (2020-02-06). https://mp.weixin.qq.com/s/oJRlQmEMKoWwZgUSr2146w.

[2] 机器人大讲堂. 你见过经口机器人吗？港中文发表综述，介绍这一医疗器械最新进展 [OL]. (2023-02-20). https://mp.weixin.qq.com/s/0_zzjH6O1B1ASIzjKW_tQg.

[3] 机器人大讲堂. 康复外骨骼机器人如何走进寻常百姓家？[OL]. (2021-07-12). https://mp.weixin.qq.com/s/G6m2t-PhEQHQPcKSllPxrA.

[4] 国家智能制造专家委员会.【机器人典型应用场景展示】医疗领域机器人典型应用场景：常规药品、器械、医疗物资等配送（三）[OL]. (2023-07-04). https://mp.weixin.qq.com/s/73_AfQP-5gXeQtPWJLueaw.

[5] 谢安然. 医疗机器人方兴未艾 [J]. 中国医药报. 2020, 5（3）：1-2.

[6] 梁晨迪. 医疗机器人：硬核科技 手握未来 [J]. 中国医药报. 2019（4）：1-3.

[7] 张晓玉, 王凯旋. 机器人辅助技术、康复机器人与智能辅具 [J]. 中国康复. 2013, 28（4）：246-248.

[8] 李光林, 郑悦, 吴新宇, 等. 医疗康复机器人研究进展及趋势 [J]. 中国科学院. 2015, 30（6）：793-802.

[9] 王晓行. 医疗机器人的实际应用及五大发展趋势 [J]. 智能机器人. 2017, 6：18-19.

[10] 齐廉恒美. 智能医疗体验背景下的病区巡护机器人设计研究 [D]. 湖北：湖北工业大学. 2019.

[11] 倪自强, 王田苗, 刘达. 医疗机器人技术发展综述 [J]. 机械工程学报. 2015, 51（13）：45-52.

[12] WU Y, WANG F, FAN S, et al. Robotics in dental implantology [J]. Oral and Maxillofacial Surgery Clinics of North America, 2019, 31（3）：513-518.

[13] 张秀, 张宇斐, 焦志伟. 康复机器人研究进展 [J]. 医疗卫生装备, 2020, 41（4）：97-102.

[14] 肖勇, 孙平范, 陈罡. 康复机器人发展综述 [J]. 信息系统工程, 2017（5）：131-133.

[15] 陈远. 我国医疗机器人具有较大发展潜力 [J]. 中国人口报, 2020（3）：1-2.

[16] 张送根, 王豫. 基于数据分析概述医疗机器人产业发展现状及未来趋势 [J]. 中国医疗器械信息. 2017, 23（07）：14-18.

[17] 楼逸博. 医疗机器人的技术发展与研究综述 [J]. 中国战略新兴产业. 2017（48）：135-136.

[18] 田伟, 张琦, 李祖昌, 等. 一站对多地5G远程控制骨科机器人手术的临床应用 [J]. 骨科临床与研究杂志, 2019, 4（6）：349-354.

[19] 刘文勇, 刘亚军. 2019年医用机器人研发热点回眸 [J]. 科技导报. 2020（1）：188-195.

[20] 王朝辉, 贾林, 杜文博. 镁合金材料在机器人轻量化上的应用 [J]. 新材料产业. 2016（07）：14-17.

[21] 刘成龙. 面向手部运动功能康复的双向软体致动器的设计 [D]. 武汉：华中科技大学, 2019.

[22] POLYGERINOS, WANG Z, GALLOWAY K. Soft robotic glove for combined assistance and at-home rehabilitation [J]. Robotics and Autonomous Systems, 2015: 135-143.

[23] YAO H K, LIME J H, Nasrallah F, et al. A soft exoskeleton for hand assistive and rehabilitation application using pneumatic actuators with variable stiffness [C]//IEEE International Conference on Robotics % Automation. IEEE, 2015.

[24] 闫志远, 梁云雷, 杜志江. 腹腔镜手术机器人技术发展综述 [J]. 机器人技术与应用. 2020 (2): 24-29.

[25] 王树新, 王晓菲, 张建勋, 等. 辅助腹腔微创手术的新型机器人"妙手A"[J]. 机器人技术与应用, 2011 (4): 17-21.

[26] 马如奇. 微创腹腔外科手术机器人执行系统研制及其控制算法研究 [D]. 哈尔滨: 哈尔滨工业大学, 2013.

[27] 夏春雨, 李剑, 王青, 等. 防疫型警用机器人功能特点与实战应用 [J]. 警察技术. 2020 (3): 64-68.

[28] 丁志虎, 胡光阔. 智能机器人在医院消毒作业中的应用 [J]. 医学信息. 2020 (05): 28-29.

[29] 中国评测机器人国评中心. 奋战在抗疫前线的"钢铁战士"[J]. 机器人产业. 2020 (02): 90-109.

[30] 孙柏林. 智能装备逞威"新冠战疫"[J]. 自动化博览. 2020 (04): 8-11.

第7章 军用机器人

7.1 军用机器人的定义及分类

7.1.1 军用机器人的定义

军用机器人作为一种新概念武器中的智能化无人作战平台武器，属于一类典型的特种机器人，是一种用于完成以往由人类承担的军事任务的自主式、半自主式或人工遥控的机械电子装置，其以完成预定战术或战略任务为目标，以智能化信息处理技术和通信技术为核心，可以在复杂环境中作业，具有高效率、安全可靠等特点。

作为无人系统平台，军用机器人能够克服人类生理极限，不知疲惫、恐惧，而且隐蔽性好，可在陆、海、空三大领域执行几乎所有的军事任务，既能代替人执行扫雷、拆弹、爆破等高危任务，也能高效完成侦察、监视、目标捕获与指示、通信中继、救援、排险、运输、攻击等系列常规作战任务，是未来信息化战场的基本智能单元。从某种意义上分析，军用机器人与无人作战装备是可以画等号的。

7.1.2 军用机器人的分类

依据目前军用机器人的作战领域，主要分为地面军用机器人、空中军用机器人、水下军用机器人和空间军用机器人四类。

(1) 地面军用机器人　地面军用机器人主要指智能或遥控的轮式和履带式车辆，以及足式机器人等，如图7.1所示。地面军用机器人又可分为自主式机器人和半自主式机器人，自主式机器人依靠自身的智能自主导航躲避障碍物，独立完成各种战斗任务；半自主式机器人可在人的监视下自主行驶，遇到困难时，操作人员可进行遥控干预。这些机器人能够在山地、丛林等地域中运行，是未来陆军的重要力量，能够明显增强部队的作战能力，代替人类在高危险环境下完成各种任务，如扫雷、探雷、布雷、排爆、侦察、战斗等；并且使用地面机器人对于保存有生力量、提高作战效能具有重要意义。地面军用机器人以美国和俄罗斯的产品最具代表性。

(2) 空中军用机器人　空中军用机器人主要指无人机。广义的空中军用机器人不仅包括飞行平台，更是一种复杂的系统，主要包括地面站、数传与通信系统、任务载荷和飞行器四部分。无人机是军用机器人中发展最快的家族，从1913年第一台自动驾驶仪问世以来，目前无人机已达300多种。美国在无人机领域有绝对的优势。图7.2a所示的"灰鹰"无人机是由无人侦察机"捕食者"改进而来的无人攻击机，身长8m，翼展17m，属于中空长航时无人机，能以280km/h的速度不间断飞行约30h，可一次性或多次使用，可自主飞行或由

a) 轮式　　　　　　　　　　b) 履带式　　　　　　　　　　c) 足式

图 7.1　地面军用机器人

人员遥控驾驶，并随机携带各种任务载荷。

　　还有一类微型无人机，由于它的体积小，在军事中可是一个"侦察隐形"的高手。图 7.2b 所示的一款飞行昆虫侦察机器人由荷兰戴夫特技术大学发明。该机器人体积微小，只有 3g 重、10cm 长，飞行速度却可以达到 18km/h，另外还可配备无线摄像机。

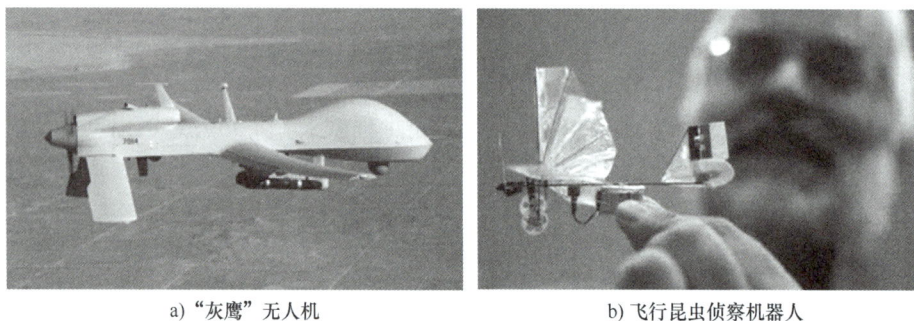

a)"灰鹰"无人机　　　　　　　　　　b) 飞行昆虫侦察机器人

图 7.2　空中军用机器人

　　（3）水下军用机器人　　水下军用机器人主要指无人潜水器，如图 7.3 所示。按照无人潜水器与水面支持设备（母船或平台）间联系方式的不同，水下机器人可分为两大类，一种是有缆水下机器人，习惯把它称为遥控潜水器，简称为 ROV；另一种是无缆水下机器人，习惯上把它称为自主潜水器，简称为 AUV。水下机器人可根据执行任务的需要，配备各种探测器，是一个水下高技术仪器设备的集成体，主要用于执行长时间、大范围地侦察、维修、攻击、排险等军事任务。美国的水下军用机器人具有较大优势，近几年我国的水下机器人也发展很快。

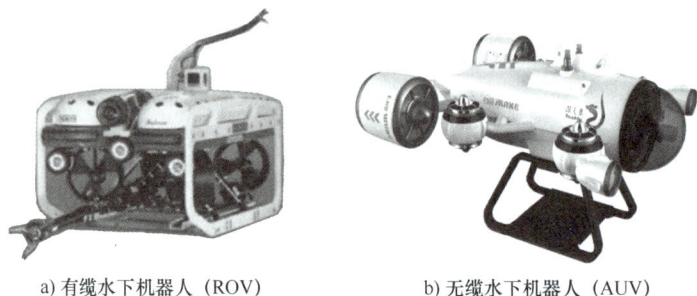

a) 有缆水下机器人（ROV）　　　　　　　　　　b) 无缆水下机器人（AUV）

图 7.3　水下军用机器人

（4）空间军用机器人　空间机器人是集自主感知、快速机动、灵活操作为一体，能够完成多样化任务的一类特殊的航天器，可代替人类在太空中进行科学试验、出舱操作、空间探测等活动。这类机器人可通过对目标航天器的自主接近，完成观测、侦察等任务；可以通过交会抓捕对目标实施燃料加注、模块更换等在轨服务活动；在空间对抗中对非合作军事目标实施干扰或接触式攻击；进行深空探测，在星体表面执行任务。图 7.4a 所示为火星探测机器人"勇气号"，装备了全景摄像机、机械手臂、悬吊系统等装置，成功实现了机器人在太空探测领域的运用；图 7.4b 所示为 Space X 将发射诺斯罗普-格鲁曼的机器人卫星维修航天器。

a) 火星探测机器人"勇气号"　　　　　b) 机器人卫星维修航天器

图 7.4　空间军用机器人

太空行业正进入一个从 20 世纪 60 年代后就从未出现过的发展阶段。在未来的 30 年里，科技研发将会带领人类重返月球。此外，更加伟大的探险（如人类登陆火星）以及新型基于太空的行业（如开采小行星中的矿物）都有可能出现。空间军用机器人是空间机器人的一个特殊分支，是空间机器人在军事上的应用，目前虽然应用较少，但探索甚至移民太空是现代人长久的梦想，对太空的探索将有可能成为一个全新的爆发点。智能化的空间军用机器人不再是不可能，而反卫星也将成为未来战争的一部分。

7.2　军用机器人发展历程及未来趋势

7.2.1　军用机器人发展历程

早期的军用机器人，程序固定、靠存储器控制，且仅有几个自由度。早在第二次世界大战期间，德国人就研制并使用了扫雷及反坦克用的遥控爆破车，美国则研制出了遥控飞行器，这些都是最早的机器人武器。由于这代机器人大脑先天不足、四肢不全，又无感官，只能进行简单的"取-放"劳动，因此，除有选择地用于国防工业生产流水线外，"应征入伍者"寥寥无几。

第二次世界大战以后，世界各国开始努力寻找战场上能代替人类冲锋陷阵的武器装备，机器人自然首当其冲。到了 20 世纪 60 年代中期，电子技术取得了重大突破，一种以小型电子计算机代替存储器控制的机器人出现了。机器人开始拥有了一定的感知和协调能力，能自主或在人的控制下从事稍微复杂一些的工作，这就为军事应用创造了条件。随着科学技术的飞速发展，军用机器人的研制也倍受重视。现代军用机器人的研究首先从美国开始。1966年，美国海军使用机器人成功打捞起一枚失落的氢弹。这个轰动一时的事件，使人们真正看到了机器人潜在的军事使用价值。此后，美国、苏联等国又先后研制出"军用航天机器人""危险环境工作机器人""无人驾驶侦察机"等高新武器装备。机器人的战场应用也取得了突破性进展。1969年，美国在越南战争中，首次使用机器人驾驶的列车，为运输纵队排险除障，获得巨大成功。英国陆军服役的机器人在反恐怖斗争中，更是身手不凡，屡建奇功，多次排除恐怖分子设置的汽车炸弹。这个时期，机器人虽然以新的姿态走上军事舞台，但由于这代机器人在智能化上还比较低下，动作也很迟钝。加之身价太高，感官又不敏锐，除用于军事领域某些高体能消耗和危险环境工作外，真正用于战场的数量还极少。

进入20世纪70年代，特别是到了20世纪80年代，世界各国纷纷加大了在无人化武器装备方面的研发力度。无人飞机、无人水下潜艇、无人驾驶车辆等，已开始投入实战使用，其智能化水平均有了较大的提高，并具有了一定的思维、分析和判断能力。例如，苏、美、日、英等国都制订了发展军用机器人的宏伟计划，仅美国列入研制计划的各类军用机器人就达100多种，苏联也有30多种。其中，美国装备陆军的"曼尼"机器人，专门用于防化侦察和训练的智能机器人，该机器人身高1.8m，可以全行走、蹲伏，其内部安装的传感器，能检测到万分之一盎司的化学毒剂，并能自动分析、探测毒剂的性质，向军队提供防护建议、洗消措施等。

进入21世纪，伴随人工智能、信息通信等高新技术的飞速发展以及各种传感器的开发使用，引发了世界军事领域的一系列重大变革，军事装备的无人化已成为未来发展的必然趋势，无人作战系统的应用越来越广泛，各种类型的军用机器人大量涌现，其功能日趋完备，智能化程度越来越高。为应对未来新型战争的威胁，各国纷纷加快研制军用机器人的进程，将在下小节详细介绍。毫无疑问，这些智能化程度高、动作灵活、反应迅速的军用机器人，将成为未来战场上的一把核心利器，代替血肉之躯的人类士兵进行作战，大幅减少战场有生力量的伤亡，具有极大的战场应用价值和研发潜力。

7.2.2　各国军用机器人发展概况

当前，各主要军事大国都将机器人作为本国军事发展的重要目标，加紧研究，以期在冷酷而梦幻的未来战场上占有一席之地，可以说机器人"参军"已是大势所趋。据报道，全球目前有60多个国家的军队装备了军用机器人，种类更是超过几百种。有关专家分析认为，预计到2025年，军用机器人在俄军装备总结构中的比例将达到30%。而到2040年，美军预计有一半以上的成员是机器人。未来军用机器人可能引起对抗格局变化，传统的军事强国，如美、俄等国发展军用机器人以扩大军事优势，军事稍逊而科技发达的国家，如英、德、法、日、韩、印等国也相继加快军用机器人的研发步伐，以实现军事方面的超车。

下面重点介绍几个主要国家军用机器人的发展状况。

1. 美国

美国作为世界第一军事强国，也是最早研发和使用军用机器人的国家之一，其对无人作战系统的重视程度最高，无论在技术理论、系统开发还是实战经验方面都处于遥遥领先的地位，涵盖陆、海、空、天各大军用机器人兵种。

美国海军陆战队自 20 世纪 90 年代就正式启动了轻型无人作战平台项目，希望能在未来的战争中，为滩头作战的士兵们提供减少伤亡的替代机械。登陆作战最危险的时刻通常是在滩头与防御方的激烈对抗，缺乏重型直射支援火力，没有清除各类障碍的工程机械，更没有退路。为适应这种残酷复杂的作战环境，在 2007 年，美国研发的 6 台 "角斗士" 战术无人作战平台进入服役阶段；如今，美国海军陆战队已拥有 200 台这样的 "机器战士"，而 "角斗士" 也被称为世界上第一个多用途作战机器人，如图 7.5 所示。

2007 年，美国发布了《无人系统路线图》，包括无人机系统、无人地面系统和无人水下系统，该路线图提供了对无人系统及其相关技术全方位的愿景。2013 年 3 月，美国又发布了新版《机器人技术路线图：从互联网到机器人》，阐述了包括军用机器人在内的机器人发展路线图，并决定将巨额军备研究经费投入到军用机器人的项目研制中，使美军无人作战装备的比例增加至武器总数的 30%，未来超 1/3 的地面作战行动将由军用机器人承担。

图 7.5　美国 "角斗士" 战术无人作战平台

2017 年 3 月，美国陆军发布《机器人与自主系统战略》，指出无人作战系统发展的远期目标（2030~2040 年）不应局限于单个机器人各自为战，而应实现多个机器人系统的组合作战。

目前，美军拥有超过 7500 架无人机和 1.5 万个地面机器人，并已形成了包括空中、地面、海上无人系统在内的全方位无人化武器体系，一些无人作战系统已经经受了实战的考验，而被美军列入研制计划的智能化军用机器人已超 100 种。其中，美国主流的陆战军用机器人都要依靠轮式系统进行机动，所以与其说它们是 "机器人"，不如说它们是 "机器车"。事实上，轮式系统的优点很明显，即结构简单、技术成熟和速度较快。但是，轮式系统的缺点同样明显，只能在较为平坦的地区活动，一旦进入高低不平的山地环境就会寸步难行。因此，早已实现摩托化行动的美军在阿富汗山区行动时不得不依靠毛驴运输给养。

现在，两种能依靠步行装置行动的军用机器人已经走出实验室，即将踏上战场。其中一种是被命名为 "Petman" 的双足机器人（图 7.6a），另一种是被命名为 "大狗" 的四足机器人（图 7.6b）。这种依靠四条腿活动的机器人能携带重达 200kg 的物资，以 12km/h 的速度行走在高低不平的山区。尽管行走时的动作略显笨拙，也不太雅观，但在战场上作为机械骡马使用非常有效。双足机器人主要用于危险的化学战，而四足机器人可以伴随山地步兵行动，为他们提供后勤补给。

此外，"Vision60" 机械狗于 2020 年 9 月首次以 "军用" 身份参加了美国史上最大演习，在多种地形上巡逻，并有效监控入侵者，如图 7.6c 所示；一款配备有步枪武器的 "SPUR" 机器狗，于 2021 年 10 月 11 日在华盛顿特区举办的美国陆军协会年度会议上首次展示，如图 7.6d 所示。

美国的无人机经过迭代发展，已经拥有较高的自主性。例如，陆军和海军陆战队联合研发的 "K-MAX" 变体直升机，能依靠预先的编程在阿富汗的路线自主起飞，将货物运送至前方作战基地，如图 7.7a 所示；海军研制的 "X-47B" 无人机，能够在航空母舰上自主起降，并能完成空中自主加油,如图 7.7b 所示。另一款大名鼎鼎的高空无人侦察机是美国的"全球鹰",如图 7.7c 所示,最大航程达 26000km,飞行高度 18000m,续航时长 42h,翼展达到 35m,和波音 737 差不多大。超长航程可保障其从美国本土起飞,侦察全球的任意一个地点。

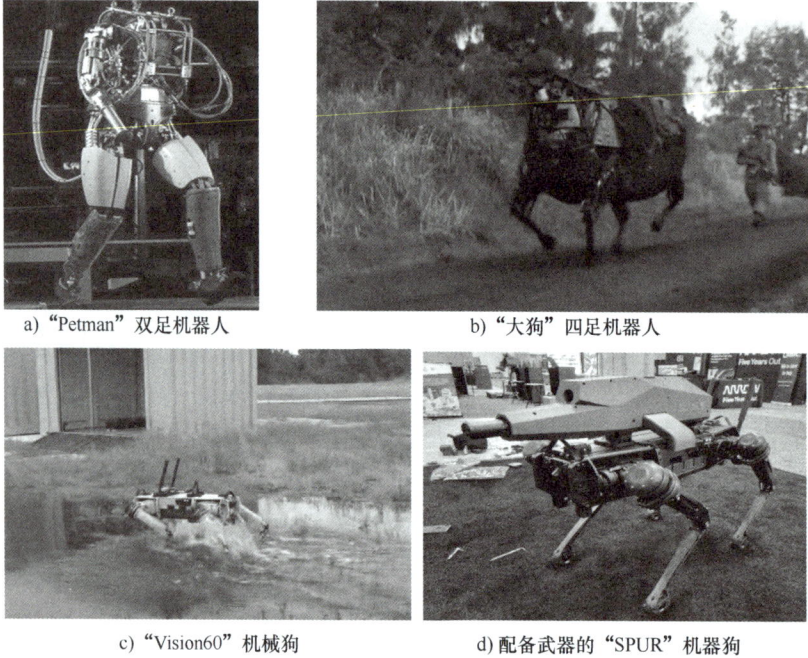

| a)"Petman"双足机器人 | b)"大狗"四足机器人 |
| c)"Vision60"机械狗 | d)配备武器的"SPUR"机器狗 |

图 7.6 美国依靠步行装置行动的军用机器人

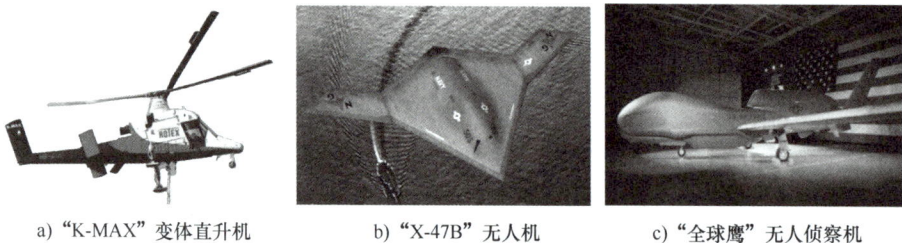

a)"K-MAX"变体直升机　　　　b)"X-47B"无人机　　　　c)"全球鹰"无人侦察机

图 7.7 美国较高自主性的无人机

2. 俄罗斯

为了在国际机器人领域占据一席之地,俄罗斯依仗其雄厚的工业基础和技术实力加大对军用机器人领域的研究。2014 年 2 月 15 日,宣布成立机器人技术科研实验中心,并在兵工厂建立了一座军用机器人研发实验室,为俄军研制多种新型军用机器人;2020 年,制订了《机器人部队组建任务路线图》,准备在 2025 年前完成有关科学研究、试验设计、组建机器人部队等一系列计划,并将这一新型部队纳入俄军管理体系。根据发展规划,到 2025 年前,俄罗斯军队武器中机器人的比例应达到 30% 左右。

随着投入力度的加大,近年来俄罗斯步入了军用机器人发展的快车道,并取得了很大的进展。目前，公开展示的地面作战机器人有 10 余种，其中就包括在叙利亚一战成名的"平台"-M、"仙女座"机器人，如图 7.8a 所示。

a)"平台"-M

b)"MRK-27-BT"机器人

c)"鳐鱼"无人机

d)杀手机器人"伊戈列克"

图 7.8　俄罗斯军用机器人

在"2009 国际警用技术装备"技术展上，俄军展示了一款名为"MRK-27-BT"的机器人，如图 7.8b 所示。该机器人体型较小，仅有坦克的十几分之一大，但配有 2 具火焰发射器、2 具榴弹发射器、1 挺机枪、6 具烟雾弹发射器和 100 发子弹。配备的武器在必要时可以拆卸下来单独使用，同时，士兵也可以将自己的武器配备到该机器人身上。

随着西方国家纷纷推出无人作战飞机，传统军事强国俄罗斯自然也不甘落后。早在 2007 年的莫斯科航展上，米格公司便推出了一款重型隐形无人机的模型，代号为"鳐鱼"（图 7.8c）。从已公布的资料看，"鳐鱼"的翼展 11.5m，全长 10.25m，机高 2.7m，最大低空飞行速度为 800km/h，最大武器载荷 2t，综合指标大致与美军的 X-47 系列相当。

此外，2018 年俄罗斯著名武器制造商 AK 公司发布了高 4m、重 4.5t 的可行走"杀手"机器人"伊戈列克"（图 7.8d），其具有双足和双臂，操作人员可坐在机器人对其操控，机器人的身体各部位都具有防弹功能。将其装备重火力，包括大口径的机关枪、反坦克火炮，甚至是激光武器，可在战场上为步兵提供强大的火力。若装备便携式防空导弹，还能打击天上目标。最主要是这种机器人造价比一辆 T-90 主战坦克低，而且机动性更强。

3. 其他欧洲主要国家

目前，英国研制的地面机器人当中，属"手推车"（Wheelbarrow）遥控车最为有名，如

图 7.9a 所示，主要用于清理爆炸物，最新型号为 MK8 型。该车目前已生产 500 多辆，装备 40 个国家。其中，一种称为红火（Redfire）的变型车曾在 1982 年的马尔维纳斯群岛战争中用于扫雷。在空中方面，英国皇家空军正在研发一款名叫"Taranis"的超声速自主飞行器，该无人机无需地面指示也能自行运作，可深入敌方领土收集情报或投放各种弹药，具备隐身功能与自动防卫能力，可跨越洲际飞行。法国 AID 公司研制的一种 RM200 型（6×6）轮式机器人车辆，用电缆控制，车重 250kg，用蓄电池供电驱动，主要用于清理炸弹等。此外，法国防务公司 SD4E 推出了一款新型无人地面狙击机器人"Snibot"。德国道尼尔·艾尔特罗公司设计出一种遥控探雷车 SMG；此外，德国还研究出一种智能蜘蛛机器人，德国 festo 透露未来将研究该款机器人应用于战争，其具有适用性强、隐蔽性强的特点，在丛林、巷战等复杂环境不容易被敌人锁定。

a) 英国"手推车"（Wheelbarrow）排爆机器人   b)"神经元"无人战斗机

图 7.9   其他欧洲主要国家的军用机器人

欧洲无人战斗机"神经元"（图 7.9b）则是由法国领导，瑞典、意大利、西班牙、瑞士和希腊参与研制的。这款无人机采用飞翼式设计，综合运用自动容错、神经网络、人工智能等先进技术，具有自动捕获和自主识别目标的能力，并解决了编队控制、信息融合、无人机之间的数据通信以及战术决策与火力协同等技术，可以在不接受任何指令的情况下独立完成飞行，并在复杂飞行环境中自我校正。此外，它在战区的飞行速度超过现有一切侦察机。法国国防部称其开创了战斗机的新纪元。此外，2018 年英媒报道，欧盟准备花费 5.9 亿美元，用于研发不需要人类参与即可作战的"杀手机器人"。

4. 以色列

近年来，以色列凭借强大的科技实力积极发展军用机器人领域技术，并取得了显著成效。号称世界上第一台轻型可操作的武装机器人"多戈（Dogo）"由以色列成功研制，如图 7.10a 所示。该机器人专门为特种部队、特警部队和步兵反恐反毒行动、人质救援、室内近距离战斗、非对称和城市战以及隧道战等方面提供协助、监视等。"多戈"重 12kg，可由一名士兵放在背包里携带，身高约 140mm，行进速度为 4~6km/h，外形酷似一辆微型坦克，机身两侧各有一条履带和天线，能够攀爬楼梯和翻越相对小的沟坎或障碍物；同时，也能悄无声息地游荡至目标区域附近，并装备有一支格洛克 26.9mm 手枪，能发起突然袭击，在暗处进攻敌人，因此又被称为"无情的杀手"。

"Tiger"则是由以色列一家科技公司开发的，是一台长 91cm、宽 59cm、高 81cm、重 84kg 的全天候全地形战术机器车，如图 7.10b 所示，其续航时间为 8h，具有出色的机动性。

该车的视觉模块配备了前后高清摄像头，无论是白天还是晚上，它的 360°摄像头都能全天候工作，车身的机械手可以抓取重达 20kg 的物体。

a) 轻型可操作武装机器人"多戈"(Dogo)　　　　b) 全天候全地形的战术机器车"Tiger"

图 7.10　以色列军用机器人

哈比无人机"IAI Harpy"则是以色列航空工业公司（IAI）在 20 世纪 90 年代研制的，可以从卡车上发射。配备有反雷达感应器和一枚炸弹，当接收到敌人的雷达探测时，可以自主对雷达进行攻击，因此被称为"雷达杀手"，如图 7.11 所示。

目前，以色列已建成一支纵横海陆空的"机器人军团"，主要由 UGV 守护者无人战车、USV"银色马林鱼"多功能无人水面艇，以及以"苍鹭"为代表的各型无人机等无人装备组成，协助执行边境巡逻、情报收集、作战辅助、攻击等任务，该军团在以色列历次作战行动中发挥了重要作用。此外，以色列正在加快组建士兵与机器人混成编队的战斗部队，使机器人战士接到任务后依靠人工智能、大数据分析等技术，自动与人交流并分配工作。

图 7.11　哈比无人机

5. 日本和韩国

日本有"机器人王国"之称，知名大公司如日立、索尼，都在从事机器人的研发和制造；民间也有很多人投资，参与机器人的设计开发。一些智能服务机器人、护理机器人、清洁机器人、自动驾驶机器人等，只要技术成熟，随时都可以转为军用机器人，并投入生产。1991 年，日本技术研究本部第四研究所开始研究地面军用机器人。他们的目标是，研究出一种机器人，使之具有类似坦克的功能，并可在各种地形上自主决策行驶。日本自卫队已完成了一项机器人野战应用可行性的研究，制定了 10 年研究计划。计划分为近期、中期及长期三个阶段。近期目标是开发探雷及排雷机器人；中期目标是使机器人在不平的地面行驶，并具有半自主控制能力；长期目标是推进特别研究。

韩国军方也一直在打造机器军团，其"神盾"机器人已于 2004 年 10 月在伊拉克通过实战测试，并为驻伊韩军站岗放哨，防止武装分子的夜间偷袭。这款机器人集侦察和战斗能力于一身，装备了一个温度和影像传感器，能够觉察和追踪可疑目标，此外它还装备了火力系统。"神盾"装配有探测和监控镜头，以及韩国国产的 K-2 冲锋枪，可以代替哨兵24h执行警戒任务，射击命中率接近100%。2014年9月，韩国三星集团下属特克温公司公布了一款可用于监视韩朝边境的机器人"SGR-1"，如图7.12所示。该机器人可通过热传感器和运动传感器识别3km之外的潜在目标，并及时通知指挥中心，由士兵操控开火。此外，韩国科学技术院研发"杀手机器人"的计划遭到了多国人工智能及机器人工学专家的联合抵制后放弃，然而韩国国防部宣布将研发军用仿生机器人。

图7.12 SGR-1机器人

6. 中国

面对军用机器人技术迅速发展和国外大批机器人"参军"的现状，我国近年也非常重视军用机器人的研发，以增强国防实力，并且取得了不少成果。以下是我国开发的几款常用的军用机器人。

（1）首款定型的作战机器人 图7.13a所示为一种可适应城市或小范围山地等多种环境的小型作战平台，也是我国首款定型的作战机器人，典型应用场景是伴随步兵或其他地面力量共同前进，在人员无法到达的狭小空间，以及有毒、有爆炸物等的危险环境中完成作战任务。可以是小分队的先锋队员，也可以承担用于不易到达场景的环境侦察员的角色，同时可提供信息保障和打击能力。

a) 我国首款定型的作战机器人

b) 国产机器"大狗"

c) 弹药销毁机器人

d) 排爆机器人"灵蜥"

e) 翼龙-Ⅱ无人机

f) 军用外骨骼系统

图7.13 中国军用机器人

该作战机器人具有履带式底盘，可旋转遥控枪塔，以及两个用于探测和感知环境的摄像头。从外观上看像小坦克，底盘上的枪塔可以搭载的载荷以轻型冲锋枪为主，以及其他近战武器，如手枪。但有一个很明显的区别是其采用了双节双履带式的移动方式。与常见的坦克式单节双履带相比，它在履带前段增加了一节机械旋转臂，可进一步提高它的穿行能力，能够适应更多的道路情况。机器人全重 36kg，是一个单兵可以背着走的重量，这将为机器人的战术应用提供更多的选择。

（2）国产机器"大狗" 我国也已启动足式机器人的研究计划，兵器地面无人平台研发中心（以下简称"兵器无人中心"）的国产机器"大狗"让人耳目一新，如图 7.13b 所示。机器"大狗"学名是"山地四足仿生移动平台"，主要功能是用于山地及丘陵地区的物资背负、驮运和安防，可承担运输、侦察或打击任务。另外，在道路设施被破坏较严重的灾害现场也可发挥作用。

外观上，兵器无人中心的机器"大狗"与美国、韩国曝光的同类机器人相似。体积比普通猎犬稍大一些，四条金属"腿"支撑着一个瘦长的"躯干"，"躯干"上面挂满了各种包袱，仿佛一只驮运物资的动物，可实现五种行走的步态，其中的一种为对角小跑，是模仿真正的狗小跑的动作，还有遛蹄、跨步等其他的动作行为。目前，这只"大狗"已经能够在户外自然路面上自由行走，包括雪地、草地和斜坡等。

（3）弹药销毁机器人 弹药销毁机器人主要包括作业车主体、控制台、电动收揽装置和辅助装置（各种工具、功能作业包、各类手爪、无线传输模块、三角支架等），如图 7.13c 所示。该机器人的越野能力较强，最大越沟宽度达到 60cm、最大爬坡坡度也有 30°。主摄像机的俯仰转动角度在 ±90° 之间，水平转动角度则是从 0°～320° 之间，几乎可以做到无视界死角。其机械爪在展开状态下可携带 10kg 的引爆药，基本满足任何单次销毁作业的用药量。该机器人分为无线操作和有线操作两种方式，无线操作最远距离达到 500m，有线操作则有 200m，采用遥控方式实现载车地面移动和各项预定功能，如引爆药的放置、未爆弹销毁等作业，通过无线图像传输系统将载车摄像头捕获的现场视频图像传送到操作台显示分系统，供指挥员参考，并以此为依据对弹药销毁作业进行实时监控和修正，确保销毁作业百分百成功。相对以往的人工爆破作业，其大大增加了爆破作业的安全系数，也使未爆弹丸销毁由人工走上了机械化的道路。

（4）排爆机器人"灵蜥" "灵蜥"系列机器人由履带复合移动部分、多功能作业机械手、机械控制部分、（无线）及有线图像数据传输部分组成，如图 7.13d 所示。作为地面移动机器人，它具有极强的地面适应能力，可在不同路面前后左右移动、原地转弯、自动爬坡和爬楼梯。越障时，机器人采用履带式及轮式移动方式，而且可根据使用要求装备爆炸物销毁器、连发霰弹枪、催泪弹等各种武器，具有探测及排爆等多种特种功能，广泛应用于公安、武警系统。

（5）"翼龙"Ⅱ察打一体无人机 翼龙-Ⅱ无人机是中航工业集团成都飞机设计研究所自主研制的一款察打一体无人机，如图 7.13e 所示。其采用复合材料制造，装备涡轮螺旋桨发动机，标准配置合成孔径雷达（SAR）、激光制导导弹、GPS 制导炸弹等先进设备，具有中高空、长航时和侦察打击一体化多用途的功能，适合于军事任务、反恐维稳、边境巡逻和民事用途。该机已经批量出口，装备多国并用于实战。翼龙-Ⅱ无人机的研制成功，标志着我国已牢牢掌握航空装备的相关关键技术，步入全球大型察打型无人机先进行列，和美国 MQ-9"死神"无人机水平相当。

（6）军用外骨骼机器人系统　南京军区总医院研制的外骨骼机器人系统"机器战甲"，由两条银色的金属下肢托举着一套环形护腰，在下肢的膝关节和脚掌处安装着两副护膝和踏板。这套单兵负重辅助系统是根据昆虫外骨骼的仿生学原理研制而成，如图 7.13f 所示。此外，中国兵器集团某研究所研制的外骨骼系统在背负 35kg 的情况下，平地步速 4.5km/h，平地行走续航里程 20km。未来，我国将在电池技术、人机交互技术、安全防护技术、数据计算技术等方面继续深入研究，争取在该领域占得先机。

7.2.3　军用机器人未来趋势

从新军事变革对未来战场中军用机器人的应用要求看，军用机器人将向智能化、微型化、大型化、武器化和一体化发展。军用机器人的未来发展趋势主要包括以下几方面。

（1）**综合一体和高度智能化**　在未来战场上军用机器人将被赋予防御和攻击敌人等多种作战任务，对其智能化的要求也越来越高。以往的军用机器人由于受技术及智能化程度的限制，大多功能单一，仅能在某种特定环境下执行某一特定任务，如侦察、排雷、救护、运输等，难以适应战场情况复杂多变的需要。随着信息技术、通信技术、材料技术、智能技术的不断发展，为未来军用机器人的高度智能化和自主化提供了可能，使其集光电传感、高速处理、人工智能于一体，具备分析、判断和决策以及执行多种类型任务的综合能力，能够自主应对复杂的战场环境，高效完成预定的战斗任务。这就要求逐渐向综合一体化和高度智能化方向迈进，发展具有多功能、多用途的智能军用机器人，以减少专用机器人数量，并使各构成部分标准化、通用化、模块化。

（2）**巨微两极化**　为了满足不同作战任务需求，军用机器人向巨、微两极化趋势发展。在战略方向上，要求大型化发展，以便能携带足够多的任务载荷，适应多种战术需要；在战术方面，则侧重于向小型化和微型化方向发展，以便适合单兵使用。特别是随着现代纳米技术的突破，微型机器人也成为研发重点之一。

（3）**陆、海、空、天协同作战，各军种分层次立体化发展**　各军种机器人协同作战模式在世界各国已经开始研究，一些国家正在筹建沙漠机器人兵团、机器人反恐突击队和机器人控制、指挥中心等。美国在这方面走在了世界的前列。据悉，美军计划未来一个旅级作战单元，将至少包括 151 个机器人战士。整支机器人作战兵团由 18 种执行不同任务的机器人组成，每名机器人将与战场上各种陆、空作战平台及武器装备互联互通，配合作战。战斗开始后，地面机器人充当先锋，当隐藏着的敌人攻击它时，空中的无人驾驶侦察机会首先发现敌军位置，再通知巡航中的无人驾驶智能战斗机，然后智能战斗机发射导弹，命中目标，所有战术行动都由智能战争机器人自行完成，大幅缩短战斗时间，降低士兵伤亡率。此外，在未来军用机器人或将与水下航母、航天母舰、空天母舰等先进武器装备结合，进而提高它们的整体战斗力。

（4）**获取"制信息权"**　获取"制信息权"即对机器人在功能上要求从传感器一直到武器投放的整个战争链环节无所不包，并能形成网络组成机器人作战群。总之，要求它们充斥在战场的各个角落，既能独立执行任务，又能协同作战；同时，还要保证有足够的自主能力、可靠性和抗毁性。

7.3　军用机器人关键技术

军用机器人大多工作在复杂恶劣的未知非结构性环境中，对其可靠性要求极高。当前，人机遥控加上局部自主仍是其主要的控制方式；未来，则将向自主型的军用机器人发展。操作者和多种类型的机器人可能在同一环境也可能发布在各处协同工作。因此，军用机器人的关键共性技术主要包括即时定位及地图构建 SLAM 技术、路径规划技术、运动控制技术、可靠性与智能运维技术、通信组网技术、机器人集群作战技术、人工智能技术等，如图 7.14 所示。

7.3.1　即时定位及地图构建 SLAM 技术

军用机器人因作战任务需求，需要在未知环境下运动，因此，不仅需要知道自身在环境中的位置信息，还需要对未知环境进行地图构建，其被定义为即时定位与地图构建技术（Simultaneous Localization and Mapping，SLAM），包括二维平面 SLAM 以及三维立体 SLAM，是移动机器人感知及导航的关键技术。

军用机器人实现环境感知常用的传感器包括激光雷达、毫米波雷达、视觉摄像头、超声波等具备测距功能的传感器，每种传感器都有自身的特点，例如，激光雷达具有极高的距离准确度，但是无法探测透明物体；毫米波雷达可探测透明物体，抗干扰能力强，但探测距离有限；视觉摄像头采样信息丰富，能耗小，但受光照因素及计算处理速率影响大；超声波传感器价格低廉，可以探测机器人到物体的距离，但是精确度较低且应用场景有限。此外，除了测距传感器，感知系统还常使用惯性测量单元 IMU 获得机器人姿态等信息，以及使用碰撞及红外传感器用于机器人外部防碰撞和跌落保护。现如今，感知系统逐渐趋向于融合多种类型传感器数据，例如，以 IMU 与激光雷达和深度相机结合的立体互补型感知方案，通过多种感知信息使军用机器人可以更好地识别和探测周围环境以构建地图。

军用机器人对未知环境中的定位有极高的要求。SLAM 技术是通过识别障碍物和定位自身所在位置来实现地图的构建，如果仅根据定点探测周围的障碍物距离，而机器人移动之后即时定位不准确，将导致构建的地图错位和无法进行特征点匹配等问题。目前，常用的定位方法包括里程计、惯性导航、磁罗盘、主动灯塔、全球定位系统、路标导航、地图模型匹配、仿生导航技术等，每种技术都有各自的优点和局限性，一般在实际应用中常综合使用其中的几种，利用加权平均、贝叶斯估计、卡尔曼滤波、Dempster-Sharer 证据推理、模糊推理、人工神经网络等多传感器信息融合的方法，实现信息互补，以提高定位精度和可靠性。

地图构建的核心是环境特征提取与信息表示方法，它决定了系统如何获取、存储和利用信息，进而创建地图以供机器人自主导航及路径规划，因此地图必须便于机器理解和计算，并且当探测到新环境信息时，能够方便添加到地图中。目前，环境建模的主要框架是对环境中的特征信息进行标定，通过传感器对标定的特征信息进行位置匹配并推断出移动机器人的所在位置。建图则是在移动机器人环境定位的基础上对周围环境进行详细的构建。

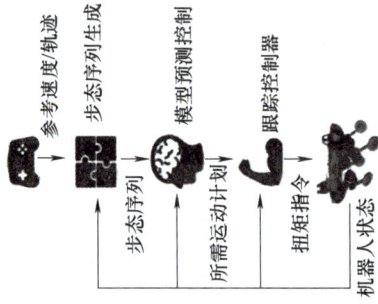

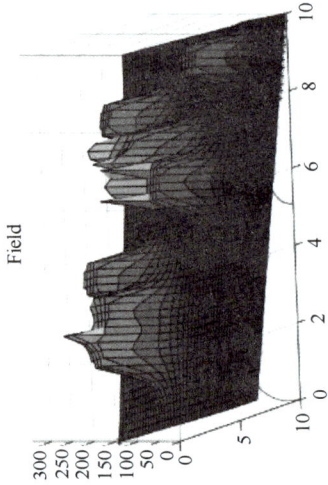

a) 实时弹性激光SLAM

b) 基于人工势场的路径规划

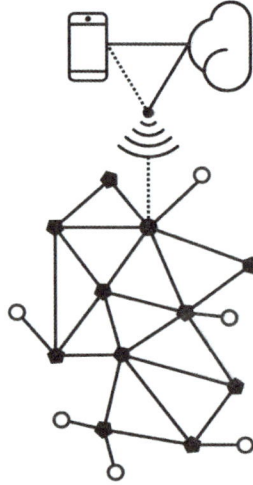

c) 基于MPC的四足运动控制

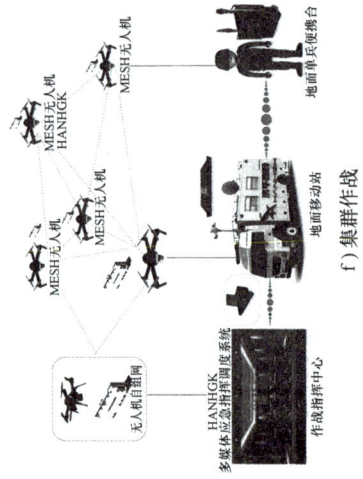

d) 无人机风洞可靠性试验

e) Zigbee通信组网

f) 集群作战

图7.14 军用机器人关键技术

7.3.2　路径规划技术

路径规划技术是自主机器人的主要研究方向，目的是基于传感器环境感知，按照一定的评价标准，找到一条从起始点到目标点的最优无碰路径，主要包括移动机器人路线规划、机械臂轨迹规划、飞行器航迹规划、GPS 导航路径搜索等。特别对于军用机器人，其在复杂室外环境中的感知导航能力和路径规划能力直接决定了其作战的基本能力。根据对环境信息的掌握程度，路径规划可分为已知环境先验信息的全局路径规划和未知环境信息的局部路径规划；根据障碍物为静态还是动态可以分为全局静态规划和局部动态规划。

全局路径规划的常用算法有路线图法、网格法、遗传算法、粒子群优化算法、蚁群算法、模拟退火法等。这种技术需掌握所有的环境信息，根据环境地图的所有信息进行最优路径的规划。相比于全局路径规划，局部路径规划对算法计算的实时性提出了更高的要求，同时需多传感器精确获取环境障碍物尺寸、形状和位置信息，在移动检测过程中不断规划最优无碰路径。

局部路径规划的常用算法有人工势场法、模糊逻辑法、神经网络算法、强化学习算法等。其中，人工势场法计算简单高效、生成路径平滑，基本思想是将机器人在规划空间中的运动看作一种在虚拟力场中的受力运动，目标点对其产生引力，障碍物对其产生斥力，机器人在合力的作用下朝目标点运动；但这种方法易陷入局部极小点，存在目标不可达问题。人工神经网络是模拟人类神经细胞群学习特性的结构和功能而构成的一种信息处理系统，适用于复杂非线性化问题和多目标控制问题，利用神经网络表示机器人的工作空间，目标点具有全局最大活性值，而障碍物抑制周边神经元活性值，使机器人在动态环境下达到最优规划。

随着科学技术的不断发展，路径规划技术面对的环境将更复杂多变，这就要求路径规划算法要具有迅速响应复杂环境变化的能力。因此，多算法融合路径规划、多传感器融合路径规划和多机器人协作路径规划将成为研究热点。

7.3.3　运动控制技术

对于军用机器人，高动态稳定性和鲁棒性是关键的性能指标，需要先进的运动控制技术来保障实现。**运动控制技术是指在其动态运动过程中，综合不同任务需求、外界复杂环境等未知因素，基于合理的算法，将规划任务转变成机器人运动执行器期望的力矩、速度、位置及混合控制命令，从而实现机器人的动态稳定性及鲁棒性控制。**

传统的机器人运动控制技术是采用基于运动学模型和动力学模型的运动控制方法，按照"建模-规划-控制"的思路，首先对机器人本体及环境进行精确建模，然后通过人工规划得到机器人各执行器的最佳运动轨迹，再利用反馈机制控制机器人实际运动与理想轨迹之间的偏差，使机器人的运动尽可能趋近理想轨迹。这种控制方法通过引入机器人模型，使控制系统能够利用更多机器人自身的先验知识，进而改善控制效果，使机器人实现复杂、精确的运动。上述基于模型的常用控制算法包括虚拟模型控制、模型预测控制、全身控制等。

上述传统控制方法基本满足小范围工作环境中对军用机器人运动控制的任务需求，但在更具挑战性的大范围、复杂多变的战场环境中，较难建立其精确的动力学模型，难以获取优异的控制效果。例如，对于需充分考虑低雷诺数下的升力特性和阻力特性，以及不同飞行状态下空气动力特性的军用无人机，建立精确的动力学模型十分困难且烦琐。而强化学习方法成为了一种可行的控制手段。强化学习是使机器人开始从无到有的学习，不需要机器人或工作环境的先验知识，不局限于人类想象范围内的行为模式。因此，基于强化学习方法的控制策略可以根据学习自动生成，且在人们设定的学习规则之外，机器人还会经常学到一些超出人们设想的行为。理论上，相同的学习方法应能使机器人在每种环境中都学习出最优的控制策略。例如，Science Robotics 期刊近期发表的一篇无人机野外密林低空高速飞行的案例，该无人机以图像传感器数据为输入，应用深度强化学习构建端到端飞行控制策略，实现了野外复杂环境下的自主飞行。

尽管近年来基于强化学习的机器人控制方法发展迅速，但传统控制手段依然值得借鉴并大量应用。因此，将强化学习方法与传统方法的优势相结合，利用基于学习的方法适应复杂多变的场景，同时继承传统控制方法的稳定性，能够大幅提高军用机器人的运动控制能力。

7.3.4　可靠性与智能运维技术

由于战场环境的极端性，军用机器人零部件及整机必须具备较其他机器人更优异的抵抗恶劣环境的能力，如抵抗强辐射、极端温度、较大压力、水下密封等。例如，水下军用机器人工作环境恶劣，工作强度高、时间长，而动力系统作为水下机器人的重要组成部分，需应对在无人维护状态下长期工作的问题，对其提出了更加严格的抗高压、全密封、耐蚀等指标的可靠性要求。所以，可靠性既是一种技术特性，又是一种战术性能，它直接影响军用机器人的作战能力，是极其重要的技术指标。随着科学技术的发展，军用机器人系统越来越复杂、规模越来越大、要求越来越高，可靠性技术变得越发重要。

可靠性是指设备在一定时间内、一定条件下无故障执行指定功能的能力。可靠性是一个系统工程，包括可靠性需求分析、可靠性设计、可靠性试验、制造、使用维护等，贯穿产品整个生命周期。因此，可靠性主要分为固有可靠性和使用可靠性。固有可靠性主要受装备设计环节、制造环节、检验环节等的影响，具体内容主要包括在确定产品基本功能、性能指标的前提下，确定产品的可靠性指标，建立可靠性模型；进行各子系统、零部件的可靠性分配；分析产品工作原理、运行环境，确定载荷谱及载荷统计特性；以可靠性模型为基础，结合各种现代设计方法，进行各零部件及产品的可靠性设计、分析与可靠性预计；进行核心部件及整机的可靠性试验，包括功能性能试验、加速试验、寿命试验、应力试验、综合试验等；根据试验结果进行可靠性设计的修改，实现可靠性增长；进行可靠性制造，包括外购件质量检测和分析，核心零部件工艺设计与加工过程监控，装配工艺设计与装配过程监控等。可见，可靠性技术涉及数学、物理、力学、概率论、数理统计、随机过程、机械学等多学科知识。

使用可靠性即运行可靠性，与装备运行时的使用条件、所处环境、使用时间、功能件衰退失效等因素有关，具有时变性、动态性和随机性。**为了在早期发现并排除装备可靠性、安全性隐患，保证其可靠运行，避免重大事故发生，需针对装备及其功能部件开展智能运维，从而实现由"定期维修""状态维修"到"预测维修"的转变。**随着工业互联网、物联网、人工智能、大数据、自动监测技术和传感器技术的迅速发展，军用机器人运行监测数据的获取和处理成为必然。为了精准、有效地评估军用机器人运行可靠性的确定性及适时性，亟需在现有可靠性评估的基础上做出转变。因此，面向健康监测数据驱动的智能运维变得十分必要和迫切，并体现出前所未有的机遇。

7.3.5　通信组网技术

由于目前技术限制，还无法实现真正意义上的全自主控制，因此，**可靠的通信技术是保障军用机器人在某些特定环境下由人员远程操控完成任务的基本手段。同时，主从机多单元之间的分布式控制，以及多机器人之间的协同交互也需要相应的通信。**常见的网络通信组网方式主要有无线组网、网状网组网连接、面向区域的移动网络、点到点连接、点到多点连接、中继连接等。

对于底层控制，传统方式多采用串行收发控制，存在可靠性低、不易维护、局限性高等缺点，难以满足军用机器人所需的高效可靠控制，因此，逐渐出现了分布式控制方式。对于作战系统所面临的恶劣环境和复杂地形，需要可靠的总线分布式控制技术，CAN-bus（控制器局域网络）是一种有效支持分布式控制或实时控制的串行通信网络，采用了多主站竞争式总线结构，具有多主站运行和分散仲裁的串行总线以及广播通信的特点。CAN 总线上任意节点可在任意时刻主动地向网络上的其他节点发送信息而不分主次，因此可在各节点之间实现自由通信，也便于底层随时增加或减少节点，大大简化了底层的硬件和软件设计；同时，总线具有错误检测功能，保证数据传输的准确性，其优越的电气特性也能有效提高抗干扰能力。

无线通信技术是实现人员与作战系统远距离交互和多机器人间通信的关键技术，保障了作战人员在安全范围内操控处于战场的机器人进行各种危险作战，也为多机器人的集群编队控制提供数据共享和实时定位。目前，较成熟的通信方式有 WIFI、RFID、UWB、ZIGBEE、蓝牙等。WIFI 具有较远的通信距离和较快的速率；但是其抗干扰性差、安全性低，极易被攻破。蓝牙通信距离短，功耗高，难以适用复杂环境。而以 ZIGBEE 为主的物联网组网方式拥有较为全面的性能，传输距离远、速度快、功耗低，抗干扰性能大大优于前两者，具有强大的组网能力，适用于军用机器人一定距离内的无线通信，也便于多机器人之间的组网编队。

7.3.6　集群机器人作战技术

当前，**军用集群机器人正不断朝单机自主化、轻量化、鲁棒化、集群协同化、智能化和规模化发展，**为了保证集群机器人在复杂战场环境下的自主作战能力，需具备链路受限状态下机器人集群不完全信息的态势理解、抗干扰自适应传输、抗毁自组织网络、边缘快速协同决策、语义协同互操作、精确模糊控制等能力，以及大规模抗干扰弹性组网融合技术、协同感知技术、智能任务分配技术等方面的支撑。

机器人集群协同首先依赖可靠的大规模、抗干扰组网通信技术。从早期单信道呼叫网到如今的数字移动通信网，研究者一直在寻找稳定高效的抗干扰无线通信系统，尤其在复杂电磁环境及通信拒止条件下，进行通信频道检测、带宽性能优化、自适应传输、智能故障诊断与修复就显得尤为重要。

战场态势信息的高效可靠获取是突破"电磁迷雾"并取得未来战场制信息权的基础和关键。研究基于多传感器目标跟踪的数据时空对准技术、多传感器数据融合中的数据预处理技术、多传感器数据融合并行处理技术、信号参数随机变化下的分布式检测融合技术，开发面向多领域、多功能应用的多传感器信息融合系统，构建机器人集群全域信息感知能力，确保对战场态势立体实时监控，实现战场环境及态势对我方单向透明，将支持机器人集群有效塑造战场态势。

智能任务分配技术考虑集群数量、战场环境、目标价值、单元能力约束等，通过优化将不同任务分配给军用机器人单元，使机器人集群完成预定的侦察、干扰和攻击任务，提高作战效能。这一问题属于 NP 难度问题，可通过运筹学进行建模，并使用时间序列方法、博弈论方法、遗传算法、粒子群算法、蚁群算法等进行资源分配，再运用整数规划方法、市场竞拍机制算法、自组织算法等进行目标分配。

7.3.7 人工智能技术

人工智能包括计算机视觉、语音识别、自然语言处理、大数据、机器学习等技术，在军用机器人领域具有广泛的应用前景。例如，计算机视觉技术让机器人具备像人眼一样的观察和识别能力；大数据技术让机器人可以存储海量信息并且提高索引速度，以减少机器人的决策时间；机器学习技术让机器人具备人一样学习的能力，在不断的试错中获取新的知识或技能，重新组织已有的知识结构，使之不断改善自身的性能。其实，前文所提的很多关键技术都用到了人工智能技术。

随着人工智能理论的发展，军用机器人建设正在加速进行，产生了一种新型的作战形式，即借助军用机器人（自主战术士兵、无人战车、无人机、无人舰艇、无人航天器等作战平台）开展无人战争，从而减少和避免兵员的伤亡。可以预测，在无人化战争中，人工智能将成为军用机器人作战效能的"倍增器"。

例如，以"强人工智能"为"大脑"的空战无人机，将学习大量优秀人类飞行员空战的经验，通过模拟人类决策过程来"思考"和采取行动，如自主规划航路、控制飞行、搜索目标、处理海量数据、识别不同武器装备、自动判定威胁程度、自主决策行动等；加之无人机与传统战机相比所具有的大过载、长航时和隐形等优势，使得无人机将称霸未来空中战场，成为传统战机的可怕对手。在陆战场上，军用机器人可以执行抵近侦察、精确引导、精确打击、毁伤评估、潜行突袭、定点清剿、物资输送、通信中继和电子干扰、核生化及爆炸物处理等多种作战任务，代替人在高危险环境下完成各种任务，并具有后勤保障依赖度低、持续作战能力强等优势，能有效提高作战行动的灵活性、有效性和持续性，对保存有生力量、提高作战效能具有重要意义。

7.4 军用机器人作战应用案例

7.4.1 典型地面作战机器人

1. 美国"魔爪"系列和"帕克博特"地面作战机器人

美国《华盛顿观察》周刊曾发文，伊拉克战争中，最先阵亡的不再是美军军官，而是"冲"在第一线的机器人。为减少伤亡，机器人将为美军当先锋。从天上密布的无人驾驶飞机，到地面大大小小的各种遥控机器人，无人作战系统在伊拉克战争中开始崭露头角。"背包"机器人能在巷战环境中捕捉、分辨反美武装狙击手的细微动静；"嗅弹"机器人能灵敏地嗅出伪装起来的爆炸物；代号为"剑"的"魔爪"系列武装机器人可以担当机枪手，在发现和定位敌军车辆和人员后以强大的火力消灭敌人。2004 年，美军用于战场的地面机器人仅有 163 台，而在伊拉克战争投入战场的地面机器人已增长到 5000 个，都在伊拉克和阿富汗"服役"。

2005 年 3 月，美国陆军首次在伊拉克战场部署了 18 个遥控的"魔爪"系列 SWORDS 机器人士兵。SWORDS 是"特种武器观测侦察探测系统"的英文简写，因与"剑"的英文拼写相同，称之为"剑"机器人，如图 7.15a 所示。"剑"机器人携带威力强大的自动武器，每分钟能发射 1000 发子弹，是美国军队历史上第一批参加与敌方面对面作战的机器人。

a)"魔爪"系列SWORDS机器人士兵　　　　b)"帕克伯特"机器人

图 7.15　美国地面作战机器人

"剑"身高 0.9m，配备有 M249 型 5.56mm 机枪或 M240 型 7.62mm 机枪，外加 M16 系列突击步枪与 M202-A 型火箭弹发射器，能够连续向敌方发射数百发枪弹及火箭弹。此外，每个"剑"还拥有 4 台摄像机、夜视镜、变焦设备等光学侦察或瞄准设备。鉴于"剑"的这种特殊装备与能力，在作战方面相当于几个甚至十几个人类士兵的作用。

同时，美军在伊拉克使用地面机器人"帕克伯特"（Packbot）辅助作战，通常执行远距离观测和现场探测的任务，如图 7.15b 所示。"帕克伯特"机器人，有侦察型、探险型和处理爆炸装置型三种型号，全部采用相同的底盘。"帕克伯特"机器人可装在模块式轻型携载装置套具内，全重 18~24kg，可以攀爬 54°的斜坡，可以越过或绕过障碍，可在深 2m 的水下作业，也能以 14km/h 的速度在开阔地行驶。它装备了远距离光学和红外摄像机，操作人员可以用它近距离检查洞穴、房间或机场，从而使美军士兵与饵雷、地雷、武器库或敌军士兵保持安全距离。操作员使用无线控制器控制机器人及其摄像机，通过安装在头盔上的目镜可以观看来自摄像机的图像。

2. 俄罗斯"平台"-M 作战机器人

2015 年，俄军在叙利亚境内首次使用"平台"-M 履带式多用途无人作战机器人，如图 7.16 所示。该机器人能够全天候参加作战行动，用于搜集情报，发现移动和固定目标，并对其进行摧毁，凭借其配备的武器装备还可为部队提供火力支援。

"平台"-M 机器人的首次战场秀，就选在了协助叙利亚政府军攻占位于拉塔基亚市郊区的 754.5 高地的作战行动中。在战斗中，俄军派出了 1 个 2S3 型 152mm 自行榴弹炮群、6 辆"平台"-M 作战机器人、4 辆"暗语"轮式无人侦察车以及数架小型无人侦察机配合叙利亚政府军作战。战场上所有俄军部队的指挥控制由"仙女座"-D 自动化指挥系统负责，战场态势信息实时传输回指挥中心并显示在大屏幕上，而无人车以及无人机的控制则由前方操控人员负责，形成了一套控制指挥加侦察打击一体化的无缝连接作战体系。

具体作战任务分配上，"平台"-M 机器人主要负责对恐怖武装分子实施 100~120m 距离上的抵近射击，"暗语"轮式无人侦察车和小型无人侦察机负责战场态势侦察，2S3 型 152mm 自行榴弹炮群则适时对恐怖武装分子阵地进行火力压制。叙利亚政府军士兵依靠俄军先进无人作战装备的掩护，在距离"平台"-M 履带式无人作战机器人后方 150~200m 处跟随推进。最终，在俄叙双方空地火力的联合打击下，70 多名恐怖武装分子被击毙，叙利亚政府军士兵无一阵亡。此后，俄军又将"天王星"-9 履带式无人战车投入到叙利亚战场上，同样取得了很好的实战效果。

图 7.16 "平台"-M 作战机器人

3. 法国"Snibot"狙击机器人

法国防务公司 SD4E 推出了一款新型的无人地面狙击机器人"Snibot"，如图 7.17 所示。该机器人的一个主要特点是具有精确射击的能力，可以在不杀死目标的情况下使其失去作战能力。其配备有昼夜光电瞄准系统，通过使用特殊的软件代码和设备来补偿天气、风向、目标运动轨迹和其他可能降低精度的因素，帮助在 200~300m 范围内实现超精确射击，相信在不久的将来，可以取代战场上的狙击手。

图 7.17 "Snibot"狙击机器人

"Snibot"还可协助军队为重要目标、核电站、路障等提供保护，完成一些危险和烦琐的任务，极大节约兵力。例如，为了保护军事设施，通常需部署一定数量的守卫，若以狙击机器人替代，就可以保证防御效果，同时不需要担心疲劳、牺牲等问题。另外，如果遇到劫持人质的情况，尤其是多个人质，为了防止某个人质受到伤害，"Snibot"可以设置程序同时开枪击毙多个不法分子，以确保所有人质的安全。

7.4.2　典型军用机器狗

"大狗"可承担运输、侦察或打击任务，世界军工强国对"大狗"的研究可谓明争暗斗，美国、日本、韩国等国家都相继爆出研制四足机器人的消息。据了解，美国军队一直在探索使用机器狗执行特殊任务的方法，其中以美国波士顿公司研制的"大狗"最为有名（见本书 5.4.2 小节）。在美国海军陆战队的早期测试中，曾让该"大狗"伴随步兵作战，但由于当时机器狗采用的是内燃机动力，噪声很大，容易导致部队位置暴露，测试结果不如人意。近年，美国还展示了"Vision60"军用机器狗和配备有步枪武器的"SPUR"机器狗。

1. "Vision60" 军用机器狗

"Vision60"机器狗是美国研发的一款四足军用机器狗，也可称为四足无人地面车辆"Q-UGV"。相比于传统的轮式与履带式无人车，"Vision60"机件相对简单，也更耐用、灵活，在某些领域的性能更超越传统无人车辆。"Vision60"配备了整合型高解析度光学、热影像与红外线感测器，可创建 360°全方位感知，能有效侦知外界目标，防止外来者入侵。该机器狗四条腿的推进最高速度可达 2.3m/s，还配备了降低重心的蹲伏模式、改变腿部灵活性的高步模式等功能，可在困难的地形上轻松导航，如图 7.18 所示。

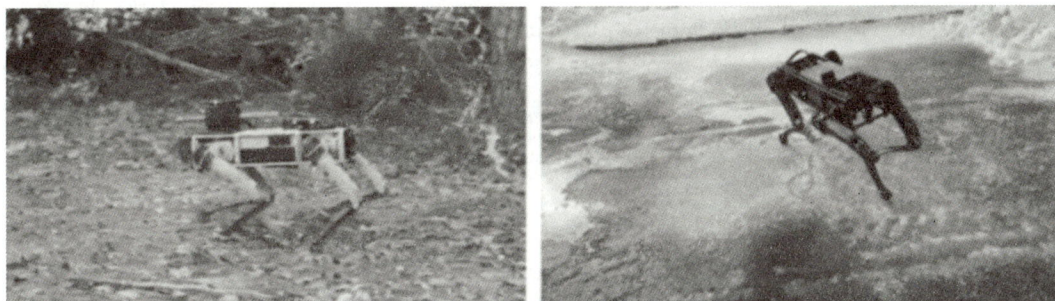

图 7.18　"Vision60" 四足军用机器狗

"Vision60"机器狗最多可运行 7.5h，可以在−40~131℃的条件下工作，它们不会取代真正的军犬。相反，该机器狗被军官认为是可消耗品，它们可以在 15min 内组装完成，损坏的四肢可以更快更换，这将降低士兵遭遇非必要危险的可能性。此外，"Vision60"可事先输入指定的巡逻路线，操作人员则可利用头戴式虚拟实境 VR 设备，远距离使用机器狗上的感测器，有效检视搜索区域，还能同时向一只或多只机器狗发出命令。

美国空军近年引进了"Vision60"机器狗，并在廷德尔空军基地执行巡逻任务。这些机器狗被用于巡逻人员和车辆难以到达的区域，士兵则在基地的防御作战中心通过头戴式 VR 设备操控它们。美国空军在测试该机器狗后发表声明，"这些狗在廷德尔空军基地将成为我们额外的眼睛和耳朵，大大增强我们的防御能力，并允许我们更灵活地部署和反应。"

2020 年 9 月，美国军方开展了有史以来最大规模的一次演习"先进战斗管理系统（ABMS）演习试验"，ABMS 涉及美国军队的每个分支，包括海岸警卫队和几十个工业团队，涉及全国 30 个地点。内华达的内利斯空军基地就是其中之一，这也是"Vision60"机器狗加入的一个基地。

2. 配备步枪武器的战斗机器狗 "SPUR"

2021 年 10 月 11 日，在华盛顿特区举办的美国陆军协会年度会议上首次展示了配备有步枪武器的"机器狗"，如图 7.19 所示。在四足机器人上安装了一把"宝剑国际"公司生产的 6.5mm 口径的步枪武器，这一武器系统被称为"特殊用途无人步枪 SPUR"系统，但其载弹量、装填速度等信息尚不明确。

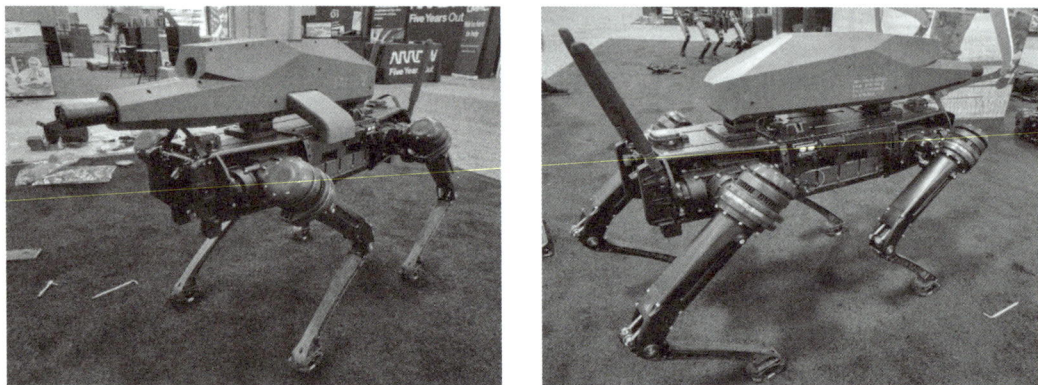

图 7.19　配备武器的战斗四足狗"SPUR"

该"SPUR"机器狗能够在远程指令的指挥下自行装弹入膛，还能够清理枪膛并确保安全；使用的枪械武器安装了消音器，将让对手更难以确定射击来源；观瞄系统则安装在了"SPUR"机器狗的顶部；得益于其特殊的稳定设计，目前，SPUR 机器狗的射程可达1200m。在未来，"SPUR"机器狗还可以具备一定程度的自主权，可能会使用人工智能技术来驱动，以检测和"锁定"潜在的威胁。

7.4.3　微型侦察无人机

1. 美国"黑色大黄蜂"单兵微型侦察无人机

"黑色大黄蜂"（Black Hornet）单兵微型侦察无人机系统是一种静音、便携式、高机动性机载传感器，很难被敌方发现，如图 7.20a 所示。该机集成了微型高清热红外摄像机和可见光传感器，实时将侦察图像传回显示器。"黑色大黄蜂"可在没有 GPS 信号的区域飞行，且操控简易。作为无人侦察系统，该机可为作战部队提供更全面的战场态势感知支撑，帮助士兵做出更好、更快速的决策，降低战术风险，并提高作战指挥效率。

a)"黑色大黄蜂"　　　　b)"虫子"纳米侦察无人机　　　　c) 蜂鸟超微无人机

图 7.20　微型侦察无人机

2019 年 4 月 29 日至 5 月 3 日，美军在北卡罗来纳州布拉格堡陆军训练基地第 82 空降师部队第 3 旅作战部队部署了陆军第一架"黑色大黄蜂"单兵微型侦察无人机系统，该系统包括遥控器基站及显示器各一台、两架微型无人机（1 架在白天、1 架在夜晚执行作战侦察任务）。陆军小分队装备"黑色大黄蜂"系统后，具备了超视距侦察能力，小分队在作战区域内不再有任何侦察死角，使战士比以往任何时候都能更早地发现战场威胁，这也意味着陆军士兵在执行任务时，很可能不会遭遇伤亡。据悉，以后美国陆军还会为每个在役小分队配备"黑色大黄蜂"。

2. 英国"虫子"纳米侦察无人机

"虫子"（Bug）纳米侦察无人机是英国宇航系统公司（BAE Systems）与乌瓦特克（UAVTEK）合作开发的一款超轻型纳米无人飞行器，如图 7.20b 所示，体积很小，总重量 196g，可以轻松地从手、地面或车辆上发射，具有四个坚固的旋翼，使其能够在恶劣的天气条件下飞行，包括强风和雨雪，最高飞行速度 80km/h，实际条件下的电池寿命约 40min。该无人机的正常载重量可达 50g，也具有承载高达 100g 的有效载荷的能力，可以容纳多种有效载荷系统，如麦克风，扬声器，白、红外、红光，可互换镜头，测绘相机，热像仪和分散装置。不管飞行方向如何，无人机都可以将摄像机定向到固定位置。它还可以同时将数据传输到手机、笔记本电脑、平板电脑等设备。当系统将数据广播到多个命令和控制平台时，可立即提供全高清态势感知，使飞行员以及网络中的其他操作员能够更有效地完成任务。

2020 年，英国国防部（MoD）选择了"虫子"纳米无人机来支持英国武装部队，并于 2020 年 12 月交付英国陆军首批 30 架"虫子"无人机进行测试。在最近的一项由国防部组织的军事战斗实验中，纳米无人机展示了在恶劣天气条件下的运行能力，其可以在风速高达 35 节（阵风 45 节）的条件下运行。该无人机可用于多种任务，包括侦察、监视和目标捕获、巡逻和制图，能充当盲区或山丘上士兵的"眼睛"。开发人员计划通过增加传感设备和功能以及将其与其他军事设备集成来进一步改进纳米无人机。

3. 中国"蜂鸟"超微无人机

华擎创新自主研发的"蜂鸟"超微无人机，超轻、超小、低噪声、隐蔽性好，其起飞重量仅 35g 左右，不及一个鸡蛋重；含尾桨全长 174mm，仅有一支钢笔长，如图 7.20c 所示。采用高能量密度锂电池，最大飞行时间超过 25min，可以实现高清实时图像传输，通视条件下可靠图像传输距离达 2km 以上，是战场末端态势感知和侦察的利器，还可应用于公安武警、危险管道、化工库房的巡检等狭小空间和危险应用场景。

与美国"黑色大黄蜂"相比，"蜂鸟"超微无人机飞行更安全、更智能，同时链路功能也更强大，最大可以支持 1080P 实时视频回传与蜂群组网技术，目前可以支持 16 架飞机编队。地面站可以接入战术指挥系统，如 ATAK，指挥中心可以远程实时掌握战场末端信息状况，提高指挥决策精准度及效率。可以说，其主要性能均达到了国际先进水平。

7.4.4　高空军用无人机

美国对长航时的察打一体高空无人机可谓情有独钟。2001 年，在对阿富汗塔利班的一次打击行动中，美军首次使用"捕食者"，向一个停车场发射两枚导弹，击毙了"基地组织"二号人物，开创了无人机察打一体的时代。这次作战给各国也带来极大震撼，鉴于察打一体无人机的种种优势，国际市场上对这种无人机的需求也日渐增加。以下是当今世界最致命的几款军用无人机，如图 7.21 所示。

a) MQ-8B "火力侦察兵" b) MQ-1C "灰鹰" 无人机 c) "复仇者" 无人机

d) MQ-9 "死神" 无人机 e) 中国 "翼龙" -2无人机 f) "苍鹭MK Ⅱ" 无人机

图 7.21　军用无人机

1. MQ-8B "火力侦察兵"

MQ-8B "火力侦察兵" 是一款可垂直起飞和着陆的无人机，有效载荷 136kg，最大航程约 1104km，续航力 7.75h，旨在为美军提供情报监视、目标截获和侦察、空中火力支援、激光指示和战斗管理的服务。它可以从战舰甲板或很狭窄的平地上起飞，对地面、空中和海上力量进行支援作战。美军部署在阿富汗的 MQ-8B "火力侦察兵" 主要用于打击路边的简易爆炸装置。携带的武器包括 "地狱火" 导弹、"蝰蛇打击" 激光制导滑翔弹、70mm 激光制导火箭弹，以及其他先进的精确杀伤武器系统。

2. MQ-1C "灰鹰" 无人机

MQ-1C "灰鹰" 无人机采用重油发动机，可提供更大的马力和更高的燃油效率，这一技术恰恰符合美军自 20 世纪 80 年代提出并实施的 "战场单一燃料计划"，陆军战地指挥官可直接对这种空中滞留时间超长的无人机进行远距离控制。"灰鹰" 无人机是 "掠食者" 无人机的升级版，旨在为己方提供侦察、监视以及对目标进行捕获或攻击的最可靠的解决方案。其卓越的性能还体现在它能够在 8000 多米的高空中，以 270km/h 的速度执行侦察任务。"灰鹰" 的有效载荷为 488kg，能连续飞行 25h 以上，工作范围可达 370km，可携带多种有效载荷，包括电光、红外、激光测距仪、激光指示器、通信中继器、4 个 "地狱火" 导弹、"蝰蛇打击" 制导炸弹等。

3. "复仇者" 无人机

"复仇者" 无人机以其廉价的成本和卓越的作战能力，已经成为美军未来实施 "蜂群攻击" 战术的首选武器。在动力方面，"复仇者" 采用一台普惠 PW545B 涡扇发动机，最大推力达 2.18t，并具有更高的燃油效率。"复仇者" 的最大飞行速度可达 740km/h，实用升限超过 18000m，有效载荷能力达 1588kg，续航能力为 18h。"复仇者" 和 "捕食者" 一样，都是为猎杀角色而设计的。不过，"复仇者" 有更快的反应速度，它可以携带 "地狱火" 导弹。与其他 "捕食者" 系列无人机相比，"复仇者" 具有更大的作战和运输速度，在执行任务期间，能够保证快速行动和重新定位。

4. MQ-9"死神"无人机

MQ-9"死神"无人机可谓是此领域的领头羊。MQ-9"死神"是在 MQ-1"捕食者"的基础上研制出的一款极具杀伤力的无人作战飞机，使用一台功率为 900 马力（1 马力 = 0.735kW）的涡轮螺旋桨发动机，最大飞行速度为 460km/h，是"捕食者"无人机的三倍；空载时的巡航高度为 15000m，满载时为 9000m；续航时间为 27h，有效载荷能力达 1746kg。MQ-9"死神"无人机主要任务是为地面部队提供近距空中支援，还可以在山区和危险地区执行持久监视与侦察任务。其配备了电子光学设备、红外系统、微光电视和合成孔径雷达，具备很强的监视侦察能力和对地面目标的攻击能力，滞空时间长，能在作战区域停留数小时，为空中作战中心和地面部队收集、传输动态图像，帮助地面部队选用合适装备进行作战，还可根据实际需要装载多枚空对空导弹，随时对一些稍纵即逝的目标进行火力打击。正因如此，"死神"无人机已经成为美军在非常规作战中的首选武器。但是，它也遭遇过"滑铁卢"，也门胡塞武装曾在 2017 年 10 月击落一架 MQ-9"死神"无人机。

5. "翼龙"-2 无人机

我国的"翼龙"-2 无人机采用正常式气动布局，大展弦比中单翼、V 形尾翼，还采用了翼尖小翼的特殊布局，可以减少飞机翼尖的诱导阻力，从而增加飞机的飞行稳定性和最大航程，可续航 20h。该无人机机长 11m，机高 4.1m，翼展 20.5m，最大飞行高度 9000m，最大飞行速度 370km/h，最大起飞重量 4.2t。"翼龙"-2 无人机旨在从事侦察、监视和对地打击任务，也可用于维稳、反恐、边界巡逻等。机翼下有 6 个挂载点，总外挂重量达到 480kg，机上装备有实施空-地攻击的武器，也可根据用户需求选装电子侦察、雷达干扰、通信侦察、情报收集、侦察相机、通信中继、搜索救援等设备，以及其他先进的任务载荷设备、数据链、机载武器等，能适应复杂使用环境下的多种任务需求。

6. "苍鹭 MK II"无人机

以色列也是世界军用无人机研发和生产的佼佼者，其军用无人机的使用频次和出动架次都占据极大比重，可以说是以空军的"精锐部队"。以色列的无人机技术来源于美国，但并没有一味追随美国，而是结合本国实际，注重实用性，大有"青出于蓝"之势。20 世纪 60 年代末，以色列从美国采购了一批"火蜂"无人机，并在对埃及的战事中取得了不错的效果，从此以色列开始了军用无人机自主研发之路。在 1982 年的黎巴嫩空战中，以色列凭借"猛犬"和"童子军"无人机优秀的侦察和通信功能，实施了对黎巴嫩防空系统的精确打击。此战大捷一举奠定了军用无人机在以色列军队装备发展中的地位。2020 年 2 月，以色列向外界展示了"苍鹭"无人机的升级版"苍鹭 MK II"，其可以在空中连续飞行 45h。而"苍鹭 TP"无人机则被以色列人寄予厚望，它是以色列军队装备的最大无人机，体型堪比波音 737。以色列空军还特别为它组建了无人机飞行中队。以"云雀"系列为代表的便携式无人机，则可昼夜搜集 10km 之内的数据信息。

2021 年，以美国、欧洲为首的军事强国在"多域战""联合全域战""马赛克战"等智能化协同作战新概念的推动下，加速人工智能技术、自主协同控制技术、韧性通信组网技术等与无人机系统的深入融合，大力推进无人机蜂群协同和有人无人协同（以"忠诚僚机"为代表）作战能力的提升，以重塑美军在未来战争中的不对称技术优势，并在关键项目均取得了阶段性成果。例如，DARPA"小精灵"无人机首次空中回收试验成功和 OFFSET 蜂群项目完成了最终场地测试，美空军的"天空博格"项目关键自主控制系统顺利通过多型无人机试飞测试，澳大利亚"忠诚僚机"完成首飞以及以色列人工智能无人蜂群首次投入实战，新型智能化无人协同作战体系得到了完善与发展。

另一方面，美海军将演习演练、性能测试等作战实验活动作为推进无人作战概念落地的重要途径，在2021年举行了"无人集成作战问题"-21演习，首次演示验证了有人-无人系统大规模跨域协同作战体系的初步作战能力。美军现有的传统无人机（如MQ-9"死神"、RQ-4B"全球鹰"无人机等）都是针对低烈度作战环境设计的，在未来高烈度作战环境中需要对其进行现代化升级改造（如韧性通信组网和威胁应对能力），以使其能在与强大对手进行强国竞争中继续发挥效力。

此外，美国防部国防高级研究计划局（DARPA）在2021年2月宣布了一项称为"远射"（LongShot）的新空射无人机发展项目。"远射"项目旨在开发一款中型空射无人机，如图7.22所示，通过空中发射的无人机有效缩短攻击距离，进行更有效的导弹射击，进而让载人平台远离敌人威胁，从而提高生存能力。它能够发射多型空对空武器，能够显著扩大美空军的作战范围、提升任务效能，并降低有人机风险。"远射"项目下发展的无人机，借助更低速、更高燃油效率的飞行器（如战斗机或轰炸机）抵近战场，通过发射自身携带的空空导弹，实现对空打击。这种作战方式的优势能显著提高武器效能。一是通过该无人机运载到交战区域的空空导弹，相较于传统的空空导弹，有效射程显著增加。二是空空导弹在更接近目标时发射，减少敌方反应时间，并增加杀伤概率。

图7.22 "远射"无人机项目作战概念图

纵览当今军事科技发展趋势，可以预见，未来战场将是智能化技术手段的竞技场，而无人机作为能把智能化、无人化、协同作战三者完美结合的武器装备，将迎来更广泛的战场应用。

7.4.5 军用外骨骼机器人系统

未来战场形态越来越趋近小型化和特种化，所以单兵作战能力就显得越来越重要，需要士兵跑得更快、力量更大、下手更狠。此外，士兵的携行装具也越来越多、越来越重，可人的体能和负重能力却有限，有时候受地形、负重等因素的限制，人体机能的极限已经无法适应瞬息万变的战场情况。在这种情况下，能够提高士兵身体机能的外骨骼机器人系统就成为解决这个问题的优选方案，这也是未来单兵作战的发展方向。试想在战场上，如果部队的士兵们都配备辅助单兵负重的外骨骼系统，通过它使人体骨骼的承重减少超过 50%，从而可轻松负载 100kg 以上的各种信息化和兵器装备，让普通士兵成为大力士，并且行军速度达 20km/h，能够在夜间精确定位，这样的一支外骨骼机器人部队投入战斗，而对手是传统意义上的步兵，将会获得怎样的战场优势！

外骨骼机器人系统是模仿生物界外骨骼而提出的一种新型机电一体化装置，结合传感、控制、信息融合、移动计算等机器人技术，在为穿戴者提供如保护、身体支撑等功能的基础上，还能够在穿戴者的控制下完成一定的功能和任务。 机器通过多种传感器实时感知穿戴者的运动状态和运动意图，并进行实时分析，快速做出反应，以实现人机多自由度、多运动状态的运动辅助，并对穿戴者的行为运动放大，提升人体机能。

外骨骼机器人是一个复杂的人机耦合的一体化系统，主要包括机械外框架、感知系统、控制系统、通信计算系统、执行机构和能源动力 6 大部件。从形态看，外骨骼机器人可分为大型外骨骼机器人和可穿戴式外骨骼。其工作原理一般为根据仿生学、动力学等原理，设计机械机构组成外骨骼框架；在人体和外骨骼系统中布置各种传感器，例如，在关节部位安装角度传感器，在足底等支撑位置安装压力传感器，在人体皮肤上安装生理信号传感器，实时感知人体的运动信息和生理信息；传输到嵌入式计算机中，计算机综合各传感信息，并通过相应的感知和预测算法，感知人体姿态并对运动做出预测；控制系统综合各种信息，将之转化为控制参数，驱动外骨骼框架运动，实时追踪人体运动并对人体运动提供高效助力；最终达到人机一体化，如图 7.23 所示。

其实，古代士兵的盔甲就是最早的外骨骼。1965 年，在美国国防部的支持下，通用电气公司与康奈尔大学合作研发的可穿戴式机械样机 Hardiman，开启了助力型外骨骼机器人样机研发的先河，如图 7.24 所示。

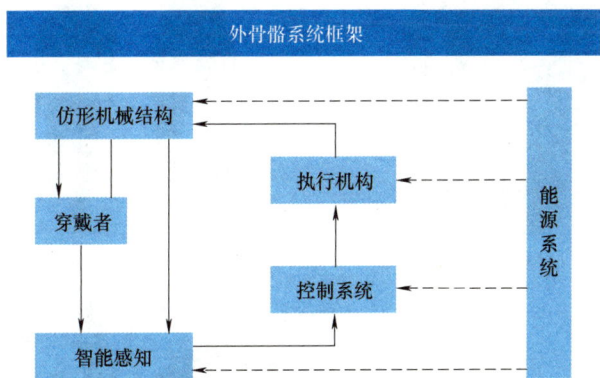

图 7.23 外骨骼系统框架示意图

图 7.24 可穿戴式 Hardiman

外骨骼机器人是未来智能化战争的研究重点，各国都投入了大量人力、物力、财力，以求研制出性能优越、续航能力强、人机协同度高的产品。进入 21 世纪，结合机械电子、控制、仿生、传感、信息融合、材料等技术的外骨骼技术得到了前所未有的快速发展。发达国家的研究已有几十年的基础，美国处于世界领先地位，产品已经少量装备部队，俄罗斯、法国、英国等国在此领域的发展也居于世界前列，我国在该领域同样也取得了一些成就。

其中，美国军方支持的外骨骼系统研制项目较多。DARPA 在 2000 年启动了"增强人体机能外骨骼（EHPA）"项目，旨在研制帮助地面部队士兵携带更多武器弹药、更好防护装具和更多补给品的外骨骼系统，也将外骨骼机器人的研究推向高潮。在 DARPA 资助下，美国相关公司开发出"人体通用型负重外骨骼" HULC（Human Universal Load Carrier）和 XOS 全身外骨骼，它们是目前最成熟的全身式军用外骨骼系统。

此外，目前典型的外骨骼机器人系统还包括"超柔"SuperFlex 机械外骨骼、"SoftExosuit"外骨骼、MAXFAS 的手臂外骨骼系统、MIT 外骨骼、伯克利"BLEEX"外骨骼系统、英国"矫正负重辅助装置"、法国"大力神"可穿戴外骨骼、意大利"V-盾"第一代人体脊柱外骨骼、澳大利亚新型被动式可穿戴外骨骼等。下面，重点介绍几种典型的外骨骼机器人系统。

1. 人体通用型负重外骨骼

人体通用型负重外骨骼 HULC 是一种模仿人体结构特点设计的外穿型主动式机械外骨骼，如图 7.25a 所示，既能够使士兵完成爬行、深蹲、提举重物等一系列动作，又可减少士兵因提举较重战斗载荷而引发的肌肉骨骼损伤。HULC 产品净重 24kg，主要的结构集中在下身，在胯关节和膝关节处都有液压组件，450kg 的负载通过配置可选的承载部件搭载，把重量均匀分散在外骨骼上，不需要穿戴者来承重。HULC 采用液压驱动器进行驱动，使用两块总重量 3.6kg 的锂电池作为动力源；充满电后，HULC 可保证穿着者以 4.8km/h 的速度背负 90kg 重物持续行进一个小时，而穿着 HULC 的冲刺速度则可达到 16km/h。HULC 的体积不大，平时可以收纳在一个很小的拉杆箱里，士兵在穿着它的时候，只需要把脚踩在托盘上，固定好大腿、腰部和肩部的系带，HULC 的感应器就会自动侦测穿戴者的行动意图，然后驱动液压组件做出相应的动作，保证 HULC 的动作与穿戴者的动作一致。

a) 人体负重外骨骼HULC　　　　b) XOS2外骨骼　　　　c)"超柔"机械外骨骼

d) MAXFAS手臂外骨骼　　　　e)"大力神"可穿戴式外骨骼　　　　f) 仿生连续体背部助力外骨骼

图 7.25　军用外骨骼机器人

HULC 的主要定位是战斗辅助系统。在它的帮助下，士兵可以轻松地举起大口径炮弹之类沉重的物品，在复杂地形下使用重型武器，从而极大地提高作战效率。试验显示，穿上 HULC 后能够明显降低人体对氧气的消耗量和感。据统计，在试验人员穿戴上 HULC 并背负 36.7kg 的物资以 3.2km/h 的速度行进时，其对氧气的消耗量量比不穿 HULC 时减少大约 15%。考虑到 HULC 的承载能力远远超过普通人类，还将以 HULC 的骨架为基本架构，为其增加防护装甲和各种传感器，从而打造一种全新的、以城市和山野等复杂地形为主要战场的新型单兵装备。

2. XOS2 外骨骼

如图 7.25b 所示，外骨骼机器人"XOS2"重量约为 95kg，由高强度铝和钢结构、传感器、传动装置以及控制器构成。XOS2 系统由带有电气系统的内燃液压发动机提供动力，通过电线连接在液压动力源上，由发动机驱动液压系统，每平方厘米能够传递约 200kg 的力，能源效率比 XOS1 约高 50%。整个系统配备的各种传感器指定了位置和所需的力，计算机处理器位于装备的每个接缝处，传感器通过以太网将信号发送到处理器。

XOS2 的主要功用是代替佩戴者举起重物，通过动力四肢承担脚上有效载荷的重量。佩戴者可以长时间举起约 200 磅（90.72kg）的重量而不会感到疲劳，进而降低过度疲劳和虚脱风险。穿着这套衣服的士兵可以走路、奔跑，轻松地做上千个俯卧撑，一掌击穿 7.6cm 厚的木板。XOS2 外骨骼的佩戴者能够承担两到三名士兵的工作量，使用外骨骼允许对军方人员进行重新调配，执行更具战略意义的任务。

3. "超柔"机械外骨骼

如图 7.25c 所示，"超柔"（Super Flex）机械外骨骼是为满足 DARPA"勇士织衣"项目需求而研制的。Super Flex 集成有用于监测的生物传感器和计算机、电池、驱动与控制装置、运动跟踪传感器等，采用运动预测与性能增强算法，可预判穿戴者的运动，从而在精确时间内根据需求开启外骨骼。与始终需要开启或驱动的外骨骼相比，其电池的使用时间更久。

4. MAXFAS 手臂外骨骼

MAXFAS 的手臂外骨骼系统全称为"枪械瞄准稳定用手部机动外骨骼"，主要目的是能在士兵手持武器开火时，自动稳定士兵的手部，尚处于概念验证阶段。MAXFAS 是一种由轻金属和碳复合材料制成的机电臂外骨骼，其自带加速度计和陀螺仪，并通过魔术贴接在士兵的前臂和上臂上，如图 7.25d 所示。这些传感器能探测到士兵手臂最微小的动作，然后将信息传输给处理器芯片，基于算法分析数据并分辨出自主和非自主动作。接着，MAXFAS 的绳索网络系统将拉动士兵的手臂，对士兵的不自主动作导致的偏移进行修正。

5. "大力神"可穿戴式外骨骼

"大力神"可穿戴式外骨骼由法国武器装备总署规划，多家公司联合研制，能够帮助穿戴者运送较重的载荷，辅助士兵并增强其在战场上的负重能力和持久作战能力。"大力神"外骨骼主要由机械腿（结合有机械装置、计算机和电子装置）和背部支撑架组成，使穿戴者能够轻松背负重物，如图 7.25e 所示。

6. 仿生连续体背部助力外骨骼

全身式外骨骼体积大、重量高，执行器多，动力和控制的挑战性高。笨重的外形容易妨碍步兵装甲武器的使用，现有的锂电池技术无法长时间为设备供电，长期穿戴的舒适性和能耗问题也减缓了其在军队中部署的速度。随着新材料、新设计、新能源等技术的不断涌现，军用外骨骼正朝着模块化、轻量化、低能耗和柔性化方向发展。

图 7.25f 所示是一款仿人体脊柱设计的背部助力外骨骼，它由多个金属圆盘串联而成，通过一根背骨将所有圆盘约束成一根人工脊柱，通过软性绳传动将电动机的扭矩转化成对人体背部最大 200N 的拉力。所有圆盘等效于人体脊椎骨，承受压力；绳传动等效于人体肌肉，产生拉力。采用力反馈控制策略，能够根据人体上半身倾斜角度产生对应大小的助力。由于每个圆盘都具有 3 个转动自由度，众多圆盘的串联使外骨骼具有超冗余自由度，能够自适应人体背部的变形，在产生助力的同时，不会阻碍转身、侧弯等其他运动。

仿生连续体背部外骨骼的主要特点包括允许在静态和动态条件下传递负载；减轻重载对士兵肌肉骨骼的压力；减轻人体负重引起的疲劳和不适；与身体背部的运动学相容；运动过程中不会显著改变生理参数；在执行主要和次要作战任务时，不会显著改变士兵的策略。相比全身式刚性外骨骼系统，该背部外骨骼具有体型小、轻便且能耗低的优点，重量仅有 1.2kg，工作时仅需 350W 的功率输入，因此更容易实现在军队中的全面部署。

7. 被动式可穿戴外骨骼 OX

澳大利亚国防部研制出一种新型被动式可穿戴外骨骼 OX，能将士兵负重的三分之二直接转移至地面。相较于美国等研发的可穿戴外骨骼技术，澳大利亚的被动式可穿戴外骨骼研制成本较低，重量不到 3kg，配有两条简易鲍登线（即能够在独立外壳内移动的钢缆）。鲍登线通常用于提供一种拉力（如摩托车的离合器），由于这些缆线的外壳能够起到固定作用，防止缆线发生卷曲，使其还能提供一种推力（如舰船的转向控制）。正是借助这一特性，被动式可穿戴外骨骼才能将负重从背包转移至地面。另外，这些缆线是柔性的，能够随穿戴者弯曲，不会妨碍穿戴者的动作范围。如果不需要这些缆线，还可以简单拆卸并放入背包携行。

虽然外骨骼技术近年取得了高速发展，成果显著，但通往成功这条路上，往往会夹杂着许多荆棘。想要一秒变身"钢铁侠"，目前还难以实现，仍存在一些技术难点亟待攻克。例如，外骨骼机器人本身控制系统有待提升，其智能化反馈同步性较差，无法与使用者达成 100% 的同步率；受限于其捆绑式的穿戴方法，其舒适感和装置灵活性有待提升；在减少自身重量和电源能耗、提升电池续航能力、降低成本等方面尚待突破。不过，科技总是在奔涌向前，随着新材料、新技术的不断出现，在不远的将来，一定会有更高级智能人机交互、更加灵活舒适的运动功能的外骨骼机器人产品投入市场，造福大众。

参考文献

［1］ Kopp C. Exoskeletons for warriors of the future ［J］. Defence Today，2011，9（2）：38-40.

［2］ Yang X，Huang T H，Hu H，et al. Spine-inspired continuum soft exoskeleton for stoop lifting assistance ［J］. IEEE Robotics and Automation Letters，2019，4（4）：4547-4554.

［3］ 蓝胜，郑卫刚. 漫谈军用机器人起源及发展趋势 ［J］. 智能机器人，2018（03）：43-47.

［4］ 夏永杰. 军用机器人发展概览 ［J］. 政工导刊，2017（08）：22-24.

［5］ 季自力，王文华. 俄军加快发展战斗机器人 ［J］. 军事文摘，2020（05）：45-48.

［6］ 方晓志. 俄罗斯剑指未来战争，组建战斗机器人部队 ［J］. 军事文摘，2020（11）：44-46.

［7］ 何蓓. 自主武器系统的国际法问题研究 ［D］. 武汉：武汉大学，2018.

［8］ 王军鹏. 某新型步兵班组作战效能评估 ［D］. 南京：南京理工大学，2019.

［9］木易. 警惕，"终结者"来袭［J］. 生命与灾害，2013（08）：30-33.

［10］王新蕊，范宇翔，刘钰. 国外军用助力外骨骼装备发展路线［J］. 2018（04）：26-31.

［11］赵巧敏. 人工智能行业投资分析［J］. 机器人技术与应用，2016（05）：40-48.

［12］胡喆，荆淮侨. "海鹰" HW-350 小型多用途长航时无人机成功首飞［EB/OL］. 中国政府网，（2018-12-11）［2025-02-20］. https：//www. gov. cn/xinwen/2018/12/11/content_5347784. htm?_zbs_baidu_bk.

［13］王哲，冯晓辉，李艺铭，等. 智能机器人产业的现状与未来［J］. 人工智能，2018（03）：12-27.

［14］中国机器人网. 中国军用机器人已经发展到这样的程度［OL］.（2017-08-01）. https：//www. robot-china. com/news/201708/01/43733. html.

［15］无人机杂志. 微型无人侦察机在美军事基地服役［OL］.（2019-06-18）. https：//mp. weixin. qq. com/s/h0TZ6a9LDQj6LtENsJ8o5w.